GRUNDRISSE DES RECHTS

—

Hans Brox · Allgemeines Schuldrecht

Allgemeines Schuldrecht

Von

Dr. jur. HANS BROX

Bundesverfassungsrichter a. D.
Professor der Rechte
an der Universität Münster

Dreizehnte, verbesserte Auflage

C. H. BECK'SCHE VERLAGSBUCHHANDLUNG
MÜNCHEN 1985

CIP-Kurztitelaufnahme der Deutschen Bibliothek

Brox, Hans:
Allgemeines Schuldrecht / von Hans Brox. –
13., verb. Aufl. – München : Beck, 1985.
(Grundrisse des Rechts)
Bd. 2 bildet: Brox, Hans: Besonderes Schuldrecht
ISBN 3 406 30708 6

ISBN 3 406 30708 6

Druckerei Appl, Wemding

Aus dem Vorwort zur 1. Auflage (1969)

Das Buch wendet sich vornehmlich an Studenten der Anfangssemester und will ihnen ein erstes Eindringen in die schuldrechtliche Problematik erleichtern. Erfahrungsgemäß bereitet dem Lernenden das Schuldrecht, dem er schon am Beginn seines Studiums gegenübergestellt wird, erhebliche Schwierigkeiten. Hier soll das Buch eine Hilfe sein. Es ist kein Nachschlagewerk, sondern ein Lernbuch. Um diesem pädagogischen Anliegen gerecht zu werden, habe ich bewußt darauf verzichtet, auf alle Streitfragen einzugehen und mich mit ihnen auseinanderzusetzen. Mein besonderes Bestreben besteht darin, den Anfänger mit der spezifisch schuldrechtlichen Interessenbewertung vertraut zu machen und ihm den Sinn und Zweck der einzelnen Rechtsinstitute vor Augen zu führen. Die starke Untergliederung soll den Rechtsstoff überschaubar gestalten und dem Leser zugleich den Weg für die spätere Lösung praktischer Fälle aufzeigen. Dem pädagogischen Zweck dienen auch die den einzelnen Paragraphen vorangestellten Fälle, auf die bei der Stoffbehandlung stets zurückgegriffen wird. Hierdurch hat der Leser die Möglichkeit, selbst an der Erarbeitung schuldrechtlicher Fragen mitzuwirken und an der Fallösung ständig zu kontrollieren, ob er das Gelesene verstanden hat. Das Ziel des Buches läßt sich allerdings nur erreichen, wenn die zitierten Gesetzesbestimmungen nachgelesen werden.

Vorwort zur 13. Auflage

Schrifttum und Rechtsprechung sind bis November 1984 berücksichtigt. Meinem Assistenten, Herrn Referendar Franz Müller, danke ich für seine Mitarbeit, insbesondere für die Überarbeitung der Register.

Hans Brox

Inhaltsverzeichnis

Abkürzungsverzeichnis

a. A.	anderer Ansicht
a. a. O.	am angegebenen Ort
AbzG	Abzahlungsgesetz
AcP	Archiv für die civilistische Praxis
a. E.	am Ende
AGB	Allgemeine Geschäftsbedingungen
AGBG	Gesetz zur Regelung des Rechts der Allgemeinen Geschäftsbedingungen
AktG	Aktiengesetz
Anm.	Anmerkung
AP	Arbeitsrechtliche Praxis
ArchBürgR	Archiv für Bürgerliches Recht
arg. e	Argument aus
Art.	Artikel
AT	Brox, Allgemeiner Teil des Bürgerlichen Gesetzbuchs
BAG	Bundesarbeitsgericht
BB	Der Betriebsberater
BBG	Bundesbeamtengesetz
Bd.	Band
BeurkG	Beurkundungsgesetz
BGB	Bürgerliches Gesetzbuch
BGBl.	Bundesgesetzblatt
BGH	Bundesgerichtshof
BGHZ	Entscheidungen des Bundesgerichtshofes in Zivilsachen
BRRG	Beamtenrechtsrahmengesetz
BS	Brox, Besonderes Schuldrecht
BVerfG	Bundesverfassungsgericht
BVerfGE	Entscheidungen des Bundesverfassungsgerichts
DAR	Deutsches Autorecht
DB	Der Betrieb
d. h.	das heißt
Diss.	Dissertation
DRWiss.	Deutsche Rechtswissenschaft
ESJ	Entscheidungssammlung für junge Juristen
I. E	Entwurf eines bürgerlichen Gesetzbuches für das Deutsche Reich. Erste Lesung, 1888

FamRZ	Zeitschrift für das gesamte Familienrecht
G	Gesetz
GBO	Grundbuchordnung
GenG	Genossenschaftsgesetz
GewO	Gewerbeordnung
GG	Grundgesetz
GmbHG	Gesetz betreffend die Gesellschaften mit beschränkter Haftung
Gruchot	Beiträge zur Erläuterung des Deutschen Rechts, begründet von Gruchot
GSZ	Großer Senat in Zivilsachen
GWB	Gesetz gegen Wettbewerbsbeschränkungen
HaftpflG	Haftpflichtgesetz
HGB	Handelsgesetzbuch
h.L.	herrschende Lehre
h.M.	herrschende Meinung
HO	Hinterlegungsordnung
HöfeO	Höfeordnung
HR	Brox, Handelsrecht und Wertpapierrecht
Hs	Halbsatz
i.e.S.	im engeren Sinne
i.V.m.	in Verbindung mit
JA	Juristische Arbeitsblätter
JherJb	Jherings Jahrbücher für die Dogmatik des bürgerlichen Rechts
JR	Juristische Rundschau
JurA	Juristische Analysen
Jura	Juristische Ausbildung
Jur. Blätter	Juristische Blätter
JuS	Juristische Schulung
JZ	Juristenzeitung
KO	Konkursordnung
LM	Lindenmaier-Möhring, Nachschlagewerk des Bundesgerichtshofs
LZ	Leipziger Zeitschrift für Deutsches Recht
m.a.W.	mit anderen Worten
MDR	Monatsschrift für Deutsches Recht
m.E.	meines Erachtens
Mot.	Motive zum Entwurf eines Bürgerlichen Gesetzbuches

NJW	Neue Juristische Wochenschrift
Nr.	Nummer
OHG	Offene Handelsgesellschaft
OLG	Oberlandesgericht
Prot.	Protokolle der Kommission für die 2. Lesung des Entwurfs des Bürgerlichen Gesetzbuches
Rdnr.	Randnummer
RG	Reichsgericht
RGZ	Entscheidungen des Reichsgerichts in Zivilsachen
RvglHWB	Rechtsvergleichendes Handwörterbuch für das Zivil- und Handelsrecht des In- und Auslandes
RVO	Reichsversicherungsordnung
s.	siehe
S.	Seite
SAE	Sammlung Arbeitsrechtlicher Entscheidungen
SeuffBl.	Seufferts Blätter für Rechtsanwendung
SGB X	Sozialgesetzbuch – Verwaltungsverfahren –
SJZ	Süddeutsche Juristenzeitung
sog.	sogenannt(e, er, es)
StGB	Strafgesetzbuch
st. Rspr.	ständige Rechtsprechung
str.	streitig
StVG	Straßenverkehrsgesetz
u. U.	unter Umständen
VersR	Versicherungsrecht (Zeitschrift)
vgl.	vergleiche
VVG	Versicherungsvertragsgesetz
WG	Wechselgesetz
WM	Wertpapiermitteilungen
z. B.	zum Beispiel
ZfA	Zeitschrift für Arbeitsrecht
ZHR	Zeitschrift für das gesamte Handelsrecht und Konkursrecht, ab 1962 für das gesamte Handelsrecht und Wirtschaftsrecht
ZPO	Zivilprozeßordnung
ZVG	Zwangsversteigerungsgesetz
ZZP	Zeitschrift für Zivilprozeß

Paragraphen ohne Gesetzesangaben sind solche des BGB.
Die Abkürzung AT Rdnr.... verweist auf meinen Allgemeinen Teil des Bürgerlichen Gesetzbuchs, die Abkürzung BS Rdnr.... auf mein Besonderes Schuldrecht und die Abkürzung HR Rdnr.... auf mein Handelsrecht und Wertpapierrecht.

Erstes Kapitel

1 ## § 1. Standort und Bedeutung des Schuldrechts

Fälle:

a) V verkauft an K am 1.4. einen antiken Schrank für 3000,– DM. Der Schrank soll am 2.4. geliefert und bezahlt werden. In der Nacht vom 1. zum 2.4. stiehlt D den Schrank, beschädigt ihn beim Transport und überläßt ihn dann dem B. Wer kann von B Herausgabe des Schrankes und von D Schadensersatz wegen der Beschädigung verlangen? Wer, wenn der Schrank erst am Abend des 2.4. bei K gestohlen wird?

b) Im Fall a verkauft V nach Abschluß des Kaufvertrages mit K den Schrank für 3200,– DM an K1, der den Schrank sofort mitnimmt. Rechte des K?

I. Begriff und gesetzliche Regelung

1. Begriff

Das Schuldrecht ist der Teil des Privatrechts, der die Schuldverhältnisse behandelt.

2 a) Das *Privatrecht* regelt Rechtsverhältnisse zwischen einzelnen gleichgeordneten Rechtssubjekten. Es geht hier also nicht um eine Über- und Unterordnung, die in der Regel für das öffentliche Recht kennzeichnend ist (AT Rdnr. 9ff.).

Im Fall a ergeben sich die Verpflichtungen des V und des K aus dem Kaufvertrag (§ 433), also aus dem Privatrecht. Die Frage, wer etwa gegenüber dem Staat zur Zahlung von Mehrwertsteuer verpflichtet ist, regelt das Steuerrecht, das zum öffentlichen Recht (AT Rdnr. 11) gehört.

3 b) Das *Schuldverhältnis* ist ein Rechtsverhältnis, kraft dessen die eine Person (= Gläubiger) von der anderen (= Schuldner) eine Leistung zu fordern berechtigt ist (§ 241). Aus dem Schuldverhältnis ergibt sich also das *Recht* (der *Anspruch*, die *Forderung*) des Gläubigers, vom Schuldner die Leistung zu verlangen; dem entspricht die *Schuld* (*Verbindlichkeit*) des Schuldners, dem Gläubiger die Leistung zu erbringen.

Beispiele: A verpflichtet sich vertraglich gegenüber B, diesem ein bestimmtes Originalgemälde zu schenken (vgl. §§ 516, 518); B kann dann von A Übereignung des Bildes verlangen. Der Kraftfahrer K gerät mit seinem Fahrzeug infolge Unachtsamkeit auf den Bürgersteig und verletzt den Fußgänger F; dieser kann von K Ersatz seines Körper- und Sachschadens fordern (§ 823).

4 **2. Gesetzliche Regelung**

a) Das Schuldrecht wird im zweiten Buch des BGB (§§ 241–853) behandelt. Im siebten Abschnitt dieses Buches hat der Gesetzgeber bestimmte im praktischen Leben häufig vorkommende Schuldverhältnisse ausdrücklich geregelt (§§ 433–853; Besonderes Schuldrecht). Entsprechend der auch sonst zu beobachtenden Systematik des BGB sind die bei allen oder bei mehreren der einzelnen Schuldverhältnisse auftauchenden Probleme zusammengefaßt und den einzelnen Schuldverhältnissen vorangestellt (§§ 241–432; Allgemeines Schuldrecht).

Dieses Bestreben, das Gemeinsame auszuklammern („Ausklammerungsprinzip“; AT Rdnr. 37), zeigt vor allem der Allgemeine Teil des BGB: Was für alle Bücher des BGB gilt, ist im ersten Buch des BGB geregelt.

Beispiel: § 433 setzt einen Kauf*vertrag* voraus. § 929, 1 verlangt für den Eigentumsübergang neben der Übergabe einen Übereignungs*vertrag*. Wie ein Vertrag, den wir außer im Schuld- und Sachenrecht auch im Familien- und Erbrecht finden, zustande kommt, ergibt sich aus den Bestimmungen des Allgemeinen Teils (§§ 145 ff., 116 ff., 104 ff.).

Das Gesetz geht also in seinem Aufbau vom Allgemeinen zum Besonderen. Das gilt auch im Rahmen des Schuldrechts: Dem siebten Abschnitt über die Regeln einzelner Schuldverhältnisse sind sechs Abschnitte über das Allgemeine Schuldrecht vorangestellt.

So beginnt das zweite Buch mit der abstrakten Bestimmung des § 241, daß der Gläubiger vom Schuldner eine Leistung zu fordern berechtigt ist. Um welche Leistung es sich im konkreten Fall handelt, richtet sich nach dem jeweiligen Schuldverhältnis (z. B. Kauf, § 433; Miete, § 535; usw.).

Beschädigt X aus Unachtsamkeit den von Y geliehenen Kriminalroman, so hat er dem Y Schadensersatz zu leisten. Schadensersatzpflichtig ist aber auch der Autofahrer, der mit seinem Fahrzeug auf den Bürgersteig gerät und den Y anfährt, so daß dessen Buch beschädigt wird. Die Frage, worauf der Schadensersatzanspruch gerichtet ist (Ersatz nur der unleserlich gewordenen Seiten? Lieferung eines neuen Buches? Desselben Inhalts? Lieferung eines anderen Krimis? Zahlung des Anschaffungspreises? usw.), stellt sich gleichermaßen in beiden Fällen. Deshalb sind diese Regeln des Schadensersatzes ausgeklammert und vorweg in den §§ 249 ff. behandelt; andernfalls hätte der Gesetzgeber sie bei jedem Schuldverhältnis wiederholen müssen.

Hat jemand gegen einen anderen eine Forderung auf Zahlung von 300,– DM, so regelt das Allgemeine Schuldrecht in den §§ 362 ff., wie diese Forderung erlischt (z.B. durch Erfüllung, Aufrechnung mit einer Gegenforderung). Dabei ist es gleichgültig, aus welchem Grund die Forderung besteht (z.B. als Kaufpreis, Mietzins, Lohn oder aus § 823).

5 b) Das Allgemeine Schuldrecht gilt grundsätzlich auch für solche Schuldverhältnisse, die sich aus den übrigen Büchern des BGB ergeben.

Beispiele: Anspruch des Erklärungsempfängers gegenüber dem nach § 119 Anfechtenden (§ 122); Anspruch des Finders auf Finderlohn (§ 971); Unterhaltsanspruch gegen den in gerader Linie Verwandten (§ 1601); Anspruch des Vermächtnisnehmers gegen den Erben auf Leistung des vermachten Gegenstandes (§ 2174).

c) Auch außerhalb des BGB gibt es zahlreiche Gesetze, nach denen Schuldverhältnisse entstehen. Auf sie sind die Regeln des Allgemeinen Schuldrechts ebenfalls anwendbar, soweit in diesen Gesetzen nicht etwas anderes bestimmt ist.

Beispiele: StraßenverkehrsG (§ 7), HaftpflichtG, LuftverkehrsG, Handelsgesetzbuch, WechselG, ScheckG.

6 **II. Unterscheidung zum Sachenrecht**

Beim *Schuldrecht* geht es um Schuldverhältnisse, also um *Sonderverbindungen zwischen einzelnen Personen*. Das *Sachenrecht* dagegen regelt nicht das Rechtsverhältnis einer Person zu einer anderen, sondern ordnet die *Beziehung einer Person zu einer Sache* (z.B. Eigentum, Pfandrecht).

Das *Schuldrecht* gibt dem Gläubiger ein Recht auf Leistung nur gegen eine bestimmte Person; diese Forderung ist also ein *relatives Recht* und kann regelmäßig nur durch den Schuldner verletzt werden. Das *Sachenrecht* hingegen gibt dem Inhaber des Rechts ein *absolutes Recht*; es richtet sich gegen jedermann. So kann z.B. der Eigentümer einer Sache diese von dem Besitzer herausverlangen (§ 985); er kann ferner von dem, der das Eigentum beeinträchtigt, Beseitigung und bei Besorgung weiterer Beeinträchtigungen Unterlassung verlangen (§ 1004).

Im Fall a hat K am 1.4. mit Abschluß des Kaufvertrages nur eine Forderung gegen V auf Übereignung des Schrankes erworben (§ 433 I 1); Eigentümer bleibt weiterhin V. Er allein kann also von B Herausgabe des Schrankes verlangen (§ 985); ihm steht wegen der Verletzung seines Eigentums ein Schadensersatzanspruch gegen D zu (§ 823 I). – Hat K am 2.4. durch Einigung und Übergabe (§ 929, 1) von V das Eigentum an dem Schrank erworben, dann stehen ihm die genannten Ansprüche zu (Fall a, 2. Frage).

7 Das („dynamische") Schuldrecht ist auf Änderung des gegenwärtigen Zustandes, das („statische") Sachenrecht auf dessen Erhaltung gerichtet. Die Forderung zielt auf Erfüllung, das dingliche Recht auf Beherrschung der Sache.

Der Kaufvertrag bezweckt einen Güteraustausch (Schrank gegen Geld; § 433). Der Eigentümer des Schrankes kann mit ihm nach Belieben verfahren und andere von jeder Einwirkung ausschließen (§ 903).

Durch den Schuldvertrag (z. B. Kauf) ändert sich sachenrechtlich nichts. Die Änderung der Zuordnung einer Sache zu einer Person tritt erst durch Übereignung, Verpfändung usw. ein.

So kann V im Fall b das Eigentum an dem Schrank noch auf K 1 übertragen (§ 929, 1), obwohl der Schrank schon an K verkauft war. K 1 wird durch die Übereignung von V Eigentümer des Schrankes. K hat nur gegen V einen Schadensersatzanspruch (§§ 440 I, 325; Rdnr. 263), weil V seine Verpflichtung aus dem Kaufvertrag mit K nicht mehr erfüllen kann; denn V ist zur Übereignung außerstande, da er das Eigentum auf K 1 übertragen hat. Gegen K 1 hat K regelmäßig keinen Anspruch; lediglich unter den strengen Voraussetzungen des § 826 (vorsätzliche sittenwidrige Schädigung; BS Rdnr. 469 ff.) besteht ein Schadensersatzanspruch.

Auch bei den Kaufgeschäften des täglichen Lebens muß der (schuldrechtliche) Kaufvertrag von den (sachenrechtlichen) Übereignungen der Kaufsache und der Geldstücke unterschieden werden, obwohl in der Praxis die Geschäfte zeitlich zusammenfallen können.

Beispiel: Ich will von einem Straßenhändler, der eine Sportzeitung vertreibt, ein Exemplar erwerben. Ohne ein Wort zu sagen, gebe ich ihm ein Markstück. Darin ist das Angebot auf Abschluß eines Kaufvertrages über ein Exemplar, das Angebot auf Einigung über den Eigentumsübergang an dem Geldstück und dessen Übergabe zu erblicken. Händigt der Händler mir ebenfalls wortlos ein Zeitungsexemplar aus, so nimmt er damit mein Kaufangebot und mein Angebot auf Übereignung des Geldes an. Gleichzeitig übereignet er mir – in Erfüllung des Kaufvertrages – die Zeitung.

Die dem BGB zugrunde liegende Trennung zwischen dem schuldrechtlichen Verpflichtungsgeschäft und dem sachenrechtlichen Verfügungsgeschäft (Abstraktionsprinzip; AT Rdnr. 115) hat zur Folge, daß die Wirksamkeit des Verfügungsgeschäftes unabhängig davon ist, ob ein gültiges Verpflichtungsgeschäft vorliegt.

Verfügungen, die ohne gültiges Verpflichtungsgeschäft vorgenommen worden sind, können nach §§ 812 ff. rückabgewickelt werden (AT Rdnr. 117; BS Rdnr. 385 ff.).

8
III. Bedeutung

Das Schuldrecht enthält die wesentlichen Regelungen für den auf Bedarfsdeckung gerichteten geschäftlichen Verkehr im privaten und wirtschaftlichen Bereich. Dabei geht es vor allem um die auf die Herstellung und den Austausch von Vermögensgütern gerichteten Geschäfte (z. B. Werkvertrag, Kauf). Die wichtigsten Vertragstypen sind im Besonderen Schuldrecht (§§ 433 ff.) geregelt. Das Schuldrecht bezweckt zudem den Ausgleich ungerechtfertigter Vermögensverschiebungen (§§ 812 ff.) und den Ersatz von Schäden an Personen und Gütern (§§ 823 ff.).

Den genannten Zielen dient auch das Allgemeine Schuldrecht (§§ 241–432). Es umfaßt nämlich die allgemeinen Regeln, die für alle Verträge (Rdnr. 21 ff.) und für die gesetzlichen Schuldverhältnisse (Rdnr. 27 ff.) von Bedeutung sein können. So enthält es z. B. Bestimmungen über die Begründung und das Erlöschen von Schuldverhältnissen sowie über die Rechtsfolgen, die bei einer Störung in der Abwicklung solcher Verhältnisse eintreten sollen.

9
IV. Schrifttum

A. Blomeyer, Allgemeines Schuldrecht, 4. Aufl., 1969;
Cosack/Mitteis, Lehrbuch des deutschen Bürgerlichen Rechts, Bd. I, 8. Aufl., 1927;
Crome, System des deutschen Bürgerlichen Rechts, Bd. II, 1907;
Dernburg, Die Schuldverhältnisse nach dem Rechte des deutschen Reichs und Preußens, 4. Aufl., (herausgegeb. von Raape), Bd. I, 1909;
Emmerich/Gerhardt/Grunsky/Huhn/Schmidt/Tempel/Wolf, Grundlagen des Vertrags- und Schuldrechts, 1972;
Enneccerus/Lehmann, Recht der Schuldverhältnisse, 15. Aufl., 1958;
Esser, Schuldrecht, Bd. I, 4. Aufl., 1970;
Esser/Schmidt, Schuldrecht, Band I, Allgemeiner Teil, 6. Aufl., 1984;
Fikentscher, Schuldrecht, 6. Aufl., 1976;
Heck, Grundriß des Schuldrechts, 1929 (Neudruck 1974);
Henle, Lehrbuch des Bürgerlichen Rechts, Bd. II, 1934;
Kohler, Lehrbuch des Bürgerlichen Rechts, Bd. II, 1, 1906;
Kreß, Lehrbuch des Allgemeinen Schuldrechts, 1929 (Neudruck 1974);
Larenz, Lehrbuch des Schuldrechts, Bd. I, 13. Aufl., 1982;
Leonhard, Allgemeines Schuldrecht des BGB, 1929;

Löwisch, Schuldrecht, Allgemeiner Teil, 2. Aufl., 1982;
Medicus, Bürgerliches Recht, 12. Aufl., 1984 (zit.: Bürg R);
Medicus, Schuldrecht I, Allgemeiner Teil, 2. Aufl., 1984 (zit.: SAT);
R. Schmidt, Bürgerliches Recht, Bd. II, Das Schuldrecht, 2. Aufl., 1953;
Siber, Schuldrecht, 1931;
Stammler, Das Recht der Schuldverhältnisse in seinen allgemeinen Lehren, 1897;
Thiele, BGB-Allgemeiner Teil – Allgemeines Schuldrecht, 3. Aufl., 1980;
Thoma, Bürgerliches Recht, Allgemeines Schuldrecht, 1977;
Titze, Bürgerliches Recht, Recht der Schuldverhältnisse, 4. Aufl., 1948;
H. P. Westermann, BGB-Schuldrecht, Allgemeiner Teil, 3. Aufl., 1981;
E. Wolf, Lehrbuch des Schuldrechts, Erster Band: Allgemeiner Teil, 1. Aufl., 1978.

Siehe im übrigen die Kommentare zum BGB.

Fallsammlungen:
Esser/Schmidt/Köndgen, Fälle und Lösungen nach höchstrichterlichen Entscheidungen, BGB-Schuldrecht, 3. Aufl., 1971;
Fikentscher, ESJ Schuldrecht I, 2. Aufl., 1977;
Fikentscher, Schuldrechtspraktikum, 1972;
Köhler, BGB – Recht der Schuldverhältnisse 1, Prüfe Dein Wissen, Heft 2, 11. Aufl., 1983;
Kornblum, Fälle zum Allgemeinen Schuldrecht, 1978;
Lüderitz/ v. Marschall, Fälle und Texte zum Schuldrecht, 4. Aufl., 1979.

Zweites Kapitel

10 § 2. Begriff und Abgrenzung des Schuldverhältnisses

Schrifttum: Binder, Zur Lehre von Schuld und Haftung, JherJb 77, 75; Gierke, Schuld und Haftung im älteren deutschen Recht, 1910; Hellwig, Anspruch und Klagerecht, 1900; Reichel, Unklagbare Ansprüche, JherJb 59, 409; R. Schmidt, Die Obliegenheiten, 1953; Schreiber, Schuld und Haftung als Begriffe der privatrechtlichen Dogmatik I, 1914; v. Schwerin, Schuld und Haftung im geltenden Recht, 1911; Siber, Der Rechtszwang im Schuldverhältnis nach deutschem Reichsrecht, 1903; ders., Naturalis obligatio, 1926; Strohal, Schuldpflicht und Haftung, Festschrift f. K. Binding, 1914, 3; E. Wolf, Zum Begriff des Schuldverhältnisses, Festgabe f. Herrfahrdt, 1961, 197.

Fälle:

a) A nimmt jeden Tag seinen Arbeitskollegen B in seinem Wagen gegen Beteiligung an den Benzinkosten zur Arbeit mit. An einem Montag verspätet sich A. B verlangt von ihm Ersatz seines Verdienstausfalls.

b) A sagt dem B zu, ihn in seinem Wagen zum Schützenfest in den Nachbarort mitzunehmen. Später überlegt er es sich anders. B verlangt Beförderung.

I. Begriff

Der Begriff des Schuldverhältnisses wird vom Gesetz in doppeltem Sinne verwandt:

1. Schuldverhältnis im weiteren Sinne

Unter einem Schuldverhältnis im weiteren Sinne versteht man ein Rechtsverhältnis zwischen mindestens zwei Personen, kraft dessen wenigstens eine von der anderen eine bestimmte Leistung zu fordern berechtigt ist (vgl. Rdnr. 3). Gemeint ist also das Rechtsverhältnis als „Organismus", aus dem sich eine ganze Reihe von Einzelansprüchen (= Forderungen = Schuldverhältnisse im engeren Sinne) und Pflichten ergeben können.

Im weiteren Sinne wird der Begriff gebraucht z. B. in der Überschrift des zweiten Buches des BGB („Recht der Schuldverhältnisse") oder in § 273 I („sofern nicht aus dem Schuldverhältnisse sich ein anderes ergibt").

Beispiele: Aus dem Organismus „Kauf" oder „Miete" entstammen verschiedene Einzelansprüche (vgl. §§ 433 ff. bzw. §§ 535 ff.). – Eine Gesellschaft (§ 705) kann ein besonders komplexer Organismus sein (z. B. Beitrags-, Mitarbeits-, Nachschußpflicht; Anspruch auf Gewinnausschüttung, Aufwendungsersatz, Auseinandersetzungsguthaben usw.).

11 **2. Schuldverhältnis im engeren Sinne**

Als Schuldverhältnis im engeren Sinne bezeichnet man das Recht auf eine Leistung (§ 241), den einzelnen Anspruch, die Forderung des Gläubigers gegen den Schuldner. Gegenstand der Leistung kann sowohl ein positives Tun als auch ein Unterlassen des Schuldners sein (§ 241, 2).

Beispiele: Zahlung des Kaufpreises von 3000,– DM, des Mietzinses von 400,– DM für einen Monat; Unterlassen von Konkurrenzgeschäften.

Meist gebraucht das Gesetz den Begriff im engeren Sinne. Wenn z. B. die Überschrift des dritten Abschnitts des zweiten Buches des BGB „Erlöschen der Schuldverhältnisse" lautet, so ist damit das Erlöschen der Forderung gemeint; denn wenn der Schuldner die geschuldete Leistung bewirkt (§ 362 I), z. B. den Kaufpreis zahlt, dann erlischt damit nur die betreffende Forderung, nicht aber das Schuldverhältnis im weiteren Sinne (Kaufvertrag).

12 **II. Leistungspflicht des Schuldners und Forderungsrecht des Gläubigers**

Jedes Schuldverhältnis im weiteren Sinne enthält mindestens *eine* Forderung des Gläubigers. Dem entspricht auf Seiten des Schuldners eine Leistungspflicht.

Das Gesetz geht grundsätzlich davon aus, daß Schuldverhältnisse nur zu einmaligen Leistungen verpflichten. Für Schuldverhältnisse, die auf länger andauernde oder wiederholte Leistungen gerichtet sind (sog. *Dauerschuldverhältnisse*), gibt es Sondervorschriften (z. B. Miete, Pacht, Leihe, Verwahrung, Dienstvertrag). Die Vertragsparteien können auch andere Verträge zu einem Dauerschuldverhältnis ausgestalten (z. B. Bierlieferungsvertrag zwischen Brauerei und Gastwirt; vgl. auch Rdnr. 302); hierfür gelten bestimmte Besonderheiten (vgl. etwa Rdnr. 198). Keine Dauerschuldverhältnisse sind jedoch solche Verträge, nach denen eine von vornherein festgelegte Gesamtleistung lediglich in mehreren Teilen oder Raten erbracht werden soll (sog. *Teil-* oder *Ratenlieferungsverträge*; z. B. Abzahlungskauf).

1. Leistungspflicht des Schuldners

a) Welche Leistung der Schuldner zu erbringen hat, ergibt sich aus Rechtsgeschäft (z. B. Kaufvertrag) oder aus Gesetz (z. B. § 823). Mit dem Schuldverhältnis entsteht die Leistungspflicht des Schuldners (z. B. zur Kaufpreiszahlung gem. § 433 II, zum Schadensersatz gem. § 823). Man spricht von einer *primären Leistungspflicht*.

b) Bei Störung einer primären Leistungspflicht kann eine *sekundäre Leistungspflicht* entstehen. Diese kann neben die primäre Leistungspflicht oder an deren Stelle treten.

Hat K gegen V einen Anspruch auf Lieferung eines Lastkraftwagens bis spätestens zum 15. Mai, so tritt nach Ablauf dieses Tages neben die primäre Leistungspflicht (auf Übereignung) die sekundäre Pflicht auf Ersatz des Verspätungsschadens (§ 286 I; Rdnr. 278). Wird der Wagen vor Lieferung durch Verschulden des V zerstört, so ist dieser statt zur Übereignung zum Schadensersatz verpflichtet (§ 325 I; Rdnr. 263 ff.).

13 c) Darüber hinaus können sich aus dem Schuldverhältnis noch *Nebenpflichten* ergeben, die im Gesetz oder Vertrag nicht ausdrücklich geregelt zu sein brauchen. Grundlage hierfür ist § 242, wonach der Schuldner verpflichtet ist, die Leistung so zu bewirken, wie Treu und Glauben mit Rücksicht auf die Verkehrssitte es erfordern. Aus diesem Grundsatz ergeben sich Pflichten zur gegenseitigen Rücksichtnahme. Ihr Umfang richtet sich u. a. nach der Art des Schuldverhältnisses.

Beim Kauf einer Zeitung sind diese Pflichten geringer als beim Kauf einer komplizierten Maschine. Bei Dauerschuldverhältnissen (Miete, Pacht) sind sie stärker als beim Kauf. Gesteigerte Bedeutung erhalten sie bei Schuldverhältnissen mit einer starken persönlichen Bindung der Parteien (z. B. Gesellschaftsvertrag, Arbeitsvertrag; dazu Brox, Grundbegriffe des Arbeitsrechts, 6. Aufl., Rdnr. 87 ff., 129 ff.).

Diese Nebenpflichten, die auch als *Schutzpflichten* oder *weitere Verhaltenspflichten* bezeichnet werden, lassen sich im Hinblick auf ihre Einklagbarkeit in zwei Gruppen einteilen:

(1) *Unselbständige Nebenpflichten* dienen nur der pflichtgemäßen Erfüllung der Hauptleistung, verfolgen also keinen eigenen Zweck. Hierher gehören vor allem Obhuts- und Fürsorgepflichten. Der Gläubiger hat regelmäßig keinen Anspruch auf ihre Erfüllung und kann sie infolgedessen nicht selbständig einklagen. Verletzt der Schuldner aber schuldhaft eine solche Pflicht und kommt es deshalb zu einer Lei-

stungsstörung, so ist er dem Gläubiger schadensersatzpflichtig (Rdnr. 294).

Beispiel: Der Malermeister, der vertraglich verpflichtet ist, meine Wohnung anzustreichen, muß nicht nur diese Arbeiten fachgerecht ausführen, sondern hat auch darauf zu achten, daß bei der Arbeit meine Möbel nicht beschädigt werden. Verschrammt er infolge Unachtsamkeit meinen Schrank, muß er Schadensersatz wegen positiver Forderungsverletzung leisten (Rdnr. 291 ff.).

(2) *Selbständige Nebenpflichten* verfolgen einen eigenen Zweck. Hierher gehören vor allem Anzeige-, Auskunfts- und Rechenschaftspflichten. Der Gläubiger hat einen Anspruch auf Erfüllung, den er selbständig einklagen kann.

Derartige Pflichten sind in § 666 ausdrücklich genannt, auf den zahlreiche Vorschriften verweisen (Beispiele aus dem Schuldrecht: §§ 675; 681, 2; 713). Aus diesen Bestimmungen ist der allgemeine Rechtsgedanke zu entnehmen, daß jeden Schuldner, der fremde Angelegenheiten besorgt, diese Pflichten treffen. Sie müssen selbständig einklagbar sein; denn erst wenn der Schuldner Auskunft erteilt und Rechenschaft abgelegt hat, ist der Gläubiger in der Lage, z. B. das Erlangte vom Schuldner herauszuverlangen.

14 **2. Forderungsrecht des Gläubigers**

a) Aufgrund des Schuldverhältnisses hat der Gläubiger ein Forderungsrecht gegen den Schuldner und nur gegen ihn. Deshalb bezeichnet man das Forderungsrecht als ein *relatives Recht* (Rdnr. 6).

Der Käufer eines noch nicht übereigneten Schrankes hat keine Rechte gegenüber demjenigen, der sich an dem Schrank zu schaffen macht. Ihm steht lediglich ein Forderungsrecht gegen den Verkäufer zu (§ 433 I 1). Er ist auch nicht befugt, sich den Schrank ohne oder gar gegen den Willen des Verkäufers aus dessen Wohnung zu holen.

b) Die Rechtsordnung gibt dem Gläubiger die Möglichkeit, sein Forderungsrecht gegen den Schuldner *mit Hilfe des Staates durchzusetzen*. Der Gläubiger kann seine Forderung gegen den Schuldner einklagen und aus dem Urteil, das der Klage stattgibt, die Zwangsvollstrekkung gegen ihn betreiben.

Liefert der Verkäufer den verkauften Schrank nicht, so kann der Käufer gegen ihn Klage erheben mit dem Antrag, den Verkäufer zu verurteilen, den Schrank an den Käufer zu übereignen und zu übergeben. Wird der Klage durch Urteil stattgegeben und liefert der Verkäufer trotzdem nicht, so hat der Käufer die Möglichkeit, den Gerichtsvollzieher zu beauftragen, der den Schrank dem Verkäufer wegnimmt und dem Käufer übergibt (vgl. §§ 883 I, 897 I ZPO). Die zum Eigentumserwerb nach § 929 erforderliche Einigungserklärung des Verkäufers gilt mit der Rechtskraft des Urteils als abgegeben (§ 894 I 1 ZPO).

15 ## III. Schuld und Haftung

1. Begriffsbestimmungen

Schuld ist das Leistensollen des Schuldners (= Verpflichtetsein = Verbindlichkeit = Leistungspflicht; Rdnr. 12). Demgegenüber bedeutet *Haftung* das Unterworfensein des Schuldners unter den zwangsweisen Zugriff des Gläubigers (Rdnr. 16 ff.).

Der Ausdruck „Haftung" wird allerdings nicht einheitlich verwandt. „Haften" wird auch im Sinne von „schulden" gebraucht (z. B. § 840 I). Mit „Haftung" bezeichnet man häufig auch das Einstehenmüssen für entstandene Schäden („Eltern haften für ihre Kinder"; vgl. § 832).

16 ### 2. Gegenstand der Haftung

Wenn der Schuldner für seine Schuld auch haftet, er also dem Zugriff des Gläubigers unterworfen ist, so fragt sich, womit er haftet.

a) Regelmäßig haftet der Schuldner nicht – wie in früheren Rechtsordnungen – mit seiner Person, sondern mit seinem ganzen Vermögen (*unbeschränkte Vermögenshaftung*).

Zahlt der Käufer den Kaufpreis von 3000,– DM nicht, so kann der Verkäufer sich ein Urteil beschaffen und aus ihm die Zwangsvollstreckung in das Vermögen des Schuldners betreiben: Der Gerichtsvollzieher nimmt Geld in der genannten Höhe beim Schuldner weg, oder er pfändet Mobilien (z. B. ein Klavier und einen Teppich), versteigert die Gegenstände und befriedigt aus dem Versteigerungserlös den Gläubiger. Das Amtsgericht pfändet und überweist eine Forderung des Schuldners gegen einen Dritten (häufig Lohnforderung gegen den Arbeitgeber des Schuldners) dem Gläubiger zur Einziehung; der Dritte zahlt die gepfändete Forderung an den Pfändungspfandgläubiger. Ein Grundstück des Schuldners wird vom Amtsgericht versteigert. Einzelheiten der verschiedenen Vollstreckungsmöglichkeiten ergeben sich aus der ZPO und dem Zwangsversteigerungsgesetz. Ausnahmsweise unterliegen bestimmte Vermögensstücke nicht der Zwangsvollstreckung, nämlich die nach § 811 ZPO unpfändbaren Gegenstände (wie etwa Tisch, Stuhl, Bett, Arbeitsgerät), die der Schuldner unbedingt zum Leben braucht, und die nach §§ 850 ff. ZPO unpfändbaren Forderungen, wie etwa ein bestimmter Teil des Arbeitseinkommens; das Existenzminimum soll dem Schuldner und seiner Familie erhalten bleiben.

b) Hat der Schuldner eine Handlung vorzunehmen, die ausschließlich von seinem Willen abhängt (z. B. Erteilung einer Auskunft, eines Zeugnisses), und kommt er dem nicht nach, so kann er dazu vom Gericht durch Zwangsgeld oder Zwangshaft angehalten werden (§ 888

ZPO). In den seltenen Fällen der Inhaftierung kennt unser Recht also heute noch eine *Haftung des Schuldners mit seiner Person*.

17 c) Ausnahmsweise haftet für die Schuld nicht das ganze Schuldnervermögen, sondern nur eine selbständige Vermögensmasse des Schuldners (*beschränkte Vermögenshaftung*).

Beispiele: Mit dem Tod des Erblassers gehen dessen Aktivvermögen und auch dessen Schulden auf den Erben über (§§ 1922 I, 1967 I). Schuldete also der Erblasser dem G 3000,– DM, so ist jetzt der Erbe Schuldner dieser Verbindlichkeit. Für diese Schuld haftet das ganze Vermögen des Erben, also sein persönliches (Eigen-) Vermögen und das bisherige Vermögen des Erblassers (= Nachlaß); das Gesetz räumt aber dem Erben die Möglichkeit ein, die Haftung für die genannte Nachlaßschuld auf den Nachlaß zu beschränken (§ 1975; dazu Brox, Erbrecht, Rdnr. 608 ff.). – Auch bei der Vermögensübernahme kann sich die Haftung des Übernehmers auf eine Vermögensmasse, nämlich das übernommene Vermögen, beschränken (§ 419 II; Rdnr. 425).

d) Eine unbeschränkte Vermögenshaftung hilft dem Gläubiger dann nicht, wenn der Schuldner kein pfändbares Vermögen mehr hat. Für den Gläubiger ist es sicherer, wenn ihm für seine Forderung ein dingliches Sicherungsrecht an einem Gegenstand zusteht (*Sachhaftung*).

Beispiel: Eine Bank gibt ihrem Kunden ein Darlehen von 10 000,– DM. Zur Sicherung für die Rückzahlungsforderung (§ 607 I) bestellt der Kunde der Bank ein Pfandrecht an einem wertvollen Schmuckstück (§§ 1204 ff.), eine Hypothek oder eine Grundschuld an seinem Grundstück (§§ 1113 ff., 1191 ff.). Zahlt der Kunde das Geld nicht zurück, kann die Bank das Pfand bzw. das Grundstück versteigern lassen und sich aus dem Erlös befriedigen.

Nicht nur der Schuldner, sondern auch ein Dritter kann dem Gläubiger ein solches dingliches Sicherungsrecht an einem ihm gehörenden Gegenstand bestellen. Dann ist der Dritte nicht Schuldner des Gläubigers, wohl aber haftet er dem Gläubiger mit dem Gegenstand.

18 **3. Schuld ohne Haftung**

Eine Schuld ohne Haftung ist dann gegeben, wenn sie zwar vom Schuldner erfüllt, die Erfüllung aber vom Gläubiger nicht erzwungen werden kann. Da die Schuld also nicht einklagbar, jedenfalls aber nicht vollstreckbar ist, spricht man von *unvollkommenen* oder *natürlichen Verbindlichkeiten*, von *Naturalobligationen*. Hat der Schuldner aber geleistet, kann er das zur Erfüllung Geleistete nicht wegen ungerechtfertigter Bereicherung (§ 812) vom Gläubiger zurückverlangen, da die Forderung bestand.

Diese Naturalobligationen spielten im gemeinen Recht eine Rolle. Heute wird sehr Verschiedenartiges unter diesem Begriff zusammengefaßt. Zum Teil versteht man darunter die nicht im Klagewege durchsetzbaren Forderungen (a), zum Teil aber auch die Fälle, in denen überhaupt keine Verbindlichkeit besteht (b).

a) Die *verjährte Forderung* ist zwar einklagbar. Der Gläubiger erhält auch ein obsiegendes Urteil, wenn der Schuldner die Verjährungseinrede nicht geltend macht (vgl. § 222). Aus dem Urteil kann der Gläubiger die Zwangsvollstreckung betreiben. Erhebt der Schuldner aber die Einrede, wird die Klage abgewiesen. – Jedoch kann das zur Befriedigung des verjährten Anspruchs Geleistete nicht zurückgefordert werden (§ 222 II; AT Rdnr. 634). Trotz der Verjährung ist der Gläubiger nicht gehindert, bei Bestehen eines Pfandrechts oder einer Hypothek Befriedigung aus dem verpfändeten Gegenstand zu suchen (§ 223 I).

b) Aus *Spiel, Wette, Ehemäklervertrag* kann nicht geklagt werden; in diesen Fällen entsteht überhaupt keine Schuld (§§ 762, 656). Dennoch kann das Geleistete nicht zurückgefordert werden (§§ 762 I 2, 656 I 2). Da keine Forderung besteht, kann auch nicht wirksam ein Pfandrecht bestellt werden.

19 **IV. Schuldverhältnis und Gefälligkeitsverhältnis**

1. Abgrenzung

Im Gegensatz zum Schuldverhältnis begründet ein Gefälligkeitsverhältnis keine Verpflichtung, die versprochene Gefälligkeit zu erbringen.

Wenn A den B zu einem Essen, einem Fest einlädt und B die Einladung dankend annimmt, erhält B keinen Anspruch auf das Essen, auf Teilnahme am Fest; A ist nicht rechtlich, sondern nur gesellschaftlich verpflichtet (AT Rdnr. 2, 83).

Die Abgrenzung des Gefälligkeitsverhältnisses vom Schuldvertrag ist theoretisch leicht möglich: Der Schuldvertrag besteht aus zwei Willenserklärungen, also aus Willensäußerungen, die auf Erzeugung einer Rechtswirkung gerichtet sind (AT Rdnr. 77, 80); bei den rein gesellschaftlichen Abmachungen fehlt gerade der Wille, sich rechtlich zu verpflichten. Was aber im Einzelfall gewollt ist, läßt sich nicht immer leicht feststellen.

Im Fall b soll die Mitnahme im Kraftwagen aus Gefälligkeit erfolgen; B kann also nicht die Beförderung zum Schützenfest verlangen. Eine Gefälligkeitsfahrt wird aber bei Vereinbarung einer Beteiligung an den Kosten nicht vorliegen (Fall a). Das gilt auch, wenn zwei Arbeitskollegen übereinkommen, daß nicht jeder einzeln mit seinem Wagen zur Arbeitsstätte fährt, sondern abwechselnd einer den anderen mitnimmt.

Die Unentgeltlichkeit mag Anhaltspunkt für eine bloße Gefälligkeit sein. Zwingend ist ein solcher Schluß jedoch nicht, da das Gesetz auch unentgeltliche Verträge, also Schuldverhältnisse, kennt (z.B. Schenkung, Leihe, Auftrag, unentgeltliche Verwahrung). Bei einem besonderen Interesse dessen, dem eine Zusage gemacht ist, wird regelmäßig ein Schuldverhältnis gegeben sein (z.B. Mitnahme des Nachbarn zu einem für ihn wichtigen Termin; Fall a).

Im Fall a ist A zur Beförderung verpflichtet. Verletzt er schuldhaft diese Pflicht, muß er Schadensersatz (Ersatz des Verdienstausfalls) leisten (Rdnr. 271 ff.).

20 **2. Folgen**

Liegt eine bloße Gefälligkeit vor, so besteht kein Anspruch auf Erfüllung (z.B. Fall b) und auch kein Schadensersatzanspruch wegen Nichterfüllung. Es können aber trotz fehlender Hauptleistungspflicht Sorgfaltspflichten bestehen, deren Verletzung Schadensersatzansprüche auslöst. Außerdem kommen Ansprüche aus Gesetz (z.B. aus unerlaubter Handlung) in Betracht.

Hilft ein Transportunternehmer seinem Geschäftsfreund „aus Gefälligkeit" mit einem Fahrer aus, so ist er zwar nicht zur Überlassung, wohl aber zur sorgfältigen Auswahl verpflichtet (vgl. BGHZ 21, 102).

Wird jemand aus Gefälligkeit von einem Kraftwagenfahrer mitgenommen, so kann man daraus allein nicht auf einen stillschweigenden Vertrag auf Ausschluß der Haftung des Fahrers schließen. Der Fahrer kann vor Fahrtbeginn einen Haftungsausschluß ausdrücklich vereinbaren; dabei ist jedoch zu beachten, daß ein Nichtgeschäftsfähiger einen solchen Vertrag nicht wirksam schließen kann.

Rdnr. 20

Drittes Kapitel

Begründung der Schuldverhältnisse

21 § 3. Arten der Begründung von Schuldverhältnissen

Ein Schuldverhältnis kann durch Rechtsgeschäft oder kraft Gesetzes entstehen.

I. Entstehung durch Rechtsgeschäft

Nach § 305 ist zur rechtsgeschäftlichen Begründung eines Schuldverhältnisses regelmäßig ein Vertrag erforderlich; ausnahmsweise genügt ein einseitiges Rechtsgeschäft.

1. Entstehung durch Vertrag

Eine vertragliche Begründung des Schuldverhältnisses setzt einander entsprechende Willenserklärungen (Angebot und Annahme; §§ 145 ff.; AT Rdnr. 168 ff.) voraus.

Nach den Verpflichtungen, die sich aus dem Vertrag ergeben, kann man unterscheiden:

22 a) *Gegenseitige Verträge* liegen vor, wenn der eine Vertragsteil eine Leistung gerade deshalb verspricht, weil auch der andere sich zu einer Leistung verpflichtet. Man nennt sie auch synallagmatische (Austausch-) Verträge. Die im Austauschverhältnis stehenden Leistungspflichten werden als Hauptleistungspflichten bezeichnet.

Beispiele: Kauf (Bild gegen Zahlung von 500,– DM), Tausch (Pferd gegen Auto), Miete (Gebrauchsüberlassung des Buches gegen einen Mietzins von 2,– DM), Pacht (Gaststätte gegen Pachtzins von monatlich 3000,– DM), Dienstvertrag (Dienst als Aushilfskellner gegen Vergütung von 100,– DM), Werkvertrag (Herstellung eines Kleides gegen Vergütung von 200,– DM).

Die Besonderheit dieser Verträge besteht in der gegenseitigen Abhängigkeit der beiderseitigen Hauptverpflichtungen:

Der eine Vertragsteil kann seine Leistung solange verweigern, bis der andere die Gegenleistung erbringt (Einzelheiten: §§ 320–322; Rdnr. 153 ff.).

Leistet der eine Vertragsteil nicht oder nicht richtig, so wird davon möglicherweise sein Anspruch auf die Gegenleistung beeinflußt (§§ 323 ff.; Rdnr. 254 ff.).

23 b) *Unvollkommen zweiseitig verpflichtende Verträge* liegen vor, wenn nur für *einen* Vertragsteil Leistungspflichten entstehen, unter Umständen sich aber auch eine Verpflichtung des anderen Vertragsteils ergeben kann. Man spricht von *zufällig* zweiseitigen Verträgen.

Beispiele: Beim Auftrag ist notwendigerweise nur der Beauftragte verpflichtet (§ 662). Im Einzelfall kann aber auch der Auftraggeber verpflichtet sein, nämlich zum Aufwendungsersatz (§ 670); dieser ist kein Entgelt für die Leistung des Beauftragten. Der Vertrag über eine unentgeltliche Verwahrung enthält nur eine Pflicht des Verwahrers (§§ 688, 690); hat dieser aber Aufwendungen gemacht, muß der Hinterleger sie ersetzen (§ 693). Gegenstand des Leihvertrages ist die Pflicht zur unentgeltlichen Gebrauchsüberlassung (§ 598); Pflichten des Entleihers können sich aus §§ 601 ff. ergeben.

24 c) *Einseitig verpflichtende Verträge* liegen vor, wenn immer nur eine Vertragspartei zur Leistung verpflichtet ist.

Beispiele: Schenkungsversprechen (§ 518), Bürgschaft (§ 765).

2. Entstehung durch einseitiges Rechtsgeschäft

Ausnahmsweise kann ein Schuldverhältnis auch durch ein einseitiges Rechtsgeschäft begründet werden. Dafür seien zwei Beispiele genannt:

25 a) *Auslobung* (§ 657) ist das öffentlich bekanntgemachte Versprechen einer Belohnung für die Vornahme einer Handlung (z.B. Zeitungsanzeige: „Schwarzer Pudel Prinz entlaufen. Wiederbringer erhält 100,– DM Belohnung.“). Derjenige, der die Handlung vornimmt (den Erfolg herbeiführt), hat einen Anspruch auf die Belohnung, auch wenn er „nicht mit Rücksicht auf die Auslobung gehandelt hat“ (§ 657 a.E.).

26 b) *Vermächtnis* (§ 1939) ist die in einer Verfügung von Todes wegen enthaltene Zuwendung eines Vermögensvorteils, die nicht Erbeinsetzung ist (z.B. Testament: „X ist mein Erbe; V soll mein Klavier haben.“). Für den Vermächtnisnehmer wird „das Recht begründet, von

dem Beschwerten die Leistung des vermachten Gegenstandes zu fordern" (§ 2174; im Beispielsfall hat also V nach dem Tode des Erblassers einen Anspruch gegen X auf Übereignung des Klaviers).

II. Entstehung kraft Gesetzes

Schuldverhältnisse können auch ohne Rechtsgeschäft unmittelbar kraft Gesetzes entstehen. Drei wichtige Gruppen von Tatbeständen sind im Schuldrecht geregelt:

27 **1. Unerlaubte Handlung**

Die §§ 823 ff. bestimmen eine Ersatzpflicht für zurechenbare Schädigungen; die Forderung des geschädigten Gläubigers geht auf Ersatz des rechtswidrig und schuldhaft verursachten Schadens (BS Rdnr. 436 ff.).

Beispiele: Jemand wirft mutwillig fremde Fensterscheiben ein. Ein Kraftfahrer fährt bei Glatteis zu schnell, gerät auf den Bürgersteig und verletzt einen Fußgänger.

28 **2. Ungerechtfertigte Bereicherung**

Hat jemand auf Kosten eines anderen ohne Rechtsgrund einen Vermögensvorteil erlangt, so ist diese Vermögensverschiebung nach §§ 812 ff. rückgängig zu machen (BS Rdnr. 385 ff.).

Beispiele: Die Herde des X weidet auf der Wiese des Y. Dadurch erspart X Futterkosten, und Y erleidet einen Vermögensverlust. Diese Vermögensverschiebung erfolgt ohne Rechtsgrund (z. B. Gestattungsvertrag). – A übereignet ein Bild an B. Später stellt sich heraus, daß der zugrunde liegende Kaufvertrag nichtig oder durch Anfechtung vernichtet worden ist. A kann von B nach § 812 Rückübereignung des Bildes verlangen.

29 **3. Geschäftsführung ohne Auftrag**

Wenn jemand ein Geschäft für einen anderen besorgt, ohne von ihm beauftragt oder sonst dazu berechtigt zu sein, so entsteht damit ein gesetzliches Schuldverhältnis, aus dem sich für beide Beteiligten Pflichten ergeben können (§§ 677 ff.; BS Rdnr. 357 ff.).

Ein Kraftfahrer, der einen Schwerverletzten auf dessen Bitten ins Krankenhaus bringt, kann seine Aufwendungen (Fahrtkosten, Verbandsmaterial) vom Verletzten nach § 670 ersetzt verlangen; denn zwischen beiden ist ein Vertrag (Auftrag) zustande gekommen. Ein Vertragsschluß scheidet aber aus, wenn der Verletzte bewußtlos ist. Der Aufwendungsersatzanspruch ergibt sich hier aus dem gesetzlichen Schuldverhältnis der Geschäftsführung ohne Auftrag (§ 683).

30 III. Mehrere Anspruchsgrundlagen

Ein Anspruch kann möglicherweise auf *mehrere* Anspruchsgrundlagen gestützt werden. So ist z. B. ein Schadensersatzanspruch oft aus Vertrag (wegen Schlechterfüllung) und aus den Vorschriften über unerlaubte Handlungen (etwa wegen Körper- oder Eigentumsverletzung) herzuleiten.

Beispiel: Der Kraftfahrzeugmeister S stellt bei einer Inspektion am Fahrzeug des G die Bremsen falsch ein. Bei der anschließenden Fahrt erleidet G deshalb einen Unfall, bei dem er verletzt und das Fahrzeug schwer beschädigt wird. G kann seinen Schaden (Arztkosten, Verdienstausfall, Reparaturkosten für das Fahrzeug) von insgesamt 5000,– DM von S ersetzt verlangen. Der Anspruch ist sowohl wegen schuldhafter Schlechterfüllung des Werkvertrags als auch wegen unerlaubter Handlung begründet.

Kommen mehrere Anspruchsgrundlagen in Betracht, dann müssen *alle* geprüft werden.

So sind im Beispielsfall sowohl etwaige vertragliche als auch gesetzliche Ansprüche zu erörtern. Stellt sich dabei z. B. heraus, daß der Werkvertrag nichtig ist, dann bleibt jedenfalls der Anspruch aus § 823 I bestehen, der keinen Vertrag voraussetzt. – Erhebt S die Verjährungseinrede, weil der Unfall schon fünf Jahre zurückliegt, dann scheiden Ansprüche aus unerlaubter Handlung aus, weil sie verjährt sind (§ 852). Hier kommt es also entscheidend darauf an, ob ein vertraglicher Anspruch besteht, der nicht der kurzen Verjährung des § 852 unterliegt.

Hat für S sein Geselle X den Werkvertrag mit G abgeschlossen und durch unsachgemäße Arbeit den Unfall herbeigeführt, so kann G sowohl gegen X als auch gegen S vorgehen. Gegen X bestehen allerdings nur Ansprüche aus unerlaubter Handlung (§ 823) und nicht aus Vertrag; denn X hat den Werkvertrag nicht in eigenem Namen, sondern als Vertreter des S in dessen Namen abgeschlossen. Vertragspartner des G ist daher nur S (§ 164 I). Dieser hat dem G für ein Verschulden des X aus Vertrag (§ 278; Rdnr. 222 ff.) und für eigenes Verschulden aus unerlaubter Handlung (§ 831 I 1) einzustehen. Weist S aber nach, daß er X sorgfältig ausgewählt und überwacht hat, dann entfällt ein Anspruch aus unerlaubter Handlung (§ 831 I 2), während seine vertragliche Haftung hiervon unberührt bleibt. Die Unterschiede zwischen beiden Anspruchsgrundlagen treten ferner hervor, wenn G von S wegen der beim Unfall erlittenen Verletzungen nach § 847 Schmerzensgeld begehrt. Mit diesem Anspruch kann er nur durchdringen, wenn gleichzeitig die Voraussetzungen einer unerlaubten Handlung (§§ 823, 831) erfüllt sind. Wie sich aus der Stellung des § 847 im Recht der unerlaubten Handlung ergibt, begründet die Verletzung vertraglicher Pflichten keinen Schmerzensgeldanspruch.

Die vorstehenden Erörterungen haben gezeigt, wie wichtig es ist, sämtliche Anspruchsgrundlagen zu untersuchen. Auch der Richter hat alle in Frage kommenden Anspruchsgrundlagen zu durchdenken. Er darf nicht über streitige Tatsachen Beweis erheben, wenn der Klage schon nach einer anderen Norm stattzugeben ist, deren tatsächliche Voraussetzungen unstreitig sind. So wäre es verfehlt, etwa für den Anspruch des G gegen S auf Ersatz der Reparaturkosten für das beschädigte Fahrzeug darüber Beweis zu erheben, ob S den X sorgfältig ausgewählt hat (§ 831 I 2), wenn feststeht, daß zwischen S und G ein gültiger Werkvertrag zustande gekommen ist; denn wegen § 278 kann der Klage schon auf Grund des unstreitigen Sachverhalts stattgegeben werden. Ohne Prüfung des vertraglichen Anspruchs hätte der Richter den Rechtsstreit u. U. falsch entschieden, mindestens aber die Entscheidung hinausgezögert und den Parteien durch die Beweisaufnahme unnötige Kosten verursacht.

31

§ 4. Begründung von Schuldverträgen

Schrifttum: Bärmann, Typisierte Zivilrechtsordnung der Daseinsvorsorge, 1948; Brox, Fragen der rechtsgeschäftlichen Privatautonomie, JZ 1966, 761; Bülck, Vom Kontrahierungszwang zur Abschlußpflicht, 1940; Bydlinski, Kontrahierungszwang und Anwendung allgemeinen Zivilrechts, JZ 1980, 378; ders., Zu den dogmatischen Grundfragen des Kontrahierungszwangs, AcP 180, 1; Dilcher, Typenfreiheit und inhaltliche Gestaltungsfreiheit, NJW 1960, 1040; Flume, Rechtsgeschäft und Privatautonomie, in: Hundert Jahre Deutsches Rechtsleben, I, 1960, 135; Hedemann, Der Kontrahierungszwang, in: Festschrift f. Nipperdey, 1955, 251; Henrich, Vorvertrag, Optionsvertrag, Vorrechtsvertrag, 1965; v. Hippel, Das Problem der rechtsgeschäftlichen Privatautonomie, 1936; U. Huber, Typenzwang, Vertragsfreiheit und Gesetzesumgehung, JurA 1970, 784; Kilian, Kontrahierungszwang und Zivilrechtssystem, AcP 180, 47; Köhler, Vorvertrag, Optionsvertrag und Festofferte, Jura 1979, 465; Laufke, Vertragsfreiheit und Grundgesetz, in: Festschrift f. H. Lehmann, I, 1956, 145; Nipperdey, Kontrahierungszwang und diktierter Vertrag, 1920; Raiser, Vertragsfreiheit heute, JZ 1958, 1; ders., Vertragsfunktion und Vertragsfreiheit, in: Hundert Jahre Deutsches Rechtsleben, I, 1960, 101; Reinhardt, Die Vereinigung subjektiver und objektiver Gestaltungskräfte im Vertrage, in: Festschrift f. Schmidt-Rimpler, 1957, 115; Reinicke, Rechtsfolgen formwidrig abgeschlossener Verträge, 1969; Schmidt-Rimpler, Grundfragen einer Erneuerung des Vertragsrechts, AcP 147, 130; Schmidt-Salzer, Vertragsfreiheit und Verfassungsrecht, NJW 1970, 8; M. Wolf, Rechtsgeschäftliche Entscheidungsfreiheit und vertraglicher Interessenausgleich, 1970.

Fälle:

a) Einem Zugezogenen verweigert das Wasserwerk die Belieferung mit Wasser, die einzige Apotheke den Verkauf eines lebenswichtigen Medikaments, das einzige Kino den Zutritt. Mit Recht?

b) V verkauft an K in notarieller Urkunde ein Grundstück. Später stellt sich heraus, daß die Ratenzahlungsvereinbarung nicht beurkundet ist. Da das Grundstück inzwischen an K aufgelassen und K im Grundbruch eingetragen ist, verlangt V von K Rückübereignung.

c) A verpflichtet sich in einem schriftlichen Vertrag, dem B gegen Zahlung von 30 000,– DM „sein ganzes Vermögen mit allen Aktiven und Passiven" zu übertragen. Gültig? Wie, wenn A in einem notariellen Vertrag sein in fünf Jahren vorhandenes Vermögen verkauft?

I. Schuldvertrag und Vertragsfreiheit

Ein Schuldverhältnis kann durch Vertrag entstehen (§ 305). Der Vertrag, der die Begründung eines Schuldverhältnisses zum Inhalt hat, wird als Schuldvertrag bezeichnet.

Durch den Vertragsschluß wird in der Regel vermieden, daß eine Partei durch besonders ungünstige Verpflichtungen belastet wird. Die Vertragsparteien verfolgen – vor allem bei den gegenseitigen Verträgen (Rdnr. 22) – entgegengesetzte Interessen: Der Verkäufer z. B. will einen möglichst hohen Kaufpreis erzielen, der Käufer dagegen möglichst wenig zahlen. Zu einem Vertragsschluß kommt es, wenn beide Parteien ihre Ziele „zurückstecken" und sich schließlich auf einen „mittleren" Preis einigen. Durch diese Anpassung werden im „Vertragsmechanismus" regelmäßig gerechte Ergebnisse erzielt, wenn beide Parteien in etwa gleich stark sind. Deshalb ist der Gesetzgeber des BGB vom Grundsatz der Vertragsfreiheit (AT Rdnr. 73 ff.) ausgegangen.

Die Vertragsfreiheit ist verfassungsrechtlich gewährleistet und bedeutet, daß der einzelne frei darin ist, ob und mit wem er einen Vertrag schließt (Abschlußfreiheit) und welchen Inhalt des Vertrages er mit dem Vertragspartner vereinbart (Gestaltungsfreiheit).

32 1. Vertragsfreiheit und Verfassung

a) Die Vertragsfreiheit ist in dem Grundrecht auf freie Entfaltung der Persönlichkeit (Art. 2 I GG) enthalten, da dieses Grundrecht die Vertragsfreiheit zwingend voraussetzt. Die Grundrechtsnormen sind nicht bloße Programmsätze, sondern unmittelbar geltendes Recht (Art. 1 III GG), an das auch der Gesetzgeber gebunden ist.

Er kann nur unter den Voraussetzungen des Art. 2 I GG die Vertragsfreiheit beschränken. Nach dieser Bestimmung hat jeder das Recht auf freie Entfaltung seiner Persönlichkeit, „soweit er nicht die Rechte anderer verletzt und nicht gegen die verfassungsmäßige Ordnung oder das Sittengesetz verstößt". Rechte anderer werden durch den Schuldvertrag praktisch nicht verletzt, da die Vertragsparteien nur sich selbst und nicht auch Dritte zu einer Leistung verpflichten können. Verträge, die gegen das Sittengesetz verstoßen, sind nach § 138 I nichtig. Zur verfassungsmäßigen Ordnung i. S. des Art. 2 I GG gehören nicht schon alle formell ordnungsgemäß ergangenen Gesetze; denn dann wäre jede Einschränkung der Entfaltungsfreiheit durch einfaches Gesetz möglich. Gemeint sind damit vielmehr nur solche Gesetze, die sowohl formell als auch materiell mit der Verfassung in Einklang stehen, insbesondere den obersten Grundwerten der freiheitlich demokratischen Grundordnung nicht widersprechen (vgl. BVerfGE 20, 150).

33 b) Bei Ausübung der danach bestehenden Vertragsfreiheit sind die Parteien nicht an die Grundrechte gebunden. Die Grundrechte sollen den Bürger nur vor der staatlichen Macht schützen, nicht aber Drittwirkung im Verhältnis der Bürger untereinander entfalten (Ausnahme: Art. 9 III GG). Diese Auffassung entspricht der klassischen Theorie der Grundrechte und der Entstehungsgeschichte des GG.

Wenn also z. B. der Gleichheitssatz des Art. 3 GG nur den Staat, nicht aber den einzelnen bindet, dann ist dieser nicht gehindert, Verträge nur mit Männern abzuschließen und den Vertragspartnern, die seine politischen Anschauungen teilen, besonders günstige Vertragsbedingungen zuzugestehen.

Da das GG in seinem Grundrechtsteil aber auch eine objektive Wertordnung aufgerichtet hat, die für unsere ganze Rechtsordnung verbindlich ist, wirken die grundrechtlichen Wertmaßstäbe über die sog. Generalklauseln (z. B. §§ 138, 242, 826) auf das Privatrecht und damit auf die Rechtsbeziehungen unter Privaten ein.

So ist etwa ein Vertrag nichtig, in dem jemand sich seine Gewissensfreiheit abkaufen läßt. Die Nichtigkeit wird aber nicht unmittelbar durch das Grundrecht aus Art. 4 I GG bewirkt; sie ergibt sich vielmehr aus § 138 unter Berücksichtigung des Wertgehalts des Art. 4 I GG.

34 **2. Abschlußfreiheit**

a) Die Abschlußfreiheit gibt dem einzelnen die Möglichkeit zu entscheiden, ob er überhaupt und mit wem er einen Vertrag schließt.

Ihm steht es frei, sein Bild zu verkaufen oder nicht. Er ist nicht verpflichtet, das von mehreren günstigste oder zeitlich erste Angebot anzunehmen.

Dieser Grundsatz ist in bestimmten Fällen durch Abschlußverbote und Abschlußgebote eingeschränkt.

35 b) *Abschlußverbote* sind z.B. die gesetzlichen Beschäftigungsverbote. So dürfen Frauen und Jugendliche nicht mit bestimmten gefährlichen oder gesundheitsschädlichen Arbeiten betraut werden (vgl. § 16 Arbeitszeitordnung, §§ 22 ff. Jugendarbeitsschutzgesetz). Verträge, die gegen ein solches gesetzliches Verbot verstoßen, sind nach § 134 nichtig.

In bestimmten Fällen wird die Gültigkeit des Vertrages von einer staatlichen Genehmigung abhängig gemacht. Bis zur Genehmigung ist der Vertrag schwebend unwirksam; bei Versagung der Genehmigung ist er nichtig. Beispiel: Vertrag zur Veräußerung eines land- oder forstwirtschaftlichen Grundstücks (Grundstücksverkehrsgesetz).

36 c) *Abschlußgebote* werden in einer Reihe von Gesetzen festgelegt: Der Gesetzgeber gebietet, ein bestimmtes Vertragsangebot anzunehmen (Kontrahierungszwang).

Beispiele: § 453 HGB, § 3 Eisenbahnverkehrsordnung, § 22 Personenbeförderungsgesetz, § 6 Energiewirtschaftsgesetz.

Für bestimmte Unternehmen kann sich ein Abschlußgebot aus dem *Diskriminierungsverbot* des § 26 II GWB ergeben. Wenn die Verweigerung eines Vertragsabschlusses als unbillige Behinderung oder unterschiedliche Behandlung und damit als Diskriminierung i.S.d. § 26 II GWB anzusehen ist, folgt aus dem Verbot einer solchen Diskriminierung das Gebot zum Abschluß des verlangten Vertrages.

Außerdem kann sich ein Kontrahierungszwang aus §§ 826, 249 ergeben: Erfüllt die Ablehnung eines Vertragsangebots den Tatbestand einer sittenwidrigen Schädigung, die nach § 826 zum Schadensersatz verpflichtet, so folgt daraus mittelbar eine Pflicht zur Annahme des Angebots. So hat die Rechtsprechung einen Kontrahierungszwang bejaht, wenn jemand eine Monopolstellung hat und deshalb nur mit ihm ein Vertrag geschlossen werden kann. Dabei spielt es keine Rolle, ob es sich um eine öffentlich-rechtliche Körperschaft oder um ein Unternehmen des Privatrechts handelt. Neuerdings wird mit Recht nicht auf die Monopolstellung, sondern darauf abgestellt, ob eine *öffentliche Versorgungsaufgabe* besteht, die im allgemeinen Interesse von dem Unternehmen zu besorgen ist (Versorgung mit lebenswichtigen Gütern, Fall a: Wasser, Medikament, nicht Kinobesuch).

37 d) Das Gesetz kennt auch Fälle, in denen durch Hoheitsakt, also nicht durch Willenserklärung, die Wirkungen eines Vertrages herbeigeführt werden (sog. *diktierte Verträge*).

Beispiel: Bei Scheidung einer Ehe kann der Richter zugunsten eines der geschiedenen Ehegatten ein Mietverhältnis an der bisherigen Ehewohnung begründen (§ 5 II der Hausratsverordnung).

Hier ist das Vertragsprinzip aufgegeben. Vielmehr entsteht durch staatlichen Hoheitsakt ein Rechtsverhältnis, das im übrigen den privatrechtlichen Regeln (z. B. des Mietvertrags) unterliegt. Die diktierten Verträge spielen vor allem in Zeiten der Zwangsbewirtschaftung eine Rolle; ihre Bedeutung ist mit dem Abbau der Zwangswirtschaft zurückgegangen.

38 **3. Gestaltungsfreiheit**

a) Die Vertragsparteien sind frei darin, was sie als Inhalt des Vertrages bestimmen. Sie brauchen also nicht einen Vertragstyp auszuwählen, der im Gesetz (§§ 433 ff.) geregelt ist. Diese *Typenfreiheit* im Schuldrecht erklärt sich daraus, daß es beim Schuldvertrag regelmäßig nur um die Interessen der Vertragsparteien selbst geht. Dort, wo Interessen Dritter im Spiele sind, werden der Gestaltungsfreiheit der Parteien Grenzen gesetzt.

Beispiele: Dingliche Rechte können nur in den gesetzlich vorgesehenen Formen begründet werden (Typenzwang im Sachenrecht). – Beim Gesellschaftsvertrag sind die Parteien regelmäßig frei in der Gestaltung des Innenverhältnisses (der Parteien untereinander); dagegen sind im Außenverhältnis (gegenüber Dritten) die Gesetzesbestimmungen im allgemeinen zwingend.

Grundsätzlich können also die Parteien des Schuldvertrages einen atypischen Vertrag schließen, dessen wesentliches Element keinem der geregelten Verträge entspricht (z. B. Energielieferungsvertrag). Oft liegt ein gemischter Vertrag vor, der die Elemente verschiedener Vertragstypen enthält.

So setzt sich der Vertrag über ein Mittagessen im Gasthaus aus Elementen des Kaufs (der Speise), der Miete (des Geschirrs) und des Dienstvertrages (Bedienung) zusammen.

Auch wenn die Parteien einen bestimmten Vertragstyp wählen, können sie einzelne gesetzliche Regeln abbedingen.

Beispiel: Das Gesetz sieht beim Mangel der Kaufsache (§ 459) nach Wahl des Käufers Wandelung (= Rückgängigmachung des Kaufes) oder Minderung (= Herabsetzung des Kaufpreises) vor (§ 462). Die Parteien können etwa vereinbaren, daß Wandelung ausgeschlossen sein und Minderung erst nach einem vergeblichen Nachbesserungsversuch des Verkäufers in Betracht kommen soll. Möglich ist auch ein vertraglicher Gewährleistungsausschluß (Grenze: § 476).

39 b) Nur ausnahmsweise sind der Gestaltungsfreiheit durch zwingende gesetzliche Bestimmungen Grenzen gesetzt.

Ein Vertrag, der *gegen ein gesetzliches Verbot* oder *gegen die guten Sitten* verstößt, ist nichtig (§§ 134, 138).

Eine *Verpflichtung über das künftige Vermögen* eines Vertragspartners oder den *Nachlaß eines noch lebenden Dritten* ist nichtig (Siehe §§ 310, 312 I; Rdnr. 44 f.).

Zum Schutze eines Vertragspartners verbieten §§ 276 II, 443, 476 bestimmte Haftungsfreistellungen.

Auch das AGBG enthält Einschränkungen der Gestaltungsfreiheit (Rdnr. 46 ff.).

Daneben finden sich im Miet- und Arbeitsrecht zahlreiche zwingende Bestimmungen, die zuungunsten des sozial Schwächeren nicht abbedungen werden können.

40 **4. Formfreiheit**

a) *Grundsätzlich* kann jeder Vertrag *formlos* geschlossen werden (AT Rdnr. 252). Es genügen also mündliche Erklärungen. Auch eine bestimmte Gebärde reicht aus, wenn daraus eine Willenserklärung entnommen werden kann (z. B. Handaufheben oder Kopfnicken als Annahme eines Angebotes).

41 b) *Ausnahmsweise* besteht ein *Formzwang* dann, wenn er durch Parteivereinbarung oder Gesetz vorgesehen ist.

(1) Die *Vertragsparteien* können die Gültigkeit des Vertrages von der Beachtung einer bestimmten Form abhängig machen, um einen später erforderlichen Beweis zu sichern oder (und) eine größere Rechtsklarheit zu erreichen. Wird die Form nicht eingehalten, ist der Vertrag im Zweifel nichtig (§ 125, 2).

42 (2) Das *Gesetz* schreibt in besonders genannten Fällen eine Form des Vertrages oder nur einer der beiden Willenserklärungen vor. Gesetzge-

berischer Grund dafür ist meist die Beweissicherung oder der Schutz vor Übereilung.

Wenn z. B. § 566 die Schriftform für einen Grundstücksmietvertrag vorsieht, der für länger als ein Jahr geschlossen wird, so soll dadurch vor allem der Beweis über den Vertragsinhalt gesichert werden; das ist besonders bei der Veräußerung des Grundstücks für den Erwerber wichtig, der anstelle des Vermieters in dessen Rechte und Pflichten eintritt (§ 571).

Beim Bürgschaftsvertrag bedarf nur die Willenserklärung des Bürgen der Schriftform (§ 766, 1). Er soll dadurch vor Übereilung geschützt werden. Dieses Schutzes bedarf er dann nicht, wenn er die Hauptverbindlichkeit erfüllt hat (§ 766, 2) oder wenn er Vollkaufmann ist (§§ 350 f. HGB; HR Rdnr. 367).

An besonderen Formen sieht das Gesetz vor: die Schriftform (§ 126), die öffentliche Beglaubigung der Unterschrift (§ 129; Schutz vor Fälschung der Unterschrift) und die notarielle Beurkundung (§ 128; vgl. auch § 127 a). Ist die gesetzlich vorgeschriebene Form nicht eingehalten, so ist der Vertrag nichtig (§ 125, 1).

43 c) Das Allgemeine Schuldrecht sieht in drei Fällen eine notarielle Beurkundung des ganzen Vertrages zwingend vor (§§ 313, 311, 312 II).

(1) Die praktisch bedeutsamste Formvorschrift enthält § 313, 1 für solche Verträge, welche die *Verpflichtung zur Übereignung oder zum Erwerb eines Grundstückes* enthalten. Gemeint sind also die Verpflichtungsgeschäfte (z. B. Kauf, Tausch), nicht die Verfügungsgeschäfte (Übereignungsvertrag).

Wie das Eigentum am Grundstück übertragen wird, ergibt sich aus dem Sachenrecht (Auflassung und Eintragung, §§ 925, 873). Welche Voraussetzungen gegeben sein müssen, damit der Erwerber im Grundbuch als Eigentümer eingetragen wird, bestimmt die Grundbuchordnung (vgl. §§ 13, 19, 20, 29, 39 GBO).

Nicht alle Verpflichtungsgeschäfte, die sich auf ein Grundstück beziehen, fallen unter § 313. So enthält z. B. ein Miet- oder Pachtvertrag über ein Grundstück keine Verpflichtung zur *Übereignung* oder zum *Erwerb* des Grundstücks.

Die Formvorschrift bezweckt eine Sicherung des Beweises und einen Schutz vor Übereilung. Eine Beweissicherung wird nur dann erzielt, wenn der *ganze* Vertrag einschließlich der Gegenleistungsverpflichtungen und aller Nebenabreden beurkundet ist. Es reicht nicht aus, daß in dem beurkundeten Vertrag auf nicht beurkundete Anlagen (z. B. Baupläne) verwiesen wird (BGHZ 74, 346; vgl. jetzt §§ 13 I, 13 a BeurkG). Ermangelt also eine Abmachung der Form, ist sie nach

§§ 125, 1, 313, 1 nichtig; dann ist im Zweifel der ganze Vertrag nichtig (§ 139, Fall b). Wird ein niedrigerer als der mündlich vereinbarte Kaufpreis beurkundet, etwa weil die Parteien auf diese Weise Grunderwerbsteuern und Gebühren sparen wollen, so ist der beurkundete Vertrag als Scheingeschäft (§ 117 I) und der gewollte wegen Formmangels (§ 313, 1) nichtig.

§ 313 soll nicht nur den Veräußerer, sondern auch den Erwerber schützen. Deshalb bedarf auch die Verpflichtung zum Erwerb eines Grundstücks, insbesondere ein sog. Kaufanwärtervertrag, in dem der Käufer sich verpflichtet, einen späteren Verkaufsantrag des Grundstücksverkäufers anzunehmen, der notariellen Beurkundung.

Bevollmächtigt jemand einen anderen zum Abschluß eines Grundstücksveräußerungsvertrages, so bedarf die Vollmachtserteilung selbst keiner Form (§ 167 II). Ist sie aber unwiderruflich erteilt, muß sie nach dem Schutzzweck des § 313 notariell beurkundet sein.

Wenn bei einem formnichtigen Veräußerungs- oder Erwerbsvertrag die Parteien die Auflassung (§ 925) erklärt haben und die Eintragung im Grundbuch erfolgt ist, dann bedarf es des Schutzes vor Übereilung nicht mehr. Deshalb wird nach § 313, 2 der Mangel der Form durch (gültige) Auflassung und Eintragung geheilt. Damit wird also der nicht oder nicht vollständig beurkundete Veräußerungsvertrag in vollem Umfange (einschließlich aller Nebenabreden) gültig (Fall b). Ist ein niedrigerer Kaufpreis beurkundet, als die Parteien übereinstimmend gewollt haben, tritt Heilung des Formmangels ein, wenn das Grundstück an den Käufer aufgelassen und dieser im Grundbuch als Eigentümer eingetragen wird. Der Käufer ist damit verpflichtet, den nur mündlich vereinbarten Kaufpreis zu zahlen.

§ 313, 2 heilt aber nach Wortlaut und Sinn nur den Formmangel, nicht auch andere Mängel des Kausalgeschäfts, wie etwa die Nichtigkeit wegen Geschäftsunfähigkeit eines Vertragspartners.

Die *Aufhebung* eines Grundstückskaufvertrages muß notariell beurkundet werden, wenn der Käufer bereits Eigentümer des Grundstücks geworden ist; denn dann ist er zur Rückübereignung des Grundstücks verpflichtet.

In allen anderen Fällen (z. B. wenn die Auflassung erklärt und der Käufer den Eintragungsantrag gestellt hat oder eine Vormerkung für ihn eingetragen worden ist) kann der Vertrag – entgegen BGHZ 83, 395 – formlos aufgehoben werden (so mit Recht Reinicke/Tiedtke, NJW 1982, 2286).

Rdnr. 43

44 (2) Auch Verträge, in denen sich ein Vertragspartner *verpflichtet*, sein *gegenwärtiges* Vermögen oder einen Bruchteil davon zu übertragen oder mit einem Nießbrauch zu belasten, müssen notariell beurkundet werden (§ 311). Grund: Schutz vor Übereilung (Mot. II, 188). Für die Anwendung des § 311 kommt es entscheidend darauf an, ob nach dem Parteiwillen das Vermögen als solches veräußert werden soll. Wollen die Parteien allerdings nur einzelne Gegenstände übertragen, so bedarf der Verpflichtungsvertrag selbst dann keiner Form, wenn diese Gegenstände objektiv das ganze Vermögen des Veräußerers darstellen.

Die Formvorschrift betrifft das Verpflichtungsgeschäft, nicht die Verfügungsgeschäfte. Durch Erfüllung des Verpflichtungsvertrages wird nicht – wie bei § 313, 2 – der Mangel der Form geheilt. Bereits übereignete Sachen können nach § 812 zurückverlangt werden.

§ 311 behandelt den formbedürftigen Vertrag über das *gegenwärtige* Vermögen. Demgegenüber ist der Verpflichtungsvertrag über das *künftige* Vermögen in jedem Falle nichtig (§ 310). Grund: Niemand soll sich gleichsam seiner Erwerbsfähigkeit begeben und damit jeden Antrieb zu eigenem Erwerb verlieren (Mot. II, 186 f.).

Im Fall c, 1. Frage, ist der Vertrag formnichtig (§§ 311; 125, 1; gegenwärtiges Vermögen); bei der 2. Frage ergibt sich die Nichtigkeit aus § 310 (künftiges Vermögen).

45 (3) Eine weitere Formvorschrift enthält § 312 II für Verträge unter künftigen gesetzlichen Erben über ihren Erb- oder Pflichtteil.

Allerdings ist ein Verpflichtungsvertrag über den Nachlaß eines noch lebenden Dritten normalerweise nichtig (§ 312 I; ebenso: beim Vertrag über den Pflichtteil oder ein Vermächtnis aus dem Nachlaß eines noch lebenden Dritten). Grund: Niemand soll auf den Tod eines anderen spekulieren (vgl. Mot. II, 182 ff.).

Demgegenüber wird ein Bedürfnis für einen solchen Vertrag unter zukünftigen *gesetzlichen* Erben (§§ 1924 ff.) vom Gesetz anerkannt (vgl. Prot. I, 456). Dieser Vertrag bedarf nach § 312 II der notariellen Beurkundung. Grund: Schutz vor Übereilung.

Beispiel: Ein Sohn des noch lebenden Erblassers braucht Geld, weil er ein Geschäft eröffnen will. Da ein Erbvertrag mit dem Vater nicht zu erreichen ist, schließt er mit seinem Bruder einen Vertrag, nach dem der Bruder ihm seinen künftigen Erbteil abkauft. Der Vertrag hat nur schuldrechtliche und keine erbrechtliche Bedeutung. Tritt der Erbfall später ein, muß der Sohn seinen Anteil am Nachlaß nach § 2033 auf seinen Bruder übertragen.

46 ## II. Allgemeine Geschäftsbedingungen

Schrifttum: Bunte, Entwicklungen im Recht der Allgemeinen Geschäftsbedingungen, DB 1982, Beil. 13; ders., Handbuch der Allgemeinen Geschäftsbedingungen, 1982; Coester, Kaufmännisches Bestätigungsschreiben und Allgemeine Geschäftsbedingungen: Zum Vorrang der Individualabrede nach § 4 AGBG, DB 1982, 1551; Hensen, Das AGB-Gesetz, JA 1981, 133; Graf Lambsdorff/Hübner, Eigentumsvorbehalt und AGB-Gesetz, 1982; Lindacher, Zur Einbeziehung Allgemeiner Geschäftsbedingungen durch kaufmännisches Bestätigungsschreiben, WM 1981, 702; Locher, Das Recht der Allgemeinen Geschäftsbedingungen, 1980; Petev, Inhaltskontrolle und Individualabrede nach dem AGB-Gesetz, JR 1978, 4; L. Raiser, Das Recht der Allgemeinen Geschäftsbedingungen, 1935; Schlosser, Allgemeine Geschäftsbedingungen, Jura 1980, 381, 434; Schmidt-Salzer, Allgemeine Geschäftsbedingungen, 2. Aufl., 1977; G. Stein, Die Inhaltskontrolle vorformulierter Verträge des allgemeinen Privatrechts, 1982; Striewe, Kollidierende Allgemeine Geschäftsbedingungen: Vertragsschluß und Vertragsinhalt, JuS 1982, 728; Ulmer, Teilunwirksamkeit von teilweise unangemessenen AGB-Klauseln?, NJW 1981, 2025; ders., Reduktion oder Kassation übermäßiger AGB-Klauseln?, BB 1983, 154; sowie die Kommentare von Koch/Stübing (1977), Löwe/Graf von Westphalen/Trinkner (1977; Bd. 2, 2. Aufl., 1983), Schlosser (1980), Schlosser/Coester-Waltjen/Graba (1977), A. Stein (1977), Ulmer/Brandner/Hensen (4. Aufl., 1982), M. Wolf/Horn/Lindacher (1984).

Die Freiheit der inhaltlichen Gestaltung des Vertrages wird oft weitgehend durch Allgemeine Geschäftsbedingungen (AGB; AT Rdnr. 204 ff.) eingeschränkt.

1. Begriff und Rechtsnatur

a) AGB sind alle für eine Vielzahl von Verträgen vorformulierten Vertragsbedingungen, die eine Vertragspartei (Verwender) der anderen bei Abschluß eines Vertrages stellt (§ 1 I 1 AGBG).

(1) Unter *Vertragsbedingungen* sind Bestimmungen zu verstehen, die Inhalt des Vertrages werden sollen. Dabei kann es sich um fast den ganzen Vertragsinhalt oder nur um einzelne Vertragsbestandteile handeln.

Beispiele: Ein Formularvertrag wie der Einheitsmietvertrag enthält bis auf die Angabe des Mietobjekts, des Mietzinses und des Beginns der Mietzeit alle Vertragsbestimmungen. – Zahlungs- oder Lieferungsbedingungen treffen nur Regelungen über einzelne Vertragsteile.

(2) Die Vertragsbedingungen müssen *für eine Vielzahl von Verträgen vorformuliert* sein. Dabei spielt es keine Rolle, ob der Verwender selbst,

sein Interessenverband oder ein Dritter sie aufgesetzt hat. Es ist auch gleichgültig, ob die Bestimmungen einen äußerlich gesonderten Vertragsbestandteil bilden oder in die Vertragsurkunde selbst aufgenommen werden, welchen Umfang sie haben, in welcher Schriftart sie verfaßt sind und welche Form der Vertrag hat (§ 1 I 2 AGBG).

So kann in einem notariellen Vertrag auf (z. B. vorgedruckte, in Maschinenschrift geschriebene) Bedingungen Bezug genommen oder können diese selbst in den Text der notariellen Urkunde aufgenommen werden.

(3) Die Vertragsbedingungen müssen dem Vertragspartner *von dem Verwender gestellt*, also einseitig auferlegt werden. Daran fehlt es, wenn die Vertragsbedingungen zwischen den Parteien im einzelnen ausgehandelt werden (§ 1 II AGBG).

Kommen die Parteien bei dem Aushandeln der Vertragsbedingungen schließlich zu dem Ergebnis, man wolle die auch sonst gebräuchlichen „Zahlungsbedingungen" – als für beide Parteien zweckmäßig – vereinbaren, liegt trotz des vorformulierten Textes eine Individualvereinbarung vor, da dieser Text von beiden Parteien frei ausgehandelt und nicht von einer Partei der anderen „diktiert" ist. Deshalb ist das AGBG nicht anwendbar.

b) Die AGB sind keine Rechtsnormen wie etwa Tarifverträge, denen der Gesetzgeber ausdrücklich Normencharakter beigelegt hat. Die Geltung der AGB beruht immer auf rechtsgeschäftlicher Grundlage. Rechtlich verbindlich werden sie erst, wenn sie durch Einbeziehungs- oder Rahmenvereinbarung zum Inhalt des einzelnen Vertrages geworden sind.

(1) Die *Einbeziehungsvereinbarung* ist kein besonderes Rechtsgeschäft, sondern ein Teil des Vertrages. Sie setzt voraus:

(a) Der Verwender muß die andere Vertragspartei *bei Vertragsschluß ausdrücklich auf die AGB hinweisen* (§ 2 I Nr. 1 AGBG).

Ein Hinweis *nach* Vertragsschluß (z. B. auf dem Lieferschein, der Rechnung) genügt nicht, da es sich um einen Antrag auf Vertragsänderung handelt, den der Vertragspartner nicht anzunehmen braucht. Aus einem Schweigen des Partners oder der Annahme der Leistung durch ihn kann nicht auf eine Annahme des Änderungsangebots geschlossen werden.

Ausnahmsweise, wenn nämlich ein ausdrücklicher Hinweis wegen der Art des Vertragsschlusses nur unter unverhältnismäßigen Schwierigkeiten möglich ist, genügt ein *deutlich sichtbarer Aushang* am Ort des Vertragsschlusses (§ 2 I Nr. 1 AGBG). Das gilt für Verträge des täglichen Lebens, bei denen AGB üblicherweise zu erwarten sind, ein ausdrücklicher Hinweis in der Praxis aber kaum möglich ist.

Rdnr. 46

Beispiele: Beförderung durch die Straßenbahn; Bewachung des Kraftfahrzeugs auf bewachtem Parkplatz.

(b) Der Vertragspartner muß *in zumutbarer Weise von dem Inhalt der AGB Kenntnis nehmen können* (§ 2 I Nr. 2 AGBG). Diese müssen für einen Durchschnittskunden mühelos lesbar und ohne übermäßigen Zeitaufwand auch verständlich sein.

Erkennt der Verwender, daß es sich bei dem Kunden um einen Ausländer handelt, der die AGB nicht verstehen kann, muß er sich erbieten, eine Übersetzung vornehmen zu lassen. Allerdings kann der Kunde auf eine Übersetzung und überhaupt auf eine Kenntnisnahme verzichten.

(c) Der Vertragspartner muß *mit der Geltung der AGB einverstanden sein* (§ 2 I a. E. AGBG); das Einverständnis kann ausdrücklich oder konkludent erklärt werden.

Hat der Verwender auf die AGB ausdrücklich hingewiesen und schließt der Partner ohne Widerspruch gegen die AGB den Vertrag, so sind diese Inhalt des Vertrages.

(2) Die *Rahmenvereinbarung* ist eine von den Vertragsparteien für eine bestimmte Art von künftigen Rechtsgeschäften *im voraus* getroffene Vereinbarung über die Geltung bestimmter AGB (§ 2 II AGBG). Dadurch soll es den Parteien erspart werden, jeweils bei Abschluß eines neuen Vertrages wieder die Geltung der AGB zu vereinbaren.

Beispiel: Bei der Aufnahme einer Bankverbindung vereinbaren die Bank und ihr Kunde, daß für alle künftigen Geschäfte die Bankbedingungen gelten sollen.

(a) Wirksam ist eine solche Rahmenvereinbarung nur, wenn die *in § 2 I AGBG bezeichneten Erfordernisse erfüllt* sind (§ 2 II AGBG).

Die Bankbedingungen gelten also nur dann für die künftigen Geschäfte, wenn die Bank ausdrücklich darauf hinweist, der Bankkunde davon Kenntnis nehmen kann und mit der Geltung einverstanden ist.

(b) Es kann nur die Geltung *bestimmter* AGB, nicht aber der AGB in ihrer jeweiligen Fassung vereinbart werden. Andernfalls hätte es der Verwender in der Hand, die AGB ohne Einverständnis des Partners einseitig zu seinen Gunsten zu ändern.

Will die Bank im Laufe der Zeit ihre Bedingungen ändern, so werden die geänderten Bedingungen nur unter den Voraussetzungen des § 2 I AGBG, also insbesondere bei Einverständnis des Kunden, Vertragsinhalt.

(3) Selbst wenn die Voraussetzungen des § 2 AGBG erfüllt sind, so wird eine Bestimmung der AGB dennoch nicht Vertragsbestandteil, wenn sie nach den Umständen, insbesondere nach dem äußeren Er-

scheinungsbild des Vertrags, so ungewöhnlich ist, daß der Vertragspartner des Verwenders mit ihr nicht zu rechnen braucht (§ 3 AGBG). Diese Bestimmung will den Partner vor Überraschungen schützen; er soll darauf vertrauen dürfen, daß die AGB sich im Rahmen dessen halten, was bei einem solchen Vertrag normalerweise zu erwarten ist.

Beispiel: K kauft von V eine Kaffeemaschine. Nach den AGB verpflichtet er sich außerdem zum monatlichen Bezug einer bestimmten Menge Kaffee.

47 **2. Bedeutung**

Die Verwendung von AGB bringt Vor-, aber auch Nachteile mit sich:

a) Beim Abschluß von Massenverträgen haben die AGB eine Rationalisierungsaufgabe; so vereinfachen gleichlautende Lieferungs- und Zahlungsbedingungen die Geschäftsabwicklung. Ferner dienen die AGB der Risikobegrenzung (z. B. Eigentumsvorbehalt, Ausschluß bestimmter Schadensersatzansprüche, Einschränkung der Gewährleistung wegen Sachmangels). Oft reichen die gesetzlichen Bestimmungen nicht aus, um das Rechtsverhältnis hinreichend zu regeln. Das gilt einmal für gesetzlich nicht geregelte Vertragstypen (z. B. Leasingvertrag, Automatenaufstellvertrag), zum anderen aber auch für vorhandene, abdingbare Gesetzesbestimmungen (z. B. Nachbesserung statt Wandelung oder Minderung beim Sachmangel, §§ 459 ff.).

b) Auf der anderen Seite sind schwere Nachteile der AGB für den Vertragspartner des Verwenders nicht zu verkennen: Es unterbleibt ein Aushandeln der Vertragsbestimmungen insoweit, als sie in den AGB festgelegt sind. Der einzelne ist zwar frei darin, ob er überhaupt abschließt; entschließt er sich aber dazu, muß er sich mit der Geltung der AGB einverstanden erklären. Dazu ist er praktisch gezwungen, wenn er die Ware dringend braucht und der Verwender der AGB eine Monopolstellung hat. Das gleiche gilt, wenn er unter mehreren Anbietern wählen kann, diese aber die von ihrem Interessenverband aufgestellten AGB zum Vertragsinhalt machen. Es liegt nahe, daß die Interessen dessen, der die AGB formuliert oder von seinem Interessenverband übernommen hat, in den AGB besser geschützt werden als die des Partners (z. B. günstigere Risikoverteilung); nicht selten werden die Rechte des

Partners einseitig verkürzt (z. B. Ausschluß von Schadensersatzansprüchen). Es kommt hinzu, daß ein juristisch und geschäftlich ungeschulter Partner die vielen, oft sehr klein gedruckten Bestimmungen nicht liest oder in ihrer Bedeutung nicht erkennt. Obwohl also formal die Vertragsfreiheit auch bei der Vereinbarung von AGB gewahrt bleibt, handelt es sich sachlich vielfach um ein einseitiges Diktat des Verwenders.

48 **3. Inhaltskontrolle**

a) Rechtsprechung und Wissenschaft bemühen sich seit langem, die Geltung der AGB dort einzuschränken, wo diese die gesetzlichen Regeln einseitig zuungunsten des Vertragspartners des Verwenders abbedingen. Dabei sind verschiedene Wege beschritten worden: Einmal sollen individuelle Vertragsabreden Vorrang vor den AGB haben (jetzt § 4 AGBG) und Zweifel bei der Auslegung der AGB zu Lasten des Verwenders gehen (jetzt § 5 AGBG). Zum anderen sind Klauseln der AGB, die gegen ein gesetzliches Verbot oder gegen die guten Sitten verstoßen, nichtig (§§ 134, 138). Darüber hinaus hat die Rechtsprechung unter Anwendung des § 315 (Gedanke des billigen Ermessens) und des § 242 (Grundsatz von Treu und Glauben) die AGB auch auf ihre Billigkeit hin kontrolliert.

b) Im Anschluß an die Rechtsprechung hat das am 1. 4. 1977 in Kraft getretene AGBG in §§ 10, 11 AGBG einen *Katalog von Klauselverboten* aufgestellt. Enthalten die in den Vertrag einbezogenen AGB eine unzulässige Klausel, so bleibt der Vertrag im übrigen dennoch grundsätzlich wirksam; an die Stelle der unwirksamen Klausel tritt die gesetzliche Regelung (vgl. § 6 AGBG).

Beispiel: In den AGB des Möbelverkäufers heißt es: „Bei Mangelhaftigkeit der Kaufsache steht dem Käufer nur ein Anspruch auf Nachbesserung zu". Diese Klausel verweigert dem Käufer einen Mindestrechtsschutz; wenn nämlich die Nachbesserung durch den Verkäufer fehlschlägt, hat der Käufer keinerlei Rechte wegen des Mangels der Kaufsache. Deshalb ist nach § 11 Nr. 10 b AGBG die Klausel über die Beschränkung des Rechts des Käufers auf Nachbesserung unwirksam, weil sie dem Käufer nicht ausdrücklich das Recht vorbehält, bei Fehlschlagen der Nachbesserung Herabsetzung des Kaufpreises oder Rückgängigmachung des Vertrages zu verlangen. Anstelle der unwirksamen Klausel greift die gesetzliche Regelung ein, wonach der Käufer bei einem Sachmangel der Kaufsache Wandelung oder Minderung verlangen kann (§ 462).

Rdnr. 48

c) Da der gesetzliche Katalog unzulässiger Klauseln nicht alle in der Praxis vorkommenden Klauseln, die gegen den Grundsatz von Treu und Glauben verstoßen, enthalten kann, stellt § 9 AGBG als Auffangtatbestand eine *Generalklausel* auf. Danach sind AGB unwirksam, wenn sie den Vertragspartner des Verwenders entgegen den Geboten von Treu und Glauben unangemessen benachteiligen (§ 9 I AGBG). Eine unangemessene Benachteiligung ist im Zweifel in zwei Fällen zu bejahen:

(1) Eine Bestimmung der AGB ist mit wesentlichen Grundgedanken der abbedungenen gesetzlichen Regelung nicht zu vereinbaren (§ 9 II Nr. 1 AGBG).

Beispiel: Nach den AGB eines Maklers soll der Anspruch auf Maklerlohn ohne Rücksicht auf die Maklerleistung entstehen. Diese Klausel verstößt nicht gegen eine der in §§ 10 f. AGBG enthaltenen Spezialregeln, wohl aber gegen die Generalklausel des § 9 AGBG. Nach dem gesetzlichen Leitbild des Maklerrechts hängt die Entstehung des Lohnanspruchs davon ab, daß der angestrebte Vertrag durch Nachweis oder Vermittlung des Maklers zustande kommt (§ 652). Eine davon abweichende AGB ist unwirksam (§ 9 II Nr. 1 AGBG); es gilt die gesetzliche Regelung des § 652.

(2) Eine Bestimmung der AGB schränkt wesentliche Rechte oder Pflichten, die sich aus der Natur des Vertrages ergeben, so ein, daß die Erreichung des Vertragszwecks gefährdet ist (§ 9 II Nr. 2 AGBG). Insbesondere dürfen die AGB nicht zu einer Aushöhlung von Hauptpflichten der Parteien eines gegenseitigen Vertrages (Rdnr. 22) führen.

Beispiel: In den AGB eines Bewachungsunternehmens ist die Haftung für mangelhafte Bewachung ausgeschlossen. Damit ist eine ordnungsgemäße Erfüllung der Bewachungspflicht infrage gestellt, so daß der Vertragszweck gefährdet ist. Dagegen verstößt die von einem Gebrauchtwagenhändler verwendete Klausel „gebraucht, wie besichtigt und unter Ausschluß jeder Gewährleistung" nicht gegen § 9 II Nr. 2 AGBG (BGHZ 74, 383).

d) Da nach dem AGBG viele Klauseln nunmehr gesetzlich verboten sind, werden „findige" Verfasser von AGB nach Wegen suchen, auf denen das Gesetz umgangen werden kann. Das soll das *Umgehungsverbot* des § 7 AGBG verhindern. Die Vorschrift greift schon bei Vorliegen des objektiven Tatbestandes ein; eine Umgehungsabsicht ist nicht erforderlich.

Beispiel: Der Warenumsatz wird nicht durch Kaufverträge, sondern durch Gesellschaftsverträge geregelt, da das AGBG bei Gesellschaftsverträgen keine Anwendung findet (§ 23 I AGBG). Da durch diese Vertragsgestaltung das AGBG umgangen wird, greift das Gesetz nach § 7 AGBG doch ein.

e) §§ 2, 10 und 11 AGBG sind nicht anwendbar, wenn die AGB gegenüber einer juristischen Person des öffentlichen Rechts, einem öffentlich-rechtlichen Sondervermögen oder einem Kaufmann verwendet werden (genauer: § 24, 1 AGBG); es bleibt aber bei der Generalklausel des § 9 AGBG (§ 24, 2 AGBG).

4. Gerichtlicher Verbraucherschutz

Der Verbraucherschutz des AGBG wäre unvollkommen, wenn sich nur der einzelne Vertragspartner in einem Rechtsstreit mit dem Verwender gegen unwirksame Klauseln zur Wehr setzen könnte. Deshalb sind z. B. Verbraucherverbände, Industrie- und Handelskammern und Handwerkskammern befugt, den Verwender der AGB auf Unterlassung bzw. auf Widerruf einer verbotenen Klausel in Anspruch zu nehmen (§ 13 AGBG). Auf das der Klage stattgebende Urteil kann sich nach § 21 AGBG auch der betroffene Vertragspartner des Verwenders grundsätzlich berufen. Einzelheiten: §§ 13–22 AGBG.

49 III. Faktische Vertragsverhältnisse

Schrifttum: Baer-Kaupert, Schuldrechtliche Verpflichtung aus sozialtypischem Verhalten, 1970; Berg, Leistungspflicht aus sozialtypischem Verhalten und Minderjährigenschutz, MDR 1967, 448; Erman, Faktische Vertragsverhältnisse oder Geschäftsführung ohne Auftrag, NJW 1965, 421; Esser, Gedanken zur Dogmatik der „faktischen Schuldverhältnisse", AcP 157, 86; Flume, Allg. Teil des Bürgerlichen Rechts, II, 3. Aufl., 1979, 95; Haupt, Über faktische Vertragsverhältnisse, 1941; Kellmann, Schuldverhältnisse aus sozialtypischem Verhalten, NJW 1971, 265; Lehmann, Faktische Vertragsverhältnisse, NJW 1958, 1; Simitis, Die faktischen Vertragsverhältnisse, 1957; Wieacker, Willenserklärung und sozialtypisches Verhalten, Festschrift f. d. OLG Celle, 1961, 263.

Verträge kommen durch Angebot und Annahme zustande (AT Rdnr. 168 ff.). Demgegenüber meint eine von Haupt begründete Lehre über die faktischen Vertragsverhältnisse, daß vertragliche Schuldverhältnisse in bestimmten Fällen auch ohne entsprechende Willenserklärungen allein durch ein rein tatsächliches Verhalten entstehen können. Mit dieser Konstruktion will man einen rechtsgeschäftlichen Erfolg ohne Willenserklärungen begründen, weil die außervertraglichen Regeln (unerlaubte Handlung, ungerechtfertigte Bereicherung, Geschäftsführung ohne Auftrag) nicht ausreichen.

1. Fallgruppen

Unter dem Begriff des faktischen Vertrages verbergen sich sehr verschiedenartige Fallgruppen:

a) Bei *Dauerschuldverhältnissen* besteht die Verpflichtung in einem dauernden Verhalten (z. B. Gebrauchsüberlassung) oder in wiederkehrenden Leistungen (z. B. monatliche Mietzinszahlung, tägliche Arbeitsleistung). Beruht ein Dauerschuldverhältnis auf einem (von vornherein oder durch Anfechtung) nichtigen Vertrage und sind inzwischen bereits Leistungen erbracht worden, entstehen oft kaum lösbare Abwicklungsschwierigkeiten.

Beispiel: Ist der Arbeitsvertrag durch Anfechtung rückwirkend vernichtet worden, kann die bereits erbrachte Arbeitsleistung nicht wieder rückgängig gemacht werden. Ein Anspruch auf Wertersatz (§ 818 II) ist dann nicht gegeben, wenn die Bereicherung inzwischen weggefallen ist (§ 818 III). Für die Zeit der geleisteten Arbeit bestünden keine sonstigen Pflichten des Arbeitgebers und des Arbeitnehmers (vgl. Brox, Grundbegriffe des Arbeitsrechts, 6. Aufl., Rdnr. 129 ff., 87 ff.).

Da solchen Schwierigkeiten nicht mit gesetzlichen Ansprüchen begegnet werden kann, wird ein faktisches Vertragsverhältnis konstruiert, aus dem sich dann vertragliche Ansprüche ergeben.

Im Beispielsfall hat der Arbeitnehmer bis zur Anfechtung alle arbeitsvertraglichen Rechte und Pflichten.

Um zu interessengemäßen Ergebnissen zu kommen, bedarf man der Lehre vom faktischen Vertrag nicht. Da der Gesetzgeber die besondere Problematik der Dauerrechtsverhältnisse nicht gesehen hat, kann z. B. bei der Irrtumsanfechtung eine Vernichtung ex nunc angenommen werden, so daß bis zur Anfechtung vertragliche Ansprüche gegeben sind (Einzelheiten vgl. Brox, Die Einschränkung der Irrtumsanfechtung, 233 ff., 271 ff.; vgl. aber auch BAG AP Nr. 24 zu § 123 BGB mit krit. Anm. Brox). Ist dagegen der Vertrag wegen mangelnder Geschäftsfähigkeit einer Partei nichtig, so geht die Lehre vom faktischen Vertrag zu weit, wenn sie für die nicht geschäftsfähige Partei vertragliche Pflichten bejaht; hier ist vielmehr auf den besonderen Schutz des Nichtgeschäftsfähigen abzustellen. Oft führt auch der Gedanke des

Vertrauensschutzes weiter; so dürfen dem Gläubiger einer Gesellschaft, der auf die Existenz der Gesellschaft vertraut, nicht Mängel des Gesellschaftsvertrages entgegengehalten werden.

50 b) Im modernen *Massenverkehr* werden öffentlich angediente Versorgungsleistungen (Gas, Wasser, Elektrizität, Bahnfahrt) vielfach in Anspruch genommen, ohne daß entsprechende Erklärungen abgegeben werden; die Gegenleistungen ergeben sich aus Tarifen. Die genannte Lehre meint, eine solche Inanspruchnahme müsse nach ihrer sozialtypischen Bedeutung die Rechtsfolgen eines rechtsgeschäftlichen Handelns hervorrufen (*Schuldverhältnisse aus sozialtypischem Verhalten*). Danach bedarf es also keiner auf einen Rechtserfolg gerichteten Erklärung; mangelnde Geschäftsfähigkeit spielt keine Rolle, eine Anfechtung ist ausgeschlossen.

Sachgerechte Ergebnisse lassen sich auch hier ohne diese Lehre erreichen. Vielfach wird eine konkludente Willenserklärung vorliegen. Wer eine Straßenbahn besteigt, weiß, daß er damit eine Willenserklärung auf Abschluß eines entgeltlichen Beförderungsvertrages abgibt. So ist sein Verhalten auch aufzufassen. Selbst wenn ein Autofahrer dem Wärter eines gebührenpflichtigen Parkplatzes erklärt, er wolle zwar parken, verzichte aber auf die Bewachung und verweigere die Zahlung (BGHZ 21, 319), so liegt eine Willenserklärung vor, da sein Verhalten keine andere Auslegung zuläßt als die auf Abschluß eines entgeltlichen Bewachungsvertrages (protestatio facto contraria). Die Lehre verstößt außerdem gegen die auf den Schutz des Nichtgeschäftsfähigen gerichtete Wertung des BGB, wenn etwa ein Kind aus seinem faktischen Verhalten auf Erfüllung in Anspruch genommen werden kann. Schließlich ist auch kein Grund dafür gegeben, öffentliche Versorgungsunternehmen besser als andere zu stellen.

51 c) Bei den *Schuldverhältnissen aus sozialem Kontakt* handelt es sich im wesentlichen um die Fälle des Verschuldens bei Vertragsschluß (culpa in contrahendo). Ihre Lösung bietet heute keine Schwierigkeiten mehr (Rdnr. 55 ff.).

52 d) Bei der *faktischen Hofübergabe* geht es um die Frage, ob der Sohn eines Bauern den Hof bekommt, obwohl kein formgültiger Hofübergabevertrag unter Lebenden und auch kein formgültiger Erbvertrag geschlossen wurde. Der Sohn vertraute auf die häufige Zusage des Vaters, er bekomme den Hof. Schließlich setzte der Vater aber einen anderen testamentarisch zum Erben ein. Den Interessen des Sohnes ist durch gesetzliche Ansprüche aus Bereicherung und Delikt nicht hinreichend gedient. Deshalb hat man einen faktischen Vertrag bejaht (vgl. BGHZ 12, 286; 23, 249). Eine solche Konstruktion wäre auch hier nicht erforderlich gewesen.

Es liegen Willenserklärungen vor, bei denen nur die Form nicht eingehalten ist. Deshalb handelt es sich letztlich um das Problem, ob die Berufung auf die Formnichtigkeit des Vertrages unzulässig ist (§ 242; Rdnr. 87; AT Rdnr. 263 ff.; beachte jetzt aber § 7 HöfeO).

53 **2. Stellungnahme**

Die Lehre von den faktischen Vertragsverhältnissen ist ein Einbruch in das Vertragsprinzip und findet im Gesetz keine Stütze. Sie hat sich als eine „Atombombe zur Zerstörung gesetzestreuen juristischen Denkens erwiesen" (H. Lehmann). Man kommt auch ohne sie – wie bereits bei den Fallgruppen angedeutet – zu sachgerechten Ergebnissen; teilweise widerspricht sie den gesetzlichen Wertungen (z. B. bei der Behandlung der Nichtgeschäftsfähigen).

54 **IV. Vorverträge**

1. Zweck

Stehen dem Abschluß eines Schuldvertrages zur Zeit noch tatsächliche oder rechtliche Hindernisse entgegen, wollen die Parteien sich aber bereits jetzt verpflichten, in der Zukunft einen Schuldvertrag abzuschließen, kommt für sie ein Vorvertrag in Betracht. Dabei handelt es sich um einen Vertrag, durch den für eine oder beide Parteien die Pflicht begründet wird, einen anderen schuldrechtlichen Vertrag, den Hauptvertrag, zu schließen (Abschlußpflicht).

Weigert sich die verpflichtete Partei, den Hauptvertrag zu schließen, kann die andere Partei sie auf Abschluß, d. h. auf Abgabe einer entsprechenden Willenserklärung, verklagen; mit der Rechtskraft des Urteils gilt die Willenserklärung als abgegeben (§ 894 ZPO).

2. Inhalt, Form, Bedeutung

a) Da aus dem Vorvertrag auf Abschluß des Hauptvertrages geklagt werden kann, muß der Richter in der Lage sein, den Inhalt des Hauptvertrages aus dem Vorvertrag zu entnehmen. Deshalb müssen die Bestimmungen des Hauptvertrages aus dem Vorvertrag mindestens bestimmbar sein (zur Bestimmbarkeit der Leistung: Rdnr. 61).

b) Bedarf der Hauptvertrag einer Form, um vor Übereilung zu schützen, so trifft dieser gesetzgeberische Grund auch für den Vorvertrag zu. Geht es dagegen bei der Formvorschrift nur um die Beweissicherung, braucht der Vorvertrag nicht in dieser Form geschlossen zu sein.

c) Der Vorvertrag hat in der Praxis keine große Bedeutung: Da der hieraus Berechtigte zunächst auf Abschluß des Hauptvertrages klagen muß und erst dann die Rechte aus dem Hauptvertrag geltend machen kann, ziehen die Parteien meistens einen anderen Weg vor. Will z.B. K von V nach seinem Urlaub einen Pkw erwerben, so erreicht er dieses Ziel einfacher als durch einen Vorvertrag dadurch, daß er sich bereits jetzt ein unwiderrufliches Verkaufsangebot von V geben läßt, das er später annehmen oder ablehnen kann. Stattdessen hätten die Parteien auch gleich den Kaufvertrag abschließen und die Fälligkeit der Leistungen auf einen späteren Zeitpunkt festlegen können. Im Einzelfall ist zu prüfen, ob die Vertragspartner nur die Verpflichtung, einen Hauptvertrag abzuschließen, oder ob sie nicht vielmehr unmittelbar die sich aus diesem ergebenden Rechte und Pflichten begründen wollten (BGH NJW 1962, 1812).

55 V. Verschulden bei Vertragsschluß

Schrifttum: Ballerstedt, Zur Haftung für culpa in contrahendo bei Geschäftsabschluß durch Stellvertreter, AcP 151, 501; v. Bar, Vertragliche Schadensersatzpflichten ohne Vertrag?, JuS 1982, 637; Bohrer, Die Haftung des Dispositionsgaranten, 1980; Canaris, Geschäfts- und Verschuldensfähigkeit bei Haftung aus c.i.c., NJW 1964, 1987; v. Craushaar, Haftung aus culpa in contrahendo wegen Ablehnung des Vertragsschlusses – BGH LM § 276 (Fa) BGB Nr. 28, JuS 1971, 127; Crezelius, Culpa in contrahendo des Vertreters ohne Vertretungsmacht, JuS 1977, 796; Diederichsen, Das Zusammentreffen von Ansprüchen aus c.i.c. und Sachmängelhaftung, BB 1965, 401; Erman, Beiträge zur Haftung für das Verhalten bei Vertragsverhandlungen, AcP 139, 273; Frotz, Die rechtsdogmatische Einordnung der Haftung für culpa in contrahendo, Festschrift f. Gschnitzer, 1969, 163; Gerhardt, Der Haftungsmaßstab im gesetzlichen Schutzverhältnis (Positive Vertragsverletzung, culpa in contrahendo), JuS 1970, 597; Gottwald, Die Haftung für culpa in contrahendo, JuS 1982, 877; Grunewald, Zur Haftung von Fachleuten im Zivilrechtsverkehr, JZ

1982, 627; Herrmann, Die Sachwalterhaftung vermögenssorgender Berufe, JZ 1983, 422; Hildebrandt, Erklärungshaftung, 1931; Hohloch, „Vertrauenshaftung" – Beginn einer Konkretisierung?, NJW 1979, 47; Jhering, Culpa in contrahendo, JherJb. 4, 1; Larenz, Bemerkungen zur Haftung für „culpa in contrahendo", Festschrift f. Ballerstedt, 1975, 397; M. Lehmann, Die bürgerlichrechtliche Haftung für Werbeangaben NJW 1981, 1233; F. Leonhard, Verschulden beim Vertragsschlusse, 1910; Medicus, Grenzen der Haftung für culpa in contrahendo, JuS 1965, 209; Nirk, Culpa in contrahendo, Festschrift f. Möhring, 1965, 385; ders., Culpa in contrahendo – eine geglückte richterliche Rechtsfortbildung – Quo vadis?, Festschrift f. Möhring, 1975, 71; Picker, Positive Forderungsverletzung und culpa in contrahendo, AcP 183, 369; Schmitz, Dritthaftung aus culpa in contrahendo, 1980; Schulze, Grundprobleme der Dritthaftung bei Verletzung von Auskunfts- und Beratungspflichten in der neueren Rechtsprechung, JuS 1983, 81; Hans Stoll, Tatbestände und Funktionen der Haftung für culpa in contrahendo, Festschrift f. v. Caemmerer, 1978, 435; Thiele, Leistungsstörung und Schutzpflichtverletzung, JZ 1967, 649.

1. Bedeutung

Neben der vertraglichen und der gesetzlich geregelten Haftung ist heute eine Haftung aus Verschulden bei Vertragsschluß (culpa in contrahendo) allgemein anerkannt. Der Grund für diese Rechtsfortbildung besteht darin, daß ein vertraglicher Schadensersatzanspruch immer einen wirksamen Schuldvertrag voraussetzt und die §§ 823 ff. nicht alle schutzwürdigen Fälle zu erfassen vermögen.

Beispiel: K, der von V einen Pkw kaufen will, macht mit V eine Probefahrt. Durch Verschulden des V bleibt der Pkw unterwegs in einer einsamen Gegend liegen; K muß sich mit einer Taxe zurückbringen lassen und hohe Fahrtkosten bezahlen. Vertragliche Schadensersatzansprüche hat K gegen V nicht, weil es nicht zu einem Vertragsabschluß gekommen ist. Auch nach den §§ 823 ff. kann K die Kosten nicht von V ersetzt verlangen, da V weder ein absolutes Recht des K (§ 823 I) noch ein Schutzgesetz (§ 823 II) verletzt hat noch den K sittenwidrig geschädigt hat (§ 826). Hätten V und K dagegen einen Kaufvertrag vor Antritt der Probefahrt abgeschlossen, käme ein Schadensersatzanspruch wegen Schlechterfüllung des Vertrages (Rdnr. 291 ff.) in Betracht.

Selbst wenn die schädigende Handlung einen Tatbestand des § 823 erfüllt, sie aber von einer Hilfsperson ausgeführt wird, so ist ein Schadensersatzanspruch gegen den Geschäftsherrn nur begründet, wenn diese Person als Verrichtungsgehilfe in Ausübung der Verrichtung den Schaden zugefügt hat und dem Geschäftsherrn nicht der Entlastungsbeweis gelingt (§ 831; Rdnr. 30 u. 228). Außerdem verjährt der Anspruch in drei Jahren (§ 852).

Rdnr. 55

Ist bei der Probefahrt vor Abschluß des Vertrages K durch den Angestellten des V körperlich verletzt worden (§ 823), scheidet ein Schadensersatzanspruch gegen V aus, wenn dieser nachweist, daß ihn bei der Auswahl und der Überwachung des Angestellten kein Verschulden trifft (§ 831 I 2; BS Rdnr. 475). War aber bereits der Kaufvertrag abgeschlossen, hat V für das Verschulden des Angestellten ohne die Möglichkeit eines Entlastungsbeweises einzustehen (§ 278).

Um die geschilderten Ergebnisse zu vermeiden, bejaht man seit Jhering beim Eintritt in Vertragsverhandlungen ein vertragsähnliches Vertrauensverhältnis unter den Beteiligten, das zur Beachtung der im Verkehr erforderlichen Sorgfalt verpflichtet und bei schuldhafter Verletzung der Sorgfaltspflicht zu einer vertragsähnlichen Haftung führt (culpa in contrahendo = c.i.c.).

V hat also auch ohne Vertragsschluß dem K die Kosten der Taxifahrt zu ersetzen. V muß für den Schaden des K einstehen, den sein Angestellter schuldhaft verursacht (§ 278). Gerade in der Haftung für fremdes Verschulden nach § 278 ohne Möglichkeit des Entlastungsbeweises liegt die besondere Bedeutung der culpa in contrahendo. Wenn sich der Gesetzgeber entschließen sollte, die Entlastungsmöglichkeit in § 831 zu beseitigen, wird das Rechtsinstitut der c.i.c. an Bedeutung verlieren.

56 2. Rechtsgrund

Das Gesetz hat die c.i.c. nicht geregelt. In einer Reihe von Einzelbestimmungen (§§ 307, 309, 523 I, 524 I, 600, 694) hat der Gedanke, welcher der c.i.c. zugrunde liegt, jedoch eine konkrete Ausgestaltung erfahren. Die verbleibende Lücke im Gesetz kann durch eine Rechtsanalogie zu den genannten Bestimmungen geschlossen werden. Abgesehen davon ist inzwischen auch ein Gewohnheitsrecht anzunehmen (vgl. § 11 Nr. 7 AGBG). Grund für die Haftung ist nicht ein Rechtsgeschäft, etwa ein besonderer „vorbereitender Vertrag“, sondern die Tatsache, daß jemand durch seine Bereitschaft zu Vertragsverhandlungen einen Vertrauenstatbestand setzt, auf den sich ein anderer verläßt (heute h.M.). Deshalb kommt eine Haftung aus c.i.c. nicht nur in Betracht, wenn die Parteien bereits in Vertragsverhandlungen eingetreten sind (z.B. beim Aussuchen wirft V eine Linoleumrolle fahrlässig um und verletzt K), sondern auch dann, wenn lediglich ein geschäftlicher Kontakt entstanden ist (z.B. K betritt ein Warenhaus, um etwas zu kaufen oder um sich über das Warenangebot zu informieren, und rutscht bereits am Eingang auf einer Bananenschale aus); es kann nämlich für die

Rdnr. 56

Haftung nicht rechtserheblich sein, ob schon etwas gesprochen wurde oder nicht.

Andererseits genügt nicht ein bloßer „sozialer Kontakt" in dem Sinne, daß bereits ein Vertrauen auf ordnungsmäßiges Verhalten bei räumlicher Nähe eine Haftung aus c. i. c. auslösen könnte (z. B. jemand betritt ein Warenhaus, um sich aufzuwärmen, und wird verletzt). Hier kommt nur eine Haftung aus unerlaubter Handlung in Betracht. Bejahte man eine c. i. c., wäre jede Verletzung einer Verkehrssicherungspflicht auch eine c. i. c. Für diese ist vielmehr entscheidend, daß die Kontaktaufnahme letztlich auf einen Vertragsschluß gerichtet ist.

Gegenüber einer nicht geschäftsfähigen Person kommt ein Schadensersatzanspruch aus c.i.c. nicht in Betracht, da sonst der Zweck der §§ 104ff. (Schutz der Nichtgeschäftsfähigen) vereitelt würde.

57 **3. Haftungstatbestände**

a) Eine Haftung aus c. i. c. kann sich vor allem aus der Verletzung folgender Pflichten ergeben:

(1) Treten Personen in geschäftlichen Kontakt, so haben sie gewisse *Obhuts- und Sorgfaltspflichten* gegenüber dem anderen zu beachten.

So ist der Inhaber eines Warenhauses verpflichtet, die Geschäftsräume in einem ordnungsgemäßen Zustand zu erhalten, damit etwaige Kunden nicht stürzen (BGH NJW 1962, 31; BGHZ 66, 51).

(2) Ebenso können bestimmte *Offenbarungspflichten* (Aufklärungs-, Mitteilungspflichten) bestehen. Ihre Verletzung kann einmal dazu führen, daß ein Vertrag nicht wirksam zustande kommt. Zum anderen ist es möglich, daß ein Vertrag geschlossen wird, der ohne die Pflichtverletzung nicht oder jedenfalls zu anderen Bedingungen geschlossen worden wäre. Ob und in welchem Umfange eine solche Pflicht im Einzelfall besteht, richtet sich nach dem jeweiligen Vertragstyp unter Berücksichtigung des Grundsatzes von Treu und Glauben (§ 242).

Beispiel: Der Grundstückskaufvertrag ist nicht beurkundet worden (vgl. § 313) und deshalb nichtig (§ 125). V hatte, obwohl er sich nicht ganz sicher war, dem rechtsunkundigen K erklärt, Schriftform genüge (vgl. AT Rdnr. 269).

b) Der Zeitraum, in dem ein Anspruch aus c. i. c. in Frage kommt, beginnt mit dem Entstehen des vorvertraglichen Vertrauensverhältnisses und endet mit dem Zustandekommen des Vertrages. Bei Pflichtverletzungen nach Vertragsabschluß greifen – sofern nicht gesetzliche Bestimmungen die Leistungsstörung regeln – die Grundsätze der positiven Forderungsverletzung ein (Rdnr. 291 ff.).

c) In allen Fällen ergibt sich der Haftungsmaßstab aus § 276; danach hat der Schuldner regelmäßig Vorsatz und Fahrlässigkeit zu vertreten. Würde der Schuldner nach dem geplanten Vertrag dagegen milder haften, muß dieser Maßstab auch bei c. i. c. gelten; denn es ist kein Grund ersichtlich, weshalb die Haftung bei den Vertragsvorbereitungen strenger sein soll als nach Zustandekommen des Vertrages.

58 **4. Umfang des Schadensersatzes**

Der Verpflichtete muß den Zustand herstellen, der bestehen würde, wenn der zum Ersatz verpflichtende Umstand nicht eingetreten wäre (§ 249, 1; Rdnr. 333). Es ist also der Schaden zu ersetzen, der dem Berechtigten dadurch entstanden ist, daß er auf das Verhalten des Partners vertraut hat (= Vertrauensschaden; Rdnr. 321). Mitwirkendes Verschulden (§ 254; Rdnr. 357 ff.) ist zu berücksichtigen.

Der Warenhausinhaber hat also dem verletzten Kunden z. B. die Heilungskosten, den Verdienstausfall zu ersetzen. – Wäre der Vertrag bei richtiger Aufklärung nicht zustande gekommen, dann muß der Zustand hergestellt werden, der ohne Vertragsschluß bestanden hätte.

Der Vertrauensschaden kann sich in der Höhe mit dem Erfüllungsschaden (Rdnr. 321) decken oder sogar darüber hinausgehen.

Kauft der rechtlich unerfahrene Käufer K ein Grundstück von der Wohnungsbaugesellschaft V und ist der Kaufvertrag wegen eines Versehens der V nicht beurkundet, so hat K keinen Anspruch auf Übereignung des Grundstücks oder auf Abschluß eines formgültigen Kaufvertrages. Er kann aber verlangen, so gestellt zu werden, wie er stehen würde, wenn V ihn über die Form des Vertrages richtig belehrt hätte. Demnach muß V ihn in den Stand setzen, sich ein gleichwertiges Grundstück zu beschaffen. Hatte K vor, das Grundstück zu bebauen und sind inzwischen die Baukosten gestiegen, so muß V ihm auch die Mehrkosten ersetzen (vgl. BGH NJW 1965, 812).

59 **5. Konkurrenzen**

Bei der Lösung eines Falles ist zu beachten, daß das Gesetz für bestimmte Sachverhalte, welche an sich die Voraussetzungen der c. i. c. erfüllen, Sonderregelungen enthält. Soweit hier vom Gesetzgeber eine abschließende Regelung beabsichtigt ist, fehlt es an einer Gesetzeslücke, die durch die Regeln der c. i. c. ausgefüllt werden könnte.

Beispiel: Neben der Sachmängelhaftung beim Kauf (§§ 459 ff.) ist kein Raum für c. i. c., soweit sich das schuldhafte Verhalten auf den Sachmangel bezieht. Die Mängelvorschriften behandeln die vertraglichen Rechte des Käufers nach Gefahrübergang; c. i. c. stellt auf das Verhalten vor und bei Vertragsschluß ab. Im übrigen soll nach dem Willen des Gesetzes wegen eines Sachmangels nur in den Fällen des § 463 ein Schadensersatzanspruch des Käufers gegeben sein; c. i. c. würde schon bei bloß fahrlässigem Verschweigen eine Ersatzpflicht auslösen. Müßte der Verkäufer bei bloßer Fahrlässigkeit aus c. i. c. haften, so wäre das ein Verstoß gegen die genannte gesetzliche Wertung (vgl. BGHZ 60, 319; BS Rdnr. 101).

Viertes Kapitel

Inhalt der Schuldverhältnisse

60 Der Inhalt des einzelnen Schuldverhältnisses ergibt sich aus der getroffenen Vereinbarung oder unmittelbar aus dem Gesetz. Hierauf ist im folgenden näher einzugehen. Nur wenn der Inhalt des Schuldverhältnisses ermittelt ist, kann die Frage beantwortet werden, ob die Schuld z. B. durch Erfüllung erloschen ist (Rdnr. 161 ff.) oder eine Störung im Schuldverhältnis vorliegt (Rdnr. 215 ff.) und deshalb etwa eine Schadensersatzpflicht des Schuldners (Rdnr. 315 ff.) besteht.

61 § 5. Bestimmung des Schuldinhalts

Schrifttum: Bötticher, Gestaltungsrecht und Unterwerfung im Privatrecht, 1964; Dütz, Rechtsstaatlicher Gerichtsschutz im Privatrecht, 1970, § 28 II; Habscheid, Das Schiedsgutachten, Festschrift f. H. Lehmann, II, 1956, 789; Kornblum, Die Rechtsnatur der Bestimmung der Leistung in §§ 315–319 BGB, AcP 168, 450; Kronke, Zur Funktion und Dogmatik der Leistungsbestimmung nach § 315 BGB, AcP 183, 113; Neumann-Duesberg, Gerichtliche Ermessensentscheidungen nach §§ 315 ff. BGB, JZ 1952, 705; ders., Ermessensausübung im Zivilrecht als Gestaltungsakt, JR 1953, 56; Steindorff, Vorvertrag und Vertragsänderung, BB 1983, 1127.

Fälle:

a) Die Gesellschafter A und B, die ihre Gesellschaft auflösen und das Vermögen unter sich gleichmäßig aufteilen wollen, vereinbaren, daß A die Verteilung vornehmen soll. Was kann B machen, wenn er mit der Verteilung nicht einverstanden ist?

b) Wie, wenn C die Verteilung vornehmen soll? Nach der Verteilung ist B nicht einverstanden und veranlaßt C, eine andere Auseinandersetzung vorzunehmen. Muß A sich die neue Aufteilung gefallen lassen?

c) Wie, wenn B geltend macht, A habe den C arglistig über den Wert der Vermögensgegenstände getäuscht und daher sei eine falsche Verteilung vorgenommen worden? Er will die Erklärung des C anfechten. Kann auch C anfechten?

I. Bestimmtheit der Leistung

Bei einem vertraglichen Schuldverhältnis muß der Leistungsinhalt bestimmt oder jedenfalls bestimmbar sein. Denn zu einer unbestimmten Leistung kann der Schuldner nicht verurteilt werden, und eine Zwangsvollstreckung ist nicht möglich.

Häufig sind schuldrechtliche Verpflichtungen nicht in allen Einzelheiten durch die Parteien *bestimmt*, z. B. wenn Regelungen über die Art, den Gegenstand, Ort oder Zeit der Leistung fehlen. Ein Schuldverhältnis ist aber trotzdem wirksam entstanden, wenn sich der Leistungsinhalt ermitteln läßt, er also *bestimmbar* ist. Dazu sind vielfach im Wege der Auslegung objektiv feststehende Umstände heranzuziehen, etwa beim Kauf der Laden- oder Listenpreis, beim Erwerb von Wertpapieren der Kurswert. Ergänzend greifen gesetzliche Regeln ein (vgl. z. B. §§ 269, 271 I, 314, 453, 612 II, 632 II).

Ist ein Pkw in Reparatur gegeben, so wird in der Regel die Vergütung nicht vorher festgelegt. Es ist aber die übliche Vergütung vereinbart (§ 632 II).

Der Schuldinhalt kann auch dadurch bestimmt sein, daß auf eine andere Schuldverpflichtung Bezug genommen wird (vgl. z. B. bei der Bürgschaft auf die Hauptverbindlichkeit).

62 **II. Bestimmung durch eine Partei oder einen Dritten**

Die Parteien können die nähere Bestimmung des Vertragsinhalts aber auch bei Vertragsschluß ausdrücklich offenlassen und vereinbaren, daß die nähere Vertragsgestaltung durch eine Partei (§§ 315 f.; Rdnr. 63 ff.) oder durch einen Dritten (§§ 317 ff.; Rdnr. 68 ff.) erfolgen soll. Eine gesetzlich besonders geregelte nachträgliche Leistungsbestimmung durch eine Partei liegt bei der Vereinbarung einer Gattungs- (Rdnr. 90 ff.) oder Wahlschuld (Rdnr. 94 ff.) vor. In diesen Fällen steht der Leistungsinhalt zwar bei Vertragsabschluß noch nicht vollständig fest, soll aber nach der Parteivereinbarung vor Erfüllung der Verpflichtung bestimmt werden. Wollen dagegen die Parteien sich erst später über die Bestimmung des Leistungsinhalts einigen, so liegt noch kein Vertrag vor (§ 154).

63 **1. Bestimmung durch eine Partei**

a) Die Bestimmung der Leistung oder einzelner Modalitäten kann sowohl dem Gläubiger als auch dem Schuldner vorbehalten sein (§ 315). Für gegenseitige Verträge gibt das Gesetz eine Auslegungsregel: Ist das Entgelt einer Leistung nicht bestimmt, so ist zur Bestimmung berechtigt, wer das Entgelt zu fordern hat (§ 316).

Es ist aber zu beachten, daß vielfach auch bei mangelnder ausdrücklicher Bestimmung die Gegenleistung durch Auslegung ermittelt werden kann (vgl. Rdnr. 61); dann sind die §§ 315 f. nicht anwendbar. Ist dagegen die Gegenleistung nach Taxen oder Gebühren unter Festlegung nur von Mindest- bzw. Höchstbeträgen zu ermitteln, kann der Forderungsberechtigte nach §§ 315 f. innerhalb dieser Grenzen die Gegenleistung festsetzen.

So kann etwa der Arzt im Rahmen der ärztlichen Gebührenordnung sein Honorar bemessen; eine Anwendung der §§ 612 II, 632 II würde nicht zur Bestimmung der Vergütung ausreichen.

Beispiele für ein Bestimmungsrecht des Gläubigers: die Vereinbarung „Preis freibleibend" oder „Berichtigung des Preises bei bestimmten Voraussetzungen", Zeitpunkt der Lieferung der Ware (auf Abruf).

Beispiele für ein Bestimmungsrecht des Schuldners: Versprechen des Arbeitgebers, seine Arbeiter versichern zu lassen; Bestimmung der Vermächtnisleistung nach § 2156.

64 b) Die Bestimmung erfolgt durch *rechtsgestaltende Willenserklärung* der berechtigten Partei. Die Erklärung ist unwiderruflich wie jede Willenserklärung, die Teil eines Vertrags geworden ist; sie bedarf keiner Form, auch wenn der Vertrag selbst oder das Leistungsversprechen formbedürftig ist.

65 c) Die Bestimmung ist, falls nichts anderes vereinbart ist (Fall a), nach *billigem Ermessen* zu treffen (§ 315 I). Entspricht sie dem nicht, so ist sie für den Vertragspartner nicht verbindlich (§ 315 III 1). Die Bestimmung muß dann durch Urteil getroffen werden (§ 315 III 2); diese Möglichkeit besteht auch, wenn die Bestimmung verzögert wird. Die Bestimmung erfolgt durch das Gericht selbst, also nicht durch den Vertragspartner auf Anweisung des Gerichts.

Darüber, ob der Vertragspartner zur Abgabe der Bestimmung verpflichtet ist, besteht Streit. Diese Frage läßt sich nicht allgemein beantworten. Ob eine solche Verpflichtung besteht, ist im Einzelfall durch Auslegung zu ermitteln, wird aber im Regelfall zu bejahen sein, wenn der Vertragspartner gerade an der Vertragsabwicklung interessiert ist. Die Streitfrage hat Bedeutung für etwaige Verzugsfolgen (§§ 286, 295). Durch die Klage nach § 315 III wollte der Gesetzgeber einen einfachen Weg eröffnen, den Vertragsinhalt bestimmen zu lassen (Mot. II, 192); ohne diese Regelung müßte nach dem allgemeinen Prozeßrecht auf Vornahme der Bestimmung geklagt und entsprechend vollstreckt werden (vgl. §§ 887, 888 ZPO). Unter besonderen Voraussetzungen kann der Vertragspartner sogar selbst die Fälligkeit herbeiführen (vgl. BGH NJW 1983, 2934).

66 d) Haben die Parteien vereinbart, daß die Bestimmung nach *freiem Ermessen* (nach Belieben) einer Partei erfolgen soll, sind die §§ 315, 316 nicht anwendbar.

Bei der Prüfung, ob die Parteien billiges oder freies Ermessen vereinbart haben, ist nicht allein auf den Wortlaut des Vertrages abzustellen; regelmäßig ist die Vereinbarung eines *billigen* Ermessens anzunehmen (vgl. § 315: im Zweifel); z. B. bei der Klausel „Preis freibleibend".

Ergibt sich dagegen, daß die Parteien freies Ermessen oder Belieben gewollt haben, so stellt sich stets die Frage, ob dann überhaupt ein wirksamer Vertrag vorliegt: Darf der *Gläubiger* nach Belieben entscheiden, kann Nichtigkeit wegen § 138 (Knebelung des Schuldners; z. B. Bestimmung des Kaufpreises durch den Verkäufer) gegeben sein; ist der *Schuldner* in der Bestimmung frei, so kann es an einer genügenden Gebundenheit des Schuldners überhaupt fehlen (z. B. Bestimmung des Kaufpreises durch den Käufer).

67 Besteht ein wirksames Bestimmungsrecht nach freiem Ermessen, ist bei Unbilligkeit nicht die Klage nach § 315 III gegeben, da das Gericht in diesem Fall nicht eine Entscheidung nach billigem Ermessen treffen darf. Die Bestimmung ist erst unverbindlich, wenn ein Verstoß gegen §§ 134, 138 anzunehmen ist. Wird sie verzögert, so sind *bei einer Verpflichtung zur Bestimmung* die normalen Klagemöglichkeiten gegeben (auf Vornahme der Bestimmung, § 888 ZPO, oder auf Schadensersatz). Nach dem Parteiwillen kann im Einzelfall auch eine Unwirksamkeit entsprechend § 319 II (Rdnr. 72) anzunehmen sein, wenn die Parteien die Bestimmung als eine Bedingung (§ 158 I) angesehen haben.

68 **2. Bestimmung durch einen Dritten**

Die Parteien können auch vereinbaren, daß ein Dritter – oder mehrere Dritte – den Leistungsinhalt bestimmen (§§ 317 ff.); das geschieht häufig dann, wenn für diese Bestimmung besondere Sachkunde erforderlich ist, gleichzeitig aber auch eine neutrale und vertrauenswürdige Person über die Vertragspflichten entscheiden soll.

a) Nach dem Wortlaut des § 317 muß dem Dritten die *Bestimmung der Leistung* überlassen sein; darunter fällt auch die Bestimmung nur einer Leistungsmodalität.

Beispiel: A und B schließen einen Kaufvertrag über ein Gemälde mit der Vereinbarung, daß C den Kaufpreis und den Leistungsort bestimmen soll; vgl. auch Fall b.

Häufig soll ein Dritter nicht eine fehlende Vertragsbestimmung ergänzen, den bisher unbestimmten Vertrag also gestalten, sondern einen vorhandenen, aber nur vom Unkundigen nicht bestimmbaren Vertragsinhalt feststellen oder Tatsachen festlegen, die erst mittelbar für den Inhalt der Leistung Bedeutung haben (sog. Schiedsgutachter i. e. S.).

So ist der Dritte Schiedsgutachter, wenn im Beispielsfall die Parteien als Kaufpreis den Schätzwert zuzüglich eines Aufschlags vereinbart haben und der Dritte den Schätzpreis ermitteln oder wenn im Fall b der Dritte C die Gegenstände bewerten soll.

Auf die Vereinbarung eines Schiedsgutachtens sind die Vorschriften der §§ 317 ff. entsprechend anwendbar, so daß eine scharfe Trennung, die im Einzelfall schwierig sein kann, nicht erforderlich ist.

Davon zu unterscheiden ist aber der *Schiedsrichter* i. S. d. §§ 1025 ff. ZPO. Der Schiedsrichter soll anstelle des Gerichts für die Parteien ein streitiges Rechtsverhältnis verbindlich entscheiden; die §§ 317 ff. sind nicht anwendbar. Für die Abgrenzung ist nicht die Ausdrucksweise der Parteien entscheidend, sondern die von den Parteien gewollte Funktion des Dritten:

Der Schiedsgutachter stellt nur Tatbestandselemente fest, so daß die Entscheidung über den Anspruch dem Gericht vorbehalten ist, während der Schiedsrichter das Rechtsverhältnis abschließend zwischen den Parteien entscheidet (BGHZ 6, 335).

69 b) Der Dritte hat die Bestimmung nach *billigem Ermessen* zu treffen (§ 317 I). Die Parteien können aber vereinbaren, daß der Dritte nach *freiem Belieben* entscheidet.

Soll die Bestimmung durch mehrere Dritte erfolgen, so ist ihre Übereinstimmung erforderlich (§ 317 II). Fehlt diese, so sind die Folgen ebenso, als wenn keine Bestimmung erfolgt wäre (vgl. Rdnr. 71). Bei der Bestimmung einer Summe (z. B. Kaufpreis) besteht dagegen die Möglichkeit, aus den Summen der verschiedenen Auffassungen eine Durchschnittssumme zu bilden (§ 317 II); dadurch wird eine Bestimmung auf einfachem Wege erreicht (Mot. II, 194).

70 c) Die Bestimmung des Dritten erfolgt durch *Erklärung gegenüber einem der Vertragsschließenden* (§ 318 I); sie ist unwiderruflich (Fall b). Eine Anfechtung wegen Irrtums, Drohung oder arglistiger Täuschung ist möglich; das Anfechtungsrecht steht aber nach § 318 II nur den Vertragschließenden zu.

Der Dritte soll nicht anfechten können, weil er an der Anfechtung kein Interesse hat (Prot. I, 471; Fall c). Die Anfechtung muß auch in den Fällen des § 123 unverzüglich nach Kenntnis des Anfechtungsgrundes erfolgen (§ 318 II 2).

71 d) Hat der Dritte die Bestimmung nach *billigem Ermessen* zu treffen, so ist sie für die Parteien unverbindlich, wenn sie *offenbar unbillig* ist. Die Bestimmung erfolgt dann durch Urteil (§ 319 I 2). Die im Vergleich zu § 315 unterschiedliche Regelung (Unverbindlichkeit schon bei Unbilligkeit) bringt zum Ausdruck, daß regelmäßig bei der Bestimmung durch einen Dritten eher die Gewähr der Richtigkeit gegeben ist als bei der Bestimmung durch eine Partei. Es soll nur dann der gerichtliche Spruch an die Stelle der Erklärung des Dritten treten, wenn der Dritte den Maßstab von Treu und Glauben in grober und für den unbefangenen, sachkundigen Beurteiler sofort erkennbarer Weise verletzt hat (st. Rspr.).

Eine Bestimmung durch Urteil erfolgt auch dann, wenn der Dritte die Bestimmung nicht treffen kann oder will oder sie verzögert (§ 319 I 2); das gleiche gilt, wenn mehrere bestimmungsberechtigte Dritte nicht übereinstimmen (§ 317 II). Diese Regelung entspricht der üblichen Parteiabsicht: Wenn ein Dritter nach billigem Ermessen entscheiden soll, kommt es nicht so sehr auf die Person des Entscheidenden als vielmehr auf die Sachlichkeit der Entscheidung an. Deshalb kann an seiner Stelle das Gericht die Bestimmung treffen (Prot. I, 468 f. gegen den Entwurf, Mot. II, 193, der Unwirksamkeit annehmen wollte).

72 e) Anders ist es aber, wenn die Bestimmung in das *freie Belieben* des Dritten gestellt ist. Dann legen die Parteien gerade auf die Bestimmung des Dritten entscheidendes Gewicht. Trifft der Dritte die Bestimmung nicht oder verzögert er sie, so ist der Vertrag unwirksam (§ 319 II).

Der Dritte ist regelmäßig nicht zur Abgabe der Erklärung verpflichtet, es sei denn, er habe eine entsprechende Verpflichtung übernommen; in diesem Fall könnte er zur Abgabe der Erklärung nach § 888 ZPO angehalten werden.

Bei offenbarer Unbilligkeit ist die Bestimmung – entgegen § 319 I – nicht unverbindlich; nur bei einem Verstoß gegen §§ 134, 138 ist der Vertrag nichtig.

73 § 6. Grundsatz von Treu und Glauben

Schrifttum: v. Bar, „Nachwirkende“ Vertragspflichten, AcP 179, 452; Bilda, Anpassungsklauseln in Verträgen, 2. Aufl., 1973; Canaris, Vertrauenshaftung im deutschen Privatrecht, 1971; Eichler, Die Rechtslehre vom Vertrauen, 1950; Esser, Grundsatz und Norm in der richterlichen Fortbildung des Privatrechts, 1956; Fikentscher, Die Geschäftsgrundlage als Frage des Vertragsrisikos, 1971; Gernhuber, § 242 BGB – Funktionen und Tatbestände, JuS 1983, 764; Haarmann, Wegfall der Geschäftsgrundlage bei Dauerrechtsverhältnissen, 1979; Hedemann, Die Flucht in die Generalklauseln, 1933; Hohmann, § 242 BGB und unzulässige Rechtsausübung in der Rechtsprechung des BGH, JA 1982, 112; U. Huber, Verpflichtungszweck, Vertragsinhalt und Geschäftsgrundlage, JuS 1972, 57; Hueck, Der Treuegedanke im modernen Privatrecht, 1947; Köhler, Unmöglichkeit und Geschäftsgrundlage bei Zweckstörungen im Schuldverhältnis, 1971; ders., Grundprobleme der Lehre von der Geschäftsgrundlage, JA 1979, 498; Larenz, Geschäftsgrundlage und Vertragserfüllung, 3. Aufl., 1963; Littbarski, Neuere Tendenzen zum Anwendungsbereich der Lehre von der Geschäftsgrundlage, JZ 1981, 8; Medicus, Vertragsauslegung und Geschäftsgrundlage, Festschrift f. Flume, 1978, 629; Nicklisch, Ergänzende Vertragsauslegung und Geschäftsgrundlagenlehre – ein einheitliches Rechtsinstitut zur Lückenausfüllung?, BB 1980, 949; Nipperdey, Vertragstreue und Nichtzumutbarkeit der Leistung, 1921; Oertmann, Die Geschäftsgrundlage, 1921; G. H. Roth, Treu und Glauben beim Schwarzkauf – BGH, NJW 1980, 451, JuS 1981, 250; Schmidt-Rimpler, Zum Problem der Geschäftsgrundlage, Festschrift f. Nipperdey, 1955, 1; Teichmann, Nebenverpflichtungen aus Treu und Glauben, JA 1984, 545, 709; Wieacker, Zur rechtstheoretischen Präzisierung des § 242, 1956.

Fälle:

a) S will sein Darlehen von 1000,– DM an G zurückzahlen. In der Wohnung des G stellt sich heraus, daß S 1,– DM zuwenig mitgebracht hat. G lehnt daraufhin unter Hinweis auf § 266 die Annahme des Geldes ab.

b) Wie wäre es, wenn S seine Verbindlichkeit nach einer ausgedehnten Bierreise morgens um 2.00 Uhr bei G tilgen will?

c) V verkauft seine Bäckerei mit Rücksicht auf die günstige Lage zu einem hohen Kaufpreis an K. Kurz darauf eröffnet V im Nebenhaus eine Bäckerei.

d) G verlangt von S vor Ablauf der Verjährungsfrist Zahlung von Schadensersatz und droht gleichzeitig Klage an. S erklärt sich zu Verhandlungen über die Höhe des Anspruchs bereit. Als die Verhandlungen scheitern, erhebt G Klage. S macht geltend, die Forderung sei inzwischen verjährt.

I. Bedeutung des § 242

1. Treu und Glauben als allgemeiner Rechtsgrundsatz

Nach § 242 ist der Schuldner verpflichtet, die Leistung so zu bewirken, wie Treu und Glauben mit Rücksicht auf die Verkehrssitte es erfordern. Wenn auch die Bestimmung sich ihrem Wortlaut nach nur an den Schuldner wendet und dessen Leistungspflicht näher bestimmt, so ist damit ihr Anwendungsbereich keineswegs erschöpft. Rechtsprechung und Wissenschaft haben vielmehr aus § 242 in Verbindung mit den §§ 133, 157, 826 den allgemeinen Rechtsgedanken entwickelt, daß jeder in Ausübung seiner Rechte und Erfüllung seiner Pflichten nach Treu und Glauben zu handeln, d.h. auf die berechtigten Interessen des anderen Teils Rücksicht zu nehmen hat. Das Gebot zur Rücksichtnahme gilt demnach nicht nur für den Schuldner, sondern ebenso für den Gläubiger.

§ 133 betrifft die Auslegung der einzelnen *Willenserklärung,* § 157 hingegen die Auslegung des zustandegekommenen *Vertrages,* während sich § 242 seinem Wortlaut nach nur auf die *Leistungspflicht des Schuldners* bezieht, gleichgültig, ob sie auf Vertrag oder Gesetz beruht.

Der Grundsatz von Treu und Glauben ist eine Generalklausel (AT Rdnr. 639 ff.). Er beherrscht das gesamte Rechtsleben und gewinnt über das Schuldrecht hinaus überall dort Bedeutung, wo zwischen mehreren Personen eine rechtliche Sonderverbindung besteht. So findet er z. B. auch im Sachenrecht, im öffentlichen Recht und im Verfahrensrecht Anwendung.

74 **2. Abgrenzung und Anwendungsbereich**

a) Die Bedeutung des § 242 würde aber gründlich verkannt, wenn man in ihm eine allgemeine Billigkeitsnorm erblickte, die es dem Richter gestattete, sich über gesetzliche Wertungen hinwegzusetzen, um zu einem von ihm als billig empfundenen Ergebnis zu gelangen. Würde der Richter den Grundsatz von Treu und Glauben so handhaben, dann verstieße er gegen einen Fundamentalsatz der Verfassung, wonach er an Gesetz und Recht gebunden ist (vgl. Art. 20 III, 97 GG). Außerdem wäre keine Rechtssicherheit mehr gewährleistet, weil die richterlichen Entscheidungen nicht voraussehbar wären.

75 Ebensowenig enthält § 242 eine allgemeine Ermächtigung zu einer richterlichen Rechtsfortbildung aus Billigkeitsgründen. Die Lösung neuer Rechtsprobleme obliegt in erster Linie dem Gesetzgeber. Der Richter ist zwar auch befugt, durch Rechtsfortbildung Lücken des Gesetzes auszufüllen; hierbei ist er aber stets an die Wertungen des Gesetzgebers in bereits vorhandenen Bestimmungen gebunden, die er auf nicht geregelte, aber ähnlich gelagerte Fälle zu übertragen hat. Da § 242 selbst der Konkretisierung durch andere gesetzliche Wertungen bedarf (Rdnr. 77), ist er wenig geeignet, für die Ausfüllung von Gesetzeslükken brauchbare Maßstäbe zu liefern.

Der Grundsatz von Treu und Glauben dient deshalb nicht dazu, selbständig neue Rechtsinstitute zu schaffen; seine Aufgabe besteht vielmehr vornehmlich darin, bereits vorhandene Rechtssätze oder Rechtsbeziehungen nach ihrem Sinn und Zweck näher auszuformen oder die Grenzen einer formal gegebenen Rechtsstellung aufzuzeigen.

76 b) Um bei der Anwendung des § 242 nicht zu vorschnellen „Billigkeitsurteilen" zu gelangen, muß immer zunächst geprüft werden, ob nicht die spezialgesetzlichen Regelungen nach ihrem Sinn und Zweck eine sachgerechte Lösung des konkreten Falles ermöglichen. In den weitaus meisten Fällen wird das zu bejahen sein und sich deshalb ein Zurückgreifen auf den allgemeinen Grundsatz von Treu und Glauben erübrigen. Nur wenn sich ausnahmsweise herausstellt, daß die Anwendung des Gesetzes wegen der Besonderheit des konkreten Falles den einen oder anderen Teil in einer offenbar unbilligen, dem Sinn des Rechtsverhältnisses widersprechenden Weise benachteiligt, kann als ultima ratio über § 242 ein Interessenausgleich herbeigeführt werden.

77 § 242 enthält keine fertige Regel dafür, was im Einzelfall Treu und Glauben entspricht. Zu ihrer Anwendung bedarf diese Generalklausel vielmehr einer näheren Konkretisierung. Wichtige Anhaltspunkte bieten hierbei gesetzliche Interessenbewertungen, die in anderen Normen ihren Ausdruck gefunden haben. Zu erwähnen sind hier nicht zuletzt die Wertentscheidungen des Grundgesetzes. Eine weitere Hilfe bei der Ausfüllung dieser Generalklausel bildet die Verkehrssitte, auf die § 242 ausdrücklich verweist. Hierunter ist die im Verkehr tatsächlich herrschende Übung zu verstehen, nach der in einer großen Zahl gleichartiger Fälle verfahren wird. Das wichtigste Beispiel für eine Verkehrssitte bilden die Handelsbräuche der Kaufleute (§ 346 HGB; HR Rdnr. 13 ff.).

Nur wenn man bei der Bestimmung dessen, was der Grundsatz von Treu und Glauben im Einzelfall erfordert, diese verschiedenen rechtlichen Gesichtspunkte beachtet, lassen sich willkürliche Zufallsergebnisse verhindern. Auch die Anwendung des § 242 erfordert also stets eine eingehende Begründung, die erkennen läßt, daß und nach welchen rechtlichen Kriterien die gegensätzlichen Interessen der Beteiligten gegeneinander abgewogen werden.

78 **II. Einzelne Anwendungsfälle**

Rechtsprechung und Schrifttum haben sich ständig darum bemüht, die bei der Anwendung des § 242 auftretenden Einzelprobleme zu ordnen und zu bestimmten Fallgruppen zusammenzufassen, um bei der Handhabung dieser Generalklausel eine gewisse Rechtssicherheit zu erreichen. Die dabei entwickelten Regeln bieten aber immer nur einen ersten Anhaltspunkt und müssen in jedem einzelnen Fall daraufhin überprüft werden, ob sie der besonderen Interessenlage des konkreten Lebenssachverhalts gerecht werden. Hier sollen, ohne Anspruch auf nur annähernde Vollständigkeit, einige Anwendungsbereiche des Grundsatzes von Treu und Glauben aufgezeigt werden.

79 **1. Bestimmung der Art und Weise der Leistung**

Nach seinem unmittelbaren Anwendungsbereich ist § 242 dafür maßgebend, *wie* eine vertragliche oder gesetzliche Verpflichtung zu erfüllen ist. Auch ohne eine besondere gesetzliche Regelung kann es dem Schuldner nach Treu und Glauben verwehrt sein, seine Leistung zu einer bestimmten Zeit oder an einem bestimmten Ort zu erbringen.

Im Fall b ist es mit § 242 nicht vereinbar, daß S dem G das Darlehen nachts um 2.00 Uhr zurückzahlen will. G kann die Annahme des Geldes ablehnen, ohne in Annahmeverzug zu geraten.

80 **2. Begründung vertraglicher Nebenpflichten**

Der Grundsatz von Treu und Glauben wirkt sich auch bei der Auslegung aus. Das folgt bereits aus § 157.

Hat beispielsweise K bei V ein Abendkleid gekauft, dann ist V auch ohne besondere Abrede verpflichtet, das gekaufte Kleid zu verpacken, damit K es unversehrt nach Hause transportieren kann.

Für eine ergänzende Vertragsauslegung ist dort Raum, wo die Parteien einen für sie wichtigen gegenwärtigen oder zukünftigen Umstand bei ihrer Willensbildung nicht berücksichtigt haben, so daß ihre Vereinbarung lückenhaft ist. Bei der Ausfüllung dieser Vertragslücke bildet der Grundsatz von Treu und Glauben einen wichtigen Maßstab. Abzustellen ist nämlich darauf, wie die Parteien bei billiger und vernünftiger Berücksichtigung aller Umstände, vor allem der beiderseitigen Interessen, den offen gebliebenen Punkt geregelt haben würden.

81 a) Im Rahmen *vertraglicher Beziehungen* sind die Parteien nach Treu und Glauben gehalten, eine sinnvolle Durchführung des Vertrages zu ermöglichen und den anderen Teil vor vermeidbaren Schädigungen zu bewahren. Die ergänzende Vertragsauslegung führt daher häufig zur Begründung vertraglicher Nebenpflichten, die auf ein Tun oder Unterlassen gerichtet sein können. Zu nennen sind hier vor allem Obhuts-, Erhaltungs-, Auskunfts- oder Anzeigepflichten (s. dazu Rdnr. 13). Ob und in welchem Umfang sich derartige Pflichten ergeben, läßt sich nicht allgemein beantworten; entscheidend sind immer die Besonderheiten des jeweiligen Vertragsverhältnisses und die für seinen Abschluß maßgebenden Erwägungen der Parteien.

Im Fall c führt die ergänzende Vertragsauslegung dazu, daß V die zweite Bäckerei nicht eröffnen darf, weil die Parteien bei der Bemessung des Kaufpreises davon ausgegangen sind, daß dem K der Kundenstamm des V erhalten bleiben sollte.

Die Begründung vertraglicher Nebenpflichten mit Hilfe des Grundsatzes von Treu und Glauben hat dazu beigetragen, den Anwendungsbereich der Lehre von der positiven Forderungsverletzung erheblich zu erweitern (Rdnr. 294).

82 b) Auch nach der *Beendigung eines Vertragsverhältnisses* können sich aus § 242 nachwirkende Pflichten ergeben. Es handelt sich um vertragliche Nebenpflichten, die darauf gerichtet sind, nach Erfüllung der Hauptpflichten eine Handlung vorzunehmen oder zu unterlassen.

Beispiele: Erteilung wahrheitsgemäßer Auskünfte des früheren Arbeitgebers gegenüber dem jetzigen Arbeitgeber des Arbeitnehmers; Duldung eines Umzugsschildes bei Verlegung der Arztpraxis nach Beendigung des Mietvertrages; Gewährung der Einsichtnahme in die Krankenunterlagen (vgl. BGHZ 85, 327, 339).

83 c) Unter Berufung auf den Grundsatz von Treu und Glauben hat die Rechtsprechung bereits *für die Zeit der Vertragsverhandlungen* das Bestehen bestimmter Sorgfalts- und Aufklärungspflichten angenommen, deren schuldhafte Verletzung eine Schadensersatzpflicht auslöst (culpa in contrahendo; Rdnr. 56 ff.).

84 **3. Abänderung der vertraglichen Leistungspflicht**

Auf § 242 beruht auch die Lehre vom Fehlen oder Wegfall der *Geschäftsgrundlage*, die vor allem in der Zeit nach dem ersten Weltkrieg entwickelt worden ist, um bestehende Vertragsverhältnisse den einschneidenden wirtschaftlichen Veränderungen der Inflationszeit anpassen zu können. Hiernach soll beim Fehlen oder späteren Wegfall bestimmter für den Abschluß oder die Durchführung des Vertrages grundlegender Umstände, die aber nicht zum Vertragsinhalt geworden sind, der Vertrag (durch Anhebung oder Herabsetzung der Leistungspflicht) den veränderten Verhältnissen angepaßt oder, wenn das nicht möglich ist, aufgelöst werden.

Beispiel: V verkauft an K zu einem bestimmten Preis Branntwein; inzwischen wird die Branntweinsteuer derart erhöht, daß V von dem vereinbarten Kaufpreis nicht einmal die Steuer bezahlen kann. Hier muß der Kaufpreis den veränderten steuerlichen Verhältnissen angepaßt werden.

Als Geschäftsgrundlage wird ein Umstand angesehen, der mindestens von einer Vertragspartei bei Abschluß des Vertrages als für den Vertragsabschluß wesentlich vorausgesetzt wurde und auf dessen Berücksichtigung sich die andere Partei redlicherweise hätte einlassen müssen. Eine Anpassung oder Auflösung des Vertrages soll jedoch nicht in Betracht kommen, wenn der Umstand im Risikobereich nur einer Vertragspartei gelegen hat (vgl. Medicus, BürgR, Rdnr. 164 ff.). M. E. läßt sich eine Lösung durch ergänzende Auslegung des konkreten Vertrages erreichen. Auszugehen ist davon, was die Parteien nach Treu und Glauben mit Rücksicht auf die Verkehrssitte vereinbart hätten, wenn ihnen das Fehlen oder der spätere Wegfall des betreffenden Umstandes bekannt gewesen wäre. Das kann dazu führen, daß die vertraglichen Leistungspflichten den veränderten Umständen angepaßt werden oder daß der Vertrag aufgelöst wird (Einzelheiten bei Brox, Die Einschränkung der Irrtumsanfechtung, 1960, 72ff., 180ff.).

Die Auflösung des Vertrags erfolgt allerdings nicht von selbst. Die benachteiligte Partei hat vielmehr ein Rücktrittsrecht, bei Dauerschuldverhältnissen ein Kündigungsrecht, dessen ausdrückliche Ausübung vielfach deshalb nicht notwendig ist, weil die betreffende Partei bereits klar zu erkennen gegeben hat, daß sie den Vertrag nicht fortsetzen will.

85 **4. Einwand der unzulässigen Rechtsausübung**

Aus §242 ergibt sich schließlich über die §§226, 826 hinaus der allgemeine Grundsatz, daß jede gegen Treu und Glauben verstoßende Rechtsausübung unzulässig ist (AT Rdnr. 639ff.). Der Grundsatz von Treu und Glauben dient hier dazu, eine an sich gegebene formale Rechtsstellung zu begrenzen, gleichgültig ob es sich etwa um Forderungsrechte, Gestaltungsrechte oder Einreden handelt. Zu beachten ist allerdings, daß §242 nicht dazu verwendet werden darf, jede als unbillig empfundene Rechtsverfolgung zu verhindern, weil sonst anstelle des Rechts mehr oder weniger klare Billigkeitserwägungen treten würden. Der Einwand der unzulässigen Rechtsausübung kann deshalb nur in besonders gelagerten Ausnahmefällen durchgreifen.

Die Rechtsprechung hat auch hier bestimmte Fallgruppen einer unzulässigen Rechtsausübung gebildet. Zu erwähnen sind vor allem:

86 a) Die Ausübung eines Rechts ist unredlich und damit unzulässig, wenn mit ihr nicht die durch Vertrag oder Gesetz geschützten Interessen verwirklicht werden sollen, sondern das Recht *zweckwidrig* verwendet wird.

Im Fall a handelt G rechtsmißbräuchlich, wenn er wegen des unbedeutenden Restbetrages von 1,– DM die Annahme der 999,– DM ablehnt.

87 b) Der Berechtigte darf ein Recht nicht geltend machen, wenn er sich dadurch mit seinem früheren Verhalten in Widerspruch setzen würde („venire contra factum proprium").

So kann G im Fall d nicht mit Erfolg die Verjährungseinrede erheben.

88 c) Ein Sonderfall des widersprüchlichen Verhaltens ist die *Verwirkung*. Ein Recht ist verwirkt, d.h. es kann, ohne verjährt zu sein, nicht

mehr ausgeübt werden, wenn es der Berechtigte über längere Zeit nicht geltend gemacht hat und sich die jetzige Geltendmachung für den Gegner als unzumutbar erweist. Ein längerer Zeitablauf allein macht die Rechtsausübung noch nicht unzulässig; anderenfalls würden die gesetzlichen Verjährungsvorschriften über § 242 jede Bedeutung verlieren. Hinzutreten müssen stets besondere Umstände, welche die verspätete Geltendmachung des Rechts als unredlich erscheinen lassen. Ein Verstoß gegen Treu und Glauben wird vor allem anzunehmen sein, wenn der Gegner aus dem Verhalten des Berechtigten schließen durfte, daß dieser sein Recht nicht mehr ausüben werde, und er sich darauf tatsächlich eingestellt hat.

War beispielsweise der Vermieter V berechtigt, dem Mieter M fristlos zu kündigen, dann kann er dieses Recht nicht mehr ausüben, wenn er in Kenntnis des Kündigungsgrundes mehrere Monate untätig bleibt.

89 d) Der Gläubiger verstößt gegen Treu und Glauben, wenn er eine Leistung fordert, die er dem Schuldner aus einem anderen Grund alsbald wieder zurückzuerstatten hätte („dolo facit, qui petit, quod statim redditurus est").

Beispiel: M klagt gegen V aus einem Vorvertrag auf Abschluß eines Mietvertrags. Es steht aber schon jetzt fest, daß V den Mietvertrag aus wichtigem Grund kündigen kann. Hier erstrebt M eine Rechtsstellung, die er sogleich wieder aufgeben muß.

90 § 7. Gattungsschuld, Wahlschuld und Ersetzungsbefugnis

Schrifttum: Bätge, Gattungsschuld, in: RvglHWB III, 1931, 622; Ballerstedt, Zur Lehre vom Gattungskauf, in: Festschrift f. Nipperdey, 1955, 261; Bosse, Die Ersetzungsbefugnis, 1924; Coester-Waltjen, Die Bedeutung des § 279 BGB für Leistungsverzögerungen, AcP 183, 279; H. A. Fischer, Konzentration und Gefahrtragung bei Gattungsschulden, JherJb 51, 159; Gernsheim, Die Ersetzungsbefugnis im geltenden deutschen Recht, 1906; Havenstein, Die Gattung, Gruchot 55, 449; U. Huber, Zur Konzentration beim Gattungskauf, Festschrift f. Ballerstedt, 1975, 327; Kisch, Gattungsschuld und Wahlschuld, 1912; Leßmann, Grundprobleme der Gattungschuld, JA 1982, 280; Litten, Die Wahlschuld, 1903; Medicus, Die konkretisierte Gattungsschuld, JuS 1966, 297; Schulin, Die „Inzahlungnahme" von Altwagen bei Neuwagenkauf, JA 1983, 161; Seibert, Gattung und Güte – Rechtsfolgen schuldabweichender Leistung beim Gattungskauf, MDR 1983, 177; van Venrooy, Konzentration nach § 243 Abs. 2 BGB zu Lasten des Schuldners, WM 1981, 890; Weber-Will/Kern, Ein Beitrag zur Dogmatik des § 279 BGB, JZ 1981, 257; Ziegler, Die Wertlosigkeit der allgemeinen Regeln des BGB über die sog. Wahlschuld (§§ 262–265 BGB), AcP 171, 193.

Fälle:

a) Der Landwirt L verkauft dem Händler H 50 Ztr. seiner Halerernte. Vereinbarungsgemäß schickt L den Hafer mit der Bahn an H ab. Unterwegs verdirbt das Getreide infolge Unfalls. H verlangt 50 Ztr. Hafer von L.

b) Der Pferdehändler P hat dem Bauern B nach dessen Wahl das Pferd Max oder das Pferd Frieda verkauft. P hatte seine Pferde stets bei B eingestellt. Als Max durch Unachtsamkeit des B eingeht, wählt dieser das andere Pferd. P meint, er brauche nicht mehr zu leisten.

c) Wie, wenn P dem B das Pferd Max verkauft hat, dem B aber vorbehalten ist, das Pferd Frieda zu nehmen?

Sonderfälle eines unbestimmten, aber bestimmbaren Leistungsinhalts sind Gattungs- und Wahlschulden; von der Wahlschuld ist die Ersetzungsbefugnis zu unterscheiden.

I. Gattungsschuld

1. Begriff

Eine Gattungsschuld liegt vor, wenn die geschuldete Leistung nur *nach allgemeinen Merkmalen* (Gattungsmerkmalen) bestimmt ist (Genusschuld).

Beispiele: 3 Ztr. Kartoffeln, 1 VW Golf. Wenn K nach Katalog ein Radio bestimmter Marke bei V bestellt, überläßt er ihm die Auswahl des Geräts dieser Marke, mit dessen Lieferung der Kaufvertrag erfüllt wird.

Die Merkmale der Gattung, aus der zu leisten ist, richten sich nach der Parteivereinbarung. Je mehr Merkmale festgelegt sind, desto stärker ist der Umfang der Gattung eingegrenzt.

Soll der Schuldner 100 l Wein liefern, kann er z. B. mit Rhein- oder Moselwein erfüllen. Sind dagegen 100 l Niersteiner Jahrgang 1959 vereinbart, muß der Schuldner Wein dieser Sorte und dieses Jahrgangs liefern.

Eine Gattungsschuld besteht auch dann, wenn die geschuldete Sache nach der Parteivereinbarung aus einer bestimmten Menge entnommen werden soll (Vorratsschuld, *beschränkte Gattungsschuld*).

Beispiel: 50 Ztr. Hafer der diesjährigen Ernte (Fall a); anders dagegen, wenn die gesamte Ernte verkauft wird, da nun keine Auswahl mehr getroffen werden kann.

91 **2. Abgrenzung**

Demgegenüber liegt eine *Stückschuld* vor, wenn die geschuldete Sache nach *individuellen Merkmalen* (Sondermerkmalen) konkret bestimmt ist (Speziesschuld).

Beispiele: Dieses Gemälde, dieser gebrauchte VW, das Reitpferd Max. Der Schuldner einer solchen Sache kann nur mit dieser konkreten Sache erfüllen.

Ob eine Gattungs- oder eine Stückschuld vorliegt, hängt von der Parteivereinbarung ab. Dagegen ist die Unterscheidung zwischen vertretbaren und unvertretbaren Sachen nach objektiven Maßstäben (Maß, Zahl und Gewicht, § 91; AT Rdnr. 754) zu treffen. Vielfach sind vertretbare Sachen Gattungsschulden, unvertretbare Sachen Stückschulden; aber diese Begriffspaare brauchen nicht zusammenzutreffen.

Beispiele: Der bei der Besichtigung gewählte neue VW Golf ist zwar eine vertretbare Sache, aber Stückschuld. Ist A verpflichtet, dem B irgendein Grundstück bestimmter Größe und Beschaffenheit zu verkaufen, dann handelt es sich zwar um eine unvertretbare (weil nicht bewegliche – § 91) Sache, aber doch um eine Gattungsschuld.

92 **3. Rechtliche Bedeutung**

a) Der Schuldner einer Gattungsschuld ist nicht verpflichtet, bestimmte Stücke aus der Gattung zu liefern. Er kann vielmehr die zu leistenden Sachen auswählen und braucht nicht die wertvollsten anzubieten. Er ist nach § 243 I nur gehalten, solche *mittlerer Art und Güte* zu leisten (vgl. auch § 360 HGB: Handelsgut mittlerer Art und Güte, HR Rdnr. 357; anders: § 607, § 2155).

b) Hat die gelieferte Sache minderwertige Qualität, dann liegt keine vertragsgemäße Erfüllung vor, und der Gläubiger kann die Leistung zurückweisen; er kann als Käufer aber auch die Leistung annehmen und die Rechte aus §§ 459 ff. geltend machen (§ 480).

c) Während der Schuldner einer Stückschuld nach § 275 von seiner Verpflichtung zur Leistung frei wird, sofern die Leistung nach Vertragsschluß ohne sein Verschulden unmöglich wird (z. B. das verkaufte Bild wird vernichtet; Rdnr. 246), wird der Schuldner einer Gattungsschuld erst dann frei, wenn die ganze Gattung nicht mehr existiert (z. B.: es gibt keinen Niersteiner 1959 mehr). Das folgt aus § 279, der eine Ausnahme von § 275 macht.

Auch wenn z.B. das ganze Lager des Schuldners durch Brand vernichtet wird, bleibt die Leistungspflicht des Schuldners bestehen; er muß sich dann die entsprechenden Stücke der Gattung beschaffen. Besteht dagegen nur eine beschränkte Gattungsschuld (Fall a), so wird der Schuldner von der Leistung frei, wenn der gesamte Vorrat, also hier die gesamte Hafererernte des L, untergegangen ist.

93 **4. Konkretisierung**

Der Schuldner, der aus einer Gattung zu leisten verpflichtet ist, hat ein Interesse daran, daß aus der Gattungsschuld eine Stückschuld wird, damit bei einem unverschuldeten Untergang nicht mehr § 279, sondern § 275 eingreift. Eine Beschränkung seiner Schuld auf die Zahl der zu leistenden Stücke erreicht der Schuldner durch Konkretisierung. Diese Konkretisierung tritt nach § 243 II dann ein, wenn der Schuldner *das zur Leistung seinerseits Erforderliche* getan hat.

Was der Schuldner dazu im einzelnen unternehmen muß, richtet sich nach der getroffenen Vereinbarung. Es kommt also vor allem darauf an, ob der Schuldner verpflichtet ist, die Sache dem Gläubiger zu bringen, an ihn abzuschicken oder nur zum Abholen bereitzustellen (zur Bring-, Schick- und Holschuld: Rdnr. 140). Bei der Holschuld ist zur Konkretisierung erforderlich, aber auch ausreichend, daß der Schuldner die für den Gläubiger bestimmten Stücke aus der Gattung ausgesondert und den Gläubiger benachrichtigt hat.

Im Fall a lag eine Schickschuld vor. Leistungsort sollte der Wohnort des L bleiben (§ 269 III). Leistungshandlung des L war also neben dem Bereitstellen des Getreides auch das Absenden. Mit diesen Handlungen hat L das seinerseits Erforderliche getan, so daß Konkretisierung eingetreten ist. Von diesem Zeitpunkt an haftet L nicht mehr nach § 279; vielmehr ist er durch den Untergang des Getreides von seiner Leistungspflicht freigeworden (§ 275).

94 **II. Wahlschuld**

1. Begriff

Eine *Wahlschuld* liegt vor, wenn *mehrere verschiedene* Leistungen in der Weise geschuldet werden, daß nur die eine *oder* die andere zu bewirken ist (§ 262). Im Gegensatz dazu bezieht sich die Gattungsschuld auf eine von mehreren *gleichartigen* Leistungsmöglichkeiten.

Die Wahlschuld kann auf Rechtsgeschäft oder Gesetz beruhen.

Beispiele für rechtsgeschäftliche Wahlschuld: B verpflichtet sich, das eine oder das andere Pferd zu liefern (Fall b); der Erblasser setzt ein Wahlvermächtnis aus (§ 2154).

Beispiel für gesetzliche Wahlschuld: § 179 I (AT Rdnr. 553 f.).

95 **2. Wahlrecht**

a) Das Wahlrecht kann dem Gläubiger oder dem Schuldner eingeräumt sein (z. B. durch Vertrag, durch testamentarische Anordnung oder durch Gesetz). Im Zweifel ist der Schuldner wahlberechtigt (§ 262). Die Wahl erfolgt durch Erklärung gegenüber dem anderen Teil (§ 263 I).

b) Mit der Wahl der Leistung gilt diese als von Anfang an allein geschuldet (§ 263 II).

c) Die wahlberechtigte Partei ist nicht zur Wahl verpflichtet. Übt der Wahlberechtigte sein Wahlrecht nicht aus, so ist zu unterscheiden, ob dem Gläubiger oder dem Schuldner die Wahlmöglichkeit zusteht:

(1) Verzögert der wahlberechtigte *Gläubiger* die Wahl, so kann ihm der Schuldner hierfür eine angemessene Frist setzen (§ 264 II 1). Nach deren fruchtlosem Ablauf geht das Wahlrecht auf den Schuldner über (§ 264 II 2).

(2) Übt der wahlberechtigte *Schuldner* sein Wahlrecht nicht aus, so verliert er es nicht. Der Gläubiger muß vielmehr auf Bewirkung der einen oder anderen Leistung nach Wahl des Schuldners klagen.

Klageantrag: Der Beklagte wird verurteilt, nach seiner Wahl an den Kläger das Pferd Max oder das Pferd Frieda zu liefern.

Nimmt der Schuldner die Wahl dann nicht bis zum Beginn der Zwangsvollstreckung vor, kann der Gläubiger die Zwangsvollstreckung auf die eine oder die andere Leistung richten (§ 264 I, 1. Hs.). Solange er die Leistung nicht ganz oder zum Teil erhalten hat, kann der Schuldner das Wahlrecht aber noch dadurch ausüben, daß er durch die Leistung *einer* Sache seine Verbindlichkeit erfüllt (§ 264 I, 2. Hs.).

Hat also der Gläubiger ein dem oben genannten Klageantrag entsprechendes Urteil erlangt, so kann er den Gerichtsvollzieher beauftragen, z. B. das Pferd Max beim Schuldner abzuholen. Dieser bleibt aber weiterhin berechtigt, dem Gerichtsvollzieher das Pferd Frieda zu übergeben. Mit einem bloß wörtlichen Angebot kann der Schuldner aber die Zwangsvollstreckung in das Pferd Max nicht abwenden.

96 **3. Unmöglichkeit**

Ist die Wahl noch nicht ausgeübt und ist eine der Leistungen unmöglich, dann beschränkt sich das Schuldverhältnis auf die übrigen Leistungen (§ 265, 1). Die Beschränkung auf die noch möglichen Leistungen tritt nur dann nicht ein, wenn der *nicht wahlberechtigte* Teil die Unmöglichkeit *zu vertreten* hat (§ 265, 2).

Da im Fall b der nicht wahlberechtigte Schuldner P die Unmöglichkeit nicht zu vertreten hat, beschränkt sich das Schuldverhältnis auf das lebende Pferd Frieda (§ 265, 1). Davon unabhängig besteht eine Schadensersatzpflicht des B für das eingegangene Pferd. Wäre dagegen das Pferd Max durch Verschulden des P eingegangen, so hätte B weiterhin sein Wahlrecht (§ 265, 2). Er hätte also die Möglichkeit, entweder das Pferd Frieda oder anstelle des eingegangenen Pferdes Max Schadensersatz wegen Nichterfüllung zu verlangen.

97 **III. Ersetzungsbefugnis**

1. Begriff

Eine Ersetzungsbefugnis (alternative Ermächtigung, facultas alternativa) liegt vor, wenn nur eine Leistung geschuldet wird und an deren Stelle eine andere vom Schuldner erbracht (Ersetzungsbefugnis des Schuldners) oder vom Gläubiger verlangt (Ersetzungsbefugnis des Gläubigers) werden kann. Im Gegensatz zur Wahlschuld wird also hier von Anfang an nur *eine* Leistung geschuldet; eine andere kann aber ersatzweise ohne Zustimmung des anderen Teils verlangt oder an Erfüllungs Statt erbracht werden. Die Vorschriften über die Wahlschuld finden daher keine Anwendung.

98 **2. Ersetzungsbefugnis des Schuldners**

Eine Ersetzungsbefugnis des Schuldners kann vertraglich vereinbart werden oder sich aus dem Gesetz ergeben.

Eine vertraglich vereinbarte Ersetzungsbefugnis des Schuldners kann vorliegen, wenn beim Kauf eines Neuwagens verabredet wird, daß der Verkäufer den Altwagen des Käufers unter Anrechnung auf den Kaufpreis zu einem bestimmten Betrag in Zahlung nimmt. Dann ist der Käufer nicht verpflichtet, wohl aber berechtigt, den Altwagen als Teil der Gegenleistung hinzugeben (BGHZ 46, 338; vgl. auch BGHZ 83, 334). Eine solche Ersetzungsbefugnis wird heute regelmäßig nicht mehr vereinbart. Meist will der Autohändler zur Vermeidung der Mehrwertsteuer den Altwagen nicht erwerben, sondern diesen im Namen oder jedenfalls für Rechnung des Kunden verkaufen. Deshalb verpflichtet sich der Händler gegenüber dem Käufer des Neuwagens, die Veräußerung des Altwagens zu betreiben (sog. Agenturvertrag; zum ganzen: Schulin, JA 1983, 161).

Das Gesetz sieht in zahlreichen Fällen eine Ersetzungsbefugnis des Schuldners vor, z. B. die Berechtigung, statt der Leistung Geld zu zahlen (§§ 251 II, 528 I 2).

Da nur die *eine* Leistung geschuldet ist, wird der Schuldner bei nicht verschuldeter Unmöglichkeit von der Leistung frei (§ 275; beachte aber § 279 bei Gattungsschulden), auch wenn er die Ersatzleistung noch erbringen könnte (anders bei Wahlschuld, § 265, 1; Rdnr. 96).

99 **3. Ersetzungsbefugnis des Gläubigers**

Besteht eine vertragliche oder gesetzliche Ersetzungsbefugnis des Gläubigers, kann dieser statt der geschuldeten Leistung eine andere – meist ebenfalls vorher festgelegte – verlangen (Fall c).

Beispiele: Der Gläubiger kann statt Rückzahlung in Geld Pfandbriefe verlangen. Gesetzliche Fälle: §§ 249, 2; 340, 843 III.

Im Unterschied zur Wahlschuld mit einer Wahlberechtigung des Gläubigers kann der Schuldner bei der Ersetzungsbefugnis die geschuldete Leistung anbieten und den Gläubiger damit in Annahmeverzug bringen (anders § 264 II). Wird dem Schuldner die Leistung zufällig unmöglich, so braucht er die Ersatzleistung nicht zu erbringen; denn die Ersetzungsbefugnis ist mit dem Wegfall der geschuldeten Leistung entfallen (Ausnahme bei § 251 I).

Im Fall c kann B das Pferd Frieda nicht mehr verlangen, wenn das allein geschuldete Pferd Max eingegangen ist.

100 § 8. Geld- und Zinsschuld

Schrifttum: Dürkes, Wertsicherungsklauseln, 9. Aufl., 1982; Eckstein, Geldschuld und Geldwert im materiellen und internationalen Privatrecht, 1932; Frielingsdorf, Zur Problematik der Wertsicherungsklauseln, DB 1982, 789; v. Heymann, Rechtliche und wirtschaftliche Aspekte der Kündigung von Darlehen nach § 247 BGB, BB 1983, Beil. 8; Horn, Geldwertveränderungen, Privatrecht und Wirtschaftsordnung, 1975; Immenga/Schwintowski, Wertsicherung durch Geldwertschulden, NJW 1983, 2841; Isele, Geldschuld und bargeldloser Zahlungsverkehr, AcP 129, 129; Kaser, Das Geld im Sachenrecht, AcP 143, 1; Kollhosser,

Rechtsprobleme der Geldentwertung, JA 1983, 49; v. Maydell, Geldschuld und Geldwert, 1974; Medicus, Privatrechtliche Fragen zur Geldentwertung, DB 1974, 759; ders., Ansprüche auf Geld, JuS 1983, 897; Reinhardt, Vom Wesen des Geldes und seiner Einfügung in die Güterordnung des Privatrechts, Festschrift f. Boehmer, 1954, 60; Reuter, Nominalprinzip und Geldentwertung, ZHR 137, 482; K. Schmidt, Geldrecht, 1983; ders., Geld und Geldschuld im Privatrecht, JuS 1984, 737; Simitis, Bemerkungen zur rechtlichen Sonderstellung des Geldes, AcP 159, 406; v. Stebut, Die Sicherung des Geldwertes und der Währung, Jura 1983, 449.

Fälle:

a) A hat B ein Darlehen zu 8% in Höhe von 10000,– DM unkündbar auf fünf Jahre gewährt. Als B den gleichen Betrag nebst Zinsen zurückzahlen will, verlangt A einen höheren Betrag, weil eine Geldentwertung eingetreten sei.

b) Kann B schon vorzeitig das Darlehen kündigen, weil er ein günstigeres bekommen kann?

I. Geldschuld

1. Begriff und Inhalt

Häufigster Gegenstand eines Schuldverhältnisses ist die Verpflichtung zur Geldleistung. Geld ist sowohl Wertmaßstab für Leistungen und Güter als auch gesetzliches Zahlungsmittel.

Wird ein bestimmter Geldbetrag geschuldet, so sind dem Gläubiger in gültiger Währung Zahlungsmittel in Höhe des *Nennbetrages* (Nominalbetrag) zu erbringen, und zwar unabhängig davon, welche Kaufkraft dieser Betrag hat („Mark = Mark"; Fall a).

Neben den Geldschulden, die durch einen bestimmten Nennbetrag festgelegt sind, bestehen in Geld zu erfüllende Verbindlichkeiten, deren Umfang sich nach dem Wert eines Gegenstandes oder eines Vermögens richtet (z. B. Schadensersatz- und Pflichtteilsansprüche; sog. *Wertschulden*). Solange diese Schulden nicht in einem Geldbetrag ausgedrückt sind, werden sie durch Wertschwankungen nicht berührt.

Beispiel: S hat eine Fensterscheibe im Wert von 20,– DM zertrümmert und deshalb Schadensersatz zu leisten (§ 823 I). Als eine neue eingesetzt wird, kostet diese bereits 22,– DM. Diesen Preis hat S zu entrichten.

Da der Gläubiger einer Nennbetragsschuld Gefahr läuft, bei Geldentwertung wirtschaftlich benachteiligt zu werden, vereinbaren die Parteien häufig eine Wertsicherung (z. B. Bemessung des Pachtzinses nach der jeweiligen Höhe eines bestimmten Beamtengehaltes). Wertsicherungsklauseln sind unter den Voraussetzungen des § 3 WährungsG genehmigungspflichtig. Diese Regelung dient dem Schutz der Geldwertstabilität; denn ein übermäßiger Gebrauch von Wertsicherungsklauseln kann leicht als Mißtrauen in die Stabilität der Währung verstanden werden und die Währung im In- und Ausland in Mißkredit bringen.

Keine genehmigungspflichtige Wertsicherungsklausel stellt z.B. ein *Leistungsvorbehalt* dar, wonach der Berechtigte (§§ 315, 317) unter bestimmten Umständen befugt ist, die geschuldete Leistung neu festzusetzen.

Dennoch kann vor allem bei langfristigen Geldschulden das Festhalten am Nominalbetrag wegen der stetigen Geldentwertung zu ganz ungerechten Ergebnissen führen, wenn nicht die Zahlungsverpflichtung den veränderten Verhältnissen angepaßt wird.

Beispiele: Die vereinbarten Entgelte eines langfristigen Liefervertrages decken infolge der Geldentwertung bei weitem nicht die Herstellungskosten des Lieferanten. Die eingegangene Unterhaltsverpflichtung oder die vereinbarte Ruhegehaltsverpflichtung reicht nicht mehr aus, um den Lebensbedarf des Berechtigten in dem von den Parteien gewollten Umfang zu sichern.

Eine Anpassung vertraglicher Geldschulden kann wegen der veränderten Verhältnisse durch die Lehre vom Wegfall der Geschäftsgrundlage erreicht werden (Rdnr. 84). Es gibt auch gesetzliche Vorschriften, die diesem Ziel dienen.

Beispiel: Nach § 16 des Gesetzes zur Verbesserung der betrieblichen Altersversorgung hat der Arbeitgeber alle drei Jahre eine Anpassung der laufenden Leistungen der betrieblichen Altersversorgung zu prüfen und hierüber nach billigem Ermessen zu entscheiden.

101 **2. Abwicklung**

Ob die Geldschuld als Sonderfall der Gattungsschuld angesehen werden muß, ist bestritten (vgl. Medicus, BürgR, Rdnr. 249 ff.). Unabhängig von der Einordnung der Geldschuld ist folgendes zu beachten:

a) Der Gefahrübergang durch Konkretisierung ist in § 270 abweichend von § 243 II geregelt (Rdnr. 93).

102 b) § 243 I paßt nicht für eine Geldschuld; denn es sind hier nicht Gegenstände „mittlerer Art und Güte“ zu leisten. Geschuldet wird vielmehr Geld in vereinbarter Währung.

(1) Hat der Schuldner danach einen *im Inland zahlbaren* und *in inländischer Währung ausgedrückten* Geldbetrag zu leisten, so kann er bestimmen, mit welchen einzelnen Geldscheinen (Zehn-, Hundert-, Tausendmarkscheinen) er seine Verpflichtung erfüllen will, wenn nur die Gesamtsumme betragsmäßig erreicht wird. Der Gläubiger kann nicht eine andere Stückelung des Gesamtbetrages verlangen.

Eine Einschränkung gilt nach § 3 I des Gesetzes über die Ausprägung von Scheidemünzen: Gläubiger – mit Ausnahme von Bundes- oder Landeskassen – brauchen Scheidemünzen über DM-Beträge nur bis zu 20,– DM und über Pfennigbeträge nur bis zu 5,– DM anzunehmen.

(2) Für *in ausländischer Währung ausgedrückte, im Inland zahlbare* Geldschulden (*Valutaschulden*) gibt § 244 I dem Schuldner das Recht, auch in inländischer Währung zu zahlen, wenn die Parteien nicht ausdrücklich (z. B. durch die Klausel „effektiv") etwas anderes vereinbart haben. Die Umrechnung erfolgt nach dem Kurswert zur Zahlungszeit am Zahlungsort (§ 244 II).

Valutaschulden müssen genehmigt werden (§ 3 Währungsgesetz).

c) Eine Geldschuld wird heute häufig durch Zahlung in *Buchgeld* erfüllt.

Beispiele: Überweisung von einem Konto des Schuldners auf ein Konto des Gläubigers; Übersendung eines Schecks; Einzahlung von Geld auf das Konto des Gläubigers.

Das Buchgeld ist jedenfalls dann wie Geld zu behandeln, wenn der Gläubiger (z. B. durch Angabe eines Kontos auf seiner Rechnung) mit der Zahlung von Buchgeld einverstanden ist. Darüber hinaus wird man bei der heutigen Bedeutung des bargeldlosen Zahlungsverkehrs den Schuldner regelmäßig für befugt halten, eine Geldschuld durch Buchgeld zu erfüllen, es sei denn, daß ein abweichender Wille des Gläubigers für den Schuldner erkennbar ist.

103 d) Der Schuldner wird von seiner Leistungsverpflichtung nicht durch Zahlungsunfähigkeit frei („Geld hat man zu haben"; § 279). Haben die Parteien die Zahlung in bestimmter – in- oder ausländischer – Münzsorte vereinbart, so wird der Schuldner auch dann nicht befreit, wenn sich diese Geldsorte nicht mehr im Umlauf befindet; er ist verpflichtet, so zu leisten, als ob eine Münzsorte nicht bestimmt worden wäre (§ 245). Es liegt hier eine Geldschuld mit der Nebenbestimmung über die Art der Leistung vor; kann in dieser Geldsorte nicht mehr geleistet werden, so fällt nur die Nebenbestimmung fort (Mot. II, 14).

104 II. Zinsschuld

1. Begriff

Zinsen sind die Vergütung für die Überlassung von Kapital, berechnet nach Bruchteilen des Kapitals und der Dauer der Überlassung.

Daher sind keine Zinsen z. B. Renten, da die Kapitalüberlassung fehlt, oder Dividenden, weil sie nicht nach festen Bruchteilen eines Kapitals, sondern nach dem jeweiligen Gewinn bemessen werden.

Das Kapital und damit der Zins bestehen regelmäßig in Geld; es kommen aber auch andere vertretbare Sachen in Betracht.

105 2. Entstehung

a) Zinsschulden können auf *gesetzlicher* Anordnung oder auf *vertraglicher* Vereinbarung beruhen.

Beispiele für eine Entstehung gesetzlicher Zinsen: Aufwendungsersatz (§ 256), Verzug (§ 288), Prozeß (§ 291), Kaufpreis (§ 452). – Beispiel für vertragliche Zinsen: verzinsliches Darlehen.

b) Die Zinsschuld setzt stets eine wirksame Kapitalschuld voraus.

Ist die Zinsforderung einmal entstanden, tritt sie selbständig neben die Kapitalschuld und kann deshalb z. B. selbständig abgetreten oder gepfändet werden; sie unterliegt der besonderen Verjährungsfrist des § 197 (beachte aber § 224: Eine vorherige Verjährung der Kapitalschuld läßt auch die Zinsschuld verjähren).

106 3. Höhe der Zinsen

a) Der *rechtsgeschäftliche* Zinssatz unterliegt regelmäßig keiner Beschränkung (Grenze: § 138). Doch wird der Schuldner bei einem 6% übersteigenden Zinssatz unabdingbar geschützt: Er kann nach 6 Monaten mit sechsmonatiger Frist das Kapital kündigen (Fall b; § 247 I). Ausnahmen bestehen für Inhaber- und Orderschuldverschreibungen, da diese staatlicher Genehmigung bedürfen (§ 247 II).

107 b) Haben die Parteien keinen bestimmten Zinssatz vereinbart, so gilt der *gesetzliche* Zinssatz. Dieser beträgt regelmäßig 4% (§ 246). Ausnah-

men: Bei Handelsgeschäften von Vollkaufleuten 5% (§ 352 HGB; HR Rdnr. 361) und bei Wechsel- und Scheckforderungen 2% über dem jeweiligen Diskontsatz der Deutschen Bundesbank, mindestens 6% (§ 1 des Gesetzes über die Wechsel- und Scheckzinsen).

108 c) Die Parteien können nachträglich bestimmen, daß rückständige Zinsen wieder Zinsen bringen sollen. Dagegen ist eine im voraus getroffene Vereinbarung, daß fällige Zinsen verzinslich sein sollen, nichtig (Verbot der Zinseszinsen, § 248 I; vgl. bei gesetzlichen Zinsen § 289, 1). Die unterschiedliche Behandlung der vorherigen und nachträglichen Vereinbarung der Zinseszinsen ist geschichtlich zu erklären (vgl. Mot. II, 196 f.). Das Verbot der Zinseszinsen gilt nicht für Sparkassen, Banken, bestimmte Kreditanstalten (§ 248 II) und den Kontokorrentverkehr (§ 355 HGB; Gründe: vgl. Prot. I, 475).

109 § 9. Aufwendungsersatz, Wegnahmerecht und Auskunftspflicht

Fälle:

a) A verwahrt während des Urlaubs seines Nachbarn B dessen Hund. Später verlangt er von B 50,– DM nebst 4% Zinsen als Ersatz der Fütterungskosten, 10,– DM für verauslagte Medizin und 20,– DM, um damit die ihm zugeschickte Tierarztrechnung bezahlen zu können.

b) M, der in seine Mietwohnung eine Etagenheizung hatte einbauen lassen, will diese bei seinem Auszug mitnehmen. Der Vermieter V will das verhindern.

c) E ist von seiner Tochter T allein beerbt worden. Sein Sohn S möchte von T den Pflichtteil verlangen (vgl. § 2303). Er kann ihn aber nicht berechnen, weil er den Nachlaß und dessen Wert nicht kennt.

Das Gesetz bestimmt an verschiedenen Stellen, daß der Schuldner Aufwendungen zu ersetzen, die Wegnahme einer Sache zu dulden und Auskünfte zu erteilen hat. §§ 256 ff. enthalten einige allgemeine Vorschriften darüber, wie derartige Pflichten zu erfüllen sind.

I. Aufwendungsersatz

Schrifttum: Müller, Der Anspruch auf Aufwendungsersatz im Rahmen von Schuldverhältnissen, JZ 1968, 769; Rimmelspacher, Die Durchsetzung von Befreiungsansprüchen, JR 1976, 89, 183.

1. Aufwendungen

Die Begriffsbestimmung ist vom Gesetz der Wissenschaft und Rechtsprechung überlassen worden (Mot. II, 541; Prot. II, 369). Man versteht unter Aufwendungen *freiwillige Vermögensopfer*. Die Freiwilligkeit unterscheidet sie vom Schaden, der eine unfreiwillige Einbuße darstellt (Rdnr. 319). Auf die freiwillige Übernahme eines Schadensrisikos sind die Regeln über Aufwendungen entsprechend anwendbar (BS Rdnr. 301, 376).

Sachbezogene Aufwendungen nennt das Gesetz Verwendungen (z. B. in §§ 547, 994 ff.).

110 ### 2. Aufwendungsersatzanspruch

a) Der Aufwendungsersatzanspruch kann *vereinbart* sein oder sich unmittelbar *aus dem Gesetz ergeben*.

Wichtige gesetzliche Bestimmungen: § 670 (Beauftragter), § 693 (Verwahrer; Fall a), § 970 (Finder), § 1835 (Vormund), § 2124 II (Vorerbe), § 683 (Geschäftsführer ohne Auftrag), § 547 I 1 (Mieter), § 601 II (Entleiher), § 1049 I (Nießbraucher), §§ 994 ff. (Besitzer). In diesen Fällen erfolgen die Aufwendungen im Interesse eines anderen.

111 b) Der aufgewendete Betrag ist von der Zeit der Aufwendung an *zu verzinsen* (§ 256, 1).

Im Fall a ergibt sich der Anspruch auf Erstattung der Kosten für Futter und Medizin aus § 693. Der Zinsanspruch folgt aus § 256, 1, die Zinshöhe aus § 246.

Die Zinspflicht entfällt für die Zeit, für die dem Anspruchsberechtigten ohne Vergütung die Nutzungen oder Früchte des Gegenstandes verbleiben, auf den die Aufwendungen gemacht wurden (vgl. § 256, 2). Die Zinspflicht soll nach § 256, 1 und 2 immer den treffen, der den Nutzen hat.

Hat etwa der Nießbraucher eines Grundstücks Verwendungen gemacht, zu denen er nicht verpflichtet war, so kann er vom Eigentümer nach § 683 Ersatz verlangen (§ 1049 I). Da er die Nutzungen des Grundstücks hat, kommt eine Verzinsung des Anspruchs nach § 256, 2 erst in Betracht, wenn er das Grundstück dem Eigentümer nach Beendigung des Nießbrauchs zurückzugeben hat (§ 1055 I).

112 c) Wenn die Aufwendung in der Eingehung einer Verbindlichkeit bestand, kann der Ersatzberechtigte *Befreiung von dieser Verbindlichkeit* verlangen (Einzelheiten: § 257).

Im Fall a hat A mit dem Tierarzt einen Behandlungsvertrag geschlossen. Er schuldet als Vertragspartei dem Arzt das Entgelt. Hätte er es bereits entrichtet, wäre er in der Lage, von B nach § 693 Ersatz zu verlangen. Da er noch nicht gezahlt hat, kann er von B nicht Zahlung der 20,– DM an sich, wohl aber Zahlung an den Tierarzt (= Befreiung von der Verbindlichkeit) verlangen (§ 257, 1).

113

II. Wegnahmerecht

1. Voraussetzungen

Hat jemand im eigenen Interesse in der Weise Aufwendungen auf eine fremde Sache gemacht, daß er mit ihr eine eigene Sache verbunden hat, so möchte er wenigstens in den Fällen, in denen ihm kein Aufwendungsersatzanspruch zusteht, diese Sache davon wieder trennen dürfen. Dazu hat er ohnehin ein Recht, wenn er noch Eigentümer der verbundenen Sache ist. Hat er aber sein Eigentum durch Verbindung (§§ 946 f.) mit der fremden Sache verloren, weil seine Sache wesentlicher Bestandteil (§§ 93 f.) der fremden Hauptsache geworden ist, so gibt das Gesetz ihm in wichtigen Fällen ein Aneignungsrecht:

§ 500, 2 (Wiederverkäufer), § 547 a I (Mieter; Fall b), § 581 II (Pächter), § 601 II 2 (Entleiher), § 997 (Besitzer), § 1049 II (Nießbraucher), § 1216, 2 (Pfandgläubiger), § 2125 II (Vorerbe).

114 2. Ausübung

Durch Ausübung des Wegnahmerechtes soll dem anderen Teil kein Nachteil entstehen. Deshalb muß der Berechtigte die fremde Sache auf seine Kosten wieder in den vorigen Stand setzen (§ 258, 1). Hat er die fremde Sache dem anderen schon wieder zurückgegeben, muß dieser die Wegnahme gestatten (§ 258, 2): Der Berechtigte darf also keine Selbsthilfe üben; vielmehr hat er einen klagbaren Anspruch auf Duldung der Wegnahme. Der andere Teil kann aber die Gestattung verweigern (= aufschiebende Einrede), bis der Berechtigte Sicherheit für den Schaden geleistet hat, der mit der Wegnahme verbunden ist (§ 258, 2; § 232).

Im Fall b hat M ein Wegnahmerecht (§ 547 a I). Er muß aber den alten Zustand wiederherstellen, also z. B. die beschädigten Wände verputzen lassen (§ 258, 1). Ist er bereits ausgezogen, muß V die Wegnahme dulden; das braucht er aber erst, wenn M für den entstehenden Schaden Sicherheit geleistet hat (§ 258, 2), z. B. durch Hinterlegung eines entsprechenden Geldbetrages (§ 232). Hat M kein berechtigtes Interesse an der Wegnahme der eingebauten Heizung, kann V das Wegnahmerecht durch Zahlung einer angemessenen Entschädigung abwenden (§ 547 a II).

115

III. Auskunftspflicht

1. Voraussetzungen

Oft kann jemand seine Rechte nicht durchsetzen, weil er den Umfang seines Anspruchs nicht kennt (Fall c).

Die Unkenntnis könnte dadurch behoben werden, daß ihm Auskunft erteilt wird. Die Pflicht zur Auskunft kann sich aus Vertrag oder aus Gesetz ergeben. Sie folgt vielfach nach dem Grundsatz von Treu und Glauben als Nebenpflicht aus einem Schuldverhältnis (Rdnr. 13).

Beispiele gesetzlicher Auskunftspflichten: § 666 (Beauftragter), § 681, 2 (Geschäftsführer ohne Auftrag), § 713 (Gesellschafter), § 1379 (Ehegatte), § 2027 (Erbschaftsbesitzer), § 2314 (Erbe; Fall c).

116

2. Vorlegung eines Bestandsverzeichnisses

Wer einen Inbegriff von Sachen herauszugeben oder über den Bestand eines solchen Inbegriffs Auskunft zu erteilen hat, ist verpflichtet, dem Berechtigten ein Bestandsverzeichnis vorzulegen (§ 260 I).

Beispiele: Wer irrtümlich sich für den Erben hält, hat dem wirklichen Erben die Erbschaftsgegenstände herauszugeben (§§ 2018 ff.). Der Erbe muß im Klageantrag die einzelnen Sachen aufführen, denn nur dann weiß später der Gerichtsvollzieher, was er beim Schuldner abzuholen hat. Damit der Erbe dazu in der Lage ist, kann er vom Erbschaftsbesitzer die Vorlage eines Verzeichnisses der Gegenstände verlangen, die zur Erbschaft gehören (§ 260 I; weitergehend § 2027 I). – Im Fall c kann S auf Grund seines Auskunftsanspruchs (§ 2314 I) von T ein Bestandsverzeichnis (§ 260 I) verlangen und danach die Höhe seines Pflichtteilsanspruchs berechnen.

117 **3. Rechenschaftslegung**

Ein Spezialfall der Auskunftspflicht ist die Pflicht zur Rechenschaftslegung.

a) Auch diese Pflicht kann auf Vertrag oder Gesetz beruhen.

Das Gesetz ordnet sie z.B. an in §§ 666; 681, 2; 713; 1214 I (Pfandgläubiger), 1840 und 1890 (Vormund), 2218 (Testamentsvollstrecker).

Über die gesetzlich geregelten Einzelfälle hinaus besteht eine Rechenschaftspflicht überall dort, wo jemand fremde Angelegenheiten besorgt.

b) Besteht eine Rechenschaftspflicht, dann hat der Verpflichtete dem Berechtigten Einnahmen und Ausgaben geordnet zusammenzustellen und die entsprechenden Belege vorzulegen (§ 259 I).

118 **4. Eidesstattliche Versicherung**

Besteht Grund zu der Annahme, daß das Bestandsverzeichnis bzw. die Angaben in der Rechnung nicht mit der erforderlichen Sorgfalt gemacht worden sind, kann der Berechtigte die Abgabe einer entsprechenden eidesstattlichen Versicherung verlangen (§ 260 II bzw. § 259 II), sofern es sich nicht um Angelegenheiten von geringer Bedeutung handelt (§ 260 III bzw. § 259 III).

Diese eidesstattliche Versicherung, über die § 261 Einzelheiten bestimmt, ist von der zu unterscheiden, die der Schuldner in der Zwangsvollstreckung zu leisten hat (§ 807 ZPO).

119 § 10. Vertragsstrafe

Schrifttum: Beuthien, Pauschalierter Schadensersatz und Vertragsstrafe, Festschrift f. Larenz, 1973, 495; Bötticher, Wesen und Arten der Vertragsstrafe sowie deren Kontrolle, ZfA 1970, 3; Großfeld, Die Privatstrafe, 1961; Knütel, Verfallsbereinigung, nachträglicher Verfall und Unmöglichkeit bei der Vertragsstrafe, AcP 175, 44; Lindacher, Phänomenologie der Vertragsstrafe, 1972; Meyer-Cording, Die Vereinsstrafe, 1957; Reinicke/Tiedtke, Der Vorbehalt des Rechts auf die bereits erlangte Vertragsstrafe, DB 1983, 1639.

Fälle:

a) Der Bauunternehmer U verpflichtet sich gegenüber dem Bauherrn H, das Einfamilienhaus am 1. 10. schlüsselfertig zu übergeben; nach dem Vertrag soll er für jeden Tag der Fristüberschreitung 200,– DM zahlen. Da das Haus erst zehn Tage später bezogen werden kann, muß H mit seiner Familie solange im Hotel wohnen, seine Möbel unterstellen, eine andere Transportfirma bestellen. Insgesamt entsteht ihm ein Schaden von 2500,– DM, den er jedoch nur in Höhe von 1600,– DM nachweisen kann. Was kann H verlangen?

b) U bestreitet, das Haus nicht rechtzeitig fertiggestellt zu haben; hilfsweise macht er geltend, an der Fristüberschreitung treffe ihn kein Verschulden.

c) Im Fall a ist eine tägliche Strafe von 5000,– DM vereinbart. U macht im Prozeß geltend, die Strafe sei zu hoch.

I. Bedeutung

Die Parteien eines Vertrages können vereinbaren, daß der Schuldner bei Nichterfüllung, nicht rechtzeitiger Erfüllung oder einer sonstigen Pflichtverletzung eine bestimmte Geldsumme (§ 339) oder eine andere Leistung (§ 342) dem Gläubiger zu erbringen hat. Eine solche Abrede gibt dem Gläubiger ein Druckmittel in die Hand: Der Schuldner wird zur Vermeidung einer Vertragsstrafe besonders bestrebt sein, seine Verpflichtung ordnungsgemäß zu erfüllen. Die Vereinbarung einer Vertragsstrafe bietet dem Gläubiger aber noch einen weiteren Vorteil: Er braucht, wenn der Schuldner eine Vertragspflicht verletzt, den ihm entstandenen Schaden nicht im einzelnen nachzuweisen, sondern kann in jedem Fall die Vertragsstrafe als Mindestschaden verlangen (vgl. §§ 340 II, 341 II; Fall a). Deshalb sind Vereinbarungen von Vertragsstrafen bei Konkurrenzverboten und anderen Unterlassungspflichten besonders häufig. Auch in den Fällen, in denen ein Schadensersatz in Geld nicht gefordert werden kann (z.B. bei immateriellen Schäden, § 253, Rdnr. 320), ist die Vereinbarung einer Geldzahlung als Vertragsstrafe möglich.

In AGB kann dem Verwender für den Fall der Nichtabnahme oder verspäteten Abnahme die Zahlung einer Vertragsstrafe nicht versprochen werden (Einzelheiten: § 11 Nr. 6 AGBG).

120 II. Begriff und Abgrenzung

1. Begriff

Vertragsstrafe (= Konventionalstrafe) ist eine zwischen Gläubiger und Schuldner vereinbarte bedingte Verbindlichkeit; Bedingung ist die Nichterfüllung oder nicht gehörige Erfüllung einer anderen Verpflichtung (= Hauptverbindlichkeit). Tritt diese Bedingung ein, ist der Schuldner zur Leistung der Vertragsstrafe verpflichtet. Da diese die Hauptverbindlichkeit sichern soll, ist sie von deren Bestehen abhängig (Akzessorietät der Vertragsstrafe).

2. Abgrenzung

Die Vertragsstrafe ist von einer Reihe ähnlicher Erscheinungsformen abzugrenzen:

121 a) Das *selbständige Strafversprechen* ist auch ein bedingtes Leistungsversprechen, hängt aber nicht von einer Hauptverbindlichkeit ab: Ohne zu einem Tun verpflichtet zu sein, verspricht jemand einem anderen eine Leistung für den Fall, daß er das (nicht geschuldete) Tun unterläßt. Hier von einer Strafe zu sprechen, ist wenig sinnvoll; denn derjenige, der zu keinem bestimmten Verhalten (Tun oder Unterlassen) verpflichtet ist, begeht kein Unrecht, wenn er sich anders verhält.

Daß ein solches selbständiges Strafversprechen rechtlich möglich ist, ergibt sich aus § 343 II. Es wird zur Sicherung gesellschaftlicher und anderer rechtlich nicht verpflichtender Zusagen verwandt.

Beispiel: Frau X, die ihrem Mann das Rauchen abgewöhnen will, läßt sich für jede von ihm gerauchte Zigarette 10,– DM versprechen.

122 b) *Vereinsstrafen*, die bei einer Verletzung von Mitgliedspflichten auf Grund der Vereinssatzung verhängt werden, sind keine Vertragsstrafen, weil sie auf der Unterwerfung des Mitglieds unter die Satzung und nicht auf einem Vertrag beruhen (AT Rdnr. 716ff.).

c) *Betriebsstrafen*, die bei Verstößen gegen die strafbaren Handlungen im Betrieb – oft durch ein „Betriebsgericht“ – verhängt werden, beruhen auf vertraglicher Grundlage (Arbeitsvertrag, Betriebsvereinbarung,

Tarifvertrag). Einzelheiten: Brox, Grundbegriffe des Arbeitsrechts, 6. Aufl., Rdnr. 105.

123 d) Das *Reugeld* unterscheidet sich von der Vertragsstrafe dadurch, daß es keine Strafe für Nichterfüllung oder nicht gehörige Erfüllung ist, sondern dazu dient, sich den Rücktritt vom Vertrag zu erkaufen (vgl. § 359; Rdnr. 211).

Beispiel: K kauft von V ein Bild. Die Parteien vereinbaren, daß K binnen 14 Tagen vom Vertrag gegen Zahlung einer „Strafe" von 50,– DM zurücktreten kann. Der Rücktritt ist nur wirksam, wenn K spätestens mit der Rücktrittserklärung die 50,– DM zahlt (Einzelheiten: § 359).

124 e) Die heute kaum noch vorkommende *Draufgabe* ist die Leistung eines Vertragspartners zur Bestätigung des Vertragsabschlusses (§ 336 I). Die Draufgabe erbringt also den Beweis, daß der Vertrag zustande gekommen ist; wer etwas anderes behauptet, muß es beweisen. Weitere Auslegungsregeln enthalten die §§ 336–338.

Beispiel: Die Hausfrau gibt der Hausangestellten am Ende der Besprechung über die Einstellung einen Zehnmarkschein (Handgeld).

f) Wird ein *pauschalierter Schadensersatz* vereinbart, so soll damit dem Gläubiger bei einem Schadensersatzanspruch der Nachweis des Schadens erspart werden (vgl. BGHZ 49, 89). Die Vereinbarung dient also nicht wie die Vertragsstrafe als Druckmittel zur Erfüllung der Hauptverbindlichkeit.

Pauschalierungsklauseln in AGB sind nur zulässig, wenn die Pauschale den nach dem gewöhnlichen Lauf der Dinge zu erwartenden Schaden nicht übersteigt und dem Kunden der Nachweis gestattet ist, daß der Schaden nicht entstanden oder wesentlich niedriger als die Pauschale ist (vgl. § 11 Nr. 5 AGBG).

125 III. Voraussetzungen

Die Verwirkung der Vertragsstrafe setzt neben der entsprechenden Vereinbarung eine gültige Hauptverbindlichkeit voraus (§ 339: „seine Verbindlichkeit"; Rdnr. 120).

Ist also die Hauptverbindlichkeit aus irgendeinem Grunde nichtig (z. B. §§ 125, 134, 138), so ist auch das Strafversprechen unwirksam. Das gilt selbst dann, wenn die Parteien die Strafabrede vereinbaren, obwohl sie die Unwirksamkeit der Hauptverbindlichkeit kennen (§ 344). Es soll verhindert werden, daß die Erfüllung einer unwirksamen Hauptverpflichtung durch ein (wirksames) Strafversprechen praktisch erzwungen wird.

Im übrigen muß danach unterschieden werden, ob es sich bei der Hauptverbindlichkeit um ein geschuldetes Tun oder Unterlassen handelt:

126 **1. Positives Tun**

Ist die Vertragsstrafe für den Fall versprochen, daß die Hauptverbindlichkeit nicht oder in nicht gehöriger Weise erfüllt wird, so ist die Strafe verwirkt, wenn der Schuldner *in Verzug* kommt (§ 339, 1; § 342). Schuldnerverzug bedeutet schuldhafte Nichtleistung trotz Fälligkeit und Mahnung (§§ 284 ff.; Rdnr. 272 ff.). Demnach setzt die Verwirkung der Vertragsstrafe vor allem ein Verschulden des Schuldners voraus, sofern die Parteien nicht etwas anderes vereinbart haben.

Im Fall b muß U beweisen, daß er (rechtzeitig) erfüllt hat (§ 345) bzw. ihn kein Verschulden trifft (§ 285). Gelingt ihm das nicht, ist er zur Zahlung der Vertragsstrafe verpflichtet.

127 **2. Unterlassen**

Wird ein Unterlassen geschuldet, „so tritt die Verwirkung mit der Zuwiderhandlung ein“ (§ 339, 2; § 342). Aus dem Wortlaut und der Entstehungsgeschichte (Mot. II, 278) ergibt sich, daß hier ein Verschulden des Schuldners nicht vorausgesetzt wird (str.; vgl. BGH NJW 1972, 1893, 1894). Damit ist allerdings nicht ausgeschlossen, daß die Parteien vereinbaren, die Strafe solle nur bei schuldhafter Zuwiderhandlung verwirkt sein. – Die Beweislast für die Zuwiderhandlung hat der Gläubiger (§ 345 a. E.).

128 **IV. Verhältnis zu Erfüllung und Schadensersatz**

Problematisch ist das Verhältnis der Ansprüche auf Erfüllung, Schadensersatz und Vertragsstrafe. Das Gesetz unterscheidet danach, ob die Strafe für den Fall der Nichterfüllung oder der nicht gehörigen Erfüllung versprochen ist:

1. Nichterfüllung

a) Der Gläubiger kann *nicht nebeneinander Erfüllung und Vertragsstrafe* verlangen; er hat nur das Recht, zwischen beiden zu wählen (§ 340 I 1). Erklärt er, daß er die Strafe verlange, dann ist der Erfüllungsanspruch ausgeschlossen (§ 340 I 2). Grund: Das Begehren der Strafe ist ein vereinfachter Weg, Schadensersatz zu fordern; Schadensersatz wegen Nichterfüllung und Erfüllung schließen sich aber gegenseitig aus.

Klagt der Käufer zunächst auf Erfüllung des Kaufvertrages (Lieferung der verkauften Ware), so kann er während des Prozesses die Klage dahin ändern, daß er nunmehr statt der Erfüllung die Zahlung der vereinbarten Strafe verlangt. Denn ein Wechsel vom Erfüllungsanspruch zur Strafe ist möglich; er wird in § 340 nicht ausgeschlossen. Nimmt K aber die Erfüllung an, verliert er damit den Anspruch auf die Vertragsstrafe.

129 b) Der Gläubiger kann *nicht neben der Vertragsstrafe Ersatz des ganzen Schadens* verlangen; denn die Strafe ist eine besondere Form des Schadensersatzes.

Der Gläubiger kann die Vertragsstrafe als Mindestbetrag seines Schadens (§ 340 II 1) ohne Schadensnachweis verlangen. Ist der Schaden höher als die Vertragsstrafe und will der Gläubiger den die Vertragsstrafe übersteigenden Schaden geltend machen (§ 340 II 2), so muß er insoweit die allgemeinen Voraussetzungen eines Schadensersatzanspruches (z. B. § 280, § 325), insbesondere die Höhe des Schadens, behaupten und beweisen.

Besteht das Strafversprechen nicht in einer Geldleistung (z. B. Übereignung eines Bildes), so wird § 340 II durch § 342 ausgeschlossen: Der Gläubiger hat hier nur die Wahl zwischen Schadensersatz und Strafe.

130 2. Nicht gehörige Erfüllung

Eine nicht gehörige Erfüllung liegt vor, wenn der Schuldner *verspätet* oder *schlecht* leistet.

a) Ist für einen solchen Fall eine Vertragsstrafe versprochen, so kann sie *neben der Erfüllung* verlangt werden (§ 341 I). Denn hier tritt die Strafe nicht an die Stelle der Erfüllung; sie soll nur die Ordnungsmäßigkeit der Erfüllung sichern (Fall a). Hat der Gläubiger aber die Leistung als Erfüllung angenommen, so steht ihm ein Anspruch auf die Strafe nur zu, wenn er sich das Recht dazu bei der Annahme vorbehalten hat (§ 341 III).

§ 341 III kann nicht durch AGB vollständig abbedungen werden (BGHZ 85, 305).

b) Im Verhältnis von Strafe und Schadensersatz gilt das für die Nichterfüllung Gesagte (§§ 341 II, 342; Rdnr. 129).

Im Fall a besteht ein Schadensersatzanspruch von 2500,– DM. Die Vertragsstrafe beträgt 10 × 200,– DM = 2000,– DM. Dieser Betrag kann als Mindestschaden ohne Schadensnachweis verlangt werden. Der weitergehende Schadensersatzanspruch von 500,– DM ist nicht durchsetzbar, weil H nicht in der Lage ist, die Schadenshöhe zu beweisen.

131

V. Richterliche Strafherabsetzung

Ist die verwirkte Strafe unverhältnismäßig hoch, kann sie auf Antrag des Schuldners durch Urteil auf den angemessenen Betrag herabgesetzt werden (§ 343 I 1). Hierbei handelt es sich um einen seltenen Fall, in dem das Gesetz dem Richter die Befugnis gibt, gestaltend in einen Vertrag einzugreifen. Da der unerfahrene und unbesonnene Vertragspartner geschützt werden soll, ist die Bestimmung nicht durch Parteivereinbarung abdingbar. Der Schutz greift nicht ein, wenn der Schuldner bei Vertragsschluß Vollkaufmann war (§§ 348, 351 HGB; HR Rdnr. 365) oder wenn er die Strafe bereits freiwillig entrichtet hat (§ 343 I 3).

Bei der Beurteilung der Angemessenheit hat der Richter alle Umstände des Falles, nicht nur das Vermögensinteresse (§ 343 I 2), zu berücksichtigen und nach pflichtgemäßem Ermessen zu entscheiden.

Im Fall c darf § 343 nur angewandt werden, wenn U nicht Vollkaufmann ist (§ 348 HGB). Das Strafversprechen eines Vollkaufmanns kann aber nach § 138 nichtig sein.

Die Herabsetzung gilt auch für das selbständige Strafversprechen (§ 343 II); nach der Rechtsprechung soll sie jedoch auf Schadenspauschalierungen nicht anzuwenden sein (BGH NJW 1970, 29, 32).

132

§ 11. Art und Weise der Leistung

Schrifttum: Coing, Zum Begriff der Teilerfüllung, SJZ 1949, 532; Isele, Geldschuld und bargeldloser Zahlungsverkehr, AcP 129, 129; Leonhard, Erfüllungsort und Schuldort, 1907; Nastelski, Die Zeit als Bestandteil des Leistungsinhalts, JuS 1962, 289; Sinn, Zum Rückgriff bei ungewollter Zahlung fremder Schulden (§ 267 BGB), NJW 1968, 1857; Thomä, Tilgung fremder Schuld durch irrtümliche Eigenleistung, JZ 1962, 623.

Rdnr. 131, 132

Fälle:

a) Die Hausgehilfin will drei Tage der Arbeit fernbleiben und schickt ihre Schwester. Die Hausfrau weigert sich, die Schwester zu beschäftigen und für die drei Tage den Lohn zu zahlen.

b) S bezahlt an X, der ihm eine Quittung des G vorlegt, die Forderung des G. Später stellt sich heraus, daß die Quittung gefälscht war. Wie, wenn die Quittung echt, jedoch von X dem G gestohlen worden war?

c) S will von den geschuldeten 100,– DM nur 70,– DM bezahlen. G lehnt die Annahme ab und verlangt später Verzugszinsen von 100,– DM.

d) K in Köln bestellt bei V in Hamburg nach Katalog eine Ware „Lieferung frei Haus". Da die Ware unterwegs verloren geht, verlangt K nochmalige Lieferung; V lehnt das ab und verlangt den Kaufpreis. Mit Recht? Wo muß V den Kaufpreis einklagen?

e) S will ein Darlehen schon einen Monat vor dem vereinbarten Termin zurückzahlen. G lehnt ab.

Der richtige Schuldner muß dem richtigen Gläubiger die richtige Leistung am richtigen Ort zur richtigen Zeit erbringen. Liegen diese Voraussetzungen vor, erlischt die Pflicht des Schuldners infolge Erfüllung (§ 362 I; Rdnr. 166). Fehlt dagegen auch nur eine dieser Voraussetzungen, so kann der Gläubiger die Leistung ablehnen, ohne dadurch in Gläubigerverzug (§§ 293 ff.; Rdnr. 303 ff.) zu geraten; der Schuldner kommt dann regelmäßig in Schuldnerverzug (§§ 284 ff.; Rdnr. 271 ff.).

I. Schuldner

Soweit nicht der Schuldner wegen der Besonderheit des Schuldverhältnisses in Person zu leisten hat, kann auch ein Dritter an seiner Stelle die Leistung erbringen und ihn damit von der Verbindlichkeit befreien (§ 267 I 1).

1. Leistung des Schuldners in Person

Ob der Schuldner die Leistung persönlich bewirken muß, ergibt sich aus der getroffenen Vereinbarung oder aus dem Gesetz.

Beispiele: §§ 613, 1; 664 I 1; 691, 1; 713. – Im Fall a kann die Hausfrau die Ersatzkraft ablehnen (§ 613, 1: „im Zweifel in Person zu leisten"); sie kommt damit nicht in Annahmeverzug und braucht für die 3 Tage keinen Lohn zu zahlen (vgl. § 615).

Es steht dem Gläubiger aber frei, auch bei persönlicher Leistungspflicht des Schuldners die Leistung eines Dritten anzunehmen.

Rdnr. 132

133 2. Leistung durch einen Dritten

Regelmäßig ist dem Gläubiger die Person des Leistenden gleichgültig; dann kann auch ein Dritter die Leistung bewirken (§ 267 I 1). Der Dritte muß dabei die Leistung aber mit dem erkennbaren Willen erbringen, die fremde Schuld zu erfüllen (vgl. BGHZ 46, 319). Die Einwilligung des Schuldners ist nicht erforderlich. Die Rechtsstellung des Dritten wird in § 267 und § 268 unterschiedlich bewertet.

134 a) Nach § 267 II kann der Gläubiger die Leistung des Dritten ablehnen, wenn der Schuldner widerspricht. Er ist aber nicht gehindert, die Leistung trotzdem anzunehmen. Wenn Gläubiger und Schuldner sich in der Ablehnung also einig sind, kann die Leistung des Dritten abgewehrt werden, ohne daß der Gläubiger in Annahmeverzug gerät.

Leistet der Dritte mit dem Willen, die fremde Schuld zu tilgen, so erlischt die Forderung. Ob er dann gegen den Schuldner einen Ersatzanspruch erhält, richtet sich nach den zwischen ihnen bestehenden Rechtsbeziehungen (z. B. Auftrag, Geschäftsführung ohne Auftrag, Bereicherung).

Wollte der Dritte, weil er sich irrtümlich für den Schuldner hielt, nicht auf die Schuld des wirklichen Schuldners leisten, sondern eine vermeintlich eigene Verbindlichkeit tilgen, erlischt die fremde Schuld nicht. Hier kommt ein Anspruch des Dritten gegen den Gläubiger aus ungerechtfertigter Bereicherung in Betracht (vgl. BS Rdnr. 395).

Der Dritte kann die Leistung nur effektiv bewirken, z. B. bei einer Geldschuld nur durch Zahlung, nicht etwa durch Hinterlegung, Aufrechnung (h. M.; arg. e § 268 II).

135 b) In § 268 verstärkt das Gesetz für bestimmte Fälle, in denen der Dritte ein eigenes Interesse an der Leistung hat, dessen Rechtsstellung.

Steht beispielsweise dem G wegen einer Forderung gegen S an dessen Grundstück die erste Hypothek zu und betreibt er die Zwangsvollstreckung (Zwangsversteigerung des Grundstücks), so muß der Hypothekar (D) der zweiten Hypothek befürchten, daß er seine Hypothek verliert. Will D zur Vermeidung der Zwangsvollstreckung die Schuld des S bezahlen, so könnte S nach § 267 II widersprechen und G die Leistung ablehnen. Um das zu verhindern, gibt § 268 I 1 dem D ein Ablösungsrecht.

Das Ablösungsrecht des Dritten setzt voraus, daß der Gläubiger die Zwangsvollstreckung in einen dem Schuldner gehörenden Gegenstand betreibt und dem Dritten ein dingliches Recht (z. B. Nießbrauch, Hypothek, Pfandrecht) zusteht. Ferner muß der Dritte Gefahr laufen, durch die Vollstreckung ein Recht an dem Gegenstand zu verlieren. Nach § 268 I 2 genügt auch drohender Besitzverlust.

Beispiel: D bewohnt als Mieter das Einfamilienhaus des S. G läßt es zwangsversteigern. D läuft Gefahr, den Besitz zu verlieren, da der Ersteher das Mietverhältnis kündigen kann (§ 57 a ZVG).

Unter diesen Voraussetzungen ist die Rechtsstellung des Dritten in dreifacher Hinsicht gegenüber § 267 verbessert: Der Schuldner kann einmal nicht widersprechen; der Gläubiger muß also immer annehmen. Der Dritte kann ferner nicht nur durch Zahlung, sondern auch durch Hinterlegung oder Aufrechnung erfüllen (§ 268 II). Erfüllt schließlich der Dritte, erlischt die Forderung nicht, sondern geht auf den Dritten über (§ 268 III 1; gesetzlicher Forderungsübergang, § 412; Rdnr. 381). Dieser Forderungsübergang kann nicht zum Nachteil des Gläubigers geltend gemacht werden (§ 268 III 2).

G hat gegen S eine durch Hypothek gesicherte Forderung von 10 000,– DM. Der Mieter D befriedigt unter den Voraussetzungen des § 268 den G in Höhe von 7000,– DM. Infolgedessen geht die Forderung des G in Höhe von 7000,– DM auf D über (§ 268 III 1); das gleiche gilt für die Hypothek (§§ 412, 401). Die Hypothek des G von 3000,– DM rangiert vor der Hypothek des D von 7000,– DM (§ 268 III 2). Grund: G soll keinen Schaden dadurch haben, daß ein Dritter teilweise zahlt. Wenn also nach einer späteren Versteigerung 4000,– DM zu verteilen sind, bekommt G 3000,– DM, D nur 1000,– DM.

136

II. Gläubiger

1. Leistung an den Gläubiger

Regelmäßig hat der Schuldner an den Gläubiger selbst zu leisten; diese Leistung bringt das Schuldverhältnis zum Erlöschen (§ 362 I; Rdnr. 166) oder führt bei ihrer Ablehnung zum Gläubigerverzug (§§ 293 ff.; Rdnr. 303 ff.).

137 **2. Leistung an einen Dritten**

Die Leistung an einen Nichtgläubiger ist immer dann dem Gläubiger gegenüber wirksam, wenn dieser sich damit einverstanden erklärt hat oder wenn er sie nachträglich genehmigt (§§ 362 II, 185; vgl. BGHZ 87, 156); denn in diesen Fällen ist der Gläubiger nicht schutzwürdig.

Zum Schutz des Schuldners bestimmt das Gesetz an einigen Stellen, daß die Schuld ausnahmsweise auch bei Leistung an einen Dritten erlischt.

a) Nach § 370 gilt der Überbringer einer Quittung als ermächtigt, die Leistung zu empfangen. Hier soll der Schuldner in seinem Vertrauen auf die vom Gläubiger ausgestellte Quittung geschützt werden. Das gilt auch dann, wenn die Quittung dem Gläubiger gestohlen worden ist (Fall b, 2. Frage). Anders liegt es dagegen, wenn die Quittung gefälscht war; denn dann hat der Gläubiger den Rechtsschein nicht veranlaßt (Fall b, 1. Frage). Der Schuldner verdient ebenfalls keinen Schutz, wenn ihm Umstände bekannt sind, die der Annahme einer solchen Ermächtigung entgegenstehen (§ 370 a. E.).

b) Gem. § 407 I muß nach Abtretung einer Forderung der neue Gläubiger die Leistung des Schuldners an den alten Gläubiger gegen sich gelten lassen, es sei denn, daß der Schuldner bei der Leistung die Abtretung kennt (Näheres: Rdnr. 398).

c) Leistet der Schuldner nicht an den Erben seines Gläubigers, sondern an einen Dritten, dem zu Unrecht ein Erbschein ausgestellt wurde, so erlischt die Forderung auch mit Wirkung gegen den wirklichen Erben (§ 2367).

138 **III. Leistung**

1. Teilleistung

Nach § 266 ist der Schuldner zur Teilleistung nicht berechtigt. Diese Bestimmung will Belästigungen des Gläubigers vermeiden. Er kann Teilleistungen ablehnen, ohne dadurch in Annahmeverzug zu kommen. Das Angebot von Teilleistungen verhindert nicht einen Schuldnerverzug hinsichtlich der ganzen Leistung (Fall c).

Teilleistungen sind zulässig, wenn sie vereinbart wurden (z. B. Ratenzahlungskäufe) oder das Gesetz sie gestattet (z. B. Art. 39 II WG, HR Rdnr. 583; Art. 34 II ScheckG; § 757 ZPO; § 149 KO).

§ 266 ist eine Schutzvorschrift zugunsten des Gläubigers. Aus ihr ist also nicht zu folgern, daß der Gläubiger keine Teilleistung verlangen kann. So wird häufig nur ein Teilbetrag eingeklagt, um Gerichts- und Anwaltskosten zu sparen.

Der Ablehnung einer Teilleistung kann im Einzelfall der Grundsatz von Treu und Glauben (§ 242) entgegenstehen (z. B.: Der Schuldner zahlt, und es fehlt nur ein ganz geringfügiger Betrag; Rdnr. 86).

139 **2. Falschleistung**

Nur durch die richtige Leistung wird der Schuldner frei. Liefert er etwas anderes als vereinbart wurde, so erlischt das Schuldverhältnis nur, wenn der Gläubiger damit einverstanden ist (§ 364 I). Zur Leistung an Erfüllungs Statt und erfüllungshalber siehe Rdnr. 164 f.

140 **IV. Leistungsort**

1. Bedeutung und Begriff

Nur die Leistung am *richtigen* Ort befreit den Schuldner von seiner Verbindlichkeit. Leistung am falschen Ort berechtigt den Gläubiger zur Ablehnung; er kommt nicht in Annahmeverzug, der Schuldner jedoch in Schuldnerverzug.

Leistungsort – im Gesetz auch Erfüllungsort genannt (z. B. in §§ 447, 448, 644 II) – ist der Ort, an dem die Leistungs*handlung* erbracht werden muß. Davon zu unterscheiden ist der *Erfolgsort*, d. h. der Ort, an dem der Leistungs*erfolg* eintritt. Beide können zusammentreffen (so Holschuld, Bringschuld), aber auch auseinanderfallen (so Schickschuld).

Holschuld: Der Gläubiger muß die Leistung beim Schuldner holen; dieser braucht die Leistung nur zur Abholung durch den Gläubiger bereitzuhalten. Leistungs- und Erfolgsort sind am Wohnsitz des Schuldners (§ 269 I, II; gesetzlicher Regelfall).

Bringschuld: Der Schuldner muß dem Gläubiger die Leistung bringen. Leistungs- und Erfolgsort sind am Wohnsitz des Gläubigers (Ausnahmefall).

Schickschuld: Der Schuldner muß dem Gläubiger die Leistung schikken. Leistungs- und Erfolgsort fallen auseinander. Der Leistungsort ist am Wohnsitz des Schuldners; dort muß dieser tätig werden. Der Erfolgsort ist am Wohnsitz des Gläubigers; dort tritt der Leistungserfolg ein (Hauptbeispiele: Geldschuld, § 270, Rdnr. 142; Versendungskauf, § 447; BS Rdnr. 51 ff.).

141 **2. Bestimmung des Leistungsortes**

Sofern keine zwingende Gesetzesbestimmung (z. B. § 261) eingreift, richtet sich der Leistungsort in erster Linie nach der *Parteivereinbarung*; in zweiter Linie ist er „aus den *Umständen*, insbesondere aus der *Natur des Schuldverhältnisses*" zu entnehmen; ansonsten ist am *Wohnsitz des Schuldners* zur Zeit der Entstehung des Schuldverhältnisses zu leisten (§ 269 I).

Oft ergibt die Auslegung unter Berücksichtigung der Verkehrssitte eine stillschweigende Parteivereinbarung über den Leistungsort. So sind z. B. die Verpflichtungen aus einem Kauf im Lebensmittelgeschäft regelmäßig im Laden zu erfüllen. Geschuldete Reparaturarbeiten an einem Gebäude sind dort auszuführen. Eine Vereinbarung über den Leistungsort kommt aber nicht dadurch zustande, daß etwa der Verkäufer nach Vertragsschluß dem Käufer eine Rechnung mit dem Vermerk übersendet: „Erfüllungsort ist Köln"; darin kann nur ein Angebot auf Vertragsabänderung erblickt werden, das einer Annahme durch den Vertragspartner bedarf.

Kommt es für den Leistungsort auf den Wohnsitz des Schuldners, bei Schulden aus dem Gewerbebetrieb nach § 269 II auf den Ort der gewerblichen Niederlassung des Schuldners an, so handelt es sich um Holschulden. Das führt dazu, daß bei einem Vertrag, aus dem beide Vertragsparteien verpflichtet sind (z. B. beim gegenseitigen Vertrag), für die Schulden der beiden Vertragspartner verschiedene Leistungsorte gegeben sind.

Aus der Vereinbarung, daß der Schuldner die Kosten der Versendung übernimmt (z. B. „Lieferung frei Haus"; Fall d), kann allein nicht geschlossen werden, daß eine Bringschuld bestehen soll (§ 269 III). Im Zweifel ist also auch hier der Wohnsitz des Schuldners der Leistungsort; der Schuldner ist zum Versenden verpflichtet (Schickschuld) und hat die Versandkosten zu tragen. Im Fall d reist also die Ware auf Gefahr des K (§§ 269 III, 447). V ist von der Leistung frei und behält den Anspruch auf den Kaufpreis. Mangels anderer Vereinbarung ist Köln der Leistungsort der Kaufpreisschuld; dort muß V ihn einklagen (§ 29 ZPO).

142 *Geldschulden* sind, sofern nichts anderes vereinbart ist, Schickschulden (§ 270 I, II, IV): Der Wohnsitz (bzw. Ort der gewerbl. Niederlassung) des Schuldners ist Leistungsort; doch ist der Schuldner zur Versendung auf seine Kosten verpflichtet. Die Besonderheit dieser Schick-

schuld besteht darin, daß das Geld auf Gefahr des Schuldners reist (§ 270 I). Wenn also das Geld beim Gläubiger nicht ankommt, muß der Schuldner noch einmal leisten (Ausnahme von § 243 II; Rdnr. 101). Trifft das Geld dagegen trotz rechtzeitigen Absendens (rechtzeitigen Überweisens oder Einzahlens bei der Post oder einer Bank) *verspätet* beim Gläubiger ein, so hat der Schuldner dafür nicht einzustehen; denn mit dem rechtzeitigen Abschicken hat er alles getan, was von ihm verlangt werden kann. § 270 I belastet den Schuldner nur mit der Gefahr des Verlustes, nicht der Verzögerung.

Durch eine Änderung des Wohnsitzes (der Niederlassung) des Gläubigers nach Entstehung des Schuldverhältnisses soll der Schuldner nicht belastet werden. Deshalb trägt der Gläubiger die dadurch entstehenden Mehrkosten der Übersendung; bei Erhöhung der Gefahr geht diese (ganz) vom Schuldner auf den Gläubiger über (§ 270 III).

143 **V. Leistungszeit**

1. Begriff und Bedeutung

Unter Leistungszeit versteht man einmal den Zeitpunkt, in dem der Schuldner die Leistung erbringen *darf*, und zum anderen den Zeitpunkt der Fälligkeit, in dem also der Schuldner spätestens leisten *muß*.

Darf der Schuldner schon leisten, so kommt der Gläubiger bei Nichtannahme in Gläubigerverzug (§§ 293 ff.; Rdnr. 303 ff.). Erst wenn der Schuldner leisten muß, kann der Gläubiger die Leistung verlangen; leistet der Schuldner trotz Fälligkeit und Mahnung schuldhaft nicht, so kommt er in Schuldnerverzug (§§ 284 ff.; Rdnr. 271 ff.).

Eine Zeitbestimmung hat im Zweifel den Sinn, daß der Gläubiger die Leistung zwar nicht vor dem Zeitpunkt fordern, der Schuldner sie aber vorher bewirken kann (§ 271 II).

Ist im Falle ein zinsloses Darlehen gewährt worden, so besteht normalerweise kein berechtigtes Interesse des Gläubigers daran, daß er das Geld erst zu dem vereinbarten Termin zurückbekommt, zumal der Schuldner nicht zum Abzug von Zwischenzinsen berechtigt ist (§ 272).

Allerdings kann die Zeitbestimmung auch im Interesse des Gläubigers getroffen worden sein. Dann gilt die Regel des § 271 II, daß der Schuldner die Leistung vorher bewirken kann, nicht.

Handelt es sich im Fall e um ein verzinsliches Darlehen, so darf der Schuldner es nicht vorher zurückzahlen, da der Gläubiger einen Zinsverlust erleiden würde.

Die Zeitbestimmung kann ausschließlich im Gläubigerinteresse liegen: Er soll die Leistung schon vorher fordern dürfen, aber vorher nicht anzunehmen brauchen.

Beispiel: Der Hinterleger kann die hinterlegte Sache jederzeit vom Verwahrer zurückfordern, auch wenn für die Aufbewahrung eine Zeit bestimmt ist (§ 695).

Gehört die Zeitbestimmung derart zum Inhalt der Leistung, daß bei ihrer Nichteinhaltung Unmöglichkeit der Leistung gegeben ist, liegt ein Fixgeschäft vor (dazu Rdnr. 214).

144 **2. Bestimmung der Leistungszeit**

Die Leistungszeit ergibt sich aus der *Parteivereinbarung* und den *Umständen* des jeweiligen Rechtsverhältnisses; mangels anderer Anhaltspunkte kann der Gläubiger die Leistung *sofort* verlangen und der Schuldner sie sofort bewirken (§ 271 I).

Oft wird bei Darlehensverträgen vereinbart, daß die Rückzahlung eine bestimmte Zeit nach erfolgter Kündigung (z. B. nach einem Monat) erfolgen muß. Hier ist die Leistungszeit zunächst unbestimmt; sie wird mit dem Zugang der Kündigungserklärung beim Vertragspartner bestimmt.

145 **§ 12. Leistungsverweigerungsrechte des Schuldners**

Schrifttum: Adler, Leistungsverweigerung nach § 320, Festschrift f. Zitelmann, 1913, 1; Brox, Die Einrede des nicht erfüllten Vertrages beim Kauf, 1948; Keller, Das Zurückbehaltungsrecht nach § 273 BGB, JuS 1982, 665; Koenigk, Verfahrensrechtliche Wirkungen des Zurückbehaltungsrechts, NJW 1960, 2180 und 1961, 542; Münzberg, Die Einreden des Zurückbehaltungsrechts und des nichterfüllten Vertrags im Prozeß, NJW 1961, 540; Oesterle, Die Leistung Zug um Zug, 1980; Partsch, Das Zurückbehaltungsrecht, 1938; Schneider, Die Rechtswirkungen der Einrede des nichterfüllten Vertrages im Werkvertragsrecht, DB 1969, 115.

Fälle:

a) Der Auftraggeber A klagt gegen den Beauftragten B aus § 667 auf Herausgabe des Bildes, das B für A besorgt hat. B möchte aber von A die Kosten (20,– DM) ersetzt haben, die ihm bei der Beschaffung des Bildes entstanden sind (§ 670). Was soll er im Prozeß tun? Wie lautet das Urteil? Wie wird daraus vollstreckt?

b) Da G sich weigert, eine Quittung zu erteilen, hält S das geschuldete Geld zurück. G meint, S stünde kein Zurückbehaltungsrecht zu, da der Anspruch auf die Quittung (§ 368) erst entstehe, wenn S gezahlt habe.

c) A und B haben in einer Wirtschaft ihre Mäntel vertauscht. A verlangt von B seinen Mantel heraus, ist aber nicht bereit, den fremden Mantel an B zurückzugeben.

d) K klagt gegen V auf Übereignung des verkauften Bildes. V macht geltend, K habe den Kaufpreis von 500,– DM noch nicht gezahlt, was K bestreitet. Wie urteilt der Richter?

e) Wie, wenn sich ergibt, daß 400,– DM gezahlt worden sind?

Steht dem Schuldner seinerseits ein Anspruch gegen den Gläubiger zu, dann hat der Schuldner ein berechtigtes Interesse daran, seine Leistung solange zurückzuhalten, bis er auch wegen seiner Forderung befriedigt wird. Deshalb gibt ihm das Gesetz in bestimmten Fällen ein Leistungsverweigerungsrecht.

I. Zurückbehaltungsrecht

1. Begriff und Bedeutung

Nach § 273 I hat der Schuldner, dem aus demselben rechtlichen Verhältnis ein fälliger Gegenanspruch zusteht, das Recht, seine Leistung zu verweigern, bis die ihm gebührende Leistung bewirkt wird.

Dieses Zurückbehaltungsrecht folgt aus dem Grundsatz von Treu und Glauben (§ 242). Sind Forderung und Gegenforderung gleichartig (z. B. G kann 100,– DM und S 20,– DM fordern), hilft schon die Aufrechnung (§§ 387 ff.; Rdnr. 177), so daß der Schuldner nur noch den Restanspruch (80,– DM) zu erfüllen hat. Diese Möglichkeit scheidet aber bei nicht gleichartigen Forderungen (Fall a: Geld gegen Bild) aus. Deshalb räumt § 273 dem Schuldner unter bestimmten Voraussetzungen eine Einrede ein. Diese gibt ihm für seine eigene Forderung eine Sicherung und ist gleichzeitig ein mittelbares Zwangsmittel zur Durchsetzung seiner Forderung (Mot. II, 42).

146 2. Voraussetzungen

a) Jede der beiden Personen muß einen Anspruch gegen die andere haben (*Gegenseitigkeit*). Dabei spielt es keine Rolle, ob die Ansprüche sich aus Vertrag oder Gesetz ergeben und ob sie schuldrechtlicher oder dinglicher Art sind. § 273 gilt jedoch nicht für die im Austauschverhältnis stehenden Leistungen beim gegenseitigen Vertrag (Rdnr. 153 f.).

Im Fall a ist das Zurückbehaltungsrecht nicht nur gegeben, wenn A einen schuldrechtlichen Anspruch (§ 667) geltend macht, sondern auch dann, wenn er als Eigentümer aus § 985 klagt.

147 b) Der Anspruch des Schuldners muß *fällig* sein (*Fälligkeit des Gegenanspruchs*; § 273 I). Andernfalls könnte der Gläubiger seinen Anspruch nur durchsetzen, wenn er den Gegenanspruch bereits vor Fälligkeit erfüllte.

Es genügt für die Fälligkeit des Gegenanspruchs jedoch, daß er mit Erfüllung des Anspruchs fällig wird (RGZ 82, 25; Fall b). – Ist der Gegenanspruch zwar fällig, aber inzwischen schon verjährt, so wird dadurch ein Zurückbehaltungsrecht nicht ausgeschlossen; Voraussetzung ist jedoch, daß die Verjährung noch nicht eingetreten war, als der Anspruch des Gläubigers entstand (Analogie zu § 390, 2; Rdnr. 183; BGHZ 48, 116).

Fälligkeit ist nicht erforderlich beim Zurückbehaltungsrecht wegen Verwendungsersatzes nach § 1000 und beim kaufmännischen Notzurückbehaltungsrecht nach § 370 HGB (HR Rdnr. 313 ff.).

148 c) Der Anspruch des Gläubigers und der Gegenanspruch des Schuldners müssen *auf demselben rechtlichen Verhältnis beruhen* (*Konnexität der Ansprüche*; § 273 I). Dadurch soll ein Zurückbehaltungsrecht wegen eines Gegenanspruchs ausgeschlossen werden, der mit dem Anspruch nichts zu tun hat. Andererseits ist dasselbe rechtliche Verhältnis nicht nur dann zu bejahen, wenn es sich um Ansprüche aus ein und demselben Vertrag (wie im Fall a) handelt. Vielmehr läßt die Rechtsprechung es genügen, wenn ein natürlicher und wirtschaftlicher Zusammenhang zwischen den Ansprüchen besteht (*einheitlicher Lebensvorgang*).

Haben Verkäufer und Käufer den Kaufvertrag erfüllt und stellt sich dann dessen Nichtigkeit heraus, müssen Kaufsache und Kaufpreis zurückübereignet werden (§ 812); jede Partei hat ein Zurückbehaltungsrecht. – Im Fall c besteht ein einheitlicher Lebensvorgang, so daß B die Herausgabe des fremden Mantels bis zur Herausgabe des eigenen verweigern kann. – Auch bei laufender Geschäftsbeziehung bejaht man eine Konnexität, selbst wenn die Ansprüche aus verschiedenen Verträgen herrühren.

§ 273 II sieht bei Herausgabeansprüchen eine Konnexität als gegeben an, wenn dem Schuldner ein fälliger Gegenanspruch wegen Verwendungen auf den Gegenstand oder wegen eines durch den Gegenstand verursachten Schadens zusteht.

So kann der Finder eines entlaufenen Hundes gegenüber dem Herausgabeanspruch des Eigentümers ein Zurückbehaltungsrecht wegen der Fütterungskosten (§ 970) geltendmachen.

Hat der Herausgabepflichtige jedoch den Gegenstand durch eine vorsätzlich begangene unerlaubte Handlung (z. B. Diebstahl) erlangt, so entspricht es nicht der Billigkeit, wenn er wegen eines Gegenanspruchs ein Leistungsverweigerungsrecht hätte (§ 273 II a. E.).

Das kaufmännische Zurückbehaltungsrecht setzt keine Konnexität voraus (§ 369 HGB; HR Rdnr. 316).

149 3. Ausschluß des Zurückbehaltungsrechts

Das Zurückbehaltungsrecht kann *vertraglich* oder *durch Gesetz* ausgeschlossen sein (§ 273 I: „sofern nicht aus dem Schuldverhältnisse sich ein anderes ergibt").

Beispiel für gesetzlichen Ausschluß: Dem Bevollmächtigten steht nach Erlöschen der Vollmacht kein Zurückbehaltungsrecht an der Vollmachtsurkunde zu (§ 175); damit soll ein Mißbrauch der Urkunde verhindert werden.

In AGB kann das Zurückbehaltungsrecht des Vertragspartners weder ausgeschlossen noch eingeschränkt werden (vgl. § 11 Nr. 2 b AGBG).

Sofern die Ausübung des Zurückbehaltungsrechts einen der Aufrechnung gleichkommenden Erfolg hat, ist sie dann ausgeschlossen, wenn die Aufrechnung unzulässig wäre (z. B. § 394; dazu Rdnr. 190).

150 Da das Zurückbehaltungsrecht einen Sicherungszweck verfolgt, kann der Gläubiger die Ausübung des Rechts durch Sicherheitsleistung abwenden (§ 273 III 1), wobei das Gesetz eine Bürgschaft nicht als genügende Sicherheit ansieht (§ 273 III 2). Über § 273 III 1 hinaus muß das Zurückbehaltungsrecht entsprechend seinem Sinn (Sicherungszweck) überall dort ausgeschlossen sein, wo die Gegenforderung des Schuldners schon gesichert ist (z. B. durch Hypothek).

151 4. Wirkungen

a) Das Zurückbehaltungsrecht gibt dem Schuldner nur eine aufschiebende *Einrede* (§ 274 I), nicht wie das kaufmännische Zurückbehaltungsrecht ein Befriedigungsrecht (§ 371 HGB; HR Rdnr. 325).

Der Richter darf das Zurückbehaltungsrecht also nur dann berücksichtigen, wenn der Schuldner sich darauf beruft (§ 274 I: „Geltendmachung"). Im Fall a muß der Schuldner gegenüber dem Klageanspruch auf Herausgabe des Bildes vorbringen, er habe aus dem Auftrag noch 20,– DM zu bekommen, weshalb er das Bild zurückbehalte. Macht er die Einrede nicht geltend, so wird er ohne Einschränkung zur Herausgabe des Bildes verurteilt, selbst wenn sich aus dem Vorbringen des Klägers ergibt, daß dieser noch 20,– DM schuldet.

152 b) Erhebt der Schuldner im Prozeß die Einrede, so führt das nicht zur

Abweisung der Klage, sondern nur zur „*Zug-um-Zug*“-Verurteilung (§ 274 I).

Im Fall a lautet das Urteil: „Der Beklagte wird verurteilt, das Bild ... an den Kläger herauszugeben Zug um Zug gegen Zahlung von 20,– DM ...“. Aus diesem Urteil kann der Gläubiger vollstrecken, wenn er dem Schuldner gleichzeitig die 20,– DM anbietet. Ist der Schuldner mit der Annahme des Geldes im Verzug (§§ 293 ff.), entfällt sein Recht auf Zug-um-Zug-Leistung (§ 274 II; vgl. auch §§ 726 II, 756 ZPO).

153 **II. Einrede des nicht erfüllten Vertrages**

Für den gegenseitigen Vertrag (Rdnr. 22) enthält das Gesetz in §§ 320–322 ein besonderes Leistungsverweigerungsrecht. Wegen der engen Abhängigkeit von Leistung und Gegenleistung soll gewährleistet sein, daß kein Vertragspartner die Leistung erbringen muß, ohne gleichzeitig die Gegenleistung zu erhalten. Der wesentliche Unterschied zum Zurückbehaltungsrecht des § 273 besteht darin, daß hier der Gläubiger nicht berechtigt ist, das Leistungsverweigerungsrecht des Schuldners durch Sicherheitsleistung abzuwenden (§ 320 I 3).

1. Voraussetzungen

a) Es muß ein *gegenseitiger Vertrag* (Rdnr. 22) bestehen (§ 320 I 1). Fehlt es bereits daran (z. B. Auftrag; Fall a), sind nicht §§ 320 ff., möglicherweise ist aber § 273 anwendbar.

154 b) Die geschuldeten Leistungen müssen im *Gegenseitigkeitsverhältnis* zueinander stehen (§ 320 I 1). Das ist nur dann gegeben, wenn nach dem Parteiwillen die Leistung des einen das Entgelt für die Gegenleistung des anderen sein soll (synallagmatische Verknüpfung von Leistung und Gegenleistung; Rdnr. 22; Fall d).

Beispiel: Der Mietvertrag ist ein gegenseitiger Vertrag. Im Gegenseitigkeitsverhältnis stehen die Pflicht zur Gebrauchsüberlassung und die zur Mietzinszahlung, nicht aber etwa die Pflicht zum Ersatz von Aufwendungen und die zur Rückgabe der Mietsache am Ende der Mietzeit.

155 c) Die *Gegenforderung* muß *fällig* sein; ihre Verjährung schließt dagegen das Recht des Schuldners nicht aus (vgl. Rdnr. 147).

Ist die Gegenforderung schon teilweise erfüllt worden, so kann der Schuldner wegen des noch ausstehenden Teils regelmäßig seine Leistung in vollem Umfang zurückhalten (arg. e § 320 II; Fall e).

156 **2. Ausschluß**

a) Bei *Vorleistungspflicht* des Schuldners ist dessen Recht aus § 320 ausgeschlossen (§ 320 I 1 a. E.).

Eine solche Pflicht kann vereinbart sein (z. B. beim Ratenzahlungskauf, bei Klauseln wie „zahlbar nach Erhalt der Ware", „Kasse gegen Faktura"). Damit hat der Vorleistungspflichtige auf die Einrede nach § 320 verzichtet. Das Gesetz geht bei einigen Vertragstypen von der Vorleistungspflicht eines Vertragspartners aus (z. B. Vermieter, § 551; Dienstpflichtiger, § 614; Werkunternehmer, § 641).

Der Vorleistungspflichtige muß jedoch dann geschützt werden, wenn sich die Vermögensverhältnisse des anderen Vertragspartners nach Vertragsschluß wesentlich verschlechtern und dadurch sein Gegenanspruch gefährdet wird. Die Vorschrift des § 321 sichert ihn dadurch, daß sie ihm trotz seiner Vorleistungspflicht ein Leistungsverweigerungsrecht gibt, bis die Gegenleistung bewirkt oder für sie Sicherheit (auch durch Bürgschaft) geleistet wird.

157 b) Die Gegenleistung kann dann nicht verweigert werden, wenn die *Verweigerung gegen Treu und Glauben verstieße*. Das kommt bei verhältnismäßiger Geringfügigkeit des rückständigen Teils der Leistung (§ 320 II) in Betracht. Aber auch dann, wenn ein Vertragspartner die Leistung des anderen endgültig ablehnt, scheidet § 320 aus. Bei berechtigter Ablehnung muß er vielmehr eine endgültige Regelung des Vertragsverhältnisses herbeiführen, indem er etwa wegen positiver Forderungsverletzung vom Vertrag zurücktritt oder Schadensersatz wegen Nichterfüllung verlangt.

In AGB kann das Recht des Vertragspartners des Verwenders aus § 320 nicht wirksam ausgeschlossen oder eingeschränkt werden (§ 11 Nr. 2 a AGBG).

158 **3. Wirkungen**

a) Nur wenn der Schuldner sich *im Prozeß* auf das Leistungsverweigerungsrecht beruft, darf und muß der Richter es berücksichtigen. Das Gesetz hat nämlich das Recht aus § 320 als *Einrede* ausgestaltet. Wird sie erhoben, führt sie zur Verurteilung Zug um Zug (§ 322 I). Vgl. die Regelung beim Zurückbehaltungsrecht (Rdnr. 151 f.); für die Zwangsvollstreckung verweist § 322 III auf § 274 II.

Im Fall d kommt es darauf an, ob K beweisen kann, daß er den Kaufpreis schon gezahlt hat. Gelingt ihm der Beweis (z. B. durch Quittung), wird V zur Übereignung verurteilt. Gelingt er ihm nicht, erfolgt Zug-um-Zug-Verurteilung.

159 b) *Materiell-rechtlich* kommt der Schuldner solange nicht in Schuldnerverzug (§§ 284 ff.; Rdnr. 271 ff.), als das Leistungsverweigerungsrecht besteht; der Schuldner braucht es also nicht geltend zu machen (h. M.). Das folgert man mit Recht aus der engen Verknüpfung von Leistung und Gegenleistung. Dem steht auch nicht entgegen, daß das Gesetz aus prozessualen Gründen im Rechtsstreit das Erheben der Einrede verlangt. Verzug tritt also erst ein, wenn der Gläubiger mahnt und dabei zur Erbringung der eigenen Leistung bereit und imstande ist (RGZ 126, 280; vgl. auch BGH NJW 1966, 200).

§ 273 setzt dagegen ein Geltendmachen zur Vermeidung des Schuldnerverzugs voraus; denn nur so wird der Gläubiger in die Lage versetzt, das Recht durch Sicherheitsleistung abzuwenden. Diese Möglichkeit hat er bei der Einrede nach § 320 nicht (§ 320 I 3).

160 c) Bei *Vorleistungspflicht* eines Vertragspartners kann dieser, sofern der andere Teil im Annahmeverzug (§§ 293 ff.) ist, auf „Leistung nach Empfang der Gegenleistung" klagen (§ 322 II). Die Vollstreckung aus dem Urteil erfolgt hier ebenfalls nach § 274 II (Rdnr. 152); denn § 322 III gilt auch für § 322 II.

Fünftes Kapitel

161 # Erlöschen der Schuldverhältnisse

Beim Erlöschen der Schuldverhältnisse ist zu unterscheiden, ob das Schuldverhältnis als ganzes, also mit allen Rechten und Pflichten, oder ob nur eine einzelne Pflicht erlischt. Erlöschensgrund für das ganze Schuldverhältnis ist beispielsweise die Kündigung. Eine einzelne Schuld erlischt etwa durch Erfüllung, Hinterlegung, Aufrechnung und Erlaß. Eine Besonderheit ergibt sich beim Rücktritt: Es erlöschen zwar auch einzelne Rechte und Pflichten, aber nicht alle Rechtsbeziehungen zwischen den Parteien.

162 ## § 13. Erfüllung

Schrifttum: Beuthien, Zweckerreichung und Zweckstörung im Schuldverhältnis, 1969, §§ 2, 14; Boehmer, Der Erfüllungswille, 1910; v. Caemmerer, Irrtümliche Zahlung fremder Schulden, Festschrift f. Dölle, Bd. I, 1963, 135; Ehmann, Die Funktion der Zweckvereinbarung bei der Erfüllung, JZ 1968, 549; ders., Ist die Erfüllung Realvertrag?, NJW 1969, 1833; Gernhuber, Die Erfüllung und ihre Surrogate, 1983; Harder, Die Leistung an Erfüllungs Statt, 1976; Jackisch, Der Begriff der Erfüllung im heutigen Recht, JherJb 68, 287; Kretschmar, Die Erfüllung, 1. Teil, 1906; Rother, Erfüllung durch abstraktes Rechtsgeschäft, AcP 169, 1; Seibert, Erfüllung durch finale Leistungsbewirkung, 1982; van Venrooy, Erfüllung gegenüber dem minderjährigen Gläubiger, BB 1980, 1017; Weitnauer, Die Leistung, Festschrift f. v. Caemmerer, 1978, 255; Wiese, Beendigung und Erfüllung von Dauerschuldverhältnissen, Festschrift f. Nipperdey, Bd. I, 1965, 837; Zeiss, Leistung, Zuwendungszweck und Erfüllung, JZ 1963, 7.

Fälle:

a) A, der sich dem B vertraglich zum Tapezieren eines Zimmers verpflichtet hat, wird wegen Geisteskrankheit entmündigt. Obwohl er danach das Zimmer tadellos tapeziert, will B nicht an den Vormund des A den vereinbarten Preis zahlen, weil der geschäftsunfähige A nicht erfüllen könne.

b) S überredet G, anstelle der aus Darlehen geschuldeten 500,– DM ein Fernsehgerät anzunehmen. Später stellt sich heraus, daß das Gerät gestohlen bzw. defekt ist. Deswegen verlangt G nun wieder Zahlung von 500,– DM.

c) S schuldet einen Restkaufpreis von 4000,– DM nebst 1000,– DM Zinsen und Kosten. Er zahlt 1000,– DM und bestimmt unter Hinweis auf § 366 I, daß damit die Kaufpreisforderung teilweise getilgt sein soll. G lehnt die Annahme des Geldes ab. Rechtsfolge?

I. Vorausetzungen

1. Bewirken der geschuldeten Leistung

Erfüllung ist das Bewirken der geschuldeten Leistung (§ 362 I).

a) Für die Erfüllung reicht es nicht aus, daß der Schuldner seinerseits alles dazu Erforderliche getan hat. Nicht auf diese Leistungshandlung (z.B. Abschicken der Kaufsache an den Käufer), sondern auf den *Eintritt des Leistungserfolges* (z.B. Eigentum und Besitz des Käufers an der Kaufsache) kommt es entscheidend an. Nur dadurch wird das Interesse des Gläubigers verwirklicht.

Hat also der Schuldner alles zur geschuldeten Übereignung der Sache getan, nimmt der Gläubiger aber nicht an, wird die Schuld nicht getilgt. Das Gesetz berücksichtigt in einem solchen Falle die besonderen Interessen des Schuldners durch die Regeln über den Gläubigerverzug (Rdnr. 303 ff.).

b) Die Erfüllungswirkung tritt regelmäßig nur ein, wenn der richtige Schuldner dem richtigen Gläubiger die richtige Leistung am richtigen Ort erbringt. Dazu und zu den Ausnahmen: Rdnr. 132 ff.

163 c) Fraglich ist, ob zur Erfüllung ein besonderer Erfüllungsvertrag erforderlich ist. Da das Gesetz die Beantwortung der Frage nach der *Rechtsnatur* der Erfüllung der Wissenschaft überlassen hat (Mot. II, 81), herrscht hier auch heute noch Streit. Die (ältere) Vertragstheorie fordert in jedem Falle einen Erfüllungsvertrag, setzt also eine Einigung darüber voraus, daß die Leistung als Erfüllung erfolge. Die (heute herrschende) Gegenmeinung stellt stets nur auf die Herbeiführung des Leistungserfolges durch die Leistungshandlung ab, die in erkennbarer Weise der geschuldeten entspricht (Theorie der realen Leistungsbewirkung; Larenz, § 18 I 4).

Die Unterschiede der Theorien zeigen sich insbesondere in den Fällen der mangelnden Geschäftsfähigkeit:

(1) Bei rein tatsächlichen Handlungen (Erfüllung eines Dienst- oder Werkvertrages; Fall a) oder bei Unterlassungen ist ein (stillschweigender) Erfüllungsvertrag und damit die Geschäftsfähigkeit des Schuldners nicht erforderlich.

(2) Kann die geschuldete Leistung nur durch Rechtsgeschäft (z. B. Übereignung der verkauften Sache) erbracht werden, so erwirbt der beschränkt geschäftsfähige oder nicht verfügungsbefugte Gläubiger das übertragene Eigentum bzw. das Recht (vgl. § 107; AT Rdnr. 239 f.). Er verliert aber nicht seinen Anspruch aus dem Schuldverhältnis. Um das zu erreichen, muß nach der Vertragstheorie der gesetzliche Vertreter bzw. Verfügungsbefugte dem hier erforderlichen Erfüllungsvertrag zustimmen. Die Theorie der realen Leistungsbewirkung kommt zum gleichen Ergebnis, weil nur der geschäftsfähige und verfügungsbefugte Gläubiger empfangszuständig sei.

164 **2. Leistung an Erfüllungs Statt**

Erbringt der Schuldner eine andere als die geschuldete Leistung, so erlischt das Schuldverhältnis nur dann, wenn der Gläubiger sie als Erfüllung annimmt (Leistung an Erfüllungs Statt; § 364 I).

Ist die an Erfüllungs Statt gegebene Sache oder Forderung mit einem Mangel behaftet, so hat der Gläubiger die Rechte, die ein Käufer hätte (§ 365). Beim Rechtsmangel (Fall b; Sache gestohlen) hat er die Rechte aus § 440, beim Sachmangel (Fall b; Sache defekt) die aus § 462, eventuell aus § 463. Tritt er also z. B. zurück oder wandelt er, dann hat er einen Anspruch auf Wiederbegründung der ursprünglichen Forderung.

Die Mängelhaftung des Kaufrechts soll nach dem Wortlaut des § 365 und der Entstehungsgeschichte (Mot. II, 83) selbst dann eingreifen, wenn die ursprüngliche Forderung z. B. auf einem Schenkungsversprechen beruht, bei dem die Mängelhaftung eingeschränkt ist (vgl. §§ 523 f.). Diese gesetzliche Wertung, die de lege ferenda bei einseitig verpflichtenden Verträgen abzulehnen ist, muß beachtet werden (str.). Es ist aber möglich, die nicht zwingende Regelung des § 365 abzubedingen.

165 Von der Leistung an Erfüllungs Statt (§ 364 I) ist die *Leistung erfüllungshalber* zu unterscheiden. Im ersten Falle bewirkt die Annahme einer anderen als der geschuldeten Leistung das Erlöschen des Schuldverhältnisses. Bei der Leistung erfüllungshalber soll trotz der Leistung das Schuldverhältnis mit etwaigen Sicherheiten bestehen bleiben. Der Gläubiger soll durch Verwertung des ihm erfüllungshalber geleisteten Gegenstandes befriedigt werden; erst dann erlischt die Schuld.

Ob Leistung an Erfüllungs Statt oder Leistung erfüllungshalber gewollt ist, muß durch Auslegung der Parteivereinbarung ermittelt werden. Wird statt der bestimmten geschuldeten Sache eine davon nur wenig unterschiedliche vom Schuldner geleistet und vom Gläubiger angenommen (z. B. statt des geschuldeten Fahrrades ein anderes von etwa gleichem Wert), so spricht das für Leistung an Erfüllungs Statt. Soll der Gläubiger einer Geldforderung die vom Schuldner gelieferte Sache vereinbarungsgemäß verkaufen, um dadurch zu seinem Geld zu kommen, ist erfüllungshalber geleistet worden.

Für einen Fall gibt das Gesetz eine Auslegungsregel: Übernimmt der Schuldner zum Zwecke der Befriedigung des Gläubigers diesem gegenüber eine neue Verbindlichkeit, so ist im Zweifel nicht anzunehmen, daß er die Verbindlichkeit an Erfüllungs Statt übernimmt (§ 364 II).

Hauptbeispiel: Der Schuldner einer Geldforderung (z. B. aus Kaufvertrag) gibt dem Gläubiger einen Wechsel (z. B. Dreimonatsakzept). Hier ist im Zweifel nicht anzunehmen (vgl. § 364 II), daß der Gläubiger damit seine Kaufpreisforderung aufgeben will; er nimmt den Wechsel erfüllungshalber entgegen (HR Rdnr. 508 ff.). Nunmehr hat er außer der Kaufpreisforderung noch eine Wechselforderung; allerdings kann er nur einmal Erfüllung verlangen. Durch die Hereinnahme des Wechsels hat der Gläubiger sich verpflichtet, zuerst Befriedigung aus dem Wechsel zu suchen; erst wenn das fehlgeschlagen ist, kann er auf die Kaufpreisforderung zurückgreifen, die also praktisch zu einer zweitrangigen Forderung geworden ist. Ist die Wechselforderung erst in drei Monaten fällig, so hat der Gläubiger mit der Hinnahme des Wechsels sich mit einer entsprechenden Stundung der schon fälligen Kaufpreisforderung einverstanden erklärt. Trotz dieser Nachteile ist der Gläubiger in der Praxis oft mit der Wechselhingabe einverstanden, weil er die Möglichkeit hat, die Wechselforderung schon vor Fälligkeit etwa an eine Bank zu verkaufen und zu übertragen. Außerdem kann er die Wechselforderung im Prozeß leichter durchsetzen (§§ 602 ff. ZPO; HR Rdnr. 718 ff.).

166

II. Wirkungen der Erfüllung

1. Tilgung der Schuld

Durch die Erfüllung erlischt die Schuld (§ 362 I).

Lehnt der Gläubiger die Annahme der Leistung ab, weil sie nicht die geschuldete oder weil sie unvollständig sei, dann muß nach allgemeinen Regeln der Schuldner beweisen, daß es die richtige Leistung ist. Hat der Gläubiger hingegen die Leistung als Erfüllung angenommen, spricht das für eine ordnungsgemäße Erfüllung. Deshalb kehrt § 363 die Beweislast um: Der Gläubiger ist in diesem Fall für eine Falsch- oder unvollständige Leistung beweispflichtig.

167 **2. Wirkung bei Forderungsmehrheit**

Ist der Schuldner aus mehreren Schuldverhältnissen zu gleichartigen Leistungen an denselben Gläubiger verpflichtet und reicht das Geleistete nicht zur Tilgung sämtlicher Schulden aus, so fragt sich, welche Schuld getilgt wird. Maßgebend ist in erster Linie die Bestimmung durch den Schuldner (§ 366 I); auf ein Einverständnis des Gläubigers kommt es nicht an.

Nur wenn der Schuldner keine Bestimmung trifft, stellt das Gesetz eine Rangfolge auf (lies § 366 II: fällig – weniger sicher – lästiger – älter – verhältnismäßig). Diese Reihenfolge beruht auf dem vom Gesetzgeber vermuteten vernünftigen Willen der Parteien. Sie findet deshalb keine Anwendung, wenn sie der Interessenlage offensichtlich widerspricht (BGH NJW 1969, 1846).

Handelt es sich dagegen nur um *eine* Forderung, die aus Hauptleistung, Zinsen und Kosten besteht, so scheidet eine Bestimmung durch den Schuldner aus (Fall c). Vielmehr regelt § 367 I die Reihenfolge (Kosten – Zinsen – Hauptforderung). Im Fall c kann also der Gläubiger wegen der Bestimmung durch den Schuldner die Annahme ablehnen (§ 367 II), ohne in Annahmeverzug zu kommen. Nimmt er dagegen ohne jeden Vorbehalt an, wird man davon ausgehen können, daß § 367 vertraglich abbedungen ist.

168 **3. Verpflichtungen des Gläubigers**

a) Der Gläubiger hat auf Verlangen des Schuldners eine *Quittung* zu erteilen (§ 368, 1), damit der Schuldner notfalls die Erfüllung beweisen kann.

Bei einem rechtlichen Interesse des Schuldners an einer besonderen Form der Quittung (z.B. löschungsfähige Quittung für Grundbucheintragungen, vgl. §§ 1144, 1167, § 29 GBO) muß die Quittung auf Verlangen des Schuldners in dieser Form erteilt werden (§ 368, 2). – Die Kosten der Quittung hat regelmäßig der Schuldner zu tragen und vorzuschießen (Einzelheiten: § 369). – Zum Schutz des Schuldners bei Leistung an den Überbringer einer echten Quittung: § 370; Rdnr. 137.

169 b) Der Gläubiger ist verpflichtet, einen etwa ausgestellten Schuldschein über die Forderung an den Schuldner zurückzugeben (Einzelheiten: § 371). Grund: Da der Besitz des Schuldscheins ein Indiz für das Bestehen der Schuld ist, soll der Gläubiger nach Erlöschen der Schuld nicht mehr im Besitz bleiben.

170

§ 14. Hinterlegung

Schrifttum: Beer, Die Hinterlegung zum Zwecke der Befreiung von Schuldverbindlichkeiten, 1900; Bree, Die Reichshinterlegungsordnung, 1937; Müller, Die Hinterlegung zur Schuldbefreiung nach dem BGB, JherJb 41, 411; Sohm, Der Selbsthilfeverkauf nach dem BGB und dem HGB, ZHR 53, 79.

Fälle:

a) G nimmt die von S geschuldete, wertvolle Siamkatze nicht an. S, der in Urlaub fahren will, denkt an Hinterlegung.

b) G verlangt Zahlung der geschuldeten 300,– DM von S. Dieser meint, die Schuld sei durch Hinterlegung getilgt, zumal er dem G gegenüber auf sein Rücknahmerecht verzichtet habe.

c) Wie kann S im Fall a sich der Katze „entledigen", ohne daß G von ihm noch etwas zu fordern berechtigt ist?

I. Voraussetzungen und Verfahren

1. Voraussetzungen

Der Schuldner kann nach §§ 372 ff. einen geschuldeten Gegenstand für den Gläubiger bei einer öffentlichen Stelle (Hinterlegungsstelle) hinterlegen, wenn ein Hinterlegungsgrund besteht und die Sache hinterlegungsfähig ist.

Der Schuldner ist zur Hinterlegung berechtigt, aber nicht verpflichtet. Eine Pflicht zur Hinterlegung kann sich aber ausnahmsweise aus Vereinbarung oder Gesetz (z. B. § 432 I 2) ergeben.

a) Ein Hinterlegungsgrund ist gegeben, wenn der Gläubiger im *Annahmeverzug* ist (§ 372, 1) oder wenn der Schuldner aus einem anderen *in der Person des Gläubigers liegenden Grund* oder infolge einer nicht auf Fahrlässigkeit beruhenden *Ungewißheit über die Person des Gläubigers* seine Verbindlichkeit nicht oder nicht mit Sicherheit erfüllen kann (§ 372, 2).

Beispiele: Der Gläubiger ist nicht auffindbar oder entmündigt und ohne Vormund. Der Schuldner weiß, daß die Forderung mehrfach abgetreten ist, und ist sich ohne Fahrlässigkeit nicht sicher, wem sie jetzt zusteht. Es genügt, wenn der Schuldner begründete Zweifel hat. Sehr weit geht die Erkundigungspflicht des Schuldners in BGHZ 7, 302.

b) Hinterlegungsfähig sind nur *Geld, Wertpapiere* und sonstige *Urkunden* sowie *Kostbarkeiten* (§ 372, 1).

Beispiele für Kostbarkeiten: Ring, Kette, Uhr, Edelstein. Immer muß sich die Sache aber für eine Hinterlegung eignen; das ist bei Tieren nicht der Fall (Fall a). In Betracht kommt bei Nichteignung möglicherweise ein Selbsthilfeverkauf (§ 383; Rdnr. 174 f.; Spezialregel beim Handelskauf: § 373 HGB; HR Rdnr. 368 ff.).

171 **2. Verfahren**

Die §§ 372 ff. regeln nur die privatrechtliche Seite der Hinterlegung, nämlich die Voraussetzungen und die Wirkungen.

Das Verfahren richtet sich im wesentlichen nach der Hinterlegungsordnung von 1937.

Hinterlegungsstelle ist das Amtsgericht (§ 1 HO), das hier im Rahmen der Justizverwaltung tätig wird. Wenn es auf Antrag des Schuldners die Annahme anordnet (§ 6 HO), erläßt es einen Verwaltungsakt. Geld geht mit der Hinterlegung in das Eigentum des Justizfiskus über (§ 7 I HO). Bei Wertpapieren und sonstigen Urkunden sowie Kostbarkeiten bleibt der Hinterleger Eigentümer (vgl. § 9 HO). Es entsteht ein öffentlich-rechtliches Verwahrungsverhältnis zugunsten des Gläubigers. Dieser kann die Herausgabe beantragen (Einzelheiten: §§ 12 ff. HO). Das Recht des Gläubigers erlischt regelmäßig mit Ablauf von 30 Jahren nach Empfang der Hinterlegungsanzeige (Einzelheiten: § 382).

Hat der Schuldner wegen Ungewißheit über die Person des Gläubigers hinterlegt und beanspruchen mehrere Personen (Prätendenten) den hinterlegten Gegenstand, so ist die Berechtigung im Prozeß zwischen den Prätendenten zu klären. Der wahre Gläubiger hat gegen die übrigen Prätendenten einen Anspruch aus § 812 I 1 (2. Fall) auf Aufgabe der „Sperrstellung", d. h. auf Einwilligung in die Auszahlung (vgl. § 13 II Nr. 1 HO).

Braucht der Gläubiger zum Nachweis der Empfangsberechtigung eine Erklärung des Schuldners, kann er sie vom Schuldner verlangen (§ 380). Wenn der Schuldner nur gegen Leistung des Gläubigers zu leisten verpflichtet ist, kann er das Recht des Gläubigers zum Empfang von der Bewirkung der Gegenleistung abhängig machen (§ 373).

Der Schuldner hat bei der Hinterlegungsstelle des *Leistungsorts* zu hinterlegen; er ist auch verpflichtet, dem Gläubiger die Hinterlegung unverzüglich *anzuzeigen*, sofern das nicht untunlich ist. Erfüllt er diese Verpflichtungen nicht, muß er dem Gläubiger den daraus entstehenden Schaden ersetzen (§ 374). Da die Hinterlegung aus Gründen erfolgt, die in der Person des Gläubigers liegen, muß dieser im Verhältnis zum Schuldner regelmäßig die Kosten der Hinterlegung (§§ 24 ff. HO) tragen (§ 381).

172

II. Wirkungen

Mit der Hinterlegung (bzw. mit der Aufgabe bei der Post; § 375) treten unterschiedliche Wirkungen ein, je nachdem, ob der Schuldner noch ein Rücknahmerecht hat oder nicht.

1. Rücknahmerecht des Schuldners

a) Solange der Schuldner noch das Recht hat, die hinterlegte Sache zurückzunehmen (§ 376 I), wird durch die Hinterlegung die *Schuld nicht getilgt* (arg. e § 378); er kann aber den Gläubiger auf die hinterlegte Sache verweisen (§ 379 I; verzögernde Einrede, die also im Rechtsstreit vom Schuldner vorgebracht werden muß). Der Gläubiger trägt die Vergütungsgefahr (§ 379 II). Wenn die Sache bei der Hinterlegungsstelle untergeht, wird der Schuldner nicht nur von seiner Leistungspflicht frei (§ 275), sondern er behält auch den Anspruch auf die Gegenleistung (z. B. Kaufpreis; Ausnahme von § 323). Der Schuldner braucht auch keine Zinsen zu zahlen oder Ersatz für nicht gezogene Nutzungen zu leisten (§ 379 II). Nimmt er jedoch die hinterlegte Sache zurück, gilt die Hinterlegung als nicht erfolgt (§ 379 III); die Folgen der Hinterlegung werden dadurch also mit rückwirkender Kraft beseitigt (z. B. keine Gefahrtragung durch den Gläubiger, Zinszahlungspflicht des Schuldners).

b) Das Rücknahmerecht des Schuldners als Gestaltungsrecht ist nicht pfändbar und kann während des Konkurses des Schuldners nicht ohne Zustimmung des Gläubigers ausgeübt werden (§ 377).

Grund: Der Gläubiger hat bereits ein Recht erworben, das nicht durch andere Gläubiger des Schuldners beeinträchtigt werden soll.

173 **2. Ausschluß des Rücknahmerechts**

a) Ist das Rücknahmerecht des Schuldners ausgeschlossen, dann wirkt die Hinterlegung wie die Erfüllung schuldbefreiend (§ 378; Erfüllungssurrogat).

Der Gläubiger wird hierdurch aber noch nicht Eigentümer der hinterlegten Sache. In der Anzeige der Hinterlegung an den Gläubiger (§ 374 II) ist regelmäßig ein Übereignungsangebot des Schuldners (§§ 929, 931) zu erblicken. Dieses wird durch die Annahmeerklärung des Gläubigers gegenüber der Hinterlegungsstelle, die Empfangsbotin des Schuldners ist, angenommen.

b) Sein Rücknahmerecht verliert der Schuldner in drei Fällen (§ 376 II): wenn er auf das Rücknahmerecht gegenüber der Hinterlegungsstelle verzichtet, wenn der Gläubiger gegenüber der Hinterlegungsstelle die Annahme erklärt oder wenn der Hinterlegungsstelle ein rechtskräftiges Urteil vorgelegt wird, das die Hinterlegung für rechtmäßig erklärt.

Im Fall b ist der Verzicht nicht gegenüber der Hinterlegungsstelle erklärt. S hat also noch das Rücknahmerecht. Die Schuld ist nicht erloschen; S kann G aber auf den hinterlegten Betrag verweisen.

174

III. Selbsthilfeverkauf

Ist die geschuldete Sache nicht hinterlegungsfähig (§ 372), kommt für den Schuldner ein Selbsthilfeverkauf (§§ 383 ff.) in Betracht. Der dabei erzielte Erlös kann dann hinterlegt werden (§ 383 I 1; Fall c).

1. Voraussetzungen

a) Der Selbsthilfeverkauf ist in drei Fällen zulässig: Annahmeverzug des Gläubigers, Unmöglichkeit der Erfüllung aus einem anderen in der Person des Gläubigers liegenden Grunde oder Unmöglichkeit wegen entschuldbarer Ungewißheit über die Person des Gläubigers (§ 383 I). In den beiden letztgenannten Fällen muß jedoch der Verderb der Sache zu besorgen oder die Aufbewahrung mit unverhältnismäßigen Kosten verbunden sein (§ 383 I 2).

b) Außerdem ist eine Androhung der Versteigerung erforderlich (§ 384 I). Sie darf nur unterbleiben, wenn die Sache dem Verderb ausgesetzt und mit dem Aufschub der Versteigerung Gefahr verbunden ist (§ 384 I) oder wenn sie untunlich ist.

175 **2. Durchführung**

Zwei Wege sieht das Gesetz vor:

a) Die öffentliche Versteigerung erfolgt regelmäßig am Leistungsort durch einen Gerichtsvollzieher, einen anderen zu Versteigerungen befugten Beamten oder einen öffentlich angestellten Versteigerer (lies: §§ 383 I, II, III, 156, 456 ff.).

Der Schuldner muß den Gläubiger von der Versteigerung unverzüglich benachrichtigen, sofern das nicht untunlich ist (§ 384 II, III). Verletzt er diese Pflicht, macht er sich schadensersatzpflichtig (§ 384 II).

b) Hat die Sache einen Börsen- oder Marktpreis, kommt auch ein freihändiger Verkauf zum laufenden Preis durch eine dazu befugte Person in Betracht (§ 385).

176 **3. Wirkungen**

Sind beim Selbsthilfeverkauf die genannten zwingenden Vorschriften beachtet, dann treten mit der Hinterlegung des Erlöses die Wirkungen ein, die bei der Hinterlegung einer hinterlegungsfähigen Sache dargestellt worden sind (Rdnr. 172 f.). Der Gläubiger wird nicht damit gehört, die Versteigerung habe zu wenig erbracht. Er hat auch die Kosten der Versteigerung bzw. des freihändigen Verkaufs zu tragen, sofern nicht der Schuldner den hinterlegten Erlös zurücknimmt (§ 386).

Bei unrechtmäßigem Selbsthilfeverkauf bleibt das Schuldverhältnis bestehen.

177
§ 15. Aufrechnung

Schrifttum: Börner, Die Aufrechnung mit der Forderung eines Dritten, NJW 1961, 1505; Bötticher, Die „Selbstexekution" im Wege der Aufrechnung und die Sicherungsfunktion des Aufrechnungsrechts, Festschrift f. Schima, 1969, 95; Deutsch, Einschränkung des Aufrechnungsverbots bei vorsätzlich begangener unerlaubter Handlung, NJW 1981, 735; Dietrich, Die Aufrechnungslage, AcP 170, 534; von Feldmann, Die Aufrechnung – ein Überblick, JuS 1983, 357; Fenge, Zulässigkeit und Grenzen des Ausschlusses der Aufrechnung durch Rechtsgeschäft, JZ 1971, 118; Gernhuber, Die Erfüllung und ihre Surrogate, 1983; Grunsky, Die Rückwirkung der Aufrechnung – BGHZ 27, 123, JuS 1963, 102; Haase, Zum Verbot der Aufrechnung gemäß § 393 BGB, JR 1972, 137; Henckel, Materiellrechtliche Folgen der unzulässigen Prozeßaufrechnung, ZZP 61, 165; Kegel, Probleme der Aufrechnung, 1938; Krönig, Die Grenzen des Aufrechnungsverbots des § 394 BGB, MDR 1952, 323; Lüke/Huppert, Die Aufrechnung, JuS 1971, 165; Müller, Aufrechnung gegen unpfändbare Forderungen, JZ 1963, 437; Nikisch, Die Aufrechnung im Prozeß, Festschrift f. H. Lehmann, Bd. II, 1956, 765; Oertmann, Die Aufrechnung im Deutschen Zivilprozeßrecht, 1916; Pagenstecher, Über die Eventualaufrechnung im Prozeß, 1922; Reinicke, Zur Aufrechnung mit und gegen Schadensersatzforderungen, NJW 1959, 361; ders., Die zweckentfremdete Aufrechnung, NJW 1972, 793; Schreiber, Grundprobleme der Prozeßaufrechnung, JA 1980, 344; Stölzel, Die reichsgerichtliche Rechtsprechung über Eventualaufrechnung, AcP 95, 1 und AcP 96, 234.

Fälle:

a) A hat eine Kaufpreisforderung von 500,– DM gegen B, und dieser hat eine Forderung auf Rückzahlung eines Darlehens von 500,– DM gegen A. B will beide „aus der Welt schaffen".

b) Wie ist die Rechtslage, wenn im Fall a die Kaufpreisforderung verjährt ist?

c) Der minderjährige B rechnet auf. Später genehmigen die Eltern das. Ist die Aufrechnung wirksam?

d) Im Fall a verlangt A die bis zur Aufrechnungserklärung des B angefallenen Zinsen.

e) X, der dringend 5000,– DM braucht, beauftragt Y, für ihn Schmuck zu verkaufen. Y tut das, rechnet dann mit einer ihm gegen X zustehenden Forderung auf und händigt dem X den dann noch verbleibenden Restbetrag von 19,50 DM aus.

f) Der Arbeitgeber zahlt dem Arbeitnehmer keinen Lohn, weil er mit einer Gegenforderung gegen die Lohnforderung aufgerechnet hat. Wie ist es, wenn der Arbeitnehmer Vorschüsse in entsprechender Höhe erhalten hat?

I. Begriff und Zweck

1. Begriff

Aufrechnung ist die Tilgung zweier einander gegenüberstehender Forderungen durch eine empfangsbedürftige Willenserklärung.

Im Fall a kann B (wie auch A) durch einseitige Erklärung gegenüber dem anderen bewirken, daß die Forderungen erlöschen.

Voraussetzung ist eine bestimmte Aufrechnungslage (lies: § 387; Rdnr. 179 ff.). Stehen sich zwei Forderungen aufrechenbar gegenüber, so erlöschen sie nicht automatisch; damit sie erlöschen (§ 389), bedarf es einer Aufrechnungserklärung des einen Teils gegenüber dem anderen (§ 388; Rdnr. 185).

Diese (einseitig erklärte) Aufrechnung ist von der im BGB nicht besonders geregelten, aber rechtlich möglichen (§ 305) Vereinbarung einer Verrechnung der beiderseitigen Forderungen (Aufrechnungsvertrag) zu unterscheiden.

Rdnr. 177

178 **2. Zweck**

a) *Tilgungserleichterung*: Die Aufrechnung als Erfüllungssurrogat entspricht einem praktischen Bedürfnis. Durch sie kann das Hin und Her der Leistungen vermieden werden.

Im Fall a müßte ohne Aufrechnungsmöglichkeit B dem A die 500,– DM (aus Kaufvertrag) und A dem B die 500,– DM (aus Darlehen) schicken.

b) *Privatvollstreckung*: Solange jemand aufrechnen kann, braucht er keine Sorge zu haben, daß sein Schuldner nicht leisten kann. Durch Aufrechnung kann er seine eigene Forderung „beitreiben".

Im Fall a kann B ruhig zusehen, wie A zahlungsunfähig wird; er kann immer noch – sogar im Konkurs des A (vgl. §§ 53 ff. KO) – aufrechnen. Ohne Aufrechnungsmöglichkeit müßte B sich gegen A einen Vollstreckungstitel (z.B. Urteil, Vollstreckungsbescheid) beschaffen und aus ihm die Zwangsvollstreckung (z.B. Pfändung durch Gerichtsvollzieher oder durch Pfändungs- und Überweisungsbeschluß) betreiben. Das alles kann er sich durch eine Aufrechnung ersparen.

179 **II. Aufrechnungslage**

Eine Aufrechnung ist nur dann möglich, wenn folgende vier Voraussetzungen erfüllt sind:

1. Gegenseitigkeit der Forderungen

Die Forderungen müssen zwischen denselben Personen bestehen: Jeder der Beteiligten muß zugleich Gläubiger und Schuldner des anderen sein (§ 387).

Meist wird die Forderung des Aufrechnungsgegners, gegen die der andere aufrechnet, als *Passivforderung (Hauptforderung)* und die Forderung, mit der dieser aufrechnet, als *Aktivforderung (Gegenforderung)* bezeichnet.

a) Der Schuldner kann also nicht mit einer Gegenforderung aufrechnen, die ihm gegenüber einem Dritten zusteht.

Im Fall a könnte B nicht aufrechnen, wenn sein Schuldner nicht A, sondern etwa dessen Vater wäre.

Eine Ausnahme von dem Erfordernis der Gegenseitigkeit enthält § 406 (Rdnr. 401 f.).

b) Ein Dritter, der nicht Schuldner des Aufrechnungsgegners ist, kann nicht aufrechnen (Ausnahme: § 268 II; Rdnr. 135).

180 **2. Gleichartigkeit der Forderungen**

a) Haupt- und Gegenforderung müssen ihrem Gegenstande nach gleichartig sein (§ 387). Damit kommen für die Aufrechnung nur Gattungsschulden in Betracht (Hauptfall: Geld gegen Geld; aber auch z. B. Kartoffeln bestimmter Sorte gegen Kartoffeln derselben Sorte).

Im Fall a könnte B nicht aufrechnen, wenn seine Gegenforderung etwa auf Lieferung von Kartoffeln im Wert von 500,– DM gehen würde. Nicht gleichartig sind Zahlungs- und Schuldbefreiungsanspruch (st. Rspr.; BGHZ 47, 157). Bei Ungleichartigkeit kommt ein Zurückbehaltungsrecht (Rdnr. 145 ff.) in Betracht.

181 b) Gleichartigkeit setzt *nicht* voraus:

(1) Gleiche Höhe der Forderungen.

Im Fall a könnte B auch aufrechnen, wenn er nur eine Gegenforderung in Höhe von 400,– DM hätte. Dann bliebe die Hauptforderung des A in Höhe von 100,– DM bestehen (§ 389).

(2) Konnexität (rechtlicher Zusammenhang) der Forderungen.

Anders als beim Zurückbehaltungsrecht (§ 273: „aus demselben rechtlichen Verhältnis"; Rdnr. 148) können (wie im Fall a) die Forderungen aus ganz verschiedenen Rechtsverhältnissen stammen, so daß kein Zusammenhang besteht.

(3) Identität des Leistungs- oder Ablieferungsortes (§ 391 I).

182 **3. Wirksamkeit der Forderungen**

Beide Forderungen müssen bestehen. Ist etwa eine Forderung (z. B. wegen Formmangels, Sittenwidrigkeit) nicht entstanden, dann ist eine Aufrechnung nicht möglich.

a) Die Hauptforderung braucht aber nicht erzwingbar zu sein (arg. e § 390, 1).

Im Fall b braucht B die Kaufpreisforderung des A nicht zu erfüllen, wenn er die Verjährungseinrede geltend macht. Aber er kann sie erfüllen; deshalb kann er auch aufrechnen.

183 b) Die Gegenforderung muß nicht nur bestehen, sondern darüber hinaus auch erzwingbar und einredefrei sein (§ 390, 1).

Im Fall a könnte B nicht aufrechnen, wenn seine Forderung verjährt wäre. Wäre nämlich die Aufrechnung möglich, dann würde er damit seine verjährte Forderung „einziehen", ohne daß A sich auf die Verjährungseinrede berufen könnte.

Ausnahme: § 390, 2. Die Verjährung der Gegenforderung schließt die Aufrechnung nicht aus, wenn sie zu der Zeit noch nicht verjährt war, zu der sie gegen die Hauptforderung aufgerechnet werden konnte. Hier stellt das Gesetz also nicht auf den Zeitpunkt der Aufrechnungserklärung, sondern auf den der Aufrechnungslage ab.

184 **4. Fälligkeit der Gegenforderung**

a) Die *Gegenforderung* muß *fällig* sein. Könnte der Gläubiger einer noch nicht fälligen Forderung aufrechnen, so würde damit seine Forderung schon zu einer Zeit erfüllt, zu der sie noch nicht erfüllt zu werden braucht (Ausnahme: im Konkurs des Aufrechnungsgegners; § 54 KO).

b) Die *Hauptforderung* braucht noch *nicht fällig* zu sein, muß aber erfüllbar sein. Kann nämlich der Schuldner schon vor Fälligkeit erfüllen (§ 271 II), so muß er auch in der Lage sein, seine Schuld vor Fälligkeit durch Aufrechnung mit einer Gegenforderung zu tilgen.

185 **III. Aufrechnungserklärung**

Die Wirkung der Aufrechnung tritt nur ein, wenn bei bestehender Aufrechnungslage eine Aufrechnungserklärung gegenüber dem anderen Teil abgegeben wird (§ 388, 1). Dabei handelt es sich um eine *empfangsbedürftige Willenserklärung*. Durch sie wird die Rechtslage gestaltet (Forderungen erlöschen). Der Aufrechnende verfügt über seine Forderung.

Deshalb setzt die Erklärung volle Geschäftsfähigkeit voraus. Sie bringt dem Minderjährigen nicht lediglich rechtlichen Vorteil (§ 107); denn er verliert seine Gegenforderung. Als einseitiges Rechtsgeschäft ist sie daher ohne Einwilligung des gesetzlichen Vertreters unwirksam (§ 111; AT Rdnr. 248); auch die Genehmigung des gesetzlichen Vertreters kann sie nicht wirksam machen (Fall c).

Die Aufrechnungserklärung kann nicht unter einer *Bedingung* oder einer *Zeitbestimmung* abgegeben werden (§ 388, 2). Grund: Die Aufrechnung soll vor allem im Interesse des Erklärungsempfängers klare Verhältnisse schaffen; er soll wissen, woran er ist (vgl. AT Rdnr. 438).

Dennoch ist eine *Eventualaufrechnung im Prozeß* zulässig. Beispiel: Der Kläger verlangt Verurteilung des Beklagten zur Zahlung von 500,– DM aus einem Kaufvertrag. Der Beklagte beantragt Klageabweisung und trägt vor, ein Kaufvertrag sei überhaupt nicht zustande gekommen, jedenfalls sei die Kaufpreisforderung verjährt. Hilfsweise rechnet er mit einer Gegenforderung aus unerlaubter Handlung (Verkehrsunfall) auf. Damit will der Beklagte die Klageabweisung primär wegen Nichtvorliegens eines Vertrages oder wegen Verjährung erreichen. Erst wenn das nicht möglich ist, will er seine Gegenforderung „opfern", um nicht verurteilt zu werden.

Hier rechnet der Beklagte nur für den Fall auf, daß das Gericht die Klage sonst für begründet hält. Demnach liegt m. E. eine bedingte Aufrechnung vor (anders h. L.), die sich jedoch in der Praxis des Zivilprozesses durchgesetzt hat und die der Gesetzgeber durch § 388, 2 nicht ausschließen wollte (Mot. II, 108; Prot. I, 224).

186 **IV. Wirkung der Aufrechnung**

1. Rückwirkung

Soweit sich die Forderungen decken, erlöschen sie in dem Zeitpunkt, in dem sie zur Aufrechnung geeignet einander gegenübergestanden haben (§ 389). Damit stellt das Gesetz nicht auf den Zeitpunkt der Erklärung, sondern auf den der Aufrechnungslage (als sich die beiden Forderungen erstmals aufrechenbar gegenüberstanden) ab. Diese Rückwirkung folgt auch einer wirtschaftlichen Betrachtungsweise (damals konnten die Forderungen schon „verrechnet" werden).

Deshalb können von der Aufrechnungslage an keine Zinsen mehr verlangt werden (Fall d); von da ab ist ein Verzug nicht mehr möglich. Spätere Änderungen sind unerheblich (z. B. spätere Abtretung, § 406; spätere Verjährung der Gegenforderung, § 390, 2; spätere Beschlagnahme der Hauptforderung, § 392).

Hat dagegen jemand in Unkenntnis der Aufrechnungsmöglichkeit etwa gezahlt, kann er das Geleistete nicht entsprechend § 813 zurückverlangen (Mot. II, 109, 832; RGZ 120, 280; 144, 93; jetzt h. M.).

187 **2. Mehrheit von Forderungen**

a) Hat der Aufrechnende oder der Aufrechnungsgegner mehrere Forderungen, so kann der Aufrechnende bestimmen, welche Forderungen gegeneinander aufgerechnet werden sollen (§ 396 I 1; vgl. für die Erfüllung § 366; Rdnr. 167).

b) Wird eine solche Bestimmung zusammen mit der Aufrechnungserklärung nicht getroffen oder widerspricht der Aufrechnungsgegner unverzüglich, so ist § 366 II entsprechend anzuwenden (§ 396 I 2).

Besteht die Hauptforderung aus Hauptleistung, Zinsen und Kosten, sind nach § 396 II die Vorschriften des § 367 (Rdnr. 167) entsprechend anwendbar.

Hat jemand nur einen Teilbetrag eingeklagt (z. B. weil er Kosten sparen will oder weil er wegen des Restbetrages mit einer Aufrechnung durch den Schuldner rechnet), kann er nicht verhindern, daß der Beklagte gerade gegen den eingeklagten Teilbetrag aufrechnet (st. Rspr.). Dem Kläger geschieht dadurch kein Unrecht; er hätte seinerseits vor Klageerhebung aufrechnen und den dann verbleibenden Restbetrag einklagen sollen. Hat er das nicht getan, so bleibt für ihn nach Aufrechnung durch den Beklagten die Möglichkeit, den noch verbleibenden Betrag im Prozeß „nachzuschieben" (§ 264 Nr. 2 ZPO), um eine Klageabweisung zu vermeiden.

188 **V. Ausschluß der Aufrechnung**

1. Ausschluß durch Parteivereinbarung

Gläubiger und Schuldner können den Ausschluß der Aufrechnung vereinbaren (Vertragsfreiheit).

Bei Vereinbarung der Leistung zu einer bestimmten Zeit an einem bestimmten Ort ist nach § 391 II im Zweifel ein Aufrechnungsausschluß anzunehmen; denn dann muß man davon ausgehen, daß der Gläubiger auf tatsächliche Leistung Wert legt. Der Schuldner, der etwas anderes behauptet, muß es beweisen („im Zweifel").

Ob ein Aufrechnungsausschluß gewollt ist, muß durch Auslegung der Vereinbarung ermittelt werden. In den Vertragsklauseln „effektiv" oder „netto Kasse gegen Rechnung und Verladepapiere" ist ein solcher Ausschluß zu sehen (BGHZ 14, 61). Er kann auch stillschweigend vereinbart sein. Das wird oft beim Auftrag (Fall e) oder einem Treuhandverhältnis (AT Rdnr. 358) anzunehmen sein. Die Rechtsprechung schließt hier eine Aufrechnung nach Treu und Glauben (§ 242) aus (BGHZ 14, 342).

Eine Bestimmung in AGB, durch die dem Vertragspartner des Verwenders die Befugnis zur Aufrechnung mit einer unbestrittenen oder rechtskräftig festgestellten Forderung genommen wird, ist unwirksam (§ 11 Nr. 3 AGBG).

189 **2. Ausschluß durch das Gesetz**

a) Stammt die *Hauptforderung* aus einer *vorsätzlich begangenen unerlaubten Handlung,* so kann der Schuldner dieser Forderung dagegen nicht aufrechnen (§ 393). Wer vorsätzlich eine unerlaubte Handlung begangen hat, soll nicht in den Genuß der Aufrechnungsmöglichkeit kommen; er soll tatsächlich Schadensersatz leisten.

Nach h. M. ist die Aufrechnung gegen eine Hauptforderung aus vorsätzlicher unerlaubter Handlung selbst dann ausgeschlossen, wenn auch die Gegenforderung auf einer vorsätzlich begangenen unerlaubten Handlung beruht (RGZ 123, 7). Hiervon ist jedoch bei gegenseitig begangenen vorsätzlichen unerlaubten Handlungen, die – wie etwa bei einer Prügelei – auf einem einheitlichen Lebenssachverhalt beruhen, eine Ausnahme zu machen (Deutsch, NJW 1981, 735).

190 b) Gegen eine unpfändbare Hauptforderung kann nicht aufgerechnet werden (§ 394, 1); welche Forderungen unpfändbar sind, ergibt sich aus §§ 850 ff. ZPO.

Hauptbeispiele: Pfändung von Lohn- und Unterhaltsforderungen. Sinn der Pfändungsverbote ist es, dem Gläubiger und seiner Familie das Existenzminimum zu erhalten. Deshalb ist insoweit auch die Aufrechnung als Privatvollstreckung unzulässig.

Im Fall f ist die Aufrechnung des Arbeitgebers nur insoweit wirksam, als sie den pfändungsfreien Teil des Lohnes betrifft. Hat der Arbeitgeber Lohnvorschüsse gezahlt, so bedarf es insoweit keiner Aufrechnung; denn mit den Vorschüssen hat er bereits die Lohnforderung (vorzeitig) erfüllt.

c) Ist die Hauptforderung beschlagnahmt (gepfändet), so kann der Schuldner gegen sie nicht aufrechnen (lies: § 392). Durch die Beschlagnahme ist es dem Schuldner verboten, die Forderung zu erfüllen; also muß auch eine Aufrechnung ausscheiden. Der Schuldner wird aber geschützt, d. h. er kann aufrechnen, wenn die Forderungen sich schon vor der Beschlagnahme aufrechenbar gegenüberstanden (genauer: § 392 a. E.).

191 d) Gegen eine Hauptforderung des Bundes, eines Landes, einer Gemeinde oder eines Kommunalverbandes ist die Aufrechnung ausgeschlossen, wenn es sich nicht um dieselbe Kasse handelt (§ 395). Der Fiskus wird hier lediglich aus bürokratischen Gründen privilegiert.

192 § 16. Sonstige Erlöschensgründe

Schrifttum: Beitzke, Probleme des Kontokorrents, Festschrift f. J. v. Gierke, 1950, 1; Beuthien, Zweckerreichung und Zweckstörung im Schuldverhältnis, 1969; Cohn, Erlaß und Verzicht nach dem BGB, Gruchot 47, 221; Dacke, Der Untergang der Schuldverhältnisse durch Konfusion, 1933; Hermes, Schulderlaß (§ 397) gegen Gegenleistung, JR 1961, 495; Köhler, Unmöglichkeit und Geschäftsgrundlage bei Zweckstörungen im Schuldverhältnis, 1971; Kohler, Die anfängliche Einheit von Gläubiger und Schuldner, JZ 1983, 13; Kretschmar, Die Theorie der Confusion, 1899; Krückmann, Der Fortfall des Interesses und der Untergang des Schuldverhältnisses, AcP 90, 88; Reichel, Der Einforderungsverzicht (pactum de non petendo), JherJb 85, 1; Walsmann, Der Verzicht, 1912.

Fälle:

a) G schreibt an S, er verzichte hiermit auf den noch offenstehenden Rest des Kaufpreises. S antwortet, er halte es für unter seiner Würde, sich von G etwas schenken zu lassen. Später verlangt G Zahlung; S beruft sich auf den Verzicht.

b) A und B schließen in der Annahme, daß B seine Kaufpreisschuld gegenüber A erfüllt habe, einen Vertrag, in dem es u. a. heißt: „A erkennt an, daß seine Forderung gegen B aus dem Kaufvertrag vom 1. 2. nicht mehr besteht". Später stellt sich heraus, daß die Forderung doch noch bestand. Rechte des A?

c) G hat gegen S eine Forderung von 500,– DM. S beerbt G. Nach Anordnung der Nachlaßverwaltung fordert der Nachlaßverwalter von S Zahlung der 500,– DM. S meint, die Forderung sei erloschen.

I. Erlaß

Erlaß ist ein *Vertrag*, durch den die Forderung des Gläubigers gegen den Schuldner aufgehoben wird (§ 397 I). Der Gläubiger kann also *nicht einseitig* auf seinen schuldrechtlichen Anspruch verzichten (Fall a). Allerdings wird man in dem Schweigen des Schuldners auf ein entsprechendes Erlaßangebot des Gläubigers oft eine konkludente Annahmeerklärung erblicken können, da der Erlaß den Schuldner nur begünstigt.

Der Erlaßvertrag ist ein Verfügungsvertrag; durch ihn wird nämlich das Recht des Gläubigers aufgehoben. Er ist ein abstrakter Vertrag, also losgelöst vom zugrunde liegenden Geschäft (oft Schenkungsvertrag); ist dieses nichtig, so wird davon die Gültigkeit des Erlasses nicht berührt, jedoch besteht dann ein Bereicherungsanspruch des Gläubigers auf Wiederbegründung der Forderung. Das gilt auch, wenn der Erlaß in einem Vergleich enthalten und dieser nach § 779 unwirksam ist (str.).

Mit Abschluß des Erlaßvertrages erlischt die Forderung (§ 397 I). Wollen die Vertragsparteien das ganze Schuldverhältnis aufheben, so handelt es sich um einen Aufhebungsvertrag.

193 II. Negatives Schuldanerkenntnis

Die Forderung erlischt auch, wenn der Gläubiger durch Vertrag mit dem Schuldner anerkennt, daß die Forderung nicht bestehe (§ 397 II). Bei diesem negativen Schuldanerkenntnis handelt es sich ebenfalls um einen vertraglichen Forderungsverzicht; es bedarf im Gegensatz zum positiven Schuldanerkenntnis (§ 781) keiner Form.

Zwei Fallgestaltungen sind zu unterscheiden:

Der Gläubiger schließt den Vertrag in der Absicht, die Schuld endgültig aufzuheben. Dies ist dann anzunehmen, wenn er zumindest mit der Möglichkeit rechnet, die Schuld bestehe. Es handelt sich hier um einen Erlaß in der Form des negativen Schuldanerkenntnisses.

Da dieses Schuldanerkenntnis ein abstrakter Verfügungsvertrag ist, kommt ein Bereicherungsanspruch (§ 812 II, I) des Gläubigers unter den gleichen Voraussetzungen wie beim Erlaß in Betracht.

Die Parteien gehen vom Nichtbestehen der Schuld aus und wollen dies lediglich feststellen. Besteht hier die Schuld entgegen den Vorstellungen der Parteien, erlischt sie zwar; der Gläubiger hat aber einen Bereicherungsanspruch nach § 812 II, I auf Wiederbegründung der Forderung (Fall b).

194 III. Abänderungsvertrag

Durch Vertrag zwischen Gläubiger und Schuldner kann ein Schuldverhältnis abgeändert werden. Das ergibt sich aus dem Grundsatz der Vertragsfreiheit (§ 305). Die Abänderung kann eine Hauptpflicht (z. B. Herabsetzung des Kaufpreises, Mietzinserhöhung) oder eine Nebenpflicht (z. B. Verkürzung bzw. Verlängerung einer bestimmten Anzeigefrist) betreffen. Wird eine Forderung herabgesetzt, liegt insoweit ein teilweiser Erlaß (Rdnr. 192), also eine Verfügung, vor. Wird eine bereits bestehende Forderung erweitert (z. B. Erhöhung des Kaufpreises) oder eine neue Forderung (z. B. Vereinbarung einer Verzinsung) begründet, ist diese Inhaltsänderung ein Verpflichtungsgeschäft.

Da die Schuld nur abgeändert wird, bleiben die für sie bestellten Sicherungsrechte erhalten und der Schuldner kann weiterhin alle gegen die alte Schuld bestehenden Einwendungen und Einreden geltend machen.

195 **IV. Schuldersetzung**

Wird das Schuldverhältnis durch Vertrag nicht abgeändert, sondern aufgehoben und durch ein neues ersetzt, so liegt eine Schuldersetzung (Schuldumwandlung, Novation) vor. Deren Zulässigkeit ergibt sich aus der Vertragsfreiheit (§ 305).

Beispiel: K schuldet aus einem Kaufvertrag dem V den Kaufpreis. Beide vereinbaren die Aufhebung des Kaufvertrages und an dessen Stelle ein Darlehen. K schuldet jetzt keinen Kaufpreis mehr, wohl aber die Darlehensrückzahlung.

Da das alte Schuldverhältnis durch das neue völlig ersetzt ist, erlöschen die Sicherungsrechte für die alte Schuld. Ebenso sind Einwendungen aus dem alten Schuldverhältnis nicht mehr zulässig.

Im Beispielsfall verliert V ein etwa für die Kaufpreisforderung bestelltes Pfandrecht. Gegenüber der Darlehensforderung des V kann K sich nicht mehr auf den Mangel der Kaufsache berufen.

Ob die Parteien eine Schuldumwandlung gemeint haben, ist durch Auslegung der Vereinbarung zu ermitteln. Weil der Gläubiger nicht ohne weiteres bestehende Sicherheiten aufgeben und der Schuldner nicht ohne Grund Einwendungen und Einreden verlieren will, werden die Parteien regelmäßig keine Schuldersetzung, sondern einen Abänderungsvertrag (Rdnr. 194) wollen.

Wichtigster Fall der Schuldumwandlung: Im Kontokorrentverkehr gehen die Einzelforderungen der Parteien unter, wenn der Kaufmann am Jahresende den Saldo festgestellt und der Kunde ihn bestätigt hat. Damit der Gläubiger seine Sicherungen nicht verliert, werden von vornherein Vereinbarungen getroffen, daß seine Rechte auch für künftige Forderungen gelten sollen (vgl. auch § 356 HGB; HR Rdnr. 347 f.). Ist bei der Berechnung des Saldos ein Fehler zuungunsten einer Partei unterlaufen, hat diese einen Anspruch aus § 812 II, I.

196 V. Konfusion

Konfusion ist das Zusammenfallen von Forderung und Schuld in ein und derselben Person. Da niemand sein eigener Schuldner oder Gläubiger sein kann, erlischt die Forderung.

Beispiele: Der Gläubiger beerbt den Schuldner oder der Schuldner den Gläubiger (Fall c). Dem Schuldner wird die Forderung abgetreten. Zwei Aktiengesellschaften werden verschmolzen; die eine hat eine Forderung gegen die andere.

Die Forderung erlischt jedoch dann nicht, wenn Rechte Dritter im Spiel sind.

Beispiele: An der Forderung besteht ein Pfandrecht eines Dritten. Wenn nach dem Erbfall eine Nachlaßverwaltung angeordnet oder das Nachlaßkonkursverfahren eröffnet wird, werden damit – vor allem im Interesse der Nachlaßgläubiger – das Eigenvermögen des Erben und der Nachlaß rückwirkend auf den Erbfall rechtlich getrennt (§ 1976); im Fall c kann also der Nachlaßverwalter von S Zahlung verlangen (dazu Brox, Erbrecht, Rdnr. 647).

197 VI. Unmöglichkeit, Zweckerreichung, Zweckfortfall

1. Abgrenzung

Wenn der geschuldete Leistungserfolg nicht mehr einzutreten vermag, so kann das auf einem der folgenden Gründe beruhen:

a) *Unmöglichkeit*: Die Leistungshandlung des Schuldners ist nicht (mehr) erbringbar (Unerbringlichkeit der Leistung).

Beispiel: Der Verkäufer kann dem Käufer den verkauften Pkw nicht übereignen und übergeben, weil dieser verbrannt, gestohlen worden ist.

b) *Zweckerreichung*: Die Leistungshandlung des Schuldners ist zwar möglich, kann aber den Leistungserfolg nicht herbeiführen, weil dieser bereits ohne Zutun des Schuldners eingetreten ist.

Beispiel: Bevor der bestellte Hochseeschlepper eintrifft, kommt das auf eine Sandbank gelaufene Schiff wieder frei.

Von der Unmöglichkeit unterscheidet sich die Zweckerreichung dadurch, daß bei ihr der Schuldner zur Leistungshandlung bereit und in der Lage ist; nur wird die Erfüllung der Verpflichtung durch den Schuldner sinnlos, weil der vertraglich festgelegte Schuldzweck auf andere Weise eingetreten ist. Im Gegensatz zu der Unmöglichkeit wird bei der Zweckerreichung das Gläubigerinteresse befriedigt.

Zweckerreichung liegt *nicht* schon dann vor, wenn der vom Gläubiger mit dem Vertrag letztlich verfolgte weitere Zweck auf andere Weise erreicht wird, sondern nur dann, wenn der geschuldete Leistungserfolg eingetreten ist.

Beispiel: Bevor der Handelsvertreter K, der zur Ausübung seines Berufes einen Pkw benötigt, den von V gekauften Wagen ausgehändigt erhält, wird ihm von seinem Onkel ein Pkw geschenkt. Damit ist zwar das Interesse des K an einem Pkw befriedigt. Ein Fall der Zweckerreichung ist nicht gegeben, da V den Leistungserfolg (Übereignung und Übergabe des gekauften Pkw) erbringen kann.

c) *Zweckfortfall*: Der Schuldner könnte die Leistungshandlung erbringen, aber das Objekt ist weggefallen, an dem die geschuldete Leistung erbracht werden soll.

Beispiel: Bei Eintreffen des Schleppers ist das Schiff gesunken.

2. Rechtliche Behandlung

a) Die *Unmöglichkeit* ist im Gesetz eingehend geregelt (Rdnr. 230ff.).

b) Die *Zweckerreichung* und der *Zweckfortfall* sind vom Gesetzgeber nicht gesehen worden. Die Interessenlage gleicht der bei der Unmöglichkeit. Denn es macht für die Verpflichtung zur Leistung keinen Unterschied, ob z.B. die Operation unterbleibt, weil der Patient gestorben ist (Unmöglichkeit) oder weil er auf andere Weise gesund geworden ist (Zweckerreichung). Deshalb ist im Falle der Zweckerreichung und des Zweckfortfalls § 275 entsprechend anzuwenden, so daß der Schuldner von seiner Leistungspflicht frei wird.

Der Gläubiger würde dann entsprechend § 323 I von der Gegenleistungspflicht frei. Das wäre in manchen Fällen unbillig, vor allem dann, wenn der Schuldner schon Vorbereitungs- oder gar Ausführungshandlungen vorgenommen hat. Sieht man diese als Teilleistungen an, so ergibt sich ein Anspruch des Schuldners aus § 323 I a.E. Im übrigen sind zur Ausfüllung der Gesetzeslücke außer § 323 auch § 324 oder § 645 I i.V.m. der Sphärentheorie (BS Rdnr. 283) zu berücksichtigen.

Im Beispielsfall muß der Reeder dem unnütz anfahrenden Schlepper einen entsprechenden Teil der Vergütung und Auslagenersatz leisten. Das läßt sich aus § 645 I entnehmen; der dort behandelten Mangelhaftigkeit des Stoffes muß das Nichtvorhandensein des Stoffes gleichstehen (str.).

198

§ 17. Rücktritt

Schrifttum: Flume, Die Entreicherungsgefahr und die Gefahrtragung bei Rücktritt und Wandlung, NJW 1970, 1161; Glaß, Gefahrtragung und Haftung beim gesetzlichen Rücktritt, 1959; Leser, Der Rücktritt vom Vertrag, 1975; Nierwetberg, Die Rechtsfolgen einer Verschlechterung des nach § 346 S. 1 BGB zurückzugewährenden Gegenstandes, JuS 1984, 33; Oertmann, Die Bedeutung der Rücktrittserklärung, SeuffBl. 69, 65; Schwenn, Die Gefahrtragung beim Rücktritt, AcP 152, 138; Heinrich Stoll, Rücktritt und Schadensersatz, AcP 131, 141; Wieling, Synallagma bei Nichtigkeit und gesetzlichem Rücktritt, JuS 1973, 397; E. Wolf, Rücktritt, Vertretenmüssen und Verschulden, AcP 153, 97; ders., Zum Rücktritt des Käufers einer gestohlenen Sache, NJW 1953, 164 und 1954, 708; Wunner, Die Rechtsnatur der Rückgewährpflichten bei Rücktritt und auflösender Bedingung mit Rückwirkungsklausel, AcP 168, 425.

Fälle:

a) A tauscht am 1.3. seinen Pkw gegen den Lkw des B, wobei A 1000,– DM zuzahlt. Beide behalten sich den Rücktritt innerhalb eines Monats vor. A tritt nach 14 Tagen vom Vertrag zurück. Inzwischen ist der Pkw durch unvorsichtiges Fahren des B beschädigt. A verlangt seine Leistungen zurück sowie Schadensersatz und Zinsen von 1000,– DM seit dem 1.3.

b) Wie, wenn auch der Lkw durch Verschulden des A vor der Rücktrittserklärung stark beschädigt wurde?

c) Nach der Rücktrittserklärung des A werden Lkw und Pkw durch Verschulden der Eigentümer beschädigt.

d) A und B haben sich nicht den Rücktritt vorbehalten. B will wegen eines Mangels des Pkw den Vertrag rückgängig machen; A lehnt das ab, weil der Pkw inzwischen schwer beschädigt worden ist.

I. Begriff und Abgrenzung

1. Begriff

Rücktritt bedeutet die Rückgängigmachung eines Schuldverhältnisses durch eine empfangsbedürftige Willenserklärung. Das Rücktrittsrecht ist ein Gestaltungsrecht.

2. Abgrenzung

Vom Rücktritt sind zu unterscheiden:

a) die *Anfechtung*: Sie setzt einen Anfechtungsgrund (§§ 119 ff.) sowie eine Anfechtungserklärung voraus; sie vernichtet die angefochtene

Willenserklärung und damit das Rechtsgeschäft mit rückwirkender Kraft (AT Rdnr. 365 ff.); die Rückabwicklung erfolgt nach §§ 812 ff. Der Rücktritt verwandelt den Vertrag dagegen in ein Rückgewährschuldverhältnis; seine Rechtsfolgen richten sich nach §§ 346 ff.

b) die *Kündigung*: Sie ist eine einseitige Willenserklärung, die das Schuldverhältnis für die Zukunft auflöst; im Gegensatz zum Rücktritt erfolgt hier keine Rückabwicklung. Bei Dauerschuldverhältnissen, die bereits in Vollzug gesetzt sind, tritt die Kündigung lediglich an die Stelle des Rücktritts, weil die Rückabwicklung der gegenseitigen Leistungen schwer durchführbar ist (z. B. Arbeitsverhältnis: §§ 620 ff.; Gesellschaft: §§ 723 ff.).

c) die *auflösende Bedingung*: Ist sie vereinbart, so wird das Rechtsgeschäft mit ihrem Eintritt ohne weitere Erklärung für die Zukunft aufgelöst (§ 158 II; AT Rdnr. 440 ff.; vgl. aber auch § 159).

199

II. Voraussetzungen

1. Rücktrittsrecht

Die Berechtigung zum Rücktritt kann sich aus Vertrag oder Gesetz ergeben.

a) Die Vorschriften über den Rücktritt (§§ 346 ff.) behandeln unmittelbar nur das *vertragliche* Rücktrittsrecht. Dieses Recht wird von den Parteien vereinbart, um dem Berechtigten die Möglichkeit zu geben, sich von dem Geschäft zu lösen.

Häufig besteht ein vertragliches Rücktrittsrecht nach der Auslegungsregel des § 455: Bei einem Kauf unter Eigentumsvorbehalt ist der Verkäufer im Zweifel zum Rücktritt berechtigt, wenn der Käufer mit der Zahlung in Verzug kommt. – Die in AGB enthaltene Vereinbarung eines Rechts des Verwenders, sich ohne sachlich gerechtfertigten und im Vertrag angegebenen Grund von seiner Leistungspflicht zu lösen (= Rücktrittsvorbehalt), ist grundsätzlich unwirksam (§ 10 Nr. 3 AGBG).

Die Bestimmungen der §§ 346 ff. sind dispositiv; durch Auslegung der Vereinbarungen ist jeweils zu ermitteln, inwieweit die gesetzliche Regelung eingreifen soll.

Für ein vertragliches Rücktrittsrecht sind nur die im Vertrag vereinbarten Voraussetzungen und nicht auch die Erfordernisse des § 326 (Rdnr. 283 ff.) maßgebend (BGH NJW 1982, 1036).

b) Die größte praktische Bedeutung gewinnen die Rücktrittsregeln durch ihre entsprechende Anwendung auf das *gesetzliche* Rücktrittsrecht bei Verletzung gegenseitiger Verträge (§ 327) und auf die Wandlung (§§ 467, 634 IV; BS Rdnr. 59 ff., 269 f.).

200 **2. Rücktrittserklärung**

Das Rücktrittsrecht wird durch Willenserklärung gegenüber dem Vertragspartner ausgeübt (§ 349). Die Rücktrittserklärung setzt also Geschäftsfähigkeit voraus (beachte § 111). Der Rücktritt ist bedingungsfeindlich. Grund: Interesse des Rücktrittsgegners an eindeutigen Verhältnissen. Daher ist eine Bedingung nur dann zulässig, wenn ihr Eintritt ausschließlich vom Willen des Rücktrittsgegners abhängt.

Beispiel: A tritt unter der Bedingung zurück, daß sein Vertragspartner B nicht bis zum Jahresende den Kaufpreis zahlt.

Sind bei einem Vertrag auf der einen oder anderen Seite mehrere beteiligt, so kann das Rücktrittsrecht nur von allen und gegen alle ausgeübt werden (§ 356, 1).

201 **III. Ausschluß des Rücktritts**

Der Rücktritt ist in besonderen Fällen ausgeschlossen.

1. Vertraglicher Rücktritt

a) Ist ein Rücktrittsrecht vereinbart, so kann der Rücktrittsberechtigte nach § 351 nicht mehr zurücktreten, wenn er eine wesentliche Verschlechterung, den Untergang oder die anderweitige Unmöglichkeit der Herausgabe des empfangenen Gegenstandes verschuldet hat (Fall b). Der Vorschrift liegt der Gedanke zugrunde, daß der Rücktrittsberechtigte mit der Möglichkeit der Rückgabe rechnen und deshalb sorgfältig mit der Sache umgehen muß. Aus diesem Grund ist unter dem Verschulden nach § 351 nicht Verschulden i. S. von § 276 zu verstehen; Verschulden bedeutet hier vielmehr jede zurechenbare Unachtsamkeit in eigenen Angelegenheiten (str.).

Durch *zufälligen* Untergang wird dagegen das Rücktrittsrecht nicht berührt (§ 350); das gilt auch bei zufälliger Verschlechterung (arg. maiore ad minus; vgl. auch Mot. II, 282). Der Rücktrittsberechtigte wird also von der eigenen Leistungspflicht frei (§ 347), kann aber aufgrund des Rücktritts die von ihm erbrachte Leistung zurückverlangen. Hiernach wird die Gefahr des zufälligen Untergangs – entgegen § 323 – dem Rücktrittsgegner auferlegt, wenn nicht der Parteivereinbarung eine andere Regelung zu entnehmen ist.

202 b) Ohne Rücksicht auf ein Verschulden ist der Rücktritt auch dann ausgeschlossen, wenn der Rücktrittsberechtigte den empfangenen Gegenstand durch *Verarbeitung oder Umbildung* in eine Sache anderer Art umgestaltet hat (§ 352).

Ausnahme: § 467, 1. Danach ist die Wandlung nicht ausgeschlossen, wenn der Sachmangel sich erst bei der Umgestaltung der Sache gezeigt hat.

203 c) Veräußert der Berechtigte den Gegenstand oder belastet er ihn mit dem Recht eines Dritten, so wird allein dadurch das Rücktrittsrecht nicht ausgeschlossen; denn diese Verfügungen können rückgängig gemacht werden. Der Rücktritt ist aber dann ausgeschlossen, wenn die Voraussetzungen der §§ 351, 352 in der Person des Dritten eingreifen (§ 353).

204 d) Das Gesetz hat keine Ausschlußfristen für die Erklärung des Rücktritts vorgesehen. § 355 gibt dem Rücktrittsgegner aber die Möglichkeit, eine Frist zu setzen. Mit der Versäumung der Frist erlischt das Rücktrittsrecht (§ 355, 2).

205

2. Gesetzlicher Rücktritt

Während beim vertraglichen Rücktritt der Ausschluß dadurch gerechtfertigt ist, daß der Berechtigte in Kenntnis der möglichen Rückabwicklung schuldhaft handelt, besteht beim gesetzlichen Rücktritt für den Berechtigten bis zur Kenntnis des Rücktrittsgrundes grundsätzlich kein Anlaß, sorgfältig mit der Sache umzugehen. Allerdings steht ihm wegen des Verbots widersprüchlichen Verhaltens – das auch dem § 351 zugrundeliegt – ein Rücktrittsrecht dann nicht zu, wenn die Verschlechterung oder der Untergang darauf beruhen, daß der Berechtigte den Gegenstand in unüblicher Weise genutzt und dadurch das Risiko eines Schadenseintritts erhöht hat (str.).

Ist im Fall d der Pkw dadurch schwer beschädigt worden, daß B infolge überhöhter Geschwindigkeit bei Glatteis gegen einen Baum gefahren ist, dann kann B wegen des Mangels nicht mehr wandeln (§ 459, 467, 346, 351). Hat dagegen A wegen eines Mangels des Lkw die Wandlung erklärt, wird er in der Regel die Benutzung des Wagens einstellen müssen. Beschädigt A nach Vollzug der Wandlung (§ 465) den Lkw, dann haftet er nach § 347, 1 i. V. m. § 989 auf Schadensersatz.

206 IV. Wirkungen

1. Erlöschen nicht erfüllter Leistungspflichten

Soweit die Vertragspflichten noch nicht erfüllt sind, brauchen Leistungen nicht mehr erbracht zu werden. Nach allgemeiner Meinung erlöschen die Leistungspflichten; es besteht nicht nur ein Einrederecht.

207 2. Rückgewähr erbrachter Leistungen

a) Soweit die Vertragspartner bereits ihre Vertragspflichten erfüllt haben, sind die Leistungen zurückzugewähren (§ 346). Es tritt mit der Ausübung des Rücktrittsrechts keine dingliche Rechtsänderung ein, sondern es besteht ein Schuldverhältnis auf Rückgewähr.

Im Fall a bleiben also A und B Eigentümer der an sie übereigneten Wagen. Sie sind nur schuldrechtlich zur Rückübereignung verpflichtet.

Das Gesetz hat keine Regelung darüber getroffen, wie der Rücktritt sich auf das Vertragsverhältnis auswirkt. Deshalb ist noch heute streitig, ob der Vertrag ex tunc nichtig sein soll oder ob er bestehen bleibt und das ursprüngliche Schuldverhältnis sich in ein Rückgewährschuldverhältnis umwandelt. Der Gesetzgeber hat diese Frage bewußt offengelassen (vgl. Prot. VI, 158; Prot. I, 788 f.; Mot. II, 280 f.); sie braucht auch hier nicht entschieden zu werden; denn beide Auffassungen führen zu gleichen Ergebnissen.

Hat z. B. der Händler H dem Bauern B verdorbenes Futter geliefert, an dem die Schweine des B eingegangen sind, und tritt B vom Vertrage zurück, dann soll nach beiden Meinungen der Anspruch wegen positiver Vertragsverletzung nach dem Rücktritt des B unberührt bleiben. Durch den Rücktritt vom Vertrag erlöschen auch vorher entstandene Ansprüche auf Ersatz des Verzugsschadens (§ 286 I) nicht (BGHZ 88, 46). Ebenso besteht im Ergebnis Einigkeit darüber, daß Sicherheiten, die für Leistungsverpflichtungen gegeben sind, auch für die Rückgewährverpflichtung erhalten bleiben: Es kommt darauf an, daß die Sicherheiten *nach dem Willen* der Parteien auch für solche Verpflichtungen bestellt sind, die sich neben der primären Leistungspflicht aus dem Vertrag ergeben können.

208 b) Hat ein Vertragspartner aufgrund des Vertrages Dienste geleistet, so können diese nicht in Natur zurückgewährt werden; das gilt ebenso, wenn die Benutzung einer Sache überlassen ist. Deshalb bestimmt § 346, 2, daß der gemeine Wert oder, falls im Vertrag die Gegenleistung in Geld bestimmt ist, der Wert dieser Gegenleistung zu entrichten ist.

Eine Bestimmung in AGB, wonach der Verwender im Fall des Rücktritts eine *unangemessen hohe* Vergütung für die Nutzung oder den Gebrauch einer Sache (eines Rechts) oder für erbrachte Leistungen oder einen *unangemessen hohen* Ersatz von Aufwendungen verlangen kann, ist unwirksam (§ 10 Nr. 7 AGBG).

c) Die sich aus dem Rücktritt ergebenden Verpflichtungen der Parteien sind Zug um Zug zu erfüllen (§§ 348, 320, 322).

209 3. Haftung bei Unmöglichkeit und Verschlechterung

Ist eine geleistete Sache untergegangen oder verschlechtert worden oder kann sie aus einem anderen Grund nicht herausgegeben werden, dann ist zunächst zu prüfen, ob das Rücktrittsrecht überhaupt noch wirksam ausgeübt werden kann (dazu Rdnr. 201). Ist dies der Fall, so sind mit wirksamer Rücktrittserklärung beide Vertragspartner verpflichtet, das Empfangene zurückzugewähren. Ob und in welchem Umfang einerseits der *Rücktrittsberechtigte* und andererseits der *Rücktrittsgegner* für die Verschlechterung der zurückzugewährenden Sache oder die Unmöglichkeit ihrer Rückgabe einzustehen haben, richtet sich danach, ob ein *vertragliches* oder ein *gesetzliches* Rücktrittsrecht ausgeübt worden ist.

a) Beim *vertraglichen* Rücktrittsrecht gelten die gesetzlichen Bestimmungen ohne Einschränkung. Nach § 347 bestimmen sich die Ansprüche wegen Verschlechterung und Unmöglichkeit sowie wegen Nutzungsherausgabe und Verwendungsersatz nach den Vorschriften über das Eigentümer-Besitzer-Verhältnis (§§ 987 ff.); Geld ist vom Zeitpunkt des Empfanges an zu verzinsen (§ 347, 3; Fall a). Die Haftung nach §§ 347, 987 ff. setzt nicht erst mit dem Zeitpunkt der Rücktrittserklärung ein, sondern bereits mit dem Zeitpunkt „von dem Empfange der Leistung an". Die Vorschriften über das Eigentümer-Besitzer-Verhältnis erfordern Verschulden (§ 989); unter Verschulden ist hier jedes Verhalten zu verstehen, das die möglicherweise entstehende Rückgabepflicht verletzt. Diese strenge Haftung bereits vor der Rücktrittserklärung ist beim vertraglich vereinbarten Rücktritt deshalb berechtigt, weil jede Vertragspartei mit der Möglichkeit des Rücktritts rechnen und sich auf die Herausgabepflicht einstellen muß.

Bei der Anwendung des § 347 ist zu unterscheiden, ob es sich um den Rücktrittsberechtigten oder den Rücktrittsgegner handelt.

(1) Hat der *Rücktrittsberechtigte* vor der Rücktrittserklärung eine wesentliche Verschlechterung, den Untergang oder die anderweitige Unmöglichkeit „schuldhaft" verursacht, so schließt § 351 den Rücktritt für ihn aus (Rdnr. 201; Fall b). Eine Schadensersatzpflicht nach § 347 trifft ihn also *vor* der Rücktrittserklärung nur bei *unwesentlichen* Verschlechterungen der Sache; für Veränderungen *nach* Rücktrittserklärung hat er stets nach §§ 347, 987 ff. einzustehen (Fall c).

(2) Die vom *Rücktrittsgegner* verschuldete Verschlechterung oder Unmöglichkeit der Herausgabe beeinflußt das Rücktrittsrecht des Berechtigten nicht; der Gegner haftet immer nach § 347 (Fälle a und c).

b) Beim *gesetzlichen* Rücktrittsrecht ist die Interessenlage anders. Hier brauchen beide Vertragsparteien zunächst nicht damit zu rechnen, daß sie die Leistungen zurückzugewähren haben.

(1) Der *Rücktrittsberechtigte* haftet demzufolge nicht, wenn er nicht sorgfältig mit der Sache umgegangen ist. Sobald ihm aber der Rücktrittsgrund bekannt ist, trifft ihn wie den vertraglich zum Rücktritt Berechtigten die strenge Haftung nach § 347 (siehe auch Rdnr. 205).

Die Vorschrift des § 327, 2 ist entgegen der h. L. und BGHZ 53, 144 auf den *Rücktrittsberechtigten* nicht anzuwenden; das würde nämlich dem Wortlaut und der Absicht des Gesetzes widersprechen (vgl. Prot. I, 652 f.).

(2) Der *Rücktrittsgegner* haftet, wenn er den zum gesetzlichen Rücktritt führenden Grund zu vertreten hat, nach § 347. Hat er den Rücktrittsgrund nicht zu vertreten, haftet er nur nach Bereicherungsrecht (§§ 327, 2; 818). Bedeutung hat diese Vorschrift vor allem für § 636 I 1, weil der Rücktritt sonst regelmäßig ein Vertretenmüssen des Rücktrittsgegners voraussetzt (vgl. §§ 325 f.).

210 V. Unwirksamkeit des Rücktritts

1. Verzug des Rücktrittsberechtigten

Kommt der Rücktrittsberechtigte mit der Erfüllung seiner Rückgewährpflicht in Verzug, dann kann ihm der Rücktrittsgegner eine angemessene Frist unter Ablehnungsandrohung setzen. Nach fruchtlosem Ablauf der Frist wird der Rücktritt unwirksam (§ 354), so daß das ursprüngliche Vertragsverhältnis wieder auflebt, allerdings ohne den bisherigen Rücktrittsvorbehalt.

Vgl. die Voraussetzungen des § 354 mit § 326 (Rdnr. 283 ff.).

211 2. Reugeldvereinbarung

Wird der Rücktritt gegen Zahlung eines Reugeldes vorbehalten, so ist nach § 359 der Rücktritt unwirksam, wenn das Reugeld nicht vor oder bei der Erklärung entrichtet wird und der Gegner deshalb die Erklärung zurückweist oder wenn das Reugeld nicht unverzüglich nach der Zurückweisung gezahlt wird.

Tritt der Rücktrittsberechtigte dagegen nach § 325 wegen Unmöglichkeit der Leistung zurück, so braucht er das Reugeld nicht zu entrichten.

212 3. Aufrechnungsmöglichkeit

Ist der Rücktritt für den Fall vorbehalten, daß der andere Teil nicht erfüllt, so ist er nach § 357 auch dann unwirksam, wenn der andere Teil vor dem Rücktritt eine Aufrechnungsmöglichkeit hatte und er unverzüglich nach dem Rücktritt die Aufrechnung erklärt.

213 VI. Besondere Fälle des Rücktrittsvorbehalts

1. Verwirkungsklausel

Wird in einem Vertrag vereinbart, daß der Schuldner bei Nichterfüllung seine Rechte aus dem Vertrag verlieren soll (Verwirkungsklausel), so ist damit eine Rücktrittsvereinbarung getroffen (§ 360). Voraussetzung für das Rücktrittsrecht des Gläubigers ist aber, daß der Schuldner die Nichterfüllung zu vertreten hat.

Soll dagegen der Schuldner nur einzelne Rechte verlieren, so kann darin die Vereinbarung einer Vertragsstrafe zu erblicken sein (§ 339; Rdnr. 119 ff.). – Eine Vereinbarung, daß bereits geleistete Zahlungen verfallen seien, ist beim Abzahlungskauf im Interesse des oft geschäftsungewandten Käufers nichtig (§ 1 I 2 AbzG); das gilt allerdings nicht, wenn der Käufer als Kaufmann in das Handelsregister eingetragen ist (§ 8 AbzG); denn er bedarf eines solchen Schutzes nicht.

214 **2. Fixgeschäft**

Ist in einem gegenseitigen Vertrag vereinbart, daß die Leistung des einen Teiles genau zu einer festbestimmten Zeit oder innerhalb einer festbestimmten Frist bewirkt werden soll („fix“, „exakt“, „genau“), so ist im Zweifel anzunehmen, daß der andere Teil zum Rücktritt berechtigt sein soll, wenn die Leistung nicht zu der bestimmten Zeit oder innerhalb der bestimmten Frist erfolgt (§ 361). Diese Vorschrift betrifft nur das *relative* (eigentliche) Fixgeschäft. Bei ihm ist die Einhaltung der vereinbarten Leistungszeit (etwa Lieferung genau zum 1. 6., zum Weihnachtsgeschäft) nach dem Willen der Parteien so wesentlich, daß davon der Bestand des Vertrages abhängt. Erfolgt die Leistung nicht entsprechend der Vereinbarung, so ist der Gläubiger im Zweifel zum Rücktritt berechtigt; das gilt selbst dann, wenn der Schuldner die Verspätung der Leistung nicht zu vertreten hat.

Der Gläubiger kann jedoch auch vom Rücktritt nach § 361 absehen und Erfüllung verlangen oder, sofern die Voraussetzungen der §§ 284, 285 oder §§ 325, 326 gegeben sind, die Rechte aus diesen Vorschriften geltend machen.

Von dem relativen ist das *absolute* (uneigentliche) Fixgeschäft zu unterscheiden, bei dem die Leistung ihrem Inhalt nach nur zu der vereinbarten Zeit bewirkt werden kann (Beispiel: Bestellung einer Taxifahrt zum Abflug eines Flugzeugs). Ist hier der Zeitpunkt verstrichen, liegt Unmöglichkeit vor (Rdnr. 233). Beim relativen Fixgeschäft wird dagegen mit der Versäumung des Zeitpunkts die Leistung nicht unmöglich; sie bleibt nachholbar.

Sechstes Kapitel

Störungen im Schuldverhältnis

215 § 18. Überblick über die Störungen im Schuldverhältnis

Schrifttum: Emmerich, Das Recht der Leistungsstörungen, 1978; Schmitz, Grundfälle zum Recht der Leistungsstörungen, JuS 1973, 161, 297, 430, 567, 703; Vollkommer, Die Konkurrenz des allgemeinen Leistungsstörungsrechts mit den Leistungsstörungsinstituten der besonderen Schuldvertragstypen, AcP 183, 525.

Das vertragliche oder gesetzliche Schuldverhältnis ist auf ordnungsgemäße Befriedigung des Gläubigers gerichtet. Dieser Zweck kann jedoch durch ein Verhalten des Schuldners oder des Gläubigers sowie durch andere Umstände ganz oder teilweise vereitelt werden. Eine solche Störung ist gegeben, wenn die geschuldete Leistung nicht möglich ist (Unmöglichkeit; Rdnr. 230), sie verspätet (Schuldnerverzug; Rdnr. 271) oder schlecht (positive Forderungsverletzung; Rdnr. 291) erbracht wird.

Beispiele: Die zu liefernde Vase wird vor der Lieferung vernichtet. Das vertraglich am 1.2. geschuldete Fahrzeug wird erst am 15.2. geliefert. Der geschuldete Maßanzug wird zwar pünktlich abgeliefert und sitzt „wie angegossen", ist aber mit Bazillen verseucht, die den Gläubiger infizieren.

Liegt eine Störung im Schuldverhältnis vor, fragt es sich, welche Rechte dem Gläubiger zustehen. Kann der Gläubiger etwa den geschlossenen Vertrag rückgängig machen, statt der geschuldeten Leistung Schadensersatz verlangen, oder wird der Schuldner gar von seiner Leistungspflicht frei?

Eine Störung im Schuldverhältnis führt regelmäßig nur dann zu einem Anspruch des Gläubigers, wenn der Schuldner die Störung zu vertreten hat (vgl. z. B. §§ 280, 325; §§ 284 f., 326). Das setzt voraus, daß der Schuldner pflichtwidrig und schuldhaft gehandelt hat (zum Verschulden siehe Rdnr. 216 ff.).

Die Pflichtwidrigkeit ergibt sich in der Regel aus dem objektiven Verstoß gegen eine Pflicht aus dem Schuldverhältnis. Die Pflichtwidrigkeit ist daher nur dann besonders zu prüfen, wenn der Sachverhalt Anhaltspunkte dafür bietet, daß für das Verhalten des Schuldners ein

Rechtfertigungsgrund gegeben ist (vgl. zur Rechtswidrigkeit: Rdnr. 317; AT Rdnr. 645 ff.).

Beispiel: Der ihm zur Verwahrung gegebene Hund greift den Verwahrer V derart an, daß nur ein Schuß des V auf den Hund dessen Angriff auf V und damit eine Gefahr von V abwehrt. Das Verhalten des V ist nicht pflichtwidrig (§ 228). Daß V hier vorsätzlich handelt, spielt keine Rolle.

216

§ 19. Verantwortlichkeit des Schuldners

Schrifttum: Baumann, Schuldtheorie und Verbotsirrtum im Zivilrecht?, AcP 155, 495; E. Böhmer, Zur Frage der eigenüblichen Sorgfalt i. S. der §§ 277, 708 BGB, JR 1969, 178; v. Caemmerer, Verschulden von Erfüllungsgehilfen, Festschrift f. Hauß, 1978, 33; Deutsch, Fahrlässigkeit und erforderliche Sorgfalt, 1963; ders., Irrtum, Vorsatz und Fahrlässigkeit, Festschrift f. Sieg, 1976, 127; Gick, Die Grundsätze der Haftung bei gefahrgeneigter Arbeit, JuS 1980, 393; U. Huber, Zivilrechtliche Fahrlässigkeit, Festschrift f. E. R. Huber, 1973, 253; Kramer, Das Prinzip der objektiven Zurechnung im Delikts- und Vertragsrecht, AcP 171, 422; Kupisch, Die Haftung für Erfüllungsgehilfen (§ 278 BGB), JuS 1983, 817; Larenz, Rechtswidrigkeit und Handlungsbegriff im Zivilrecht, Festschrift f. Dölle, Bd. I, 1963, 169; ders., Über Fahrlässigkeitsmaßstäbe im Zivilrecht, Festschrift f. Wilburg, 1965, 119; Leßmann, Haftung für schädigendes Drittverhalten, JA 1980, 193; Lüderitz, Sind Amtsträger Erfüllungsgehilfen?, NJW 1975, 1; E. Schmidt, Zur Dogmatik des § 278 BGB, AcP 170, 502; R. Schmidt, Praktisch wichtige Auswirkungen der neuen Schuldtheorie im Zivilrecht, NJW 1958, 488; Weimar, Haftet der Schuldner für Gelegenheitshandlungen seines Erfüllungsgehilfen?, JR 1982, 95; Welzel, Fahrlässigkeit und Verkehrsdelikte, 1961; Westermann, Haftung für fremdes Handeln, JuS 1961, 333, 382; Wiethölter, Der Rechtfertigungsgrund des verkehrsrichtigen Verhaltens, 1960; Zeuner, Zur Frage des Verschuldens im Zivilrecht, Jur. Blätter 1966, 28; Zunft, Erfüllungsgehilfen und Vertrag zugunsten Dritter im Mietrecht, AcP 153, 373.

Fälle:

a) B fährt den von A geliehenen Pkw im Vollrausch vor einen Baum. Er will keinen Schadensersatz leisten, weil er verschuldensunfähig gewesen sei.

b) B fährt mit dem geliehenen Pkw über eine Holzbrücke, obwohl er nicht sicher ist, ob sie den Wagen trägt; er vertraut aber darauf, daß sie schon halten werde. Der Wagen wird durch Einsturz der Brücke zerstört. B meint, er habe nur fahrlässig gehandelt.

c) Dachdeckermeister U läßt die am Haus des B übernommene Dachreparatur von seinem Gesellen G ausführen. Dieser beschädigt mit seiner Leiter die Bodenlampe, läßt einen Dachziegel auf die Straße fallen, wodurch ein Passant verletzt wird, dichtet das Dach schlecht ab und nimmt schließlich auf dem Boden hängende Wäsche des B mit. Ist U schadensersatzpflichtig?

Rdnr. 216

Der Schuldner kann sowohl für eigenes als auch für fremdes Verschulden verantwortlich sein; in bestimmten Fällen haftet er aber auch ohne Verschulden.

I. Haftung für eigenes Verschulden

Nach § 276 I 1 hat der Schuldner regelmäßig Vorsatz und Fahrlässigkeit zu vertreten. Ein Schuldvorwurf kann aber nur dem gemacht werden, der auch schuldfähig ist. Verschulden setzt daher Verschuldensfähigkeit (= Deliktsfähigkeit) und eine der Schuldformen (Vorsatz oder Fahrlässigkeit) voraus.

1. Verschuldensfähigkeit

Ob dem Schuldner sein Verhalten als Verschulden zugerechnet werden kann, richtet sich nach den §§ 827, 828, auf die § 276 I 3 verweist. Danach ist zu unterscheiden:

a) *Verschuldensunfähig* sind alle Personen vor Vollendung des siebenten Lebensjahres (§ 828 I). Nicht verantwortlich ist auch, wer im Zustand der Bewußtlosigkeit oder in einem die freie Willensbestimmung ausschließenden Zustand krankhafter Störung der Geistestätigkeit gehandelt hat (§ 827, 1).

Hiervon macht das Gesetz jedoch eine Ausnahme und nimmt Verschulden in Form von Fahrlässigkeit an, wenn der Schuldner diesen Zustand vorübergehend dadurch herbeigeführt hat, daß er sich schuldhaft durch geistige Getränke oder ähnliche Mittel berauscht hat (§ 827, 2; Fall a).

b) *Beschränkt verschuldensfähig* sind alle Personen, die das siebente, nicht aber das achtzehnte Lebensjahr vollendet haben. Das Gesetz macht die Verantwortlichkeit für einen Schaden davon abhängig, ob der Betreffende bei der Begehung der Pflichtverletzung die zur Erkenntnis der Verantwortlichkeit erforderliche Einsicht hatte (§ 828 II 1). Das gilt auch für Taubstumme (§ 828 II 2).

c) *Verschuldensfähig* sind alle übrigen Personen.

Rdnr. 216

217 **2. Vorsatz**

Das Gesetz definiert den Begriff des Vorsatzes nicht. Nach der Rechtsprechung und der überwiegenden Meinung im Schrifttum umfaßt der Vorsatz das *Wissen und Wollen des Erfolges und das Bewußtsein der Rechtswidrigkeit*.

a) Beim Vorsatz i. S. d. § 276 lassen sich nach der Schwere des Schuldvorwurfs zwei *Arten* unterscheiden:

(1) *Direkter Vorsatz* (*dolus directus*) liegt vor, wenn der Handelnde den Erfolg als notwendige Folge seines Handelns voraussieht und trotzdem handelt.

(2) *Bedingter Vorsatz* (*dolus eventualis*) ist gegeben, wenn der Täter sich den Erfolg nur als möglich vorstellt und ihn für den Fall seines Eintritts in Kauf nimmt (so die heute herrschende Willenstheorie).

Nach der Vorstellungstheorie reicht bereits die Vorstellung von der Möglichkeit des Erfolgseintritts für den bedingten Vorsatz aus. Dem kann jedoch nicht gefolgt werden, da nur unter Berücksichtigung des Willenselements eine Abgrenzung von der bewußten Fahrlässigkeit möglich ist. Denn wer die Vorstellung hat, der Erfolg könne möglicherweise eintreten, kann ihn gleichwohl mißbilligt und nur in leichtsinnigem Vertrauen auf einen guten Ausgang seines Tuns trotzdem – und zwar bewußt fahrlässig – gehandelt haben. Die Vorstellungstheorie müßte auch in diesem Fall ein vorsätzliches Handeln bejahen, was nicht sachgemäß ist.

Im Fall b liegt nach der Vorstellungstheorie Vorsatz, nach der Willenstheorie Fahrlässigkeit vor. In beiden Fällen haftet B wegen schuldhaft verursachter Unmöglichkeit der Rückgabe des Wagens auf Schadensersatz (§§ 280, 604).

Der bedingte Vorsatz ist von der bewußten Fahrlässigkeit abzugrenzen. In beiden Fällen sieht der Handelnde den Erfolg als möglich voraus. Beim bedingten Vorsatz will er unbedingt handeln, selbst wenn die als möglich erkannte Folge eintritt (Er sagt sich: „Na, wenn schon!"). Bei der bewußten Fahrlässigkeit hingegen würde er von der Handlung absehen, wenn er wüßte, daß die als möglich erkannte Folge eintritt (Er sagt sich: „Es wird schon gut gehen."). Diese Abgrenzung ist zwar für das Zivilrecht nicht sehr bedeutsam, weil der Schuldner nach § 276 I 1 für Vorsatz und Fahrlässigkeit gleichermaßen einstehen muß. Die Unterscheidung kann aber dann ausschlaggebend sein, wenn ein Haftungsausschluß vereinbart ist; die Haftung für Vorsatz kann nicht ausgeschlossen werden (§ 276 II).

Haben im Fall b A und B die Haftung für Schäden am Wagen ausgeschlossen, haftet B nur noch für vorsätzlich verursachte Unmöglichkeit.

218 b) Das *Bewußtsein der Rechtswidrigkeit* gehört ebenfalls zum Vorsatz (Vorsatztheorie); erforderlich ist das Wissen des Täters, daß er mit seiner Handlung gegen eine vertragliche oder gesetzliche Pflicht verstößt. Das ist erst in neuerer Zeit streitig geworden, als man versucht hat, die für das Strafrecht entwickelte Schuldtheorie ins Zivilrecht einzuführen. Danach bedeutet Vorsatz nur „Wissen und Wollen der Tatbestandsverwirklichung"; er gehört zum Tatbestand, wogegen das Bewußtsein der Rechtswidrigkeit vom Vorsatz zu trennen und als selbständiges Element zur Schuld zu zählen ist.

Vernichtet der Täter bewußt eine fremde Sache in der irrigen Rechtsauffassung, dazu befugt zu sein, dann hat er nach der Schuldtheorie eine vorsätzliche Sachbeschädigung begangen (§ 303 StGB). Ob er deswegen bestraft werden kann, hängt davon ab, ob sein Rechtsirrtum vermeidbar war (vgl. § 17 StGB). Gehört jedoch das Bewußtsein der Rechtswidrigkeit zum Vorsatz (Vorsatztheorie), dann scheidet eine Bestrafung wegen Sachbeschädigung von vornherein aus, da es am Vorsatz fehlt und eine fahrlässige Sachbeschädigung nicht unter Strafe gestellt ist. Zivilrechtlich ist der Täter zum Schadensersatz verpflichtet, wenn sein Rechtsirrtum fahrlässig ist. Nach der Schuldtheorie liegt wegen Vermeidbarkeit des Irrtums eine vorsätzliche und schuldhafte, nach der Vorsatztheorie eine fahrlässige Sachbeschädigung vor; es besteht also für das Ergebnis kein Unterschied, wenn sowohl Vorsatz als auch Fahrlässigkeit dieselbe Schadensersatzverpflichtung auslösen.

Die Schuldtheorie mag im Strafrecht grundsätzlich ihre Berechtigung haben. Der Gesetzgeber des BGB hat jedoch in § 276 den Vorsatz als Schuldform angesehen; er ist also von der Vorsatztheorie ausgegangen. Demnach setzt Vorsatz nicht nur das Wissen und Wollen der Tatumstände, sondern auch das Bewußtsein der Pflichtwidrigkeit voraus. Im übrigen ist für das Zivilrecht der Theorienstreit von untergeordneter Bedeutung, weil hier der Schuldner regelmäßig auch für einen fahrlässig herbeigeführten Erfolg einzustehen hat.

Hat Frau F die minderjährige Nachbarstochter T wegen Lärmens in der Annahme, ihr stünde ein Züchtigungsrecht zu, verprügelt und erleidet T einen Körperschaden, so kommt nach richtiger Ansicht ein Schadensersatzanspruch der T nicht wegen vorsätzlicher, sondern wegen fahrlässiger Verletzung des Körpers (§ 823 I) in Betracht.

219 **3. Fahrlässigkeit**

a) Unter Fahrlässigkeit versteht das Gesetz die *Außerachtlassung der im Verkehr erforderlichen Sorgfalt* (§ 276 I 2). Dabei handelt es sich um einen objektiven, typisierten Maßstab. Anders als im Strafrecht kommt es für diesen Schuldvorwurf nicht auf die persönlichen Fähigkeiten, sondern darauf an, daß der Schuldner sich so sorgfältig verhält, wie das jeweilige Schuldverhältnis es zur Vermeidung von Schäden anderer verlangt. Denn der Rechtsverkehr muß sich ohne Rücksicht auf das persönliche Leistungsvermögen des Schuldners darauf verlassen können, daß jeder über die zur ordnungsgemäßen Erfüllung seiner Verpflichtungen notwendigen Fähigkeiten verfügt.

Beispiel: Ein Chirurg, der persönlich nicht die Geschicklichkeit besitzt, eine bestimmte Operation nach den Regeln der ärztlichen Kunst durchzuführen, handelt zivilrechtlich fahrlässig, wenn ihm ein Kunstfehler unterläuft. – Für den Kaufmann bestimmt § 347 HGB (HR Rdnr. 362f.) ausdrücklich, daß er für die Sorgfalt eines ordentlichen Kaufmanns einzustehen hat.

Nach herkömmlicher Lehre begründet ein objektiver Sorgfaltsverstoß im Zivilrecht den Schuldvorwurf der Fahrlässigkeit.

Demgegenüber ist ein Teil des neueren Schrifttums der Auffassung, mit der Feststellung einer objektiven Sorgfaltspflichtverletzung sei nur ein Urteil über die Rechtswidrigkeit, nicht aber über die Schuld gegeben. Während die herkömmliche Lehre das Rechtswidrigkeitsurteil, sofern keine Rechtfertigungsgründe vorliegen, allein an den kausal herbeigeführten Erfolg knüpft, sieht die neue Lehre in dem mißbilligten Erfolg noch kein Unrecht, sondern verlangt bei nicht vorsätzlichem Handeln zusätzlich, daß der Erfolg durch Außerachtlassung der im Verkehr erforderlichen Sorgfalt verursacht wurde (vgl. auch BGHZ 24, 21). Fahrlässigkeit im Sinne des § 276 I 2 wäre damit nur ein Teil des Rechtswidrigkeitsurteils. Diese Lehre ist mit dem geltenden Recht nicht vereinbar (vgl. auch Mot. I, 281); denn aus der haftungsrechtlichen Gleichbehandlung von Vorsatz und Fahrlässigkeit in § 276 I 1 und der Verweisung auf die Vorschriften über die Verschuldensfähigkeit (§§ 276 I 3, 827, 828) folgt, daß Fahrlässigkeit im Sinne eines objektiven Sorgfaltsverstoßes als Schuldform und nicht als Unrechtsbestandteil gemeint ist. Von dieser Auffassung geht erkennbar auch § 278 aus, der in seinem Satz 1 vom Verschulden spricht und unmittelbar anschließend in Satz 2 auf § 276 Bezug nimmt.

220 b) Regelmäßig hat der Schuldner für jeden noch so geringen Sorgfaltsverstoß einzustehen (§ 276 I). Diese Haftung läßt sich jedoch durch vertragliche Vereinbarung ausschließen oder einschränken (arg. e § 276 II). Die Haftung für grobe Fahrlässigkeit darf in AGB nicht zugunsten des Verwenders ausgeschlossen werden (vgl. § 11 Nr. 7 AGBG). In verschiedenen Fällen sieht das Gesetz eine Haftung nur für grobe Fahrlässigkeit oder für die Verletzung eigenüblicher Sorgfalt vor (selbstverständlich wird auch hier für Vorsatz gehaftet).

(1) *Grobe Fahrlässigkeit* liegt vor, wenn die im Verkehr erforderliche Sorgfalt in besonders schwerem Maße verletzt ist, m. a. W. das nicht be-

achtet ist, was jedem hätte einleuchten müssen. Die Beschränkung der Haftung auf grobe Fahrlässigkeit ist vor allem dort vorgesehen, wo jemand entweder unentgeltlich oder überwiegend im Interesse eines anderen tätig wird.

Beispiele: Schenker (§ 521), Verleiher (§ 599), Notgeschäftsführer (§ 680), Finder (§ 968); – siehe auch § 300 (Rdnr. 311).

(2) Haftet der Schuldner *nur* für diejenige Sorgfalt, die er in *eigenen Angelegenheiten* anzuwenden pflegt (*diligentia quam in suis*), kommt es nicht auf eine objektive Sorgfaltspflichtverletzung an; vielmehr ist Maßstab für den Schuldvorwurf das individuelle Normalverhalten des Schuldners. Die Berücksichtigung der persönlichen Eigenheiten des Schuldners führt aber nicht dazu, daß er von der Haftung für grobe Fahrlässigkeit befreit ist (§ 277). Die Gründe für die Haftungserleichterung sind sehr verschieden.

Beispiele: Gesellschafter (§ 708), Ehegatte (§ 1359), Eltern (§ 1664). In diesen Fällen besteht ein besonderes Vertrauensverhältnis. Der unentgeltliche Verwahrer (§ 690) soll die im Interesse des anderen verwahrten Sachen nicht sorgfältiger behandeln müssen als seine eigenen. Der Vorerbe (§ 2131) ist Eigentümer der Nachlaßgegenstände.

221 c) Über die gesetzlich geregelten Fälle hinaus haben Rechtsprechung und Schrifttum für die Fälle, in denen ein Arbeitnehmer seinem Arbeitgeber bei *gefahr- oder schadensgeneigter Arbeit* einen Schaden zufügt, eine Haftungsmilderung entwickelt. Eine solche Arbeit ist gegeben, wenn infolge ihrer Eigenart auch einem sonst aufmerksamen Arbeitnehmer erfahrungsgemäß gelegentlich einmal ein Fehler unterläuft.

Beispiel: Ein Arbeitnehmer verursacht mit dem Lkw seines Arbeitgebers einen Unfall.

In derartigen Schadensfällen, mit deren Eintritt der Arbeitgeber angesichts der menschlichen Unzulänglichkeit erfahrungsgemäß rechnen muß, ist eine Haftung des Arbeitnehmers regelmäßig ganz ausgeschlossen, wenn der Schaden auf leichtester Fahrlässigkeit beruht; eine angemessene Teilung des Schadens und damit eine teilweise Haftungsbefreiung des Arbeitnehmers tritt bei leichter Fahrlässigkeit ein, während grobe Fahrlässigkeit zur vollen Schadensersatzpflicht des Arbeitnehmers führt (vgl. Brox, Grundbegriffe des Arbeitsrechts, 6. Aufl., Rdnr. 100 ff.).

Nach neuerer Ansicht des BAG soll ein Schaden, den ein Arbeitnehmer in Ausübung gefahrgeneigter Arbeit weder vorsätzlich noch grob fahrlässig verursacht, vom Arbeitgeber allein zu tragen sein; denn ein solcher Schaden gehöre zum Betriebsrisiko des Arbeitgebers (AP Nr. 82 zu § 611 BGB Haftung des Arbeitnehmers mit krit. Anm. Brox). M. E. sollte auf das Rechtsinstitut der gefahrgeneigten Arbeit verzichtet werden; die Haftungsbeschränkung kann bei jeder *betrieblichen* Tätigkeit gerechtfertigt sein.

222

II. Haftung für fremdes Verschulden

1. Bedeutung des § 278

Im Rahmen eines Schuldverhältnisses haftet der Schuldner nach § 278 für ein Verschulden seines gesetzlichen Vertreters und seines Erfüllungsgehilfen. Praktisch sehr bedeutsam ist die Haftung für Erfüllungsgehilfen, also für solche Personen, deren sich der Schuldner zur Erfüllung seiner Verbindlichkeiten bedient. Die Rechtsstellung des Gläubigers würde erheblich geschmälert, wenn der Schuldner nicht für das Verschulden dieser Person einstehen müßte. Denn der Gläubiger hat gegen die Hilfspersonen keinen vertraglichen Anspruch, und ein etwaiger Anspruch gegen sie aus unerlaubter Handlung ist möglicherweise nicht realisierbar. Andererseits ist zu berücksichtigen, daß der Schuldner sich zur Erfüllung seiner Verbindlichkeit einer Hilfsperson bedienen darf; er kann diese Person auswählen, anleiten und überwachen. Deshalb ist es berechtigt, daß der Schuldner dem Gläubiger für das Verschulden seiner Hilfsperson so haftet, wie wenn ihn selbst ein Verschulden träfe.

223 2. Voraussetzungen

a) Eine Haftung für das Verschulden der genannten Personen greift nur im Rahmen eines schon *bestehenden Schuldverhältnisses* ein („zur Erfüllung einer Verbindlichkeit"); dazu gehört auch ein vorvertragliches Schuldverhältnis (Rdnr. 55). Es reicht jedoch nicht aus, wenn durch die Handlung erst ein (gesetzliches) Schuldverhältnis entsteht.

Im Fall c braucht U für die Verletzung des Passanten nicht aus einem bestehenden Schuldverhältnis i. V. m. § 278 einzustehen; in Betracht kommt allenfalls eine Haftung nach § 831.

Zu den Verbindlichkeiten gehören nicht nur die Hauptleistungspflichten, sondern ebenso alle Nebenpflichten, die sich aus dem Schuldverhältnis ergeben.

Im Fall c stellt die mangelhafte Reparatur die Verletzung einer Hauptleistungspflicht und die Beschädigung der Bodenlampe die Verletzung einer Nebenpflicht dar.

Nach h. M. soll dagegen eine Haftung nach § 278 für solche Schäden ausscheiden, welche die Hilfsperson nur „bei Gelegenheit" ihrer Tätigkeit dem Gläubiger zufügt (Wäschediebstahl im Fall c). Dem ist m. E. nicht zu folgen. Zu den Nebenpflichten gehört auch die allgemeine Verpflichtung, nicht schädigend auf die Rechtsgüter des Gläubigers einzuwirken. Hätte der Schuldner selbst eine Verbindlichkeit erfüllt, hätte er die dabei von ihm verursachten Diebstahlsschäden wegen Vertragsverletzung zu ersetzen. Bedient er sich einer Hilfsperson, muß er sich so behandeln lassen, als ob er selbst die Handlung vorgenommen hätte. Die Hilfsperson erhält auch nur deshalb die Möglichkeit zum Diebstahl, weil der Gläubiger sie gerade wegen des bestehenden Schuldverhältnisses in seinem Bereich „wirken" läßt.

224 b) Hilfspersonen i. S. des § 278 sind der gesetzliche Vertreter und der Erfüllungsgehilfe.

(1) *Gesetzliche Vertreter* sind vor allem die Vertreter natürlicher Personen: Eltern (§§ 1626 ff.), Vormund (§§ 1793 ff., 1896, 1897), Pfleger (§§ 1909 ff.). Nach seinem Sinn und Zweck ist § 278 auch auf Testamentsvollstrecker, Konkursverwalter und ähnliche Personen anzuwenden, die zwar nicht gesetzliche Vertreter i. e. S. sind, aber ebenso wie sie aufgrund ihres Amtes unmittelbar Rechte und Pflichten für einen anderen begründen können (h. M.).

Ob unter § 278 auch der Vorstand und die satzungsmäßig bestimmten Vertreter juristischer Personen (§§ 26, 86, 89) fallen, ist streitig, weil die juristische Person für sie schon nach § 31 einzustehen hat. Die Frage hat kaum praktische Bedeutung, weil § 278 und § 31 regelmäßig zum gleichen Ergebnis führen. Sie dürfte aber angesichts der Fassung des § 26 II 1, wonach diese Organe „die Stellung eines gesetzlichen Vertreters" haben, zu bejahen sein.

225 (2) *Erfüllungsgehilfen* sind die Personen, deren sich der Schuldner zur Erfüllung seiner Verbindlichkeiten *bedient.* Erforderlich und ausreichend ist es, daß der Schuldner den Dritten zur Erfüllung seiner Verbindlichkeit herangezogen hat. Hieraus ergibt sich einmal, daß der Dritte mit Willen des Schuldners für ihn tätig geworden sein muß; der Dritte braucht hingegen nicht zu wissen, daß er eine Verpflichtung des

Schuldners erfüllt. Andererseits verlangt § 278 nicht, daß zwischen Schuldner und Gehilfen ein Schuldverhältnis besteht, wenn das auch regelmäßig der Fall sein wird. Ebensowenig braucht der Gehilfe in einem sozialen Abhängigkeitsverhältnis zum Schuldner zu stehen; ein selbständiger Unternehmer kann also Erfüllungsgehilfe sein.

Beauftragt der Vermieter (V) den Installateur (U) mit einer Reparatur in der Wohnung des Mieters (M), dann ist U hinsichtlich der mietvertraglichen Obhutspflicht des V gegenüber M Erfüllungsgehilfe des V. Verursacht U durch unsachgemäße Arbeit in der Mietwohnung eine Überschwemmung, bei welcher der Teppich des M beschädigt wird, dann hat V hierfür nach § 278 einzustehen.

Der Schuldner ist nicht nur für seine (unmittelbaren) Erfüllungsgehilfen, sondern auch für deren Gehilfen verantwortlich, wenn sie in seinem Einverständnis mit der Erfüllung der Schuldnerverbindlichkeit betraut sind (sog. mittelbare Erfüllungsgehilfen).

Hat im genannten Beispiel nicht U, sondern dessen Geselle G bei der Reparatur den Schaden verursacht, dann muß V wegen § 278 auch dafür einstehen.

226 c) § 278 setzt ferner voraus, daß der gesetzliche Vertreter oder der Erfüllungsgehilfe *schuldhaft*, d. h. vorsätzlich oder fahrlässig gehandelt hat. Da der Schuldner das Verschulden seiner Hilfsperson „in gleichem Umfange zu vertreten" hat „wie eigenes Verschulden", bestimmt sich der anzuwendende Verschuldensmaßstab nach der Person des Schuldners.

Ist z. B. seine Haftung vertraglich oder gesetzlich auf Vorsatz oder grobe Fahrlässigkeit beschränkt, dann braucht er für einfache Fahrlässigkeit seines Gehilfen nicht einzustehen. Entsprechendes gilt, wenn er nur die Sorgfalt schuldet, die er in eigenen Angelegenheiten anzuwenden pflegt. Hier greift eine Haftung des Schuldners nur ein, wenn der Erfüllungsgehilfe unsorgfältiger gehandelt hat, als es der Schuldner in eigenen Angelegenheiten zu sein pflegt.

Eine Besonderheit besteht aber insofern, als der Schuldner die Haftung für vorsätzliches Verhalten seiner Hilfspersonen im voraus vertraglich ausschließen kann (§ 278, 2), was ihm für seine eigene Person durch § 276 II versagt ist.

Auch wenn die Haftung für Vorsatz der Hilfsperson ausgeschlossen ist, bleibt dennoch zu prüfen, ob der Schuldner nicht für eigenes Verschulden bei der Auswahl der Hilfsperson einstehen muß.

227 d) Für eine Haftung nach § 278 ist dort kein Raum, wo der Schuldner berechtigt ist, seine Leistungspflicht vollständig auf einen Dritten zu übertragen, so daß dieser an seine Stelle tritt und damit selbständig die Pflicht zu erfüllen hat (sog. *Substitution*). Ein gesetzliches Beispiel hierfür bietet die Übertragung des Auftrags (§ 664 I 2). Hier hat der Schuldner nicht dafür einzustehen, daß der Dritte den übernommenen Auftrag ordnungsgemäß erfüllt; seine Verantwortlichkeit erstreckt sich nur darauf, den Dritten sorgfältig auszuwählen (culpa in eligendo). Für eine Verletzung dieser Pflicht ist er nach § 276 (Haftung für eigenes Verschulden) und nicht nach § 278 (Haftung für fremdes Verschulden) verantwortlich.

228 **3. Unterschiede zwischen § 278 und § 831**

Eine Haftung für die von einem anderen verursachten Schäden sieht auch § 831 vor. Nach dieser Vorschrift haftet derjenige, der einen anderen zu einer Verrichtung bestellt hat, für den Schaden, den der Verrichtungsgehilfe in Ausführung der Verrichtung einem Dritten widerrechtlich zufügt (BS Rdnr. 474 ff.). Zwischen § 278 und § 831 bestehen jedoch wesentliche Unterschiede:

a) § 278 setzt im Gegensatz zu § 831 ein bereits *bestehendes Schuldverhältnis* voraus.

b) § 278 ist *keine selbständige Anspruchsgrundlage*, sondern Zurechnungsnorm. Es muß hier also immer zuerst geprüft werden, ob im Rahmen eines bestehenden Schuldverhältnisses eine Verbindlichkeit verletzt ist; für die Frage, ob der Schuldner diese Pflichtverletzung zu vertreten hat, ist § 278 heranzuziehen. § 831 ist dagegen neben den §§ 823 ff. *selbständige Anspruchsnorm* aus unerlaubter Handlung.

c) Die Haftung über § 278 ist eine *Haftung für fremdes Verschulden* (der Hilfsperson); auf ein Verschulden des Schuldners kommt es nicht an. § 831 begründet demgegenüber eine *Haftung für eigenes Verschulden* des Geschäftsherrn bei der Auswahl und der Beaufsichtigung des Verrichtungsgehilfen; ein Verschulden des Verrichtungsgehilfen ist nicht erforderlich, es genügt, daß er rechtswidrig einen der Tatbestände der §§ 823 ff. erfüllt hat.

d) Im Fall des § 831 kann sich der Schuldner von seiner Haftung durch den Nachweis befreien, daß ihn bei der Auswahl und Beaufsichtigung des Verrichtungsgehilfen kein Verschulden trifft (§ 831 I 2; *Exkulpationsmöglichkeit*). Bei § 278 besteht demgegenüber für den Schuldner keine *Entlastungsmöglichkeit*, weil es auf sein Verschulden nicht ankommt.

Rdnr. 228

Da sich der Geschäftsherr meistens nach § 831 I 2 entlasten kann, hat die Rechtsprechung im Interesse des Geschädigten versucht, auf verschiedenen Wegen den Anwendungsbereich des § 278 zu erweitern. Zu erwähnen sind hier vor allem die Haftung aus c.i.c. (Rdnr. 55 ff.) und der Vertrag mit Schutzwirkung für Dritte (Rdnr. 376 ff.).

e) Da bei § 831 die Haftung des Schuldners für die rechtswidrige Handlung des *Verrichtungsgehilfen* darauf beruht, daß er den Gehilfen nicht sorgfältig ausgesucht und überwacht hat, muß dieser bis zu einem gewissen Grad den Weisungen des Schuldners unterworfen sein (soziales Abhängigkeitsverhältnis). Der Begriff des *Erfüllungsgehilfen* i.S. des § 278 setzt demgegenüber kein solches Abhängigkeitsverhältnis voraus.

229

III. Haftung ohne Verschulden

Die Verpflichtung zum Schadensersatz setzt zwar regelmäßig ein Verschulden des Schuldners voraus; den Parteien steht es aber frei, vertraglich eine Haftung ohne Verschulden zu begründen. Auch das Gesetz kennt Fälle einer Verantwortlichkeit ohne Verschulden.

Beispiele: Haftung für Gattungs- und Geldschulden (§ 279; Rdnr. 92, 103), für zufällige Unmöglichkeit während des Schuldnerverzugs (§ 287, 2; Rdnr. 281), für Sachmängel (§§ 459; 463, 1; 537; 633);
im Deliktsrecht: Haftung des Tierhalters (§ 833, 1), des Kraftfahrzeughalters (§ 7 I StVG).

230

§ 20. Unmöglichkeit der Leistung

Schrifttum: H. Baumann/Hauth, Die rechtliche Problematik beiderseits zu vertretender Unmöglichkeit, JuS 1983, 273; Beuthien, Zweckerreichung und Zweckstörung im Schuldverhältnis, 1969; Braun, Die Unmöglichkeit der Leistung, JA 1983, 488, 571; Evans – v. Krbek, Gleichstellung des anfänglichen Schuldnerunvermögens mit dem nachträglichen?, AcP 177, 35; Gudian, Die Haftung für anfängliches Unvermögen, NJW 1971, 1239; Hadding, Die Rechtswirkungen beiderseits zu vertretender Unmöglichkeit der Leistung, AcP 168, 150; Th. Honsell, Die beiderseits zu vertretende Unmöglichkeit im gegenseitigen Vertrag, JuS 1979, 81; H.H. Jakobs, Unmöglichkeit und Nichterfüllung, 1969; Köhler, Unmöglichkeit und Geschäftsgrundlage bei Zweckstörungen im Schuldverhältnis, 1971; Koller, Die Risikozurechnung bei Vertragsstörungen in Austauschverträgen, 1979; Meincke, Rechtsfolgen nachträglicher Unmöglichkeit der Leistung beim gegenseitigen Vertrag, AcP 171, 19; Neumann-Duesberg, Anfängliche Unmöglichkeit bei „Höchstpersönlichen Dienstleistungen“, BB 1970, 1462; Nipperdey, Vertragstreue und Nichtzumutbarkeit der Leistung, 1921; Rabel, Unmöglichkeit der Leistung, Festschrift f. Bekker, 1907, 171; Roth, Das nachträgliche Unvermögen des Schuldners, JuS 1968, 101; Scherner, Qualifizierte Teilnichterfüllung als Vollunmöglichkeit oder Quasi-Vollunmöglichkeit der geschuldeten Leistung, JZ 1971, 533; Simonetos, Das Recht der Leistungsstörungen, 1938; Heinrich Stoll, Die Lehre von den Leistungsstörungen, 1936; Teichmann, Schuldrecht I, Leistungsstörungen und Gewährleistung, 2. Aufl., 1981; Titze, Die Unmöglichkeit der Leistung, 1900; H. P. Westermann, Gefahr und Gefahrübergang im Schuldrecht, JA 1978, 481, 551.

Fälle:

a) S verpflichtet sich im Kaufvertrag gegenüber G, ihm ein bestimmtes Originalgemälde zu übereignen. Später stellt sich heraus, daß das Bild schon vor Vertragsschluß durch Brand vernichtet worden war. G verlangt von S Ersatz von 10,– DM Telefonkosten und von 400,– DM, da er das Bild sonst mit 400,– DM Gewinn verkauft hätte.

b) Wie ist die Rechtslage, wenn der Prokurist des S das Bild vor Vertragsschluß schon an X verkauft und übereignet hatte?

c) Wie, wenn das Bild erst nach Vertragsschluß durch Brand vernichtet wurde?

d) Wie, wenn das Bild erst nach Vertragsschluß vom Prokuristen an X veräußert wurde?

Unmöglichkeit bedeutet Nichterbringbarkeit der Leistung. Ist die Leistung noch nachholbar oder bestehen nur vorübergehende Leistungshindernisse, liegt regelmäßig nur Schuldnerverzug (Rdnr. 272) vor. Zum Verhältnis von Unmöglichkeit zur Zweckerreichung vgl. Rdnr. 197.

I. Arten der Unmöglichkeit

Das Gesetz unterscheidet zwischen objektiver und subjektiver sowie zwischen anfänglicher und nachträglicher Unmöglichkeit.

231 1. Objektive und subjektive Unmöglichkeit

a) *Objektive Unmöglichkeit* liegt vor, wenn die Leistung *von keinem Menschen* erbracht werden kann. Das Gesetz spricht einfach von *Unmöglichkeit.*

Rdnr. 231

(1) Objektive Unmöglichkeit ist gegeben, wenn der Schuldner aus naturgesetzlichen Gründen außerstande ist, die Leistung zu erbringen, weil die geschuldete Sache nicht mehr existiert (Fälle a und c: Vernichtung des Bildes). Aber auch rechtliche Gründe können die Leistung unmöglich machen, wenn z. B. die Veräußerung des Gegenstandes gesetzlich verboten wird. Der naturgesetzlichen Unmöglichkeit sind die Fälle gleichzustellen, in denen die Leistung theoretisch zwar noch möglich, praktisch aber unmöglich ist (das geschuldete Schmuckstück liegt irgendwo auf dem Meeresgrund).

232 (2) Von der Unmöglichkeit sind solche Tatbestände abzugrenzen, bei denen die Leistung zwar praktisch möglich, für den Schuldner aber mit so erheblichen Aufwendungen verbunden ist, daß sie ihm unzumutbar ist (sog. wirtschaftliche Unmöglichkeit). Man spricht hier von überobligationsmäßigen Schwierigkeiten, die außerhalb der Opfergrenze liegen (Heck, § 28). Kann der Schuldner das Schmuckstück z. B. nur durch unverhältnismäßig teure Taucherarbeiten wiederbeschaffen, so ist ihm das nicht zuzumuten.

In diesen Fällen führt vielfach die Lehre vom Fehlen oder Wegfall der Geschäftsgrundlage (Rdnr. 84) zu sachgemäßeren Ergebnissen als die Anwendung der Bestimmungen über die Unmöglichkeit. Sind die Parteien bei Vertragsschluß von einer falschen Voraussetzung (z. B. einem falschen Börsenkurs) ausgegangen oder haben die Verhältnisse sich später wesentlich geändert (z. B. wesentliche Steuererhöhungen), so kann die Leistungsverpflichtung der richtigen oder geänderten Geschäftsgrundlage angepaßt werden, womit die starren Rechtsfolgen der Unmöglichkeit vermieden werden.

Von einer psychischen oder moralischen Unmöglichkeit spricht man dann, wenn dem Schuldner wegen einer Zwangslage aus nicht wirtschaftlichen Gründen das Erbringen der Leistung nicht zuzumuten ist. In Wirklichkeit handelt es sich hier um Fälle der unzulässigen Rechtsausübung (§ 242; Rdnr. 85 ff.).

Liegt z. B. die Ehefrau des Sängers im Sterben, so kann er zwar seine Verpflichtung, ein Konzert zu geben, erfüllen; jedoch handelt der Gläubiger aus rücksichtslosem Eigennutz, wenn er auf Vertragserfüllung besteht.

233 (3) Regelmäßig führt die verspätete Erfüllung nicht zur Unmöglichkeit; sie löst nur die Folgen des Schuldnerverzugs (§§ 284 ff.; Rdnr.

278 ff.) aus. Nach der Art der vereinbarten Leistung kann aber eine bestimmte Leistungszeit so wesentlich sein, daß bei Nichteinhaltung der Zeit Unmöglichkeit vorliegt (absolutes Fixgeschäft; Rdnr. 214).

Die Fenstermiete zum Anschauen des Karnevalszuges kann nur zur Zeit des Umzuges am Rosenmontag erfüllt werden. Wird der Platz erst am Aschermittwoch zur Verfügung gestellt, kommen die Unmöglichkeits-, nicht die Verzugsregeln in Betracht.

234 b) *Subjektive Unmöglichkeit* liegt vor, wenn die Leistung *vom Schuldner nicht* erbracht werden kann. Das Gesetz spricht von *Unvermögen* (§ 275 II).

Beispiel: Das geschuldete Bild gehört nicht mehr dem Schuldner; es kann also vom Schuldner nicht mehr übereignet werden. Eine objektive Unmöglichkeit liegt nicht vor, weil der Eigentümer zur Übereignung in der Lage ist (Fälle b und d). – Vermag der Schuldner sich die Sache durch Rückkauf wieder zu verschaffen und ist er hierzu auch bereit, liegt nur ein zeitweiliges Unvermögen vor. In diesem Fall kann der Schuldner noch zu der ursprünglichen Leistung verurteilt werden.

235 2. Anfängliche und nachträgliche Unmöglichkeit

a) *Anfängliche oder ursprüngliche Unmöglichkeit* liegt vor, wenn die Unmöglichkeit *schon bei der Entstehung des Schuldverhältnisses* gegeben ist.

Beispiel: Bereits bei Vertragsschluß war das geschuldete Bild vernichtet oder schon an einen Dritten übereignet (Fälle a und b).

236 b) *Nachträgliche Unmöglichkeit* liegt vor, wenn die Unmöglichkeit *erst nach der Entstehung des Schuldverhältnisses* eingetreten ist.

Beispiel: Das geschuldete Bild wird nach Vertragsschluß vernichtet oder an einen Dritten übereignet (Fälle c und d).

Objektive wie subjektive Unmöglichkeit können von Anfang an bestehen oder nachträglich eintreten. Deshalb sind insgesamt vier Fallgruppen zu unterscheiden, die nun einzeln behandelt werden müssen.

237 II. Objektive ursprüngliche Unmöglichkeit

1. Nichtigkeit

Nach § 306 ist ein auf eine unmögliche Leistung gerichteter Vertrag nichtig. Diese Vorschrift gilt nur für die *ursprüngliche objektive* Unmöglichkeit.

Die Bestimmung knüpft an das gemeine Recht an; auch dieses nahm nur bei ursprünglicher objektiver Unmöglichkeit eine Nichtigkeit an. Für die Beschränkung des § 306 auf *ursprüngliche* objektive Unmöglichkeit spricht die Regelung des BGB in den §§ 275 ff. In den genannten Bestimmungen wird bei nachträglicher (objektiver wie subjektiver) Unmöglichkeit von dem Fortbestehen des Schuldverhältnisses ausgegangen. Nach § 275 I wird der Schuldner bei nachträglicher objektiver Unmöglichkeit von seiner Verpflichtung zur Erbringung der geschuldeten Leistung frei. Daraus ergibt sich aber nicht, daß das Schuldverhältnis in diesem Fall erlischt. Vielmehr ist z. B. aus §§ 280, 281 zu entnehmen, daß bei nachträglicher objektiver Unmöglichkeit das Schuldverhältnis weiterbesteht. Daß § 306 nur die ursprüngliche *objektive* Unmöglichkeit und nicht auch die anfängliche subjektive Unmöglichkeit meint, folgt daraus, daß § 275 II im Gegensatz zu § 306 das Unvermögen der objektiven Unmöglichkeit gleichstellt. Da § 306 nur von Unmöglichkeit spricht, ist anzunehmen, daß das Unvermögen nicht erfaßt sein soll.

Die in § 306 ausgesprochene Rechtsfolge tritt unabhängig davon ein, ob eine Partei die Unmöglichkeit verschuldet oder bei Vertragsschluß gekannt hat (Fall a).

238 **2. Schadensersatz**

Wer bei Vertragsschluß die Unmöglichkeit kennt oder fahrlässig nicht kennt, ist dem Vertragspartner zum *Ersatz des negativen (= Vertrauens-)Interesses* verpflichtet (§ 307 I 1). Er muß ihm den Schaden ersetzen, den der Vertragspartner dadurch erleidet, daß er auf die Gültigkeit des Vertrages vertraut (Rdnr. 321). Das positive (= Erfüllungs-) Interesse braucht er demnach nicht zu ersetzen; der Partner wird also nicht so gestellt, wie er stehen würde, wenn erfüllt worden wäre. Diese Regelung beruht auf der Vorstellung, aus einem nichtigen Vertrag könne notwendigerweise kein Anspruch auf das Erfüllungsinteresse gegeben werden (Mot. II, 178). Der Vertrauensschaden wird nur bis zur Höhe des Erfüllungsschadens ersetzt. Die Ersatzpflicht ist ausgeschlossen, wenn der Vertragspartner die Unmöglichkeit kennt oder kennen muß (§ 307 I 2; vgl. die entsprechende Regelung in § 122; AT Rdnr. 397 f.). Für die Anwendung des § 254 ist kein Raum. Demnach erhält der Vertragspartner entweder vollen oder gar keinen Schadensersatz.

Im Fall a muß S, sofern er fahrlässig den Untergang des Bildes nicht kannte, dem G die Telefonkosten, nicht aber die 400,– DM zahlen. Hätte G die Unmöglichkeit kennen müssen, erhält er nichts (§ 307 I 2), selbst wenn S vorsätzlich gehandelt hat. Dann kann aber ein deliktischer Anspruch bestehen (§ 826). Haftet S aus dem Vertrag nicht für jede Fahrlässigkeit (z. B. beim Schenkungsversprechen), so gilt die gemilderte Sorgfaltspflicht auch für das Verschulden bei § 307.

Bei *Teilunmöglichkeit* sind §§ 306, 307 hinsichtlich des unmöglichen

Teils der Verpflichtung anwendbar (§ 307 II). Zuvor ist aber zu prüfen, ob die teilweise Unmöglichkeit nicht zu einer gänzlichen Unmöglichkeit führt (§ 139). Das ist durch ergänzende Vertragsauslegung, vor allem unter Berücksichtigung von Inhalt und Zweck des Schuldverhältnisses zu ermitteln.

Werden fünf Pferde geschuldet und sind zwei davon vor Vertragsschluß eingegangen, wird normalerweise der Vertrag über die restlichen drei Tiere gültig und im übrigen nichtig sein. Ist dagegen der Schuldner verpflichtet, ein bestimmtes Kaffeeservice zu liefern und ist die Kanne schon bei Abschluß des Vertrages zerbrochen, wird eher eine Unmöglichkeit der ganzen Leistung anzunehmen sein.

Beruht die Unmöglichkeit darauf, daß die Verpflichtung gegen ein gesetzliches Verbot verstößt (§ 134), so ist § 307 ebenfalls anwendbar (§ 309).

239 **3. Ausnahmetatbestände**

a) Obwohl der Kaufvertrag über eine nicht bestehende Forderung oder ein nicht existierendes Recht auf eine ursprüngliche objektiv unmögliche Leistung gerichtet ist, ergibt sich aus §§ 437, 440 I, daß in Abweichung von § 306 der Vertrag gültig ist; der Verkäufer haftet für den rechtlichen Bestand auf das Erfüllungsinteresse (§§ 437, 440 I; BS Rdnr. 27 ff.).

240 b) Eine vorübergehende Unmöglichkeit bewirkt keine Nichtigkeit nach § 306, wenn der Vertrag für den Fall geschlossen wird, daß die Leistung möglich wird (§ 308 I). Ohne eine solche Abrede bewirkt die bloße Behebung des bei Vertragsschluß bestehenden objektiven Leistungshindernisses keine Heilung des nach § 306 nichtigen Vertrages.

Beispiel: Die Verpflichtung zur Lieferung beschlagnahmter Waren ist nach § 306 nichtig, auch wenn sie später freigegeben werden. Dagegen ist der Vertrag nach §§ 309, 308 I gültig, wenn der Vertrag für den Fall der Freigabe geschlossen wird (vgl. RGZ 102, 254).

Gültig ist die Verpflichtung auch dann, wenn sie unter einer aufschiebenden Bedingung steht oder unter einem Anfangstermin versprochen wird und die Unmöglichkeit vor dem Eintritt der Bedingung oder des Termins behoben wird (§ 308 II).

Beispiel: Das zu liefernde Schmuckstück, das bei Vertragsschluß in einem Fluß lag, wird vor Bedingungseintritt an Land gespült.

241 c) § 306 ist nicht zwingendes Recht. Deshalb kann die Bestimmung durch Parteivereinbarung dahin abbedungen werden, daß der Vertrag auch im Falle ursprünglicher objektiver Unmöglichkeit gültig sein soll und der Schuldner dann das Erfüllungsinteresse zu ersetzen hat. Ob eine solche Vereinbarung (Garantieversprechen) getroffen ist, muß durch Auslegung (§ 157) ermittelt werden.

242

III. Subjektive ursprüngliche Unmöglichkeit

Das anfängliche Unvermögen des Schuldners (Fall b) ist im Gesetz nicht geregelt.

1. Gültigkeit der Verpflichtung

Einigkeit besteht darüber, daß die ursprüngliche subjektive Unmöglichkeit das Rechtsgeschäft nicht nichtig macht. Das schließt man mit Recht aus § 306, der nur für ursprüngliche objektive Unmöglichkeit die Nichtigkeit anordnet (Rdnr. 237). Eine Gleichbehandlung von objektiver und subjektiver Unmöglichkeit sieht das Gesetz in § 275 II nur für jene Fälle vor, in denen die Unmöglichkeit erst *nach* der Entstehung des Schuldverhältnisses eintritt. Daraus folgt: Die Verpflichtung ist trotz anfänglicher subjektiver Unmöglichkeit gültig.

243

2. Schadensersatz

Da der Schuldner die Leistung nicht erbringen kann, fragt es sich, unter welchen Voraussetzungen er dem Gläubiger Schadensersatz zu leisten hat. Das ist auch heute noch streitig. Problematisch ist vor allem, ob die Schadensersatzpflicht ein Verschulden des Schuldners (Kennen oder Kennenmüssen der Leistungsunfähigkeit) voraussetzt.

Nach einer Ansicht wird das bejaht. Dafür spricht, daß ein Schadensersatzanspruch grundsätzlich nur bei Verschulden gewährt wird; auch eine nachträgliche Unmöglichkeit löst regelmäßig nur bei Verschulden des Schuldners eine Schadensersatzpflicht aus (vgl. §§ 280, 325).

Demgegenüber nehmen die herrschende Lehre und vor allem die

Rechtsprechung eine Schadensersatzverpflichtung auch ohne Verschulden des Schuldners an. Als Begründung wird teilweise angeführt, der Schuldner übernehme eine Garantie für seine Leistungsfähigkeit. Es dürfte jedoch zu weit gehen, die Erklärung des Schuldners in jedem Fall dahin auszulegen, er wolle für seine Leistungsfähigkeit garantieren (vgl. aber Mot. II, 45 f.). Vielmehr ist das Ergebnis durch eine Abwägung der beiderseitigen Interessen zu finden. Der Gläubiger, der sich um die Leistungsfähigkeit seines Vertragspartners nicht zu kümmern braucht, muß darauf vertrauen können, daß eine an sich erbringbare Leistung vom Schuldner auch erbracht werden kann. Auf der anderen Seite ist der Schuldner bei anfänglichem Unvermögen weniger schutzwürdig als bei nachträglichem; denn es ist ihm eher zuzumuten, daß er bei Vertragsschluß die gegenwärtige Situation kennt, als daß er die nachfolgenden Umstände vorausahnt.

244 Der Schuldner haftet bei anfänglichem Unvermögen also auch ohne Verschulden, und zwar auf das Erfüllungsinteresse. § 307, der nur das Vertrauensinteresse gewährt, ist nicht anzuwenden; denn er knüpft an § 306 (anfängliche Unmöglichkeit) an.

Im Fall b ist G so zu stellen, wie wenn erfüllt worden wäre. Dann hätte er das Bild mit 400,– DM Gewinn verkauft. Diesen Betrag kann er als Schadensersatz verlangen.

Allerdings wird die Abwägung der Interessen von Gläubiger und Schuldner dann zu einem anderen Ergebnis führen, wenn sein anfängliches Unvermögen auf einem Umstand beruht, der außerhalb des Machtbereichs des Schuldners liegt (vgl. dazu auch Larenz, § 8 II).

Wird z. B. der geschuldete Gegenstand kurz vor Abschluß des Kaufvertrages aus einem gesicherten Lager des Schuldners gestohlen, so haftet er nicht auf das Erfüllungsinteresse (str.). Es ist jedoch zu prüfen, ob ein Anspruch aus c. i. c. deshalb besteht, weil der Schuldner schuldhaft nicht über seine Leistungsfähigkeit orientiert war. Dieser Anspruch geht aber nur auf Ersatz des Vertrauensschadens (Rdnr. 55 ff., 58, 321).

245 ## IV. Nachträgliche Unmöglichkeit

Ist die Unmöglichkeit der Leistung erst nach der Entstehung des Schuldverhältnisses eingetreten, so kann es sich dabei um eine objektive (Fall c) oder um eine subjektive (Fall d) Unmöglichkeit handeln. Beide Fallgruppen brauchen aber nicht getrennt dargestellt zu werden. Denn das Gesetz behandelt sie rechtlich gleich (§ 275 II). Die Rechtsfolgen richten sich danach, ob der Schuldner die Unmöglichkeit zu vertreten hat oder nicht.

246 ### 1. Vom Schuldner nicht zu vertretende Unmöglichkeit

a) Der Schuldner wird *von der Verpflichtung zur Leistung frei*, soweit die Leistung infolge eines nach der Entstehung des Schuldverhältnisses eintretenden Umstandes, den er *nicht zu vertreten hat*, unmöglich wird (§ 275 I); was er zu vertreten hat, ergibt sich vor allem aus §§ 276–279 (Rdnr. 216 ff.). Der nachträglichen Unmöglichkeit steht das nachträgliche Unvermögen, das der Schuldner nicht zu vertreten hat, gleich (§ 275 II).

Bei *teilweiser*, nicht zu vertretender Unmöglichkeit wird der Schuldner nur insoweit frei (§ 275 I: „soweit"); die noch mögliche Teilleistung hat er also zu erbringen.

b) Der Gläubiger kann *keinen Schadensersatz* verlangen; er trägt demnach die Leistungsgefahr.

c) Beim gegenseitigen Vertrag taucht noch die weitere Frage auf, ob der Gläubiger, der seinen Anspruch auf die Leistung verloren hat, seinerseits verpflichtet bleibt, die *Gegenleistung* zu erbringen, also z. B. den Kaufpreis zu zahlen; man spricht hier von der Gegenleistungs-, Vergütungs- oder Preisgefahr (dazu unten Rdnr. 254 ff.).

247 d) Wenn der Schuldner schon nach § 275 von seiner Leistungspflicht befreit wird, so soll er andererseits jedoch nicht das behalten dürfen, was er anstelle des geschuldeten Gegenstandes erlangt. Deshalb bestimmt § 281 I, daß der Gläubiger Herausgabe des als Ersatz Empfangenen oder Abtretung des Ersatzanspruchs verlangen kann (*stellvertretendes commodum*).

Dabei handelt es sich um einen Anspruch auf das Surrogat, nicht dagegen um einen Schadensersatzanspruch. Der Gläubiger hat also nicht einen Schaden darzutun; § 281 I setzt nur voraus, daß der Umstand, der die Leistung unmöglich gemacht hat, auch das Surrogat adäquat verursacht hat (§ 281 I: „infolge des Umstandes").

Beispiele: An die Stelle des durch Brand zerstörten Bildes tritt der Schadensersatzanspruch gegen den Brandstifter oder der Anspruch gegen die Versicherungsgesellschaft aus dem Versicherungsvertrag. Der Schuldner hat den Anspruch an den Gläubiger abzutreten oder das Erlangte (z.B. die Versicherungssumme) dem Gläubiger herauszugeben.

Sinn des § 281 I ist es, Vermögenswerte demjenigen zuzuführen, dem sie wirtschaftlich zustehen (RGZ 120, 347). Deshalb gehört zum stellvertretenden commodum nicht nur das, was der Schuldner anstelle der zerstörten oder gestohlenen Sache erlangt (commodum ex re), sondern auch das, was der Schuldner durch ein Rechtsgeschäft als Entgelt erzielt (commodum ex negotiatione; h.L.).

Beispiel: Nach Entstehung des Schuldverhältnisses, wonach der Schuldner dem Gläubiger ein bestimmtes Bild zu übereignen hat, verkauft und veräußert ein Vertreter des Schuldners dieses Bild an einen Dritten. Der dabei erzielte Kaufpreis ist nach § 281 I dem Gläubiger herauszugeben, auch wenn ein besonderer Gewinn erzielt worden ist.

248 **2. Vom Schuldner zu vertretende Unmöglichkeit**

a) Auch bei einer vom Schuldner zu vertretenden Unmöglichkeit kann der Gläubiger *keine Erfüllung* verlangen.

b) Die primäre Leistungspflicht (Rdnr. 12) wandelt sich hier aber in eine sekundäre Leistungspflicht um. Der Schuldner hat nämlich dem Gläubiger *Schadensersatz wegen Nichterfüllung* zu leisten, soweit die Leistung infolge eines *vom Schuldner zu vertretenden* Umstandes nachträglich unmöglich wird (§ 280 I). Entsprechendes gilt für nachträgliches Unvermögen; denn der Gedanke des § 275 II greift auch hier ein (Prot. I, 321).

Durch AGB kann der Schadensersatzanspruch gegen den Verwender weder ausgeschlossen noch eingeschränkt werden (Einzelheiten § 11 Nr. 8, 9 AGBG).

Der Gläubiger kann nicht mehr die Leistung verlangen; an die Stelle des Leistungsanspruchs tritt der Schadensersatzanspruch, der auf Ersatz des Erfüllungsinteresses (Rdnr. 321) geht. Da das Schuldverhältnis bestehen bleibt und sich nur der Leistungsanspruch in einen Schadensersatzanspruch umwandelt, bleiben auch etwaige Sicherungsrechte (Bürgschaft, vgl. BS Rdnr. 327; Pfandrecht) bestehen.

§ 280 I ist aber *nur bei einseitigen Leistungspflichten* anwendbar (z. B. Rückgabepflicht des Mieters, § 556 I; BS Rdnr. 177). Steht die unmöglich gewordene Leistung im Gegenseitigkeitsverhältnis eines gegenseitigen Vertrages (z. B. Übereignungspflicht des Verkäufers; Gebrauchsüberlassungspflicht des Vermieters), scheidet § 280 I aus. Für solche Fälle gilt die Spezialregel des § 325 (siehe Rdnr. 263).

Der Schadensersatzanspruch nach § 280 I setzt im einzelnen folgendes voraus:

249 (1) Die Leistung des Schuldners muß *nach* Entstehung des Schuldverhältnisses (objektiv oder subjektiv) *unmöglich geworden* sein. Sie muß dauernd unmöglich sein; bei nur zeitweiliger Unmöglichkeit kommt möglicherweise Schuldnerverzug (§§ 284 ff.; Rdnr. 271 ff.) in Betracht.

Bestreitet der Schuldner die Unmöglichkeit, so muß der Schadensersatz verlangende Gläubiger sie beweisen. Befürchtet er, daß ihm dieser Nachweis nicht gelingt, ist ihm zu raten, auf Erfüllung zu klagen. Räumt der Schuldner während des Rechtsstreits ein, die Leistung sei ihm unmöglich geworden, wird der Gläubiger nunmehr statt Erfüllung Schadensersatz wegen Nichterfüllung nach § 280 I begehren. Wird dagegen die Unmöglichkeit der Leistung nicht geltend gemacht und der Schuldner zur Leistung verurteilt, könnte der Gläubiger aus dem Urteil zu vollstrecken versuchen, um auf diese Weise festzustellen, ob der Schuldner noch leisten kann.

Jedoch erspart § 283 dem Gläubiger den Versuch der Zwangsvollstreckung: Ist der Schuldner rechtskräftig zur Leistung verurteilt, kann der Gläubiger ihm zur Bewirkung der Leistung eine angemessene Frist mit der Erklärung bestimmen, daß er die Annahme der Leistung nach Fristablauf ablehne (§ 283 I 1). Leistet der Schuldner innerhalb der Frist nicht, geht das Gesetz von der Unmöglichkeit der Leistung aus; denn der Gläubiger kann nunmehr Schadensersatz wegen Nichterfüllung verlangen, während der Erfüllungsanspruch ausgeschlossen ist (§ 283 I 2). Im Schadensersatzprozeß braucht der Gläubiger nur das rechtskräftige Leistungsurteil, den Fristablauf und die Höhe seines Schadens darzutun. Der Schuldner wird von der Schadensersatzpflicht frei, wenn die Leistung infolge eines Umstandes unmöglich wird, den er nicht zu vertreten hat (§ 283 I 3). Das wird nur selten der Fall sein, da der Schuldner sich seit Rechtshängigkeit regelmäßig im Verzug befindet (§ 284 I 2; Rdnr. 275) und ihn deshalb eine erweiterte Haftung trifft (§ 287; Rdnr. 280 f.).

250 (2) Der Schadensersatzanspruch nach § 280 I verlangt außer einer nachträglichen Unmöglichkeit, daß der Schuldner diese *zu vertreten* hat. Normalerweise hat der Schuldner für Vorsatz und Fahrlässigkeit

(§ 276; Rdnr. 216 ff.) sowie für das Verschulden seines gesetzlichen Vertreters und seiner Erfüllungsgehilfen (§ 278; Rdnr. 222 ff.) einzustehen. Ausnahmsweise ist er aber auch ohne Verschulden verantwortlich (z. B. § 279; Rdnr. 92).

Da der Gläubiger regelmäßig nicht wissen kann, wodurch die Leistung unmöglich geworden ist, braucht er im Prozeß das Vertretenmüssen des Schuldners weder zu behaupten noch zu beweisen (§ 282). Vielmehr muß der auf Schadensersatz in Anspruch genommene Schuldner nachweisen, daß ihn kein Verschulden trifft.

Beispiel: Der Verleiher klagt auf Schadensersatz, weil dem Entleiher die Rückgabe des entliehenen Buches unmöglich geworden ist (§ 604 I, § 280 I). Behauptet der Entleiher, das Buch sei ihm ohne sein Verschulden gestohlen worden, so muß er das bei Bestreiten des Gläubigers beweisen (§ 282).

251 c) Bei *teilweiser*, vom Schuldner zu vertretender Unmöglichkeit hat der Schuldner insoweit Schadensersatz zu leisten und im übrigen die noch mögliche Leistung zu erbringen. Wenn aber die teilweise Erfüllung für den Gläubiger *kein Interesse* hat, kann dieser unter Ablehnung des noch möglichen Teils der Leistung Schadensersatz wegen Nichterfüllung der *ganzen* Verbindlichkeit verlangen (§ 280 II 1). Das fehlende Interesse, das nach objektiven Maßstäben und nicht nach dem Belieben des Gläubigers zu bestimmen ist, hat der Gläubiger darzutun.

Beispiel: Von dem zu liefernden zwölfteiligen Kaffeeservice werden die Kaffeekanne und sieben Tassen durch Verschulden des Schuldners vernichtet; mit den Teilen, die erhalten geblieben sind, kann der Gläubiger nichts anfangen.

Liegen die Voraussetzungen des § 280 II 1 vor, so verweist § 280 II 2 wegen der näheren Durchführung auf die Rücktrittsregeln der §§ 346–356 (Rdnr. 198 ff.).

Der Gläubiger hat eine Erklärung gegenüber dem Schuldner abzugeben, daß er Schadensersatz wegen Nichterfüllung des ganzen Vertrags verlange (§ 349). Der Schuldner kann dem Gläubiger eine Frist zur Ausübung dieses Rechts setzen (§ 355). Die bereits empfangenen Leistungen sind zurückzugewähren (§ 346).

252 d) Wenn der Gläubiger schon bei einer vom Schuldner nicht zu vertretenden Unmöglichkeit das *stellvertretende commodum* verlangen kann (§ 281 I; Rdnr. 247), dann muß ihm dieser Anspruch erst recht bei einer vom Schuldner zu vertretenden Unmöglichkeit zustehen. Nur muß er sich auf seinen Schadensersatzanspruch den Wert des erlangten Ersatzes oder Ersatzanspruchs anrechnen lassen (§ 281 II); denn anderenfalls würde er einen nicht gerechtfertigten Vorteil erhalten.

Beispiel: Durch die vom Schuldner zu vertretende Vernichtung des geschuldeten Bildes ist dem Gläubiger ein Schaden von 400,– DM entstanden; es besteht ein Anspruch des Schuldners auf Zahlung von 300,– DM gegen die Versicherungsgesellschaft. Der Gläubiger kann vom Schuldner nicht Zahlung von 400,– DM und außerdem Abtretung des Anspruchs gegen die Versicherung verlangen. Ihm steht vielmehr entweder nur ein Schadensersatzanspruch auf Zahlung von 400,– DM oder aber, wenn er Abtretung des Anspruchs gegen die Versicherung verlangt, nur von 100,– DM zu.

253 **V. Besonderheiten bei gegenseitigen Verträgen**

1. Überblick

Die bisherigen Erörterungen über die Unmöglichkeit der *Leistung* gelten grundsätzlich auch für die gegenseitigen Verträge (Rdnr. 22). Jedoch geht es bei diesen Verträgen nicht nur um die Frage, wie sich die Unmöglichkeit auf die Leistungspflicht des Schuldners (z.B. Übereignung der Kaufsache) auswirkt. Es muß vielmehr außerdem noch geprüft werden, wie es mit dem Anspruch auf die *Gegenleistung* (z.B. Kaufpreis) bestellt ist.

Ist die Leistung ursprünglich und objektiv unmöglich (Fall a), braucht auch die Gegenleistung nicht erbracht zu werden, da der Vertrag nach § 306 nichtig ist.

Bei ursprünglicher subjektiver Unmöglichkeit (Fall b) ist der Vertrag gültig (Rdnr. 242). Der Vertragspartner, der sich zur subjektiv unmöglichen Leistung verpflichtet hat, haftet auf das Erfüllungsinteresse (Rdnr. 244). Der andere Vertragsteil kann Schadensersatz wegen Nichterfüllung verlangen oder vom Vertrag zurücktreten. Das ergibt sich für den praktisch wichtigsten Fall des Kaufs aus der Verweisung des § 440 I (BS Rdnr. 25 ff.).

Für die Fälle der nachträglichen (objektiven oder subjektiven) Unmöglichkeit werden §§ 275, 279 ff. durch §§ 323 ff. ergänzt und teilweise abgeändert. Das Gesetz unterscheidet danach, von wem die Unmöglichkeit zu vertreten ist und behandelt drei Fallgruppen: Die Unmöglichkeit ist von keiner der beiden Vertragsparteien zu vertreten (Rdnr. 254), sie ist vom Gläubiger zu vertreten (Rdnr. 260), sie ist vom Schuldner zu vertreten (Rdnr. 263). Gesetzlich nicht geregelt ist der Fall, daß die Unmöglichkeit von beiden Parteien zu vertreten ist (Rdnr. 270).

254 **2. Von keiner Vertragspartei zu vertretende nachträgliche Unmöglichkeit**

a) Wird die aus einem gegenseitigen Vertrag dem einen Teil (Schuldner) obliegende Leistung unmöglich und hat keine der Vertragsparteien die Unmöglichkeit zu vertreten, so wird der Schuldner von der Leistung frei (§ 275) und verliert den Anspruch auf die Gegenleistung (§ 323 I, 1. Halbsatz). Der Gläubiger braucht also auch seine *Gegenleistung nicht zu erbringen*. Er trägt demnach die Leistungsgefahr, der Schuldner dagegen die Gegenleistungs-(Preis-)gefahr.

Beispiel: Der verkaufte Pkw wird nach Vertragsschluß durch Hochwasser zerstört. Der Käufer hat keinen Anspruch gegen den Verkäufer; er braucht den Kaufpreis nicht zu zahlen. – Ist der Pkw bereits an den Käufer übereignet und übergeben worden (vgl. § 433 I 1) und wird er dann zerstört, sind §§ 275, 323 nicht anwendbar; denn der Verkäufer hat seine Verpflichtungen aus dem Kaufvertrag erfüllt. Der Käufer muß den Kaufpreis zahlen; er trägt als Eigentümer die Gefahr des zufälligen Untergangs („casum sentit dominus").

255 b) Bei *teilweiser*, von keiner Partei zu vertretender Unmöglichkeit wird der Schuldner, soweit Unmöglichkeit vorliegt, von der Leistung frei; im übrigen muß er leisten (§ 275). Der Anspruch auf die Gegenleistung mindert sich, wie sich der Kaufpreis bei einer mangelhaften Kaufsache mindert (§ 323 I, 2. Halbsatz, §§ 472, 473).

Beispiel: Von dem verkauften Lastzug wird der Anhänger durch Hochwasser zerstört. Der Verkäufer muß den noch vorhandenen Motorwagen liefern. War der Anhänger halb so wertvoll wie der Motorwagen, braucht der Käufer nur zwei Drittel des vereinbarten Kaufpreises zu zahlen.

256 c) Verlangt der Gläubiger nach § 281 (Rdnr. 247) *Herausgabe des* für den geschuldeten Gegenstand erlangten *Ersatzes oder Abtretung des Ersatzanspruchs*, so muß er die Gegenleistung erbringen (§ 323 II, 1. Halbsatz). Bleibt allerdings der Wert des Ersatzes oder des Ersatzanspruchs hinter dem Wert der geschuldeten Leistung zurück, so mindert sich die Gegenleistung entsprechend (§ 323 II, 2. Halbsatz, §§ 472, 473).

Beispiel: Hat der Verkäufer des Pkw einen Anspruch gegen die Versicherungsgesellschaft erlangt und verlangt der Käufer Abtretung dieses Anspruchs, weil dieser den Kaufpreis übersteigt, muß er den Kaufpreis zahlen. Deckt die Versicherungssumme aber nur zwei Drittel des Wertes des Pkw, ist der Käufer nur zur Zahlung von zwei Dritteln des vereinbarten Kaufpreises verpflichtet.

257 d) Ist die *Gegenleistung bereits bewirkt* worden, kann sie nach den Regeln der ungerechtfertigten Bereicherung zurückgefordert werden

(§ 323 III). Diese Bestimmung war erforderlich, weil das Schuldverhältnis und damit der rechtliche Grund nicht weggefallen sind. Sie verweist nicht auf die Voraussetzungen der §§ 812 ff., sondern nur auf die Rechtsfolgen (§§ 818 ff.).

258 e) Das Gesetz macht von der Regelung des § 323 wichtige *Ausnahmen*, in denen der Anspruch auf die Gegenleistung bestehen bleibt.

Beispiele: Bei einer von keiner Vertragspartei zu vertretenden Unmöglichkeit wird der Gläubiger von der Gegenleistung nicht frei, wenn

(1) er sich im Annahmeverzug befindet (§ 324 II; Rdnr. 313),

(2) die Kaufsache bereits dem Käufer übergeben worden ist (§ 446 I; BS Rdnr. 45 ff.),

(3) der Käufer eines Grundstücks vor der Übergabe als Eigentümer ins Grundbuch eingetragen worden ist (§ 446 II; BS Rdnr. 50),

(4) die Kaufsache auf Verlangen des Käufers versandt worden ist, sofern es sich nicht um eine Bringschuld handelt (§ 447 I; BS Rdnr. 51 ff.),

(5) der zur Dienstleistung Verpflichtete für eine verhältnismäßig nicht erhebliche Zeit ohne sein Verschulden an der Dienstleistung verhindert wird (§ 616 I; BS Rdnr. 247).

259 f) Im Arbeitsrecht findet nach h. M. § 323 bei *unverschuldeten Betriebsstörungen* keine Anwendung: Kann ein Arbeitnehmer seine Arbeitsleistung wegen eines von beiden Parteien des Arbeitsvertrags nicht zu vertretenden Umstandes (z. B. Stromsperre, Maschinenschaden) nicht erbringen, so hätte er keinen Anspruch auf den Lohn als Gegenleistung (§ 323), wenn man Unmöglichkeit der Leistung annimmt. Meint man dagegen, der Arbeitgeber komme in Annahmeverzug (dazu Rdnr. 303 ff.), bestünde ein Lohnanspruch (§ 615). Beide Lösungen lassen sich formallogisch begründen; sie werden aber der besonderen Interessenlage beim Arbeitsverhältnis nicht gerecht. Hier sind die Folgen einer unverschuldeten Störung derjenigen Vertragspartei aufzubürden, in deren Gefahrenkreis die Betriebsstörung ihre Ursache hat (vgl. Brox, Grundbegriffe des Arbeitsrechts, 6. Aufl., Rdnr. 169 ff.).

Der Arbeitgeber trägt das wirtschaftliche Risiko; ihn trifft das Lohnrisiko bei technischen und wirtschaftlichen Störungen. Wird dagegen eine Betriebsabteilung bestreikt und kann deshalb der Arbeitnehmer einer anderen Betriebsabteilung seine Arbeitsleistung nicht erbringen, so besteht kein Lohnanspruch (vgl. BAG NJW 1981, 937 ff.).

260 3. Vom Gläubiger zu vertretende nachträgliche Unmöglichkeit

a) Wird die aus einem gegenseitigen Vertrag dem einen Teil (Schuldner) obliegende Leistung unmöglich und hat der andere Teil (Gläubiger) die Unmöglichkeit zu vertreten, so wird der Schuldner von der Leistung frei (§ 275) und behält den Anspruch auf die Gegenleistung (§ 324 I 1). Der Gläubiger hat also die *Gegenleistung zu erbringen*, weil das Gesetz zum Schutz des Schuldners davon ausgeht, daß die Leistung als erfüllt gilt (Mot. II, 208).

Streng genommen hat der Gläubiger den Umstand, der zur Unmöglichkeit der Leistung führt, niemals „zu vertreten", da er diese Leistung nicht schuldet. Mit dieser Formulierung ist gemeint, daß der Gläubiger die Leistungsunfähigkeit des Schuldners durch schuldhaften Verstoß gegen seine eigenen Belange herbeigeführt hat (Einzelheiten: RGZ 166, 134). §§ 276, 278 sind entsprechend anwendbar.

Beispiele: Der Gläubiger verhindert schuldhaft, daß eine erforderliche behördliche Genehmigung erteilt wird. Der Käufer vernichtet vorsätzlich oder fahrlässig die Kaufsache. Der Mieter verstößt gegen eine Obhutspflicht, so daß die Gebrauchsüberlassung unmöglich wird.

261 b) Der Schuldner muß sich jedoch das *anrechnen* lassen, was er infolge der Befreiung von der Leistung erspart oder durch anderweitige Verwendung seiner Arbeitskraft erwirbt oder zu erwerben böswillig unterläßt (§ 324 I 2; Gedanke der Vorteilsausgleichung).

Beispiele: Der Verkäufer erspart durch die vom Käufer verschuldete Unmöglichkeit die Versendungskosten; diesen Betrag kann der Käufer vom Kaufpreis abziehen. – Der Malermeister hat eine andere Arbeit gegen Entgelt durchgeführt, weil er seine Verpflichtung gegenüber seinem Kunden durch dessen Verschulden nicht erfüllen konnte; er muß sich das erlangte Entgelt auf seinen Werklohnanspruch anrechnen lassen. Hat er die andere Arbeit nicht angenommen, weil er seinen Kunden schädigen oder weil er die Möglichkeit, untätig zu bleiben, für sich wider Treu und Glauben ausnutzen wollte (= böswillig), so kann der Kunde auch den Betrag abziehen, den der Malermeister bei Ausführung der anderen Arbeit erzielt hätte.

262 c) Da der Gläubiger die Gegenleistung zu erbringen hat, kann er auch anstelle der unmöglich gewordenen Leistung das *stellvertretende commodum* (§ 281; Rdnr. 247) verlangen.

d) Der vom Gläubiger zu vertretenden Unmöglichkeit wird auch die von ihm nicht zu vertretende Unmöglichkeit gleichgestellt, wenn er sich im Annahmeverzug befindet (§ 324 II; dazu Rdnr. 313).

263 **4. Vom Schuldner zu vertretende nachträgliche Unmöglichkeit**

a) Wird die aus einem gegenseitigen Vertrag dem einen Teil (Schuldner) obliegende Leistung infolge eines von ihm (dem Schuldner) zu vertretenden Umstandes unmöglich, hat der Gläubiger folgende Möglichkeiten:

(1) Er verlangt *Schadensersatz wegen Nichterfüllung* (§ 325 I 1; Rdnr. 267 ff.).

(2) Er *tritt* vom Vertrag *zurück* (§§ 325 I 1, 327).

Schadensersatzanspruch und Rücktrittsrecht können durch AGB zugunsten des Verwenders nicht ausgeschlossen oder eingeschränkt werden (vgl. § 11 Nr. 8, 9 AGBG).

(3) Er beruft sich darauf, daß er *von der Gegenleistung frei* geworden ist (§§ 325 I 3, 323 I; Rdnr. 254).

(4) Er verlangt gegen Erbringung der entsprechenden Gegenleistung das *stellvertretende commodum* (§§ 325 I 3, 323 II, 281; Rdnr. 256).

Zwischen diesen Möglichkeiten kann der Gläubiger *wählen*. Bei der Wahl wird er sich davon leiten lassen, welcher Weg sich für ihn im konkreten Fall als der günstigste erweist.

Ist z. B. die Kaufsache durch Verschulden des Verkäufers vernichtet worden, dann wird der Käufer den Anspruch auf Schadensersatz wegen Nichterfüllung geltend machen, wenn er die Sache mit Gewinn hätte weiterverkaufen können. Hatte dagegen der Käufer ein „schlechtes Geschäft" gemacht, wird er froh sein, daß er die Gegenleistung nach §§ 325 I 3, 323 I nicht zu erbringen braucht. Hat der Käufer allerdings seine Gegenleistung erbracht, also den Kaufpreis bereits gezahlt, muß er mit der Möglichkeit rechnen, daß der Verkäufer den Wegfall der Bereicherung geltend macht (§§ 323 III, 818 III). Deshalb ist es für ihn besser, den Rücktritt zu erklären (§§ 325 I 1; 327, 1); dann muß ihm der Verkäufer den Kaufpreis auf jeden Fall zurückzahlen (§ 346, 1). Hat der Verkäufer wegen des Untergangs der Kaufsache einen Anspruch auf eine Versicherungssumme und ist diese größer als der Kaufpreis, ist dem Käufer zu empfehlen, Abtretung des Anspruchs gegen Zahlung des Kaufpreises zu verlangen (§§ 325 I 3, 323 II, 281).

264 Hat der Gläubiger den Rücktritt erklärt, dann entfallen die Leistungspflichten aus dem Vertrag, so daß Schadensersatz wegen Nichterfüllung oder das stellvertretende commodum nicht mehr verlangt werden kann.

Es ist aber jeweils zu prüfen, ob die Erklärung des Gläubigers als Lossagung vom Vertrag aufzufassen ist. „Ich trete zurück und verlange Schadensersatz" braucht keine Rücktrittserklärung zu sein; sie kann vielmehr dahin ausgelegt werden, der Gläubiger wolle Schadensersatz haben und seine Gegenleistung nicht erbringen (vgl. BGH NJW 1982, 1279 f.).

Möglich ist es aber, daß der Gläubiger vom Anspruch auf Schadensersatz zum Rücktritt übergeht, solange er die Ersatzleistung noch nicht angenommen hat (RGZ 109, 184).

Beruft sich der Gläubiger darauf, daß er von der Gegenleistung frei geworden sei (§§ 325 I 3, 323 I), oder verlangt er das stellvertretende commodum (§§ 325 I 3, 323 II, 281), so will er sich damit nicht vom Vertrag lösen; er hat hier – anders als beim Rücktritt – keine rechtsgestaltende Erklärung abgegeben. Deshalb steht es ihm noch frei, sein Rücktrittsrecht auszuüben oder Schadensersatz zu verlangen (str.).

Allerdings ist im Einzelfall zu prüfen, ob sein bisheriges Verhalten nicht als Verzicht auf Rücktritt oder Schadensersatz aufzufassen ist oder ob er sich mit seinem jetzigen Begehren nicht in einen nach Treu und Glauben (§ 242) unvereinbaren Widerspruch zu seinem früheren Verhalten setzt.

265 b) Will der Gläubiger ein Recht aus § 325 geltend machen, z.B. Schadensersatz wegen Nichterfüllung verlangen, so hat er zu behaupten und bei Bestreiten zu beweisen, daß die im Gegenseitigkeitsverhältnis stehende Leistungspflicht des Schuldners nachträglich (objektiv oder subjektiv) unmöglich geworden ist. Von der Unmöglichkeit geht das Gesetz aus, wenn der Gläubiger nach § 283 (Rdnr. 249) vorgegangen ist und die Leistung bis zum Fristablauf nicht bewirkt wird; auch in diesem Fall hat der Gläubiger alle Rechte aus § 325 und kann z.B. Schadensersatz wegen Nichterfüllung des Vertrags verlangen (§ 325 II). Das von § 325 außerdem vorausgesetzte Vertretenmüssen des Schuldners braucht der Gläubiger nicht zu beweisen (vgl. § 282); der Schuldner muß im Streitfall beweisen, daß er die Unmöglichkeit der Leistung nicht zu vertreten hat.

266 c) Bei *teilweiser*, vom Schuldner zu vertretender Unmöglichkeit (vgl. Rdnr. 251) kommt es darauf an, ob die noch mögliche teilweise Erfüllung für den Gläubiger Interesse hat oder nicht. Im ersten Fall muß die Leistung, soweit sie möglich ist, erbracht werden, und der Gläubiger ist insoweit zur Gegenleistung verpflichtet; wegen des unmöglich gewordenen Teils der Leistung hat der Gläubiger die Rechte aus § 325. Hat dagegen die teilweise Vertragserfüllung für den Gläubiger kein Interesse, so stehen dem Gläubiger die Rechte aus § 325 so zu, als wäre die *gan-*

ze Leistung unmöglich geworden (§ 325 I 2). Der Gläubiger kann also z. B. Schadensersatz wegen Nichterfüllung des *ganzen* Vertrags verlangen oder vom *ganzen* Vertrag zurücktreten.

Bei *einseitiger* Leistungsverpflichtung ist nach § 280 II erforderlich, daß der Gläubiger an der teilweisen Leistung des Schuldners kein Interesse mehr hat (Rdnr. 251). Ist aber beim *gegenseitigen* Vertrag die Leistung teilweise unmöglich geworden, so genügt es, daß das Interesse des Gläubigers an der beiderseitigen teilweisen Vertragserfüllung fortgefallen ist (RGZ 50, 138).

267 d) Fraglich ist, wie der Schaden bei *Schadensersatz wegen Nichterfüllung zu ermitteln* ist.

(1) Die *Austausch- oder Surrogationstheorie* hält auch für den Schadensersatzanspruch aus § 325 daran fest, daß bei gegenseitigen Verträgen Leistung und Gegenleistung auszutauschen sind. Wird die Leistung durch Verschulden des Schuldners nach Vertragsschluß unmöglich, so tritt an die Stelle des Anspruchs auf die Leistung der Anspruch auf das Interesse des Gläubigers an der ausbleibenden Leistung. Der Gläubiger bleibt zur Gegenleistung verpflichtet.

Beispiel: Ist nach Abschluß des Tauschvertrags (Pferd gegen Pkw) das Pferd durch Verschulden des Schuldners eingegangen, so ist der Gläubiger weiterhin zur Gegenleistung (Lieferung des Autos) verpflichtet. An die Stelle des Anspruchs des Gläubigers auf das Pferd tritt der Schadensersatzanspruch (= Wert des Pferdes in Geld; z. B. 3500,– DM).

268 (2) Die *Differenztheorie* geht demgegenüber nicht von den auszutauschenden Einzelleistungen, sondern von dem Vertrag als Einheit aus. Nach ihr tritt der Schadensersatzanspruch wegen Nichterfüllung nicht an die Stelle der Leistung, sondern an die Stelle von Leistung und Gegenleistung. Der Gläubiger ist nicht mehr zur Gegenleistung verpflichtet. Vielmehr berechnet sich sein Anspruch auf Schadensersatz wegen Nichterfüllung aus der Differenz des Wertes von Leistung und Gegenleistung; der Wert der unmöglich gewordenen Leistung und der Wert der nicht zu erbringenden Gegenleistung sind also lediglich Rechnungsposten eines einseitigen Schadensersatzanspruchs.

Ist im obigen Beispiel das Pferd 3500,– DM, der Pkw aber nur 3300,– DM wert, dann steht dem Gläubiger ein Anspruch auf Zahlung von (3500,– DM minus 3300,– DM =) 200,– DM zu.

Der Theorienstreit spielt praktisch nur dort eine Rolle, wo die Gegenleistung nicht in einer Geldzahlung besteht.

Beispiel: Tauschvertrag. Hat dagegen K das Pferd, das 3500,– DM wert ist, von V für 3300,– DM gekauft, so hat er bei einer von V zu vertretenden Unmöglichkeit nach der Differenztheorie einen Schadensersatzanspruch von 200,– DM. Nach der Austauschtheorie beläuft sich der Schadensersatzanspruch auf Zahlung von 3500,– DM; jedoch muß K die Gegenleistung (3300,– DM) erbringen. Es besteht die Möglichkeit der Aufrechnung (§ 387). Wird aufgerechnet, bleibt ein Anspruch des K auf Zahlung von 200,– DM übrig.

269 (3) Eine *Mittelmeinung*, die von der Rechtsprechung (vgl. BGHZ 20, 338) und heute weitgehend auch von der Literatur vertreten wird, gibt im Interesse des geschädigten Gläubigers diesem ein Wahlrecht: Er kann die Differenz verlangen oder aber seine Gegenleistung erbringen und Schadensersatz wegen Nichterfüllung der Leistung begehren. Die letzte Möglichkeit wird er wählen, wenn er sich seines Leistungsgegenstandes entledigen will.

Im Ausgangsbeispiel kann der Gläubiger Zahlung von 200,– DM oder Zahlung von 3500,– DM gegen Lieferung des Pkw verlangen.

Nach der Rechtsprechung soll der Gläubiger die Differenz nicht mehr geltend machen dürfen, wenn er die eigene Leistung schon erbracht hat; sie verweist ihn auf das Rücktrittsrecht, wenn er den Gegenstand zurückhaben will. Es ist jedoch nicht recht einzusehen, weshalb in einem solchen Fall die Interessen des Gläubigers weniger schutzwürdig sein sollen, als wenn er die Gegenleistung noch nicht erbracht hat.

e) Der Schaden kann *konkret* oder *abstrakt* berechnet werden (dazu Rdnr. 342 f.).

270 5. Von beiden Parteien zu vertretende nachträgliche Unmöglichkeit

Trotz der ausführlichen gesetzlichen Unmöglichkeitsregeln wird der Fall, daß *beide* Parteien die nachträgliche Unmöglichkeit zu vertreten haben, im Gesetz nicht behandelt. Die h. M. prüft unter Heranziehung des § 254 (Rdnr. 357 ff.), ob der Schuldner oder der Gläubiger den Schaden *überwiegend* verursacht hat. Im ersten Fall soll § 325, im zweiten § 324 angewandt werden.

Beispiel: Ist die verkaufte Maschine von V unsachgemäß verpackt und wird das Paket von K auch noch unsachgemäß geöffnet, so haben beide Vertragsparteien die Unmöglichkeit zu vertreten, wenn die Maschine beim Auspacken zu Bruch geht. Überwiegt das Verschulden des V, hat K die Rechte aus § 325; er kann also z. B.

Schadensersatz wegen Nichterfüllung verlangen oder vom Vertrag zurücktreten. Hat dagegen K die Unmöglichkeit überwiegend verschuldet, behält V den Kaufpreisanspruch (§ 324).

Diese Regel ist zu starr und berücksichtigt nicht, daß nach § 254 die Umstände des Einzelfalls beachtlich sind. Schwierigkeiten ergeben sich auch dann, wenn das Verschulden beider Vertragsteile gleich schwer wiegt. Interessengemäße Lösungen werden sich dadurch finden lassen, daß man von §§ 324, 325 ausgeht und je nach den Besonderheiten des Falls unter Berücksichtigung des allgemeinen Rechtsgedankens des § 254 den Umfang des Anspruchs auf die Gegenleistung (§ 324) und auf Schadensersatz (§ 325) bemißt. Im Einzelfall kann das dazu führen, daß weder ein Anspruch des Schuldners noch ein solcher des Gläubigers gegeben ist.

271

§ 21. Schuldnerverzug

Schrifttum: Adler, Zur Lehre vom Leistungsverzug beim Kauf, ZHR 86,1; Eisenhardt, Die Beendigung des Schuldnerverzugs und die daraus erwachsenden Folgen, JuS 1970, 489; Emmerich, Zum Verzug bei Ratenkreditverträgen, WM 1984, 949; Göhner, Verzugsbeginn mit dem Zugang der Mahnung, NJW 1980, 570; Gursky, Schuldnerverzug trotz fehlender Annahmebereitschaft des Gläubigers?, AcP 173, 450; Heymann, Das Verschulden beim Erfüllungsverzug, Festgabe f. Enneccerus, 1913, IV; Lindacher, Definität und Revisibilität der Gläubigerentscheidung nach § 326 BGB, JZ 1980, 48; Oertmann, Einrede und Verzug, ZHR 78, 1; F. Peters, Schadensersatz wegen Nichterfüllung und Verzug beim gegenseitigen Vertrag, NJW 1979, 688; Schneider, Verzugsbeginn mit dem Zugang der Mahnung?, NJW 1980, 1375; Walchshöfer, Voraussetzungen und Folgen des Schuldnerverzuges, JuS 1983, 598; Weimar, Ersetzt Berechenbarkeit der Leistung beim Schuldnerverzug die Mahnung?, JR 1982, 274; Zitelmann, Selbstmahnung des Schuldners, Festgabe f. Krüger, 1911, 282.

Fälle:

a) S hat dem G in notarieller Urkunde schenkweise (§ 518) versprochen, ihm am 1. Oktober ein Bild zu übereignen. G läßt S am 10. Oktober durch einen Anwalt auffordern, das Bild zu liefern und die Kosten für die Inanspruchnahme des Anwalts zu zahlen.

b) V hat dem K seinen Pkw für 3000,– DM verkauft. Da V nicht liefert, läßt K ihn an seine Pflicht durch einen Anwalt erinnern und verlangt Ersatz der Anwaltskosten.

c) Im Fall b wird dem V nach Eingang des Schreibens der Pkw aus der verschlossenen Garage gestohlen. K hätte ihn mit 500,– DM Gewinn weiterverkaufen können.

d) Im Fall b möchte K mit seinem Geld von einer zuverlässigeren Person einen Pkw kaufen. Was soll er tun, damit er nicht schließlich zwei Autos abzunehmen und zu bezahlen hat?

e) Im Fall b könnte K den Pkw für 3300,– DM weiterverkaufen. Deshalb verlangt er von V 300,– DM.

Erbringt der Schuldner seine Leistung nicht rechtzeitig, entsteht dem Gläubiger häufig ein Verzögerungsschaden. Diesen kann er nach § 286 I ersetzt verlangen, wenn der Schuldner sich im Verzug befindet; der Anspruch auf die bisher nicht erbrachte Leistung bleibt davon unberührt.

Andererseits kann der Verzug dazu führen, daß der Gläubiger kein Interesse an der Leistung mehr hat. Für diesen Fall gibt ihm § 286 II das Recht, die Leistung des Schuldners abzulehnen und statt dessen Schadensersatz wegen Nichterfüllung zu verlangen. § 286 II gilt allerdings nur für solche Verpflichtungen, die nicht als Hauptleistungspflichten auf gegenseitigen Verträgen beruhen. Für diese enthält § 326 eine Sonderregelung. Bei gegenseitigen Verträgen führt der Verzug eines Vertragspartners dazu, daß der andere seine Gegenleistung bereithalten muß, ohne zu wissen, ob und wann die Leistung erbracht wird. Deshalb gibt § 326 ihm das Recht, die Leistung des Partners abzulehnen und entweder vom Vertrag zurückzutreten oder Schadensersatz wegen Nichterfüllung zu verlangen. Diese weitreichenden Folgen sollen im Interesse des säumigen Partners nur dann eingreifen, wenn er zuvor durch Fristsetzung mit Ablehnungsandrohung nachdrücklich darauf hingewiesen worden ist (vgl. Rdnr. 283 ff.).

§ 286 II gilt also nur für *einseitige* Leistungspflichten des Schuldners, § 326 nur für *gegenseitige* Verträge. Demgegenüber ist § 286 I in allen Fällen anwendbar, wenn der Gläubiger neben der Erfüllung Ersatz des Verspätungsschadens verlangen will.

Alle genannten Anspruchsgrundlagen setzen mindestens Schuldnerverzug voraus; deshalb soll er zuerst behandelt werden.

272 **I. Voraussetzungen des Schuldnerverzugs**

Schuldnerverzug setzt *schuldhafte Nichtleistung trotz Fälligkeit und Mahnung* voraus (§§ 284 f.). Im einzelnen ist also erforderlich:

1. Nichtleistung

Der Schuldner muß die Leistung, zu der er verpflichtet ist, nicht erbracht haben. Hierin besteht der Unterschied zum Gläubigerverzug (§§ 293 ff.): Dieser setzt voraus, daß der Gläubiger die Leistung des Schuldners nicht annimmt.

Schuldnerverzug kommt nur dann in Betracht, wenn die geschuldete Leistung noch möglich ist. Beruht nämlich die nicht fristgerechte Erfüllung der Leistungsverpflichtung darauf, daß die Leistung unmöglich geworden ist, greifen die Vorschriften über die Unmöglichkeit (§§ 275 ff., 323 ff.) ein. Unmöglichkeit schließt also den Eintritt des Verzuges aus. Tritt die Unmöglichkeit während des Verzuges ein, so endet dieser; der Gläubiger kann den bis zu diesem Zeitpunkt entstandenen Verspätungsschaden unter den Voraussetzungen der §§ 284 ff., weitere Schäden jedoch nur nach den Vorschriften über die Unmöglichkeit ersetzt verlangen. Für die Abgrenzung des Schuldnerverzuges von der Unmöglichkeit ist entscheidend, ob die geschuldete Leistung noch *nachholbar* ist.

Beim absoluten Fixgeschäft (Rdnr. 214) kann die Leistung nur zu der vereinbarten Zeit erbracht werden; danach ist sie nicht mehr nachholbar, so daß Verzug nicht gegeben sein kann. Verletzt jemand eine Unterlassungspflicht (z. B. ein Wettbewerbsverbot), liegt Unmöglichkeit vor; das Unterlassen kann nicht verzögert werden.

273 ## 2. Fälligkeit

Eine Leistung ist dann fällig, wenn der Schuldner sie zu erbringen hat; nicht entscheidend ist, ob er sie schon erbringen darf (vgl. Rdnr. 143).

Ist z. B. vereinbart „zahlbar in drei Monaten", so tritt bis zum Ablauf dieser Frist schon mangels Fälligkeit kein Schuldnerverzug ein. Wenn dagegen über die Fälligkeit keine Absprache getroffen ist, wird regelmäßig sofortige Fälligkeit anzunehmen sein (§ 271 I; Rdnr. 143 f.). Im Fall a ist der Anspruch am 1. Oktober, im Fall b mit Vertragsabschluß fällig.

Ist die Forderung des Gläubigers mit einer Einrede des Schuldners behaftet, ändert das an der Fälligkeit nichts. Die Forderung ist aber nicht durchsetzbar, so daß kein Verzug eintritt (str.). Denn solange der Schuldner die Leistung verweigern kann, ist seine Nichtleistung kein

Unrecht. Es genügt, daß das Verweigerungsrecht objektiv gegeben ist. Es braucht vom Schuldner nicht geltend gemacht zu werden; das ist erst im Prozeß erforderlich.

Zur Frage, ob auch die Einreden aus §273 und §320 den Verzug ausschließen, siehe Rdnr. 159.

274 **3. Mahnung**

a) Die Fälligkeit der Forderung genügt allein nicht, um die für den Schuldner nachteiligen Folgen des Schuldnerverzugs herbeizuführen. Es muß dem Schuldner nach Eintritt der Fälligkeit außerdem noch zum Bewußtsein gebracht werden, daß die Verspätung für ihn nachteilige Folgen haben kann. Deshalb verlangt §284 I 1 eine Mahnung des Gläubigers. Sie ist eine *einseitige, empfangsbedürftige Aufforderung* an den Schuldner, die geschuldete Leistung zu erbringen.

Streitig ist, ob die Mahnung eine Willenserklärung oder eine geschäftsähnliche Handlung (AT Rdnr. 93) ist. Die Frage hat praktisch keine Bedeutung, weil auch im letzten Fall Vorschriften über die Willenserklärung analog anzuwenden sind. So ist die Mahnung eines Minderjährigen wirksam, weil sie ihm lediglich rechtlichen Vorteil bringt (vgl. §107; AT Rdnr. 235 ff.).

275 b) Die Mahnung bedarf *keiner bestimmten Form*. Sie kann auch durch schlüssiges Handeln erfolgen. Erforderlich ist aber stets, daß der Schuldner aus ihr hinreichend deutlich entnehmen kann, der Gläubiger verlange eine bestimmte Leistung, deren Ausbleiben Folgen nach sich ziehen werde. Ein bestimmter Rechtsnachteil braucht jedoch nicht angedroht zu werden.

Die Übersendung einer Rechnung genügt im allgemeinen nicht. Dagegen kann eine Rechnung mit dem auffälligen Vermerk „Zweite Rechnung" eine Mahnung sein.

Eine besonders massive Form der Mahnung ist die Erhebung einer Leistungsklage sowie die Zustellung eines Mahnbescheids (§284 I 2).

276 c) Der Schuldner braucht in bestimmten Fällen nicht durch Mahnung an seine Leistungspflicht erinnert zu werden. Eine *Mahnung ist entbehrlich*, wenn für die Leistung eine Zeit nach dem Kalender bestimmt ist (§284 II 1; „dies interpellat pro homine"; Fall a). Dagegen genügt eine bloße Berechenbarkeit (z.B. „zwei Wochen nach Lieferung") nicht, da auf ein künftiges ungewisses Ereignis abgestellt wird (h.M.; RGZ 103, 33). Andererseits reicht nach §284 II 2 die Berechen-

barkeit aus, wenn innerhalb einer kalendermäßig zu berechnenden Zeit nach einer Kündigung zu leisten ist (z. B.: „das Darlehen ist zwei Wochen nach Kündigung zurückzuzahlen“). Hier wird der Schuldner durch die Kündigung erinnert, und er kann den Tag errechnen, an dem zu leisten ist.

Ferner ist eine Mahnung nicht erforderlich, wenn sie von vornherein zwecklos ist (z. B. ernstliche Leistungsverweigerung des Schuldners). Das gleiche gilt, wenn der Schuldner auf sie verzichtet oder die Leistung an einem bestimmten Tag zu erbringen verspricht und den Gläubiger dadurch von einer Mahnung abhält. In diesen Fällen würde der Schuldner gegen Treu und Glauben verstoßen, wenn er sich darauf berufen würde, daß nicht gemahnt worden sei. Denn die Mahnung ist im Hinblick auf sein Verhalten unterblieben.

Durch AGB kann deren Verwender nicht von der Mahnung freigestellt werden (§ 11 Nr. 4 AGBG).

277 **4. Vertretenmüssen**

Verzug setzt schließlich ein Vertretenmüssen des Schuldners voraus (§ 285). Regelmäßig muß er also die Verspätung vorsätzlich oder fahrlässig verursacht haben (§ 276). Zu beachten sind aber auch § 277 (Rdnr. 220), § 278 (Rdnr. 222 ff.) und § 279 (Rdnr. 92).

Aus der Fassung des § 285 ist zu entnehmen, daß der Schuldner zu beweisen hat, ihn treffe kein Verschulden. Insoweit entspricht § 285 der Regelung des § 282 für die Unmöglichkeit (Rdnr. 250). Der Gläubiger kann nicht wissen, aus welchem Grund der Schuldner nicht leistet. Klagt er einen Verzugsschaden ein, braucht er nur die Nichtleistung des Schuldners, die Fälligkeit und die Mahnung zu behaupten. Es ist Sache des Schuldners, sein Nichtverschulden zu behaupten und bei Bestreiten des Gläubigers zu beweisen.

Beispiele für Nichtverschulden: Schwere Erkrankung des Schuldners, der in Person zu leisten hat; Fälle der höheren Gewalt. Leistet der Schuldner infolge eines Rechtsirrtums nicht, kommt er nur dann nicht in Verzug, wenn der Irrtum nicht auf Fahrlässigkeit beruht. Hier sind strenge Anforderungen zu stellen (Erkundigungspflicht!).

278 II. Folgen des Schuldnerverzugs

1. Ersatz des Verspätungsschadens

a) Der Schuldner hat dem Gläubiger den durch den Verzug entstehenden Schaden zu ersetzen (§ 286 I). Der Gläubiger behält seinen Erfüllungsanspruch und bekommt zusätzlich einen *Anspruch auf Ersatz des Verspätungsschadens*.

Im Fall a ist S am 1. Oktober in Schuldnerverzug gekommen; die Kosten für die Inanspruchnahme des Anwalts gehören zum Verzugsschaden. Im Fall b gerät V erst durch das Mahnschreiben des Anwalts in Verzug; deshalb kann K die Kosten des Schreibens nicht als Verzugsschaden geltend machen.

279 b) Wird *Geld* geschuldet, kann der Gläubiger beim Schuldnerverzug 4% *Verzugszinsen* verlangen (§ 288 I 1). Dieser Mindestschaden braucht nicht bewiesen zu werden; er steht nach dem Gesetz unwiderleglich fest. Ein höherer Zinssatz kommt in Betracht, wenn er sich „aus einem anderen Rechtsgrunde" (z.B. bei beiderseitigem Handelsgeschäft aus § 352 I HGB oder aus einer Parteivereinbarung) ergibt (§ 288 I 2).

Die Regelung des § 288 I schließt aber nicht aus, daß der Gläubiger einen weiteren Schaden geltend macht, der ihm durch den Verzug des Schuldners entstanden ist (§ 288 II). Hat er z.B. Bankkredit zu 9% Zinsen aufgenommen, so ist seine Zinsschuld gegenüber der Bank sein Verzugsschaden.

Ist der Schuldner mit der Zahlung von *Zinsen* im Verzug, braucht er von den Zinsen nicht noch Verzugszinsen zu entrichten (§ 289, 1, der insoweit § 288 I einschränkt; vgl. dazu das Verbot der Zinseszinsen in § 248; Rdnr. 108). Jedoch können Zinseszinsen als weiterer Verzugsschaden geltend gemacht werden (§ 289, 2). Beispiel: Der Gläubiger weist nach, daß er die geschuldeten Zinsen verzinslich angelegt hätte.

Ist der geschuldete Gegenstand während des Verzugs untergegangen oder im Wert gemindert worden und der Schuldner zum Ersatz des Wertes oder der Wertminderung verpflichtet, ist auch dieser Geldanspruch zu verzinsen (§ 290). Die Zinshöhe von 4% als Mindestschaden ergibt sich aus § 288 I 1; ein weitergehender Schaden (§ 288 II) kann auch hier geltend gemacht werden.

280 **2. Haftungsverschärfungen**

a) Während des Verzugs hat der Schuldner *jede Fahrlässigkeit* zu vertreten (§ 287, 1). Diese Vorschrift hat für diejenigen Fälle Bedeutung, in denen der Schuldner nach dem Schuldverhältnis nicht für jede, sondern nur für grobe oder individuelle Fahrlässigkeit einzustehen hat.

Beispiel: Der unentgeltlich Verwahrende hat nur für diejenige Sorgfalt einzustehen, die er in eigenen Angelegenheiten anzuwenden pflegt (§ 690), was nach § 277 bedeuten kann, daß er für einfache Fahrlässigkeit nicht haftet. Kommt er jedoch mit der Rückgabepflicht in Verzug, haftet er für jede Fahrlässigkeit.

281 b) Normalerweise haftet der Schuldner nicht für zufällige Unmöglichkeit (§ 275). Befindet er sich aber im Verzug, ist er auch für die durch *Zufall* eintretende Unmöglichkeit verantwortlich (§ 287, 2). Die Unmöglichkeit braucht nicht durch die Verzögerung adäquat verursacht (Rdnr. 330) worden zu sein; bei adäquater Kausalität ergibt sich die Haftung des Schuldners schon aus §§ 280, 286. Nach § 287, 2 genügt es, daß die Unmöglichkeit „während" des Verzugs eintritt (h. L.).

Im Fall c wird während des Verzugs der geschuldete Pkw ohne Verschulden des V gestohlen. Das hat V nach § 287, 2 zu vertreten. Diese Bestimmung ist auch beim gegenseitigen Vertrag anzuwenden. K kann also den entgangenen Gewinn von 500,– DM nach § 325 ersetzt verlangen.

Die Schadensersatzpflicht tritt ausnahmsweise dann nicht ein, wenn der Schuldner beweist, daß der Schaden auch bei rechtzeitiger Leistung eingetreten sein würde (§ 287, 2 a. E.). Hier berücksichtigt das Gesetz einen hypothetischen Kausalverlauf (Rdnr. 354 ff.).

Beispiel: Der Pkw wäre bei rechtzeitiger Leistung beim Gläubiger durch Brand vernichtet worden.

282 **3. Schadensersatz wegen Nichterfüllung nach § 286 II**

Hat die Leistung infolge des Verzugs kein Interesse für den Gläubiger, kann er unter Ablehnung der Leistung *Schadensersatz wegen Nichterfüllung* in Geld verlangen (§ 286 II 1, der dem § 280 II 1 nachgebildet ist). Hier tritt also der Schadensersatzanspruch an die Stelle des Erfüllungsanspruchs. Da die Höhe des Schadens danach zu berechnen ist, wie der Gläubiger bei rechtzeitiger Leistung stehen würde, ist darin auch der Verzögerungsschaden enthalten; deshalb kann der Gläubiger nicht außer dem Schadensersatz wegen Nichterfüllung auch noch den Verzögerungsschaden geltend machen. Eine bereits erbrachte Leistung ist nach Rücktrittsregeln zurückzugewähren (§ 286 II 2).

Der Gläubiger muß beweisen, daß die Leistung für ihn objektiv kein Interesse mehr hat. Liegen die Voraussetzungen des § 286 II nicht vor oder vermag er sie nicht zu beweisen, kann er das gewünschte Ziel auch dadurch erreichen, daß er nach § 283 (Rdnr. 249) vorgeht.

§ 286 II ist nicht auf Hauptleistungspflichten beim gegenseitigen Vertrag anwendbar; dort gilt § 326.

283 **III. Besonderheiten bei gegenseitigen Verträgen**

Will beim gegenseitigen Vertrag ein Vertragspartner wegen Schuldnerverzugs des anderen vom Vertrag zurücktreten oder Schadensersatz wegen Nichterfüllung verlangen, so müssen die Voraussetzungen des § 326 erfüllt sein.

1. Voraussetzungen des § 326

a) Es muß sich um einen *gegenseitigen Vertrag* (Rdnr. 22) handeln.

284 b) Der Vertragspartner muß mit einer *Hauptleistung* im *Schuldnerverzug* sein.

(1) Was Hauptleistung ist, richtet sich nach dem Parteiwillen; die Parteien müssen die Leistung als wesentlich gewollt haben (vgl. auch Rdnr. 154; z. B. die Übereignungspflicht beim Kauf; Fall d).

(2) Schuldnerverzug bedeutet auch hier schuldhafte Nichtleistung trotz Fälligkeit und Mahnung (§§ 284 f., Rdnr. 271 ff.). Der Schuldner kommt solange nicht in Verzug, als der vorleistungspflichtige Gläubiger seine Leistung nicht erbracht hat oder dem Schuldner die Einrede aus § 320 zusteht (Rdnr. 159).

Hat der Schuldner einen Teil geleistet und kommt er nur wegen des Restes in Verzug (*Teilverzug*), so kann der Gläubiger insoweit die Rechte aus § 326 geltend machen, wenn eine Trennung zwischen dem erfüllten und dem nicht erfüllten Teil möglich ist. Hat dagegen die Teilerfüllung für den Gläubiger kein Interesse mehr, kann er die Rechte aus § 326 hinsichtlich des ganzen Vertrages geltend machen (§ 326 I 3 i. V. m. § 325 I 2), also vom ganzen Vertrag zurücktreten oder Schadensersatz wegen Nichterfüllung hinsichtlich der ganzen Schuldnerverpflichtung verlangen.

285 c) Der Gläubiger muß dem Schuldner eine angemessene Frist mit der Erklärung bestimmen, daß er die Annahme der Leistung nach dem Ablauf der Frist ablehne (= *Nachfristsetzung mit Ablehnungsandrohung*). Es handelt sich um eine empfangsbedürftige, unwiderrufliche Willenserklärung; der Schuldner muß aus der Erklärung den Ablehnungswillen des Vertragspartners klar und unmißverständlich entnehmen können. Welche Frist im Einzelfall angemessen ist, muß im Streitfall der Richter unter Berücksichtigung der Interessen beider Vertragsparteien ermitteln. Ist danach die vom Gläubiger gesetzte Frist zu kurz, so ist die Fristsetzung nicht wirkungslos; vielmehr wird dadurch eine angemessene Frist in Lauf gesetzt. Die Erklärung kann nach dem klaren Wortlaut des § 326 erst dann wirksam abgegeben werden, wenn der Schuldner sich bereits im Verzug befindet; allerdings läßt die Rechtsprechung es genügen, daß die den Verzug begründende Mahnung und die Nachfristsetzung in einer einzigen Erklärung enthalten sind.

Im Fall d kann K dem V, der durch das Mahnschreiben des Anwalts in Verzug geraten ist, eine Nachfrist setzen und androhen, daß er danach die Annahme des Pkw ablehne. Das hätte auch schon in dem Mahnschreiben erfolgen können. – Die Bestimmung in AGB, durch die sich der Verwender eine unangemessen lange oder nicht hinreichend bestimmte Nachfrist vorbehält, ist unwirksam (§ 10 Nr. 2 AGBG; vgl. auch § 11 Nr. 4 AGBG).

Einer Nachfristsetzung bedarf es ausnahmsweise dann nicht, wenn der Austausch der Leistungen für den Gläubiger infolge des Schuldnerverzugs kein Interesse mehr hat (Beispiel: Lieferung von Saisonartikeln; § 326 II).

Darüber hinaus ist der Schuldner nicht schutzwürdig und eine Nachfristsetzung entbehrlich, wenn er darauf verzichtet oder wenn er die Erfüllung seiner Pflicht ernstlich und endgültig verweigert.

286 d) Die Nachfrist muß *fruchtlos abgelaufen* sein.

e) Die Rechte aus § 326 sind *ausgeschlossen*, wenn der Gläubiger sich selbst *nicht vertragstreu* verhält (vgl. BGH NJW 1971, 1747; 1977, 580).

287 **2. Folgen des § 326**

a) Der Anspruch auf Erfüllung ist ausgeschlossen (§ 326 I 2 a. E.).

b) Der Gläubiger hat nunmehr ein *Wahlrecht*: Er kann *Schadensersatz wegen Nichterfüllung* verlangen oder den *Rücktritt vom Vertrage* erklären.

Ein Ausschluß dieser Rechte durch AGB zugunsten des Verwenders ist nicht möglich (vgl. § 11 Nr. 8, 9 AGBG).

Im Fall d wird K dem V gegenüber den Rücktritt vom Vertrag erklären. Dann braucht er den Kaufpreis nicht zu zahlen bzw. kann den bereits entrichteten Preis zurückfordern. Im Fall e wird er nach fruchtlosem Ablauf der gesetzten Nachfrist Schadensersatz wegen Nichterfüllung (3300,– DM minus 3000,– DM = 300,– DM) verlangen. Hat er jedoch bereits den Rücktritt erklärt, besteht der Vertrag nicht mehr (vgl. Rdnr. 206 ff.), so daß ein Schadensersatzanspruch ausscheidet.

288 IV. Anhang: Besonderheiten bei Rechtshängigkeit

a) Die Rechtshängigkeit wird normalerweise durch Klageerhebung begründet (vgl. § 261 I ZPO). Regelmäßig kommt der Schuldner spätestens durch Klageerhebung in Verzug, da sie einer Mahnung gleichsteht (§ 284 I 2). Ausnahmsweise tritt damit aber noch kein Schuldnerverzug ein, wenn z. B. der Schuldner infolge eines unverschuldeten Rechtsirrtums nicht geleistet hat. Dennoch behandelt das Gesetz den Schuldner von der Rechtshängigkeit an in bestimmter Hinsicht so, als ob er schon im Verzug sei; denn von der Erhebung der Leistungsklage an muß der Schuldner ganz besonders damit rechnen, daß er zur Leistung verurteilt wird.

289 Von der Rechtshängigkeit an muß eine *Geldschuld verzinst* werden (§ 291, 1; Prozeßzinsen). Die Rechtshängigkeit steht hier also dem Schuldnerverzug gleich. Wird allerdings die Forderung erst während des Rechtsstreits fällig, beginnt die Zinspflicht erst von diesem Zeitpunkt an (§ 291, 1 a. E.).

Die Prozeßzinsen entsprechen in ihrer Höhe den Verzugszinsen (§ 291, 2 i. V. m. § 288 I, § 289, 1). Einen weitergehenden Schaden (§ 288 II) kann der Gläubiger nur im Fall des Verzugs geltend machen; § 291, 2 bezieht sich nicht auf § 288 II.

290 b) Wenn ein Anspruch auf *Herausgabe einer Sache rechtshängig* ist, so verweist § 292 wegen der Haftung für Verschlechterung oder Unmöglichkeit der Herausgabe, wegen der Pflicht zur Herausgabe von Nutzungen oder ihrer Vergütung und wegen eines Verwendungsersatzanspruchs auf das Eigentümer-Besitzer-Verhältnis (§§ 987 ff.).

Beispiel: G klagt den Anspruch auf Herausgabe einer Sache ein. S ist schadensersatzpflichtig, wenn von diesem Zeitpunkt an die herausverlangte Sache durch sein

Verschulden verschlechtert wird oder untergeht (§ 989). Er hat die Nutzungen (= Früchte und Gebrauchsvorteile; vgl. § 100) herauszugeben und für schuldhaft nicht gezogene Nutzungen Schadensersatz zu leisten (§ 987). Andererseits hat S einen Anspruch auf Ersatz für notwendige Verwendungen (z. B. Fütterungskosten), nicht für nützliche oder Luxusverwendungen (§ 994 II).

Die Ansprüche des Gläubigers nach § 292 sind Mindestansprüche. Sie schließen weitergehende Rechte aus Verzug oder aus dem besonderen Schuldverhältnis nicht aus (§ 292 I a. E.).

291 § 22. Positive Forderungsverletzung

Schrifttum: Canaris, Schutzgesetze-Verkehrspflichten-Schutzpflichten, Festschrift f. Larenz, 1983, 27; Gerhardt, Der Haftungsmaßstab im gesetzlichen Schutzverhältnis (Positive Vertragsverletzung, culpa in contrahendo), JuS 1970, 597; Grimm, Zur Abgrenzung der Schadensersatzansprüche aus § 635 BGB und aus positiver Vertragsverletzung, NJW 1968, 14; U. Huber, Zur Haftung des Verkäufers wegen positiver Vertragsverletzung, AcP 177, 281; Köpcke, Typen der positiven Vertragsverletzung, 1965; Musielak, Beweislastverteilung nach Gefahrenbereichen, AcP 176, 465; Picker, Positive Forderungsverletzung und culpa in contrahendo, AcP 183, 369; Schlechtriem, Abgrenzungsfragen bei der positiven Vertragsverletzung, VersR 1973, 581; Schwerdtner, Positive Vertragsverletzung, Jura 1980, 213; Staub, Die positiven Vertragsverletzungen, 1904; Hans Stoll, Die Beweislastverteilung bei positiven Vertragsverletzungen, Festschrift f. F. v. Hippel, 1967, 517; Heinrich Stoll, Abschied von der Lehre von der positiven Vertragsverletzung, AcP 136, 257; ders., Die Lehre von den Leistungsstörungen, 1936; Thiele, Leistungsstörung und Schutzpflichtverletzung, JZ 1967, 649; Westhelle, Nichterfüllung und positive Vertragsverletzung, 1978.

Fälle:

a) B beauftragt den Kraftfahrzeugmeister U, an seinem Fahrzeug die Bremsbeläge zu erneuern. U führt diese Arbeit aus, weist B aber nicht darauf hin, daß die Bremsflüssigkeit ausgelaufen ist. B erleidet infolgedessen bei der Heimfahrt einen Unfall.

b) V verkauft an K eine von ihm hergestellte Maschine. Als K sie in Betrieb nimmt, explodiert sie infolge eines Fabrikationsfehlers und gerät in Brand. Hierbei entsteht in der Werkstatt erheblicher Sachschaden.

c) Die Brauerei V hat dem Gastwirt K, der sich ihr gegenüber verpflichtet hat, wöchentlich zwei hl Bier abzunehmen, bereits mehrfach ungenießbares Bier geliefert. K lehnt es ab, weitere Lieferungen entgegenzunehmen.

I. Entstehung und Anwendungsbereich

1. Entstehung

Die positive Forderungsverletzung ist gesetzlich nicht geregelt. Der Gesetzgeber ging davon aus, daß mit den Regeln über die Unmöglichkeit, den Schuldnerverzug und die Mängelgewährleistung (z.B. §§ 459 ff.) sämtliche Fälle einer Nicht- oder nicht gehörigen Erfüllung einer Verbindlichkeit erfaßt seien. Das aber trifft nicht zu, wie an folgendem Beispiel deutlich wird:

Bauer B verkauft und liefert dem Reitstallbesitzer R Pferdefutter, das aufgrund einer Nachlässigkeit des B giftige Bestandteile enthält. Zwei Pferde des R gehen ein (vgl. RGZ 66, 289). Obwohl B seine Vertragspflicht, ordnungsgemäß zu liefern, schuldhaft verletzt und dadurch R geschädigt hat, kann R von B weder unter dem Gesichtspunkt der Unmöglichkeit noch unter dem des Schuldnerverzugs Schadensersatz verlangen. Die Leistung war möglich, wegen der rechtzeitigen Lieferung lagen auch die Voraussetzungen des Verzugs nicht vor. Über die Regeln der Gewährleistung (§§ 459 ff.) kann R nach Wandlung nur den Kaufpreis zurückverlangen, nicht aber Schadensersatz für die verendeten Pferde erhalten (BS Rdnr. 57 ff.). Ein Schadensersatzanspruch nach § 463 ist nicht gegeben, da B weder eine Eigenschaft des Futters zugesichert noch arglistig gehandelt hat.

Auf diese Gesetzeslücke hat bereits Staub hingewiesen. Für die nicht geregelten Fälle schuldhafter Pflichtverletzungen wird eine entsprechende Anwendung der §§ 280, 286, bei gegenseitigen Verträgen der §§ 325, 326 befürwortet. Das entspricht heute der h.M. und ist gewohnheitsrechtlich anerkannt (vgl. BGHZ 11, 80).

Die positive Forderungsverletzung wird auch positive Vertragsverletzung genannt. Diese Bezeichnung ist jedoch zu eng, da auch bei nichtvertraglichen Schuldverhältnissen Leistungsstörungen vorkommen können, auf welche die Vorschriften über die Unmöglichkeit oder den Schuldnerverzug nicht direkt anwendbar sind.

292 2. Anwendungsbereich

Da die Lehre von der positiven Forderungsverletzung der Ausfüllung einer Gesetzeslücke dient, ist sie überall dort *nicht* anzuwenden, wo eine spezialgesetzliche Regelung vorhanden ist. Zu prüfen ist also immer zunächst, ob die betreffende Pflichtverletzung nicht bereits in den Vorschriften über die Unmöglichkeit, den Schuldnerverzug oder die Mängelgewährleistung geregelt ist. Erst wenn das zu verneinen ist, darf auf die Lehre von der positiven Forderungsverletzung zurückgegriffen werden.

293

II. Voraussetzungen

Um Ansprüche aus positiver Forderungsverletzung herleiten zu können, müssen im einzelnen folgende Voraussetzungen erfüllt sein:

1. Objektiver Tatbestand

Der Schuldner muß durch ein Handeln oder Unterlassen eine vertragliche *Pflicht verletzt* und dem Gläubiger dadurch einen *Schaden verursacht* haben. Zwischen dem Verhalten des Schuldners und der Pflichtverletzung sowie der Pflichtverletzung und dem Schaden muß ein adäquater Kausalzusammenhang bestehen (Rdnr. 327 ff.).

Zu den Pflichten, deren Nichtbeachtung eine positive Forderungsverletzung begründen kann, gehört alles, was vom Schuldner aus dem Vertrag verlangt werden kann. Der Schuldner ist vor allem gehalten, alles zu unterlassen, was den Vertragszweck gefährden oder vereiteln könnte. Als Hauptbeispiele einer Pflichtverletzung sind zu nennen:

294 a) *Verletzung vertraglicher Nebenpflichten*, wie Vorbereitungs-, Obhuts-, Erhaltungs-, Aufbewahrungs-, Anzeige-, Auskunfts- oder Geheimhaltungspflichten (s. dazu Rdnr. 13, 80 ff.).

Im Fall a hätte U, obwohl er nur mit der Erneuerung der Bremsbeläge beauftragt war, B darauf aufmerksam machen müssen, daß die Bremsflüssigkeit ausgelaufen war.

295 b) *Schlechterfüllung einer Hauptleistungspflicht*, sofern durch die nicht ordnungsgemäße Erfüllung ein über das Erfüllungsinteresse hinausgehender zusätzlicher Schaden (*Begleitschaden*) entstanden ist.

Im Fall b kann K wegen des Mangels der Maschine aus den §§ 459, 462 vorgehen, also wandeln oder mindern. Den durch den Mangel verursachten weitergehenden Schaden kann er dagegen nur unter dem Gesichtspunkt der positiven Forderungsverletzung ersetzt verlangen.

296 c) Verletzung *einzelner Lieferpflichten* bei einem *Sukzessivlieferungsvertrag* (z.B. Bierlieferungsvertrag; Fall c). Hier kann u.U. schon die mangelhafte oder verspätete Einzellieferung eine Verletzung des gesamten Vertrages darstellen.

297 d) *Erklärungen* des Schuldners, er werde seine Verpflichtung *endgültig nicht* oder nur unter Bedingungen *erfüllen*, die ungesetzlich oder unsittlich sind, stellen ebenfalls eine positive Forderungsverletzung dar, selbst wenn die Leistung noch nicht fällig ist (str.).

298 **2. Rechtswidrigkeit**

Die Forderungsverletzung muß ferner rechtswidrig sein. Regelmäßig ist jede Verletzung einer vertraglichen Pflicht rechtswidrig, soweit nicht ausnahmsweise ein Rechtfertigungsgrund vorliegt (dazu Rdnr. 317).

299 **3. Verschulden**

Eine Haftung aus positiver Forderungsverletzung setzt schließlich voraus, daß der Schuldner die *Pflicht schuldhaft verletzt* hat (dazu Rdnr. 216ff.). Das Verschulden muß sich nur auf die Pflichtverletzung, nicht auf den daraus entstandenen Schaden beziehen.

Im Fall b braucht V nur im Hinblick auf die fehlerhafte Herstellung der Maschine und nicht im Hinblick auf den Brandschaden fahrlässig gehandelt zu haben.

Der Schuldner hat auch hier nach § 278 für ein schuldhaftes Verhalten seiner Erfüllungsgehilfen einzustehen (Rdnr. 222ff.).

300 **III. Beweislast**

Bestritten ist auch heute noch, welche Umstände der Gläubiger zu beweisen hat, wenn er gegen den Schuldner aus positiver Forderungsverletzung vorgehen will. Nach allgemeinen Grundsätzen über die Beweislastverteilung müßte er im Prozeß alle anspruchsbegründenden Tatsachen behaupten und beweisen. Da jedoch die positive Forderungsverletzung in Analogie zu den Vorschriften über die Unmöglichkeit und den Verzug entwickelt worden ist, will das überwiegende

Schrifttum auch die Beweislastregeln der §§ 282, 285 entsprechend anwenden und dem Schuldner immer den Nachweis dafür auferlegen, daß ihn kein Verschulden an der Pflichtverletzung trifft. Dem ist jedoch nur mit Einschränkungen zu folgen:

Die §§ 282, 285 beruhen auf der Erwägung, daß der Schuldner eher als der Gläubiger in der Lage ist, die ausschließlich in seiner Sphäre liegenden Gründe für die Unmöglichkeit oder die Verzögerung seiner Leistung aufzuklären. Er hat deshalb auch das Risiko der Unaufklärbarkeit des Verschuldens zu tragen.

In den Fällen der positiven Forderungsverletzung brauchen aber die entstandenen Schäden keineswegs immer ihren Ursprung im Einflußbereich des Schuldners zu haben. Deshalb ist eine entsprechende Anwendung der §§ 282, 285 nur dort gerechtfertigt, wo die Schadensursache im Verantwortungsbereich des Schuldners liegt (vgl. Brox, SAE 1967, 144). Der Rechtsprechung ist daher zuzustimmen, wenn sie eine Umkehr der Beweislast vor allem bei Beförderungs-, Gastaufnahme-, Dienst- und Werkverträgen zugelassen hat (so schon RGZ 148, 148).

Im Fall b muß V den Nachweis dafür erbringen, daß ihn und seine Erfüllungsgehilfen kein Verschulden an dem Fabrikationsfehler trifft.

301 **IV. Rechtsfolgen**

1. Schadensersatz

Regelmäßig begründet eine schuldhafte positive Forderungsverletzung für den Gläubiger in entsprechender Anwendung der §§ 280, 286 einen Anspruch auf Ersatz des durch die Pflichtverletzung entstandenen Schadens. Dieser Anspruch besteht neben dem Erfüllungsanspruch.

So hat V im Fall b dem K aus positiver Forderungsverletzung den durch die Explosion der fehlerhaften Maschine entstandenen Schaden zu ersetzen.

302 **2. Besonderheiten bei gegenseitigen Verträgen**

Wird die positive Forderungsverletzung im Rahmen eines *gegenseitigen* Vertrags (Rdnr. 22) begangen, so kann sich hieraus für den Gläubiger in entsprechender Anwendung der §§ 325, 326 unter bestimmten Voraussetzungen ein Schadensersatzanspruch wegen Nichterfüllung oder ein Rücktrittsrecht ergeben. Da die §§ 325, 326 aber in ihrem unmittelbaren Anwendungsbereich nur für synallagmatische Pflichten (Rdnr. 22) gelten, muß die Verletzung einer vertraglichen Pflicht (z. B. einer Nebenpflicht) sich auf das gesamte Schuldverhältnis auswirken. Deshalb kommt eine entsprechende Anwendung der §§ 325, 326 im Rahmen der positiven Forderungsverletzung nur in Betracht, wenn entweder

a) der Gläubiger wegen der Pflichtverletzung an der Erfüllung des ganzen Vertrages kein Interesse mehr hat (vgl. § 326 II) oder

b) der Vertragszweck durch die Pflichtverletzung so gefährdet wird, daß dem vertragstreuen Teil die Fortsetzung des Vertrages nicht mehr zugemutet werden kann.

An die Stelle des Rücktrittsrechts tritt bei Dauerschuldverhältnissen, die bereits in Vollzug gesetzt sind, regelmäßig das Recht zur Kündigung (Fall c; Rdnr. 198).

303

§ 23. Gläubigerverzug

Schrifttum: Boer, Leistungsunmöglichkeit und Annahmeverzug, Gruchot 54, 493; Hönn, Zur Dogmatik der Risikotragung im Gläubigerverzug bei Gattungsschulden, AcP 177, 385; Hüffer, Leistungsstörungen durch Gläubigerhandeln, 1976; Kohler, Der Gläubigerverzug, ArchBürgR 13, 149; Kreuzer/Stehle, Grundprobleme des Gläubigerverzugs, JA 1984, 69; Oertmann, Leistungsunmöglichkeit und Annahmeverzug, AcP 116, 1; Rosenberg, Der Verzug des Gläubigers, JherJb 43, 141; Schenker, Erfüllungsbereitschaft und Erfüllungsangebot, JherJb 79, 141; Schröder, Zur Auslegung des § 300 Abs. 2 BGB, MDR 1973, 466.

Fälle:

a) B beauftragt den Maurermeister U, eine Garage zu errichten. Das Baumaterial will B bis zum 30. 4. selbst beschaffen, was ihm aber nicht gelingt. U verlangt von B eine Entschädigung nach § 642.

b) Wie ist die Rechtslage, wenn U wegen einer schweren Erkrankung die Arbeit ohnehin nicht mehr ausführen kann?

c) K hat bei V Wein bestellt, der am 1. 10. bei K abgeliefert werden soll. V trifft bei K niemanden an. Der Wein war, ohne daß V es wußte, verdorben. V verlangt von K die zusätzlich entstandenen Lagerkosten.

d) V teilt dem K telefonisch mit, daß er das nach Katalog bestellte und bereits verladene Fernsehgerät bringen werde. K erklärt sich zur Abnahme bereit, will aber vorerst nicht zahlen. V lädt daraufhin das Gerät wieder ab, das dabei aus Unachtsamkeit des V zerstört wird.

Rdnr. 303

Die Erfüllung der Verbindlichkeit kann nicht nur durch ein Verhalten des Schuldners, sondern auch des Gläubigers gestört werden; denn der Schuldner ist in den weitaus meisten Fällen nicht in der Lage, seine Leistung ohne Mitwirkung des Gläubigers zu erbringen.

So muß z.B. der Käufer einer Sache diese vom Verkäufer entgegennehmen und sich mit ihm über den Eigentumsübergang einigen (vgl. §§ 433, 929). Der Arbeitgeber muß dem Arbeitnehmer Zutritt zu seinem Betrieb verschaffen und ihm die erforderlichen Arbeitsgeräte überlassen.

Der Gläubiger ist nicht zur Mitwirkung verpflichtet (Ausnahmen: §§ 433 II, 640), so daß der Schuldner gegen ihn keinen klagbaren Anspruch auf Mitwirkung hat, dessen Verletzung Schadensersatzansprüche auslösen könnte. Die unterlassene Mitwirkung befreit den Schuldner auch nicht von seiner Leistungspflicht.

Nimmt der Gläubiger die Leistung nicht an oder unterläßt er eine sonstige zur Erfüllung erforderliche Mitwirkungshandlung, gerät er aber in Gläubigerverzug (= Annahmeverzug). Das Gesetz hat die Voraussetzungen und die Folgen des Gläubigerverzuges in den §§ 293 ff. geregelt.

304 **I. Voraussetzungen**

Der Gläubigerverzug setzt im einzelnen folgendes voraus:

1. Leistungsberechtigung

Der Schuldner muß zur Leistung *berechtigt* sein, d.h. die Leistung muß erfüllbar sein (vgl. § 271 II; Rdnr. 143).

305 **2. Leistungsvermögen**

Er muß ferner zur Leistung *bereit* und *imstande* sein (§ 297). Kann er zeitweilig oder endgültig nicht leisten, so scheidet Annahmeverzug aus. Hier greifen die Regeln über die Unmöglichkeit ein. Wird die Leistung erst unmöglich, nachdem der Gläubiger in Annahmeverzug geraten ist, dann endet der Annahmeverzug mit dem Eintritt der Unmöglichkeit.

Die Abgrenzung von Unmöglichkeit und Annahmeverzug bereitet häufig erhebliche Schwierigkeiten. Unmöglichkeit liegt nicht schon dann vor, wenn der Schuldner seine Leistungspflicht nur deshalb nicht erfüllen kann, weil der Gläubiger die dazu erforderliche Mitwirkungshandlung nicht vornimmt oder nicht vornehmen kann (h.M.; vgl. BGHZ 24, 91). Anderenfalls wäre die Regelung der §§ 293 ff., die gerade diese Fälle erfassen soll, gegenstandslos. Zu prüfen ist, ob der Schuldner, wenn man die Mitwirkung des Gläubigers unterstellt, seine Leistung erbringen könnte.

So liegt im Fall a Annahmeverzug und nicht Unmöglichkeit vor, so daß U nach § 642 eine angemessene Entschädigung von B verlangen kann. Im Fall b hingegen gerät B nicht in Annahmeverzug (§ 297); U wird wegen unverschuldeten Unvermögens von der Leistung frei (§ 275).

Besonderheiten ergeben sich im Arbeitsrecht, wenn bei unverschuldeter Betriebsstörung die Arbeitsleistung nicht erbracht werden kann (Rdnr. 259).

306 **3. Leistungsangebot**

a) Regelmäßig ist ein Angebot der Leistung durch den Schuldner erforderlich (§ 293).

(1) Normalerweise muß der Schuldner dem Gläubiger die Leistung „so, wie sie zu bewirken ist", *tatsächlich angeboten* haben (§ 294), d.h. am rechten Ort, zur rechten Zeit, in rechter Beschaffenheit und Vollständigkeit (Rdnr. 138 ff.). Das Leistungsangebot des Schuldners muß also so beschaffen sein, daß „der Gläubiger nichts weiter zu tun braucht, als zuzugreifen und die angebotene Leistung anzunehmen" (RGZ 109, 324).

Da im Fall c der Wein nicht „mittlerer Art und Güte" (§ 243 I) entsprach, ist K nicht in Annahmeverzug geraten, so daß ein Anspruch aus § 304 auf Erstattung der Lagerkosten ausscheidet.

Nicht unbedingt erforderlich ist es, daß der Gläubiger von dem tatsächlichen Angebot des Schuldners Kenntnis erlangt. Ist nämlich, wie im Fall c, für die Leistung ein bestimmter Termin vereinbart, dann kann der Gläubiger, den der Schuldner nicht am Leistungsort antrifft, durch das tatsächliche Leistungsangebot allein in Annahmeverzug geraten.

307 (2) Ausnahmsweise genügt auch ein *wörtliches Angebot* (§ 295). Das ist einmal der Fall, wenn der Gläubiger bereits vorher erklärt hat, die Leistung nicht anzunehmen. Ebenso ist ein wörtliches Angebot ausreichend, wenn zur Leistungsbewirkung eine Handlung des Gläubigers notwendig ist (Beispiel: Holschuld; Rdnr. 140). In diesen Fällen steht es dem wörtlichen Leistungsangebot gleich, wenn der Schuldner den Gläubiger auffordert, die erforderliche Mitwirkungshandlung vorzunehmen (§ 295, 2).

Beispiel: Aufforderung des Schneiders an den Kunden, zur Anprobe zu erscheinen.

308 b) *Kein Angebot* ist erforderlich, wenn der Gläubiger seine Mitwirkungshandlung zu einem bestimmten Zeitpunkt vorzunehmen hat und diese unterbleibt. Einzelheiten: § 296, der dem § 284 II (Rdnr. 276) entspricht.

Im Fall a braucht U dem B seine Arbeit nicht anzubieten, weil B bis zum 30. 4. seine Mitwirkungshandlung (Beschaffung des Baumaterials) nicht vorgenommen hat (§ 296, 1).

309 **4. Nichtannahme der Leistung**

Der Annahmeverzug setzt schließlich voraus, daß der Gläubiger das Leistungsangebot des Schuldners nicht angenommen hat (§ 293). Auf ein Verschulden des Gläubigers kommt es hier – anders als beim Schuldnerverzug (§ 285) – nicht an, weil keine Leistungspflicht des Gläubigers besteht.

Durch die Nichtannahme kann der Gläubiger aber *gleichzeitig* in Schuldnerverzug geraten, wenn er nach dem Schuldverhältnis zur Abnahme *verpflichtet* ist (wie z. B. der Käufer, §433 II). Dann müssen aber die Voraussetzungen des Schuldnerverzugs (§§ 284, 285; Rdnr. 271 ff.) erfüllt sein.

Der Gläubiger gerät aber auch dann in Annahmeverzug, wenn er zwar die Leistung annehmen, aber nicht die geforderte und fällige Gegenleistung erbringen will (§ 298; Fall d).

In Abweichung von § 293 begründet eine vorübergehende Annahmeverhinderung des Gläubigers noch keinen Gläubigerverzug, wenn der Schuldner ihm die Leistung unerwartet frühzeitig (d. h. wenn die Leistungszeit nicht bestimmt war oder der Schuldner vor der vereinbarten Leistungszeit leisten durfte, § 271 II) angeboten hat (§ 299). Um in diesen Fällen die Folgen des Gläubigerverzugs auszulösen, muß der

Schuldner dem Gläubiger die Leistung angemessene Zeit vorher angekündigt haben.

310

II. Wirkungen

1. Keine Leistungsbefreiung

Der Gläubigerverzug führt ebenso wie der Schuldnerverzug nicht zu einer Befreiung des Schuldners von seiner Leistungspflicht.

Eine Ausnahme enthält § 615, wonach der Dienstverpflichtete für die Arbeit, die infolge des Annahmeverzugs des Dienstberechtigten nicht geleistet werden konnte, die Vergütung verlangen kann, ohne zur Nachleistung verpflichtet zu sein.

311 **2. Haftungserleichterung**

Der Gläubigerverzug bewirkt aber nach § 300 I insofern eine Haftungserleichterung, als der Schuldner während dieser Zeit nur für Vorsatz und grobe Fahrlässigkeit einzustehen hat. Ebenso wie bei zufälligem Untergang der Sache wird der Schuldner von seiner Verbindlichkeit befreit, wenn die Leistung durch sein leicht fahrlässiges Verhalten unmöglich wird (vgl. § 275); er haftet auch nicht auf Schadensersatz (Fall d). Entsprechendes gilt, wenn während des Annahmeverzugs eine Verschlechterung des Leistungsgegenstandes eintritt (z.B. Beschädigung des Fernsehers im Fall d).

Die Haftungserleichterung des § 300 I betrifft nach h.M. aber nur die Sorge für den Leistungsgegenstand, nicht sonstige Pflichten aus dem Schuldverhältnis (z.B. sorgfältige Vornahme des Selbsthilfeverkaufs). Insoweit bleibt es für die Haftung aus positiver Forderungsverletzung beim Haftungsmaßstab des § 276.

312 **3. Übergang der Leistungsgefahr bei Gattungsschulden**

Nach § 300 II geht bei Gattungsschulden (Rdnr. 90) die Gefahr auf den Gläubiger über, wenn er die angebotene Sache nicht annimmt. Diese Bestimmung regelt nach zutreffender Ansicht nur die Leistungs-, nicht aber die Gegenleistungs- oder Preisgefahr. Sie führt also dazu, daß der Schuldner spätestens mit dem den Annahmeverzug begründenden Leistungsangebot für sein Unvermögen nicht mehr nach § 279, sondern nach § 275 einzustehen hat (vgl. Rdnr. 93).

Erforderlich ist aber stets, daß der Schuldner die Gattungssache ausgesondert hat. Der Anwendungsbereich des § 300 II ist nicht groß, weil der Schuldner im allgemeinen mit dem Leistungsangebot das zur Leistung „seinerseits Erforderliche" getan hat, so daß bereits nach § 243 II die Leistungsgefahr durch Konkretisierung übergegangen ist (Rdnr. 93). Eigenständige Bedeutung hat § 300 II nur dort, wo der Gläubiger in Annahmeverzug geraten ist, ohne daß vorher eine Konkretisierung eingetreten ist.

Im Fall d hat V mit dem fernmündlichen Angebot nicht das seinerseits Erforderliche getan, wenn eine Bringschuld vereinbart wurde; denn dann ist eine Konkretisierung nach § 243 II noch nicht erfolgt. K war aber durch das wörtliche Angebot des V nach §§ 295, 298 in Annahmeverzug geraten. Da V das Gerät mit dem Verladen ausgesondert hatte, war die Leistungsgefahr nach § 300 II auf K übergegangen, so daß er für das nachträgliche Unvermögen nur nach § 275 einzustehen hat. Hiernach ist er aber von seiner Leistungspflicht frei geworden, weil er nur noch für Vorsatz und grobe Fahrlässigkeit zu haften hat (§ 300 I).

§ 300 II gewinnt ferner bei Geldschulden (Rdnr. 100 ff.) Bedeutung, weil hier ein Gefahrübergang durch Konkretisierung (§ 243 II) regelmäßig nicht eintritt (§ 270 I; Rdnr. 142).

313 **4. Übergang der Preisgefahr beim gegenseitigen Vertrag**

Nach § 324 II behält der Schuldner den Anspruch auf die Gegenleistung, wenn ihm seine Leistung durch einen von ihm nicht zu vertretenden Umstand zu einer Zeit unmöglich geworden ist, in der sich der Gläubiger im Annahmeverzug befindet. Der Annahmeverzug bewirkt also beim gegenseitigen Vertrag, daß die Preis- oder Vergütungsgefahr, die nach § 323 I normalerweise der Schuldner zu tragen hat, auf den Gläubiger übergeht.

Im Fall d kann V, obwohl er nach §§ 275, 300 I von seiner Leistung frei geworden ist, trotzdem den Kaufpreis fordern (§ 324 II).

314 **5. Sonstige Wirkungen**

a) Der Gläubigerverzug berechtigt den Schuldner, die weiterhin geschuldete Sache zu *hinterlegen* (§ 372, 1; Rdnr. 170 ff.). Bezieht sich die Verbindlichkeit dagegen auf die Herausgabe eines Grundstücks oder eines eingetragenen Schiffes, dann darf der Schuldner nach vorheriger Androhung *den Besitz aufgeben* (§ 303).

b) Während des Annahmeverzugs braucht der Schuldner eine Geldschuld *nicht zu verzinsen* (§ 301).

c) Ist der Schuldner zur Herausgabe oder zum Ersatz von Nutzungen verpflichtet (z. B. nach §§ 292, 347, 987 ff.), so *beschränkt* sich seine Verpflichtung während des Annahmeverzugs *auf die tatsächlich gezogenen Nutzungen* (§ 302).

d) Schließlich kann der Schuldner vom Gläubiger die *Mehraufwendungen* erstattet verlangen, die ihm durch den Annahmeverzug entstanden sind, z. B. Kosten für Aufbewahrung oder Erhaltung des geschuldeten Gegenstandes (§ 304).

Hätte V im Fall c einwandfreien Wein angeboten, wäre K in Annahmeverzug geraten; K hätte dann die Lagerkosten nach § 304 dem V erstatten müssen. Da K dann zugleich seine Abnahmepflicht (§ 433 II) verletzt hätte, müßte er diese Kosten auch als Verzögerungsschaden nach § 286 I ersetzen.

Siebtes Kapitel
Schadensersatzpflicht

315 § 24. Überblick über die Voraussetzungen eines Schadensersatzanspruchs

Schrifttum: Baur, Entwicklung und Reform des Schadensersatzrechts, 1935; v. Caemmerer, Wandlungen des Deliktsrechts, in: Hundert Jahre Deutsches Rechtsleben, 1960, Bd. II, 49; Deutsch, Haftungsrecht I, 1976; ders., System und Aufbau der Schadenshaftung im Deliktsrecht, Festschrift f. F. Weber, 1975, 125; Esser, Grundlage und Entwicklung der Gefährdungshaftung, 1941; Geigel, Der Haftpflichtprozeß, 18. Aufl., 1982; Herm. Lange, Schadensersatz, 1979; Michaelis, Beiträge zur Gliederung und Weiterbildung des Schadensrechts, 1943; Reinhardt, Beiträge zum Neubau des Schadensersatzrechts, AcP 148, 147; Hans Stoll, Neuere Entwicklungen auf dem Gebiete des deutschen Schadensrechtes, 1976; Wadle, Alles- oder Nichts-Prinzip und Reduktionsklausel, VersR 1971, 485; Weitnauer, Entwicklungslinien des Haftungsrechts, Juristen-Jahrbuch, Bd. 4, 214; Wilburg, Die Elemente des Schadensrechts, 1941; Wussow, Das Unfallhaftpflichtrecht, 12. Aufl., 1975; Zimmermann, Verletzungserfolg, Spielregeln und allgemeines Sportrisiko, VersR 1980, 497.

Fälle:

a) R greift den Spaziergänger S an, um ihn zu berauben. S schlägt ihn mit einem Kinnhaken zu Boden. Um den Hund des R abzuwehren, reißt S eine Latte vom Gartenzaun des E und bringt dem Hund eine Schlagwunde bei, der dann von ihm abläßt. Dann tritt S auf den am Boden liegenden R und bricht ihm drei Rippen. R verlangt Schadensersatz, weil er 60,– DM für den Zahnarzt, 30,– DM für den Tierarzt und 100,– DM für den Chirurgen bezahlt hat. E will die Kosten für die Ausbesserung des Zaunes ersetzt haben.

b) Ein Reisender wird verletzt, als der D-Zug plötzlich abgebremst werden muß. Er verlangt Schadensersatz von der Bundesbahn.

Erleidet jemand an seinen Rechtsgütern eine unfreiwillige Einbuße und wird ihm dieser Schaden von einem anderen zugefügt, so kann er ihn nur dann ersetzt verlangen, wenn das Gesetz dafür eine Anspruchsgrundlage bereit hält.

Man unterscheidet zwischen Schadensersatzansprüchen aus Vertrag und aus Gesetz. Von einem vertraglichen Schadensersatzanspruch spricht man, wenn das Gesetz die Schadensersatzpflicht an eine Vertragsverletzung knüpft (Leistungsstörungen; Rdnr. 215 ff.). Als gesetzliche Schadensersatzansprüche bezeichnet man insbesondere die Ansprüche aus §§ 823 ff. (unerlaubte Handlungen).

Dem Umstand, daß jemand einem anderen Schadensersatz zu leisten hat, kommt kein Strafcharakter zu. Eine Bestrafung setzt, wie insbesondere die Vorschriften des StGB zeigen, immer ein Verschulden voraus; die Höhe des Strafmaßes richtet sich nach der Schwere des Verschuldens. Allerdings macht auch das Zivilrecht in vielen Fällen die Ersatzpflicht von einem Verschulden des Schädigers abhängig (z. B. §§ 325, 276; § 823); es kennt aber außerdem eine Haftung ohne Verschulden und ohne Rechtswidrigkeit, wie die zahlreichen Fälle der Gefährdungshaftung zeigen. Auch hängt der Umfang der Ersatzpflicht nicht vom Grad des Verschuldens im Einzelfall ab (Ausnahme im Fall des Mitverschuldens des Verletzten; § 254). Vielmehr hat der Schädiger unabhängig von der Form seines Verschuldens (Vorsatz oder Fahrlässigkeit) den gesamten von ihm in zurechenbarer Weise verursachten Schaden zu ersetzen. Das Schadensersatzrecht wird in erster Linie vom Gedanken der Ausgleichung bestimmt; Ziel und Zweck des Schadensersatzes bestehen im Ausgleich und in der Wiedergutmachung des durch das schädigende Ereignis eingetretenen Erfolges.

Nur ausnahmsweise tritt in solchen Fällen, in denen eine Ausgleichung und Wiedergutmachung nicht möglich ist (z. B. bei nicht ersetzbarem immateriellen Schaden, etwa bei psychischen Beeinträchtigungen) der Gedanke der Genugtuung hinzu (vgl. BS Rdnr. 509).

Eine Schadensersatzpflicht hat mehrere Voraussetzungen, die herkömmlicherweise in folgender Reihenfolge geprüft werden:

316 I. Tatbestand

Durch ein Tun oder Unterlassen muß eine vertragliche Pflicht oder, soweit es um Schadensersatz wegen unerlaubter Handlung geht, ein geschütztes Rechtsgut verletzt sein. Beim Unterlassen ergibt sich eine Besonderheit. Erleidet z. B. ein Kind dadurch einen Körperschaden, daß es längere Zeit nicht ernährt wird, so hat jedermann durch sein Verhalten (Unterlassen der Ernährung) den Schaden des Kindes verursacht. Tatbestandsmäßig handeln aber nur die Personen, die eine Garantenstellung haben, z. B. die Eltern (aus Gesetz), die Krankenschwester (aus Vertrag). Deshalb ist im Rahmen des objektiven Tatbestandes festzustellen, ob überhaupt eine Pflicht zum Handeln bestand. Diese kann sich aus Gesetz, Vertrag, vorangegangenem Tun ergeben.

Beispiele für ein Tun: V zerstört die an K verkaufte Sache; er verletzt damit seine vertragliche Verpflichtung zur Übereignung und Übergabe (vgl. Rdnr. 230 ff.). – Im Fall a hat S den Körper und das Eigentum (Hund) des R sowie das Eigentum (Zaun) des E durch sein Tun verletzt (§ 823 I).

Beispiele für ein Unterlassen: V unterläßt es, die verkaufte Sache dem K zum vereinbarten Termin zu liefern (vgl. Rdnr. 271 ff.). – Der Vater unterläßt es, sein Kind vor dem Sturz aus dem Fenster zu bewahren. Der Tatbestand der unerlaubten Handlung ist hier jedoch nur dann erfüllt, wenn es dem Vater als Garanten überhaupt möglich war einzugreifen.

Durch die Verletzungshandlung muß ein Schaden (Rdnr. 319 ff.) verursacht worden sein. Voraussetzung ist also ein Kausalzusammenhang zwischen Handlung, Verletzung und dem eingetretenen Schaden (dazu Rdnr. 327 ff.).

Im Fall a sind dem R durch die Handlungen des S die Arztkosten und dem E die Reparaturkosten für den Zaun entstanden. Damit ist jeweils der objektive Tatbestand des § 823 I erfüllt.

317 **II. Rechtswidrigkeit**

Weiterhin setzt ein Schadensersatzanspruch regelmäßig voraus, daß die Schadenszufügung widerrechtlich ist. Das Verhalten des Schädigers muß gegen ein Rechtsverbot oder -gebot verstoßen.

In § 823 I wird die Widerrechtlichkeit ausdrücklich genannt. Aber auch eine Vertragsverletzung löst nur dann eine Schadensersatzpflicht aus, wenn sie rechtswidrig ist. Allerdings braucht die Widerrechtlichkeit häufig nicht besonders geprüft zu werden, weil bei Erfüllung des objektiven Tatbestandes regelmäßig auch Rechtswidrigkeit gegeben ist (vgl. Rdnr. 215); wie im Strafrecht indiziert die Tatbestandsmäßigkeit die Rechtswidrigkeit.

Eine neuere Lehre will die Rechtswidrigkeit schon dann verneinen, wenn der Schädiger sich „verkehrsgerecht" verhalten hat. Das ist abzulehnen, weil damit unzulässigerweise Rechtswidrigkeits- und Verschuldensmomente vermischt werden (Rdnr. 219).

Eine besondere Prüfung der Rechtswidrigkeit ist dann erforderlich, wenn Anhaltspunkte für einen Rechtfertigungsgrund (z. B. Notwehr, Einwilligung des Verletzten) bestehen. Wer sich auf den Ausnahmetatbestand eines Rechtfertigungsgrundes beruft, ist dafür beweispflichtig.

Im Fall a verwirklicht S den objektiven Tatbestand des § 823 I durch positives Tun. Die Verletzung des R durch Kinnhaken ist durch Notwehr (§ 227), die Beschädigung des Hundes durch bürgerlich-rechtlichen Verteidigungsnotstand (§ 228, Hund = Sache) und die Beschädigung des Zaunes durch Angriffsnotstand (§ 904, 1) gerechtfertigt (AT Rdnr. 646 ff.). Deshalb fehlt die Widerrechtlichkeit, so daß ein Schadensersatzanspruch aus § 823 I entfällt. Dagegen ist die Schadenszufügung durch Fußtritt nicht durch Notwehr gerechtfertigt, da der Angriff des R bereits abgeschlagen ist und § 227 II u. a. einen gegenwärtigen Angriff voraussetzt; hier fehlt es also an einem Rechtfertigungsgrund, so daß die Widerrechtlichkeit zu bejahen ist.

Der Teilnehmer an einem Wettkampfspiel (Fußball) willigt in solche Verletzungen ein, die bei regelrechtem Spiel nicht zu vermeiden sind; danach setzt ein Schadensersatzanspruch gegen einen Mitspieler den Nachweis voraus, daß der Schädiger sich nicht regelgerecht verhalten hat (vgl. BGHZ 63, 140; BGH NJW 1976, 957; OLG Celle VersR 1980, 874). Bei einem geringfügigen Regelverstoß kann ein Schadensersatzanspruch mangels Verantwortlichkeit (Rdnr. 318; z. B. Foul „im Eifer des Gefechts") ausgeschlossen sein.

Erweitert man mit der Rechtsprechung den Anwendungsbereich des § 823 I auf den eingerichteten und ausgeübten Gewerbebetrieb und das Persönlichkeitsrecht (BS Rdnr. 446 ff.), dann muß in diesen Fällen allerdings die Rechtswidrigkeit immer besonders festgestellt werden (Einzelheiten: BS Rdnr. 457 ff.).

In seltenen Ausnahmefällen löst sogar eine rechtmäßige Handlung eine Schadensersatzpflicht aus. So handelt der Täter beim Angriffsnotstand des § 904 gegenüber dem Eigentümer der Sache rechtmäßig (vgl. § 904, 1); der duldungspflichtige Eigentümer kann aber als Ausgleich dafür Ersatz des ihm entstandenen Schadens verlangen (§ 904, 2).

Im Fall a ist S dem E wegen des Schadens am Zaun nach § 904, 2 ersatzpflichtig.

318

III. Verantwortlichkeit

Regelmäßig macht das Gesetz eine Schadensersatzpflicht davon abhängig, daß der Schädiger die tatbestandsmäßige, rechtswidrige Schädigungshandlung auch zu vertreten hat (s. Rdnr. 216 ff.).

Im Fall a hat S rechtswidrig und schuldhaft die Rippenbrüche des R verursacht; er ist also insoweit nach § 823 I schadensersatzpflichtig. Andererseits muß R dem S wegen des erlittenen Schadens (Zaunreparatur bei E) Ersatz leisten (§ 823 II i. V. m. § 249 StGB).

Nach besonderen Gesetzen wird z. B. für Unfälle beim Kraftfahrzeug-, Eisenbahn-, Luftverkehr auch ohne Verschulden gehaftet (sog.

Gefährdungshaftung; BS Rdnr. 532 ff.). Diese Haftung setzt weder ein rechtswidriges Handeln noch ein Verschulden voraus. Es handelt sich hier nämlich nicht um ein Einstehenmüssen für rechtswidriges und schuldhaftes Tun; denn das jeweilige Verhalten (z.B. Betrieb eines Kraftfahrzeuges, einer Eisenbahn) ist sogar erlaubt. Die Gefährdungshaftung beruht vielmehr auf dem Gedanken, daß derjenige, der erlaubterweise eine gefährdende Betätigung ausübt und daraus Nutzen zieht, die Schäden zu tragen hat, die Außenstehende dadurch erleiden, daß die Gefahr sich verwirklicht.

Im Fall b haftet die Bundesbahn nach § 1 HaftpflG dem Reisenden auf Schadensersatz.

Beim Unterlassen (Rdnr. 316) trifft den Garanten ausnahmsweise keine Verantwortlichkeit, wenn es für ihn unzumutbar ist, die Verletzung des Rechtsguts abzuwenden.

Beispiel: Der Kaufhausdetektiv beobachtet, wie seine Ehefrau ein Stück Seife einsteckt, ohne zu bezahlen. Es ist ihm nicht zumutbar, gegen sie einzuschreiten.

319

§ 25. Schaden und Geschädigter

Schrifttum: Berg, Verträge mit Drittschutzwirkung und Drittschadensliquidation, JuS 1977, 363; Braschos, Der Ersatz immaterieller Schäden im Vertragsrecht, 1979; Bullinger, Schadensersatz für beeinträchtigte Gebrauchsmöglichkeit und andere Einbußen, Jura 1983, 416; v. Caemmerer, Das Problem des Drittschadensersatzes, ZHR 127, 241; Coing, Interessenberechnung und unmittelbarer Schaden, SJZ 1950, 865; Evans-v. Krbek, Zur Fruchtbarkeit der Formeln vom sog. positiven und negativen Interesse, NJW 1980, 2792; Grunsky, Aktuelle Probleme zum Begriff des Vermögensschadens, 1973; ders., Neue höchstrichterliche Rechtsprechung zum Schadensersatzrecht, JZ 1983, 372; Hagen, Fort- oder Fehlentwicklung des Schadensbegriffs? – BGH (GSZ), NJW 1968, 1823, JuS 1969, 61; ders., Drittschadensliquidation bei Gefahrentlastung?, JuS 1970, 442; ders., Entgangene Gebrauchsvorteile als Vermögensschaden?, JZ 1983, 833; H. Honsell, Herkunft und Kritik des Interessebegriffs im Schadensersatzrecht, JuS 1973, 69; ders., Die mißlungene Urlaubsreise – BGHZ 63, 98, JuS 1976, 222; Jahr, Schadensersatz wegen deliktischer Nutzungsentziehung, AcP 183, 725; E. Kaufmann, Dogmatische und rechtspolitische Grundlagen des § 253 BGB, AcP 162, 421; Keuk, Vermögensschaden und Interesse, 1972; Köndgen, Ökonomische Aspekte des Schadensproblems, AcP 177, 1; Kremer, Vertrauensschaden, Naturalrestitution und Erfüllungsinteresse, JA 1978, 485; Larenz, Die Notwendigkeit eines gegliederten Schadensbegriffs, VersR 1963, 1; Lieb, „Wegfall der Arbeitskraft" und normativer Schadensbegriff, JZ 1971, 358; Littbarski, Neuere Entwicklungen zum Schadensbegriff unter besonderer Berücksichtigung der Rechtsprechung des BGH, Rechtstheorie 15, 171;

Medicus, Id quod interest, 1962; ders., Unmittelbarer und mittelbarer Schaden, 1977; ders., Normativer Schaden, JuS 1979, 233; ders., Schadensersatz und Billigkeit, VersR 1981, 593; Mertens, Der Begriff des Vermögensschadens im Bürgerlichen Recht, 1967; Neuner, Interesse und Vermögensschaden, AcP 133, 277; F. Peters, Zum Problem der Drittschadensliquidation, AcP 180, 329; Reinhardt, Der Ersatz des Drittschadens, 1933; Ries, Grundprobleme der Drittschadensliquidation und des Vertrages mit Schutzwirkung für Dritte, JA 1982, 453; Schirmer, Entgangene Nutzungsmöglichkeit als ersatzfähiger Schaden? – BGH, NJW 1982, 2304, JuS 1983, 265; W. Schulte, Schadensersatz in Geld für Entbehrungen, 1978; Selb, Schadensbegriff und Regreßmethoden, 1963; Steding, Die Drittschadensliquidation, JuS 1983, 29; Hans Stoll, Begriff und Grenzen des Vermögensschadens, 1973; Stürner, Der Erwerbsschaden und seine Ersatzfähigkeit, JZ 1984, 412, 461; Tolk, Der Frustrierungsgedanke und die Kommerzialisierung immaterieller Schäden, 1977; Wiese, Der Ersatz des immateriellen Schadens, 1964; E. Wolf, Grundfragen des Schadensbegriffs und der Methode der Schadenserkenntnis, Festschrift f. Schiedermair, 1976, 545; Zeuner, Schadensbegriff und Ersatz von Vermögensschäden, AcP 163, 380.

Fälle:

a) A hat in Briefen an drei Personen unwahre, ehrenrührige Tatsachen über B behauptet. B verlangt von A Schadensersatz durch Widerruf. A beruft sich auf § 253.

b) Wie, wenn die Empfänger der Briefe bei B nicht mehr eingekauft haben und diesem ein Gewinn von 500,– DM entgangen ist?

c) Der Kraftfahrer K hat den Schauspieler S fahrlässig verletzt, so daß die Theatervorstellung ausfallen muß. S verlangt von K seinen Verdienstausfall. Der Theaterunternehmer T und der Wirt W des Theaterrestaurants machen ihren entgangenen Gewinn geltend.

d) Wie, wenn die Ehefrau des S beim Anblick des Unfalls einen Nervenzusammenbruch erleidet und ihr Arztkosten entstehen?

e) V versendet an K die Kaufsache durch den Transportunternehmer T. Durch dessen Verschulden wird die Sache zerstört. K verlangt von T Schadensersatz.

I. Begriff des Schadens

Unter einem Schaden versteht man jede *unfreiwillige Einbuße* an Gütern. Demgegenüber werden freiwillige Opfer als Aufwendungen bezeichnet (Rdnr. 109).

Der Schaden wird dadurch ermittelt, daß man die gegenwärtige Lage mit der Lage, wie sie ohne das Schadensereignis bestehen würde, vergleicht (vgl. § 249, 1).

Beispiele: Nach dem Verkehrsunfall ist der linke Kotflügel des Pkw eingedrückt, der linke Oberschenkel des Fahrers gebrochen; ohne den Verkehrsunfall hätte der Fahrer während der acht Wochen, die er im Krankenhaus liegen mußte, als Handelsvertreter Geld verdienen können. Durch den beleidigenden Zeitungsartikel ist die Ehre des X verletzt worden.

320

II. Schadensarten

Die Frage, inwieweit ein Schaden zu ersetzen ist, bestimmt sich maßgeblich nach der Art des Schadens.

1. Materieller und immaterieller Schaden

Nach § 253 kann wegen eines Schadens, der nicht ein Vermögensschaden ist (immaterieller Schaden), Entschädigung in Geld nur in den durch das Gesetz bestimmten Fällen (z. B. § 847) gefordert werden; bei einem immateriellen Schaden gibt es also regelmäßig nur Schadensersatz in natura. Aus diesem Grund ist zwischen dem materiellen oder Vermögensschaden und dem immateriellen Schaden zu unterscheiden.

Die Abgrenzung des materiellen vom immateriellen Schaden richtet sich nach der Art des geschädigten Rechtsguts. Ein Vermögensschaden liegt vor, wenn jemand eine Einbuße an seinen vermögenswerten Gütern erleidet. Demgegenüber spricht man bei einer Einbuße an immateriellen Gütern wie Körper, Gesundheit, Freiheit (vgl. § 823 I) und Ehre von einem immateriellen Schaden. Die Verletzung eines immateriellen Guts kann neben dem immateriellen Schaden aber auch einen materiellen Schaden zur Folge haben (z. B. Arztkosten nach Körperverletzung).

a) Ein *Vermögensschaden* ist gegeben, wenn der gegenwärtige tatsächliche Wert des Vermögens geringer ist als der Wert der Vermögenslage, in der sich der Geschädigte ohne den Eintritt des schädigenden Ereignisses befinden würde (sog. Differenzhypothese oder Differenzmethode). Einen Vermögenswert haben solche Güter oder Positionen, die in Geld bemessen werden können.

Ob ein verletztes Rechtsgut einen Vermögenswert hat, kann im Einzelfall schwierig festzustellen sein. Nach der Rechtsprechung soll der Schädiger für den vorübergehenden Verlust der Gebrauchsmöglichkeit eines Pkw eine Entschädigung leisten, obwohl der Geschädigte sich keinen Ersatzwagen gemietet hat (BGHZ 40, 345; 45, 212; 88, 11). Dagegen stellt etwa der Verlust der Nutzungsmöglichkeit eines Wohnwagens oder eines Motorsportbootes keinen Vermögensschaden dar; bei ihnen ist – im Gegensatz zum Pkw – die jederzeitige Einsatzmöglichkeit kein weitgehend unentbehrlicher Bestandteil allgemeiner und alltäglicher Bedürfnisse, der ohne Nachweis eines konkreten Schadens eine Nutzungsentschädigung rechtfertigen würde (BGHZ 86, 128; 89, 60). Auch der Erholungsurlaub kann einen Vermögenswert haben, wenn er unmittelbar oder mittelbar zum Gegenstand einer vertraglichen Leistung gemacht war; wird der Urlaub „vertan", weil der Schädiger die Freizeit beeinträchtigt, liegt darin ein Vermögensschaden (BGHZ 63, 98; 77, 116; zur Abgrenzung: BGHZ 80, 366; vgl. auch die Regelung in § 651 f II). Eine bloß ideelle, nicht kommerzialisierte Genußmöglichkeit stellt hingegen keinen Vermögenswert dar (vgl. BGHZ 63, 393; 71, 234). Wird deshalb die Genußentbehrung nur durch die Verletzung eines anderen Rechtsgutes vermittelt, ist der durch sie verursachte immaterielle Schaden nicht zu ersetzen (§ 253). So stellt die vorübergehende Unbenutzbarkeit eines privaten Schwimmbades keinen Vermögensschaden dar (BGHZ 76, 179). Auch der Geschädigte, der durch eine Körperverletzung daran gehindert wird, einen geplanten Urlaub zu genießen, kann für den entgangenen Urlaubsgenuß keinen Schadensersatz gem. § 823 I verlangen (BGHZ 86, 212).

b) Für *immaterielle Schäden* schließt § 253 eine Entschädigung in Geld mit Ausnahme von bestimmten Fällen (§§ 847, 1300) aus. Damit entfällt nur ein Ersatzanspruch auf Geld. Die Naturalbeseitigung des immateriellen Schadens kann der Geschädigte, soweit das möglich ist, stets fordern.

Im Fall a steht § 253 dem Schadensersatzanspruch aus § 823 I (Ehre als geschütztes Rechtsgut; BS Rdnr. 451) nicht entgegen; denn B verlangt mit seinem Widerrufsbegehren Schadensersatz durch Naturalrestitution, nicht in Geld. Im Fall b kann B Zahlung von 500,– DM verlangen; denn die Ehrverletzung hat einen Vermögensschaden zur Folge gehabt.

§ 253 beruht auf der Erwägung des Gesetzgebers, daß es dem deutschen Rechts- und Sittlichkeitsbewußtsein widerstrebe, die immateriellen Lebensgüter auf die gleiche Linie mit den Vermögensgütern zu stellen und einen immateriellen Schaden mit Geld aufzuwiegen (Prot. I, 622).

Den Schadensersatz in Geld bei Verletzung ideeller Rechtsgüter auszudehnen, war das Ziel des Gesetzentwurfs zur Neuordnung des zivilen Ehrenschutzes („lex Soraya"); danach sollte bei Verletzung des Persönlichkeitsrechts auch wegen des Schadens, der nicht Vermögensschaden ist, eine angemessene Entschädigung in Geld verlangt werden können. Die Rechtsprechung ist auch ohne dieses Gesetz zu einem Schmerzensgeldanspruch gelangt (siehe BGHZ 26, 349; 35, 363; 39, 124; BS Rdnr. 511 f.). Sie hat sich damit über die Wertung des § 253 hinweggesetzt; diese Rechtsfortbildung contra legem ist verfassungsrechtlich nicht zu beanstanden (BVerfGE 34, 269; AT Rdnr. 67; BS Rdnr. 511).

2. Normativer Schaden

Von dem nach der Differenzmethode berechneten Vermögensschaden, der stets eine tatsächliche Vermögenseinbuße voraussetzt, ist der sog. *normative Schaden* zu unterscheiden. Beim normativen Schaden wird aufgrund wertender Betrachtung ein Vermögensschaden angenommen, obwohl sich beim Vergleich der beiden Vermögenslagen rechnerisch kein Nachteil ergibt. Die Einzelheiten sind sehr umstritten (vgl. die Übersicht bei Medicus, JuS 1979, 233).

Beispiel: T hat den Handelsvertreter V „krankenhausreif" geschlagen. Deshalb muß er ihm die Krankenhauskosten und den entgangenen Gewinn (Ausfall der Provisionen, die V als Handelsvertreter ohne die Tat des T erlangt hätte) ersetzen. Ist V aber Arbeitnehmer und in der gesetzlichen Krankenversicherung gegen Krankheit versichert, so trägt die Krankenversicherung die Krankenhauskosten, und der Arbeitgeber zahlt dem V trotz des Arbeitsausfalls den Lohn weiter (vgl. § 616, § 1 Lohnfortzahlungsgesetz, § 63 HGB). V erleidet also keine Vermögenseinbuße. Das darf aber nicht dazu führen, daß T keinen Schadensersatz zu leisten hat; denn die Krankenversicherung und die Lohnfortzahlung sollen den V vor den wirtschaftlichen Folgen eines vorübergehenden Verlustes seiner Arbeitskraft schützen, nicht aber den Schädiger T entlasten. Andererseits soll V aus seiner Verletzung keinen Gewinn erzielen, indem er zusätzlich von T die Krankenhauskosten und den Lohn „kassiert". Diese Beträge müssen vielmehr dem Versicherungsträger bzw. dem Arbeitgeber zustehen, weil sie durch ihre Leistungen Vermögensnachteile des Geschädigten verhindert haben. Das Gesetz erreicht dieses Ergebnis dadurch, daß es die Ansprüche des V kraft Gesetzes auf den Versicherungsträger (§ 116 SGB X) und – wenn V Arbeiter ist – auf den Arbeitgeber übergehen läßt (§ 4 Lohnfortzahlungsgesetz). Ist V Angestellter, muß er, soweit er vom Arbeitgeber seinen Lohn erhält, seine Schadensersatzansprüche in diesem Umfang an den Arbeitgeber abtreten (vgl. Rdnr. 347).

Ein normativer Schaden setzt danach zweierlei voraus: Der Eintritt einer Vermögenseinbuße liegt deshalb nicht vor, weil diese nicht durch den Schädiger, sondern auf andere Weise ausgeglichen worden ist. Zum anderen muß die gesetzliche Wertung erkennen lassen, daß dadurch der Schädiger nicht entlastet werden soll.

Die Lehre vom normativen Schaden erfaßt einen Teil der Fälle, die bislang bei der Schadensberechnung im Rahmen der Vorteilsausgleichung erörtert und bei denen eine solche abgelehnt wurde (Rdnr. 346 ff.). Sie behandelt die Problematik dieser Fälle bereits bei der Entstehung des Schadens und nicht erst bei der Schadensberechnung.

321 **3. Erfüllungs- und Vertrauensschaden**

Im rechtsgeschäftlichen Bereich unterscheidet das Gesetz zwischen Erfüllungs- und Vertrauensschaden.

a) *Erfüllungsschaden* (= Erfüllungs- oder positives Interesse) ist der Schaden, der dem Partner dadurch entstanden ist, daß der andere nicht erfüllt hat. Hier muß der Geschädigte so gestellt werden, wie er stehen würde, wenn erfüllt worden wäre.

Wichtigste Beispiele: Nach § 325 (Rdnr. 263) und § 326 (Rdnr. 287) kann der Gläubiger vom Schuldner Schadensersatz wegen Nichterfüllung verlangen. Hätte er den geschuldeten Gegenstand etwa mit 400,– DM Gewinn verkaufen können, so ist das sein Erfüllungsinteresse.

b) *Vertrauensschaden* (= Vertrauens- oder negatives Interesse) ist der Schaden, der dem Partner daraus erwachsen ist, daß er auf die Gültigkeit des Rechtsgeschäfts vertraut hat. Der Geschädigte muß so gestellt werden, wie er stehen würde, wenn er von dem Geschäft nichts gehört hätte.

Beispiele: § 122 (bei Nichtigkeit der nicht ernstlich gemeinten – § 118 – oder der nach §§ 119 f. angefochtenen Willenserklärung, AT Rdnr. 395 ff.); § 307 (Haftung bei ursprünglicher, objektiver Unmöglichkeit, Rdnr. 238); Haftung für Verschulden bei Vertragsschluß (Rdnr. 58). Hier kann der Gläubiger z. B. Ersatz seiner Aufwendungen (Porto, Telefonkosten) verlangen; diese wären ihm nämlich nicht entstanden, wenn von dem Geschäft nie die Rede gewesen wäre.

c) Meist ist der Vertrauensschaden geringer als der Erfüllungsschaden. Das braucht aber keineswegs so zu sein. In manchen Fällen begrenzt das Gesetz den Ersatz des Vertrauensschadens auf den Betrag des Erfüllungsinteresses (z. B. §§ 122, 307, 309).

Beispiel: M mietete von V schriftlich ab 1. 7. für einen Monat eine Ferienwohnung für 600,– DM. Da er sich verschrieben hatte (er wollte ab 1. 8. mieten), focht er seine Erklärung wegen Erklärungsirrtums (§ 119 I) an. V kann Ersatz des Vertrauensschadens (§ 122) verlangen. Hat er mit Rücksicht auf den Mietvertrag mit M ein anderes Mietangebot für den Monat Juli zu 500,– DM Mietzins abgelehnt, so ist das sein negatives Interesse. Dieses beliefe sich auf 650,– DM, wenn ihm ein Mietangebot in dieser Höhe gemacht worden wäre. Es ist aber zu berücksichtigen, daß V bei Gültigkeit des Vertrags mit M für den Monat Juli nur 600,– DM erhalten hätte; hierin würde sein Erfüllungsinteresse bestehen. Nach § 122 I ist aber das Vertrauensinteresse (650,– DM) nur bis zur Höhe des Erfüllungsinteresses (600,– DM) zu ersetzen.

322 **4. Unmittelbarer und mittelbarer Schaden**

Unter dem *unmittelbaren* Schaden versteht man den Schaden *am verletzten Rechtsgut selbst*, unter dem *mittelbaren* den *Folgeschaden*.

Beispiel: Unmittelbarer Schaden ist die Verletzung des Körpers, mittelbarer dagegen der Verdienstausfall als entgangener Gewinn. Streitig ist, wozu die Arztkosten zu rechnen sind.

Die Schadensersatzpflicht tritt ein „ohne Unterschied, ob die Handlung oder Unterlassung unmittelbar oder mittelbar den Schaden bewirkt hat" (Mot. II, 18).

323 **III. Geschädigter**

1. Unmittelbar und mittelbar Geschädigter

Eine Handlung kann mehrere Personen schädigen (Fall c). Damit ist aber nicht gesagt, daß alle Geschädigten gegen den Schädiger einen Anspruch auf Ersatz des Schadens haben. Es ist vielmehr bei jedem einzelnen Geschädigten zu prüfen, ob eine Anspruchsgrundlage für den geforderten Schadensersatz besteht.

Demnach ist bei einer Vertragsverletzung nur der Vertragspartner ersatzberechtigt, wenn man vom Vertrag zugunsten Dritter (Rdnr. 364 ff.) und vom Vertrag mit Schutzwirkung für Dritte (Rdnr. 376 ff.) einmal absieht. Bei unerlaubter Handlung hat einen Schadensersatzanspruch nur derjenige, in dessen Person der Tatbestand etwa der §§ 823 I, II, 826 erfüllt ist (Ausnahmen: §§ 844, 845).

Im Fall c hat lediglich S einen Schadensersatzanspruch aus § 823 I, da K nur dessen Körper fahrlässig verletzt hat. Zwar haben auch T und W durch das Verhalten des K einen Schaden erlitten; jedoch ist nur ihr Vermögen verletzt, und das Vermögen ist kein in § 823 I geschütztes Rechtsgut. Da ihnen auch kein Schadensersatzanspruch aus den übrigen Bestimmungen über unerlaubte Handlungen (insbes. §§ 823 II, 826) zusteht, braucht K ihre Schäden nicht zu ersetzen. Im Fall d hingegen ist die Ehefrau selbst in ihrer Gesundheit verletzt (§ 823 I).

Ersatzberechtigt ist also nur derjenige Verletzte, in dessen Person die Voraussetzungen eines Schadensersatzanspruchs gegeben sind (sog. *unmittelbar Geschädigter*). Andere Personen, die infolge der Verletzung des unmittelbar Geschädigten einen Schaden erleiden, ohne daß in ihrer Person ein zum Schadensersatz berechtigender Tatbestand (z. B. Vertragsverletzung oder unerlaubte Handlung) erfüllt ist – sog. *mittelbar Geschädigte* –, sind in der Regel nicht ersatzberechtigt.

Im Fall d ist die Ehefrau unmittelbar Geschädigte; in ihrer Person ist der Tatbestand des § 823 I (fahrlässige Gesundheitsbeschädigung) gegeben. Dagegen sind im Fall c T und W nur mittelbar Geschädigte; sie sind lediglich in ihrem Vermögen geschädigt, ohne daß die Tatbestände des § 823 I (keine Verletzung der dort genannten Rechtsgüter und Rechte), § 823 II oder § 826 erfüllt sind.

Diese Begrenzung des Kreises der ersatzberechtigten Geschädigten ist geboten; denn anderenfalls würde die Ersatzpflicht einen ganz unangemessenen Umfang bekommen. Das Gesetz läßt nur in eng begrenzten Ausnahmefällen einen Schadensersatzanspruch von besonders schutzwürdigen mittelbar Geschädigten zu (siehe §§ 844, 845; BS Rdnr. 513 ff.).

324 **2. Drittschadensliquidation**

Hat der Schädiger seine Vertragspflichten gegenüber dem Vertragspartner verletzt und ist dadurch nicht diesem, sondern einem Dritten ein Vermögensschaden entstanden, so braucht der Schädiger nach dem bisher Gesagten keinen Schadensersatz zu leisten. Denn der Vertragspartner hat keinen eigenen Schaden und deshalb keinen Anspruch; der Dritte hat zwar einen Schaden, aber keinen Anspruch gegen den Schädiger, weil ihm gegenüber keine Vertragsverletzung begangen wurde. Eine entsprechende Situation kann bei der unerlaubten Handlung auftreten: Hier kann die Rechtsgutverletzung bei der einen Person, der daraus entstehende Vermögensschaden bei einer anderen eingetreten sein. Das Ergebnis, daß der Schädiger in solchen Fällen keinen Schadensersatz zu leisten braucht, ist unbillig. Rechtsprechung und Lehre haben deshalb unter bestimmten Voraussetzungen zugelassen, daß der Verletzte den Schaden des Dritten gegen den Schädiger geltend macht (Drittschadensliquidation). Drei Fallgruppen sind anerkannt: Obligatorische Entlastung, mittelbare Stellvertretung und Obhut für fremde Sachen.

a) Eine *obligatorische Entlastung* zeigt sich besonders beim Versendungskauf. Geht die Kaufsache während des Transports unter (Fall e), wird der Verkäufer von seiner Leistungspflicht frei (§ 275); er behält aber den Anspruch auf den Kaufpreis (§ 447; Rdnr. 141, 258). Hat der Transportunternehmer den Untergang verschuldet, so stünde dem Verkäufer gegen ihn ein Schadensersatzanspruch zu, und zwar wegen Verletzung des Transportvertrages und wegen Eigentumsverletzung (§ 823 I). Jedoch fehlt es an einem Schaden des Verkäufers; denn er steht so da, wie wenn ordnungsgemäß erfüllt worden wäre: Er ist von seiner Verpflichtung aus § 433 I 1 frei geworden und erhält den Kaufpreis. Den Schaden hat der Käufer, da er die Kaufsache nicht bekommt, aber den Kaufpreis zu zahlen hat. Ihm steht kein Anspruch gegen den Transportunternehmer zu; denn er ist nicht dessen Vertragspartner und auch nicht in einem durch § 823 I geschützten Recht verletzt, da er noch kein Eigentum erworben hat.

Es ist heute einhellige Meinung, daß der Verkäufer den Schaden des Käufers gegenüber dem Transportunternehmer geltend machen kann. Die Begründung dafür ist nicht einheitlich. M. E. ist durch § 447 nur der Interessenwiderstreit zwischen Verkäufer und Käufer zugunsten des Verkäufers geregelt. Damit ist aber nicht gleichzeitig die Frage entschieden, daß die Transportperson, die den Untergang der Kaufsache verschuldet hat, ohne Schadensersatzpflicht davonkommen soll. Gäbe es die Regelung des § 447 nicht, so hätte der Verkäufer nach § 323 I keinen Anspruch auf die Gegenleistung (den Kaufpreis); dann wäre er Anspruchsberechtigter und Geschädigter und könnte Schadensersatz verlangen. Aus der Regelung des § 447, welche die Interessen der Transportperson nicht behandelt, soll diese keinen Vorteil haben. Deshalb kann hier ausnahmsweise der anspruchsberechtigte Verkäufer den Schaden des Dritten (des Käufers) geltend machen. Der Käufer ist auch befugt, vom Verkäufer die Abtretung des Schadensersatzanspruchs zu verlangen (vgl. § 281) und nach erfolgter Abtretung selbst gegen die Transportperson vorzugehen. Hat der Verkäufer den Schaden des Käufers beim Transportunternehmer bereits liquidiert, so kann der Käufer nach § 281 Herausgabe des Erlangten verlangen.

Anderes Beispiel: Der Erblasser hat im Testament den E als seinen Alleinerben eingesetzt und weiter bestimmt, daß V ein bestimmtes Bild als Vermächtnis erhalten soll. Bevor E das Bild dem V übereignet, wird es von D zerstört. E hätte als Eigentümer des Bildes (§ 1922) einen Schadensersatzanspruch aus § 823 I gegen D. Aber E hat keinen Schaden, weil er von seiner Verpflichtung zur Übereignung des Bildes an V (§ 2174) frei geworden ist (§ 275). Den Schaden hat V; dieser aber hat keinen Anspruch gegen D. Auch hier kann E den Schaden des V gegen D geltend machen.

325 b) Bei der *mittelbaren Stellvertretung* handelt der mittelbare „Stellvertreter" gerade nicht als Stellvertreter im Namen eines anderen, sondern im eigenen Namen, allerdings für Rechnung eines anderen (AT Rdnr. 472). Beauftragt beispielsweise D den K als Kommissionär (vgl. §§ 383 ff. HGB; HR Rdnr. 402), bestimmte Waren einzukaufen, dann schließt K im eigenen Namen mit dem Verkäufer V einen Kaufvertrag für Rechnung des D. Verletzt V seine Verkäuferpflichten, indem er etwa zu spät liefert (Schuldnerverzug; Rdnr. 271 ff.), dann kann nur K gegen ihn einen Anspruch haben; denn er ist Vertragspartei des Kaufvertrages. K hat aber keinen Schaden; insbesondere ist er dem D nicht schadensersatzpflichtig, weil ihn kein Verschulden trifft. Geschädigt ist allein D; aber er hat keinen Anspruch gegen V, da er nicht dessen Vertragspartner ist und V ihm gegenüber keine unerlaubte Handlung (§§ 823 ff.) begangen hat.

Wäre K als direkter Stellvertreter des D gegenüber V aufgetreten, so hätte er im Namen des D den Kaufvertrag geschlossen. Dann hätte der Geschädigte D als Vertragspartei des V gegen diesen einen vertraglichen Schadensersatzanspruch. Wenn nun das Gesetz die mittelbare Stellvertretung zuläßt, dann darf daraus dem Schädiger (V) nicht der Vorteil erwachsen, daß er keinen Schadensersatz zu leisten hat. Vielmehr kann hier der mittelbare Stellvertreter den Schaden des Dritten in dessen Interesse liquidieren.

326 c) Schließlich kommt bei der *Obhut für fremde Sachen* eine Liquidation des Drittschadens in Betracht.

Beispiel: A hat von E ein wertvolles Gemälde entliehen. Bei Elektrikerarbeiten, die der seit 10 Jahren sorgfältig arbeitende Geselle G für seinen Meister M im Hause des A ausführt, entsteht durch Fahrlässigkeit des G ein Brand, bei dem das Gemälde vernichtet wird. A hätte gegen M zwar Ansprüche wegen positiver Vertragsverletzung i. V. m. § 278; er hat jedoch keinen Schaden erlitten, da er gem. § 275 von der Verpflichtung zur Rückgabe des Gemäldes und damit von einer Ersatzpflicht gegenüber E freigeworden ist. Geschädigt ist lediglich E. Dessen Anspruch aus § 823 I gegen G wird nicht realisierbar sein, da bei G „nichts zu holen" ist. Ein Anspruch des E gegen M aus unerlaubter Handlung scheitert am Entlastungsbeweis nach § 831 I 2. M kann nun aber nicht deshalb von einer Haftung frei werden, weil zufällig eine fremde Sache beschädigt worden ist. Deshalb hat A das Recht, den vertraglichen Anspruch auf Ersatz des dem E entstandenen Schadens geltend zu machen.

Rdnr. 325, 326

zu a–c) Das Gemeinsame der drei geschilderten Fallgruppen besteht darin, daß der Schaden, der regelmäßig beim Gläubiger eintritt, hier ausnahmsweise bei einem Dritten entsteht, weil der Schaden durch Gesetz oder Rechtsgeschäft verlagert wurde. Aus dieser *zufälligen Schadensverlagerung* soll der Schädiger keinen Vorteil ziehen.

Anders ist die Interessenlage bei den sog. *„Käuferketten"* (vgl. dazu BGHZ 40, 91). Verkauft A an B, dieser weiter an C, C seinerseits an D und wird die Leistung durch Verschulden des A unmöglich, so hat B gegen A einen Schadensersatzanspruch (§ 325). Er ist zwar gegenüber C von seiner Leistung frei geworden (§ 275); sein Schaden besteht aber darin, daß er von C nicht den Kaufpreis verlangen kann (§ 323). Durch die Nichtlieferung von B an C kann diesem ebenfalls ein Schaden entstehen (z. B. entgangener Gewinn). Schließlich kann sich aus dem Verhalten des A für D ein Schaden ergeben. Für die Schäden von C und D braucht A nicht einzustehen. Eine Schadensliquidation im Drittinteresse scheidet aus. Sie kommt lediglich in Betracht, wenn aus der Verletzung eines Rechtsgutes *nur ein* Schaden entsteht, der ausnahmsweise nicht beim Träger des Rechtsgutes, sondern bei einem Dritten eintritt. Im vorliegenden Fall ist jedoch dem B durch die Vertragsverletzung des A ein eigener Schaden entstanden. Ein Auseinanderfallen von Anspruchsberechtigung und Schaden, also eine Schadensverlagerung, liegt hier nicht vor. Wenn A auch die Schäden von C und D wiedergutmachen müßte, würde der Umfang seiner Ersatzpflicht um so größer, je länger die Käuferkette ist. Eine derartige Ausweitung der Haftung wollte das Gesetz gerade verhindern.

Eine Schadensliquidation im Drittinteresse, die heute auch vom Gesetzgeber anerkannt ist (vgl. § 701 I; BS Rdnr. 323), setzt demnach immer eine zufällige Schadensverlagerung voraus: Der Schaden entsteht nicht beim Verletzten, sondern bei einem Dritten. Hier ist der Schädiger nicht schutzwürdig; er soll den Schaden des Dritten ersetzen, weil er ohne die Verlagerung dem Verletzten ersatzpflichtig wäre.

327

§ 26. Verursachung und Zurechnung des Schadens

Schrifttum: Bernert, Zur Lehre von der „sozialen Adäquanz" und den „sozialadäquaten Handlungen", 1966; ders., Die Leerformel von der „Adäquanz", AcP 169, 421; Bydlinski, Probleme der Schadensverursachung nach deutschem und österreichischem Recht, 1964; ders., Aktuelle Streitfragen um die alternative Kausalität, Festschrift f. Beitzke, 1979, 3; v. Caemmerer, Das Problem des Kausalzusammenhangs im Privatrecht, 1956; Deutsch, Zurechnung und Haftung im zivilen Deliktsrecht, Festschrift f. Honig, 1970, 33; ders., Grundlagen des Haftungsrechts: Zurechenbarkeit, Rechtswidrigkeit, Verschulden und Gefährdungshaftung, JA 1981,

205; Ebel, Ein „adäquater" Kuhdiebstahl – BGH, NJW 1979, 712, JuS 1980, 865; Gernhuber, Haftung bei alternativer Kausalität, JZ 1961, 148; Görgens, Konkurrierende Zurechnungstatbestände im Rahmen der deliktsrechtlichen Haftung nach § 823 BGB, JuS 1977, 709; Gottwald, Schadenszurechnung und Schadensschätzung, 1979; Hanau, Die Kausalität der Pflichtwidrigkeit, 1971; U. Huber, Normzwecktheorie und Adäquanztheorie, JZ 1969, 677; ders., Verschulden, Gefährdung und Adäquanz, Festschrift f. Wahl, 1973, 301; Kramer, Schutzgesetze und adäquate Kausalität, JZ 1976, 338; Heinr. Lange, Herrschaft und Verfall der Lehre vom adäquaten Kausalzusammenhang, AcP 156, 114; Herm. Lange, Adäquanztheorie, Rechtswidrigkeitszusammenhang, Schutzzwecklehre und selbständige Zurechnungsmomente, JZ 1976, 198; Larenz, Zum heutigen Stand der Lehre von der objektiven Zurechnung im Schadensersatzrecht, Festschrift f. Honig, 1970, 79; Lindenmaier, Adäquate Ursache und nächste Ursache, ZHR 113, 207; Mädrich, Das allgemeine Lebensrisiko, 1980; Th. Raiser, Adäquanztheorie und Haftung nach dem Schutzzweck der verletzten Norm, JZ 1963, 462; Rother, Adäquanztheorie und Schadensverursachung durch mehrere, NJW 1965, 177; Schickedanz, Schutzzwecklehre und Adäquanztheorie, NJW 1971, 916; Hans Stoll, Kausalzusammenhang und Normzweck im Deliktsrecht, 1968; Weitnauer, Zur Lehre vom adäquaten Kausalzusammenhang, Festgabe f. Oftinger, 1969, 321.

Fälle:

a) Durch Verschulden des Taxifahrers T verpaßt der Fahrgast F seinen Zug und kann deshalb ein Geschäft nicht abschließen, das ihm 10000,– DM Gewinn gebracht hätte. Diesen Betrag verlangt er von T.

b) Hätte T auch die Krankenhauskosten zu ersetzen, wenn F mit einem späteren Zug verunglückt?

c) Bei einem durch A schuldhaft verursachten Verkehrsunfall erleidet der Beamte B eine Kopfverletzung. Der behandelnde Arzt stellt eine verborgene Arteriosklerose des B fest, die zu dessen vorzeitiger Pensionierung führt. B verlangt von A Schadensersatz wegen Minderung seiner Bezüge.

d) Muß A, der einen Verkehrsunfall verschuldet hat, dem Grundstückseigentümer E den Schaden ersetzen, den ungeduldige Kraftfahrer diesem dadurch zufügen, daß sie über sein Grundstück fahren, um die Unfallstelle umgehen zu können?

I. Verursachung

Ein Schadensersatzanspruch setzt zunächst voraus, daß der Schädiger eine Rechtspflicht oder ein geschütztes Gut verletzt hat; sein Verhalten muß also für den Verletzungserfolg ursächlich sein.

Beispiel: A verbrennt das von B geliehene Buch. Dadurch verletzt er seine Rückgabepflicht aus dem Leihvertrag (§ 604 I) und das Eigentum des B (§ 823 I).

1. Äquivalenztheorie

Verursachung (= Kausalität) im naturwissenschaftlichen Sinn liegt vor, wenn ein bestimmtes Ereignis ein bestimmtes anderes Ereignis notwendigerweise zur Folge hat. Daran knüpft die Äquivalenz- oder Bedingungstheorie an. Danach ist Ursache *jede Bedingung, die nicht hinweggedacht werden kann, ohne daß der Erfolg entfiele* (condicio sine qua non).

Ursache kann jedes menschliche Verhalten, also sowohl ein positives Tun als auch ein Unterlassen sein. Ein Unterlassen kann – wie ein positives Tun – eine Pflicht- oder Rechtsverletzung verursachen.

So macht es keinen Unterschied, ob V, der den Hund des E in Verwahrung hat, den Hund vergiftet oder verhungern läßt. In beiden Fällen verletzt er seine Pflicht aus dem Verwahrungsvertrag und das Eigentum des E.

Im Gegensatz zum positiven Tun setzt ein Unterlassen, also ein „Nichttun", keinen Kausalablauf in Gang. Hier prüft man die Kausalität nach der Formel, daß ein Unterlassen dann ursächlich ist, wenn *die unterlassene Handlung nicht hinzugedacht werden kann, ohne daß der Erfolg mit an Sicherheit grenzender Wahrscheinlichkeit entfiele.* Es handelt sich also bei der Kausalität des Unterlassens nicht um einen wirklichen, sondern nur um einen gedachten Kausalzusammenhang (vgl. auch Rdnr. 317).

Der Kausalbegriff der Äquivalenztheorie kann zu einer endlosen Kausalkette führen.

Beispiel: Das Verpassen des Zuges (Fall a) verursacht die Benutzung des nächsten, diese die Verletzung des Oberschenkels infolge Unfalls. Im Krankenhaus wird dem Verletzten von der Krankenschwester das Geld gestohlen. Das ärgert ihn derart, daß er wegen Trübsinns in die psychiatrische Abteilung verlegt wird. Dort bringt ihm ein anderer Patient eine lebensgefährliche Kopfverletzung bei. Alle Schäden sind durch die Vertragsverletzung des T entstanden.

Müßte der Schädiger alle Schäden ersetzen, die von ihm im Sinne der Bedingungstheorie verursacht worden sind, so wäre seine Schadensersatzpflicht uferlos. Infolgedessen muß eine Grenze zwischen zu ersetzenden und nicht zu ersetzenden Schäden gezogen werden. Dabei ist zunächst eine doppelte Kausalitätsbeziehung zu beachten.

Rdnr. 327

328 2. Haftungsbegründende und haftungsausfüllende Kausalität

Man unterscheidet zwischen haftungsbegründender und haftungsausfüllender Kausalität.

a) *Haftungsbegründende Kausalität* ist der Kausalzusammenhang zwischen der menschlichen Handlung und der Pflicht- oder Rechtsgutverletzung (BS Rdnr. 453).

Beispiele: Das Verbrennen des Buches verursacht die Verletzung der Pflicht aus dem Leihvertrag und die Eigentumsverletzung. – Im Fall a verletzt T seine Vertragspflicht, F rechtzeitig zu einem bestimmten Zug zu bringen.

Diese Kausalbeziehung allein löst noch keine Schadensersatzpflicht des Schädigers aus. Vielmehr müssen dafür noch weitere Tatbestandsmerkmale erfüllt sein.

So verlangt § 823 I außer der Verursachung der Eigentumsverletzung noch Widerrechtlichkeit und Verschulden. Selbst wenn das Gesetz in den Fällen der Gefährdungshaftung (Rdnr. 318) weder Widerrechtlichkeit noch Verschulden voraussetzt, so muß doch etwa nach § 7 I StVG die Beschädigung einer Sache „bei dem Betrieb eines Kraftfahrzeugs" erfolgt sein.

Die außer der Kausalität erforderlichen Tatbestandsmerkmale verhindern, daß die Bedingungstheorie im Rahmen der haftungsbegründenden Kausalität zu unangemessenen Ergebnissen führt. Deshalb ist hier eine Einschränkung des Bedingungszusammenhangs nicht erforderlich.

329 b) *Haftungsausfüllende Kausalität* ist der Kausalzusammenhang zwischen der Pflicht- oder Rechtsgutverletzung und dem Schaden (BS Rdnr. 464).

Beispiel: Wenn A widerrechtlich und vorsätzlich auf B schießt und ihm dadurch eine Wunde am Bein beibringt, hat er den Tatbestand des § 823 I erfüllt (= haftungsbegründende Kausalität). Entstehen dem B durch die Körperverletzung Arztkosten und Verdienstausfall, so sind diese Vermögensschäden als Folgeschäden der Körperverletzung von dieser verursacht (= haftungsausfüllende Kausalität).

Im Rahmen der haftungsausfüllenden Kausalität weist das Gesetz keine Korrektur der Bedingungstheorie durch weitere Voraussetzungen – wie bei der haftungsbegründenden Kausalität – auf; denn es spricht als Rechtsfolge aus, daß der daraus entstehende Schaden zu ersetzen ist (vgl. z. B. §§ 280, 286, 823 I). Das könnte nach der Bedingungstheorie zu einer endlosen Kausalkette führen. Hier muß die Schadensersatzpflicht sinnvoll eingeschränkt werden.

330 **II. Zurechnung**

Die Verursachung im Sinne der Bedingungstheorie ist nur ein grobes Sieb, durch das bei der Schadensersatzpflicht alle die Schäden ausgeschieden werden, für welche die Handlung des Schädigers keine condicio sine qua non ist. Zur Einschränkung der sonst uferlosen Schadensersatzpflicht hat man Kriterien gesucht, durch die eine Grenze gezogen wird, bis zu der dem Verursacher die Folgen seines Verhaltens zuzurechnen sind. Die objektive Zurechenbarkeit der Schadensfolgen kann nach der Adäquanztheorie, der Lehre vom Normzweck oder aus sonstigen Gründen ausgeschlossen sein.

1. Adäquanztheorie

Nach dieser Theorie ist ein Schaden dem Handelnden nur dann zuzurechnen, wenn die von ihm gesetzte *Bedingung im allgemeinen und nicht nur unter ganz besonders eigenartigen, ganz unwahrscheinlichen und nach dem regelmäßigen Verlauf der Dinge außer Betracht zu lassenden Umständen zur Herbeiführung eines Erfolges geeignet* war (vgl. RGZ 133, 126). Damit werden im Rahmen der haftungsausfüllenden Kausalität die entferntesten Schadensfolgen ausgeschlossen, weil diese dem Handelnden nicht zugerechnet werden können. Dagegen sind alle nicht völlig unwahrscheinlichen Schäden adäquat verursacht. Bei der Adäquanztheorie handelt es sich also nicht um eine Kausalitätslehre; vielmehr geht es um die Zurechnung von Schadensfolgen aufgrund einer wertenden Betrachtung (vgl. BGHZ 18, 286) und um ein Wahrscheinlichkeitsurteil.

Im Fall a sind demnach der entgangene Gewinn, im Fall b dagegen nicht die Krankenhauskosten zu ersetzen.

Bei der Beurteilung, ob die Ursache generell zur Herbeiführung des Erfolgs geeignet war, kommt es nicht auf die (subjektive) Prognose des Schädigers an; damit käme man in den Bereich des Verschuldens. Entscheidend ist vielmehr die objektive Vorhersehbarkeit, also die Prognose eines objektiv urteilenden Dritten. Die Rechtsprechung (BGHZ 3, 261) stellt dabei auf das Wissen eines „optimalen“, also eines nahezu allwissenden Beobachters ab; damit wird die Grenze der Adäquanz sehr weit gezogen, so daß sie in die Nähe der Äquivalenztheorie rückt.

Nach dem Gesagten kann die Kausalkette im Rahmen der haftungsausfüllenden Kausalität aus noch so vielen Gliedern bestehen. Voraussetzung für die Zurechnung der Schadensfolgen ist nur, daß zwischen den einzelnen Gliedern eine adäquate Kausalität besteht.

Beispiele: Die Körperverletzung vermindert die Erwerbsfähigkeit des Verletzten; das hat die Zwangsversteigerung seines Grundstücks zur Folge, wodurch dem Verletzten ein weiterer Schaden entsteht (RGZ 141, 169). Dem Unfallverletzten muß das Bein amputiert werden; wegen der geringeren Standsicherheit kommt er Jahre später zu Fall, so daß ein weiterer Körperschaden eintritt (RGZ 119, 204).

Andererseits ist eine Kausalkette beendet, wenn zwischen zwei Gliedern keine adäquate Kausalität besteht. Fehlt diese, dann sind auch alle folgenden Schäden nicht mehr vom Schädiger adäquat verursacht. Man spricht von einer Unterbrechung des Kausalzusammenhangs.

Beispiel: Körperverletzung – Aufnahme ins Krankenhaus – dort Grippeinfektion – deshalb Verlängerung des Krankenhausaufenthalts – dabei Diebstahl der Geldbörse durch Krankenschwester – deshalb Nichtzahlung einer Verbindlichkeit – dadurch Anfallen von Gerichtskosten. Bis zu dem durch Grippeinfektion bedingten verlängerten Krankenhausaufenthalt besteht zur Körperverletzung ein adäquater Kausalzusammenhang; denn diese Ansteckung im Krankenhaus liegt nicht außerhalb aller Wahrscheinlichkeit (RGZ 105, 264). Jedoch ist der Diebstahl einer Geldbörse beim Krankenhausaufenthalt nicht typisch. Deshalb bricht hier die Kausalkette ab.

331 2. Normzweck und rechtmäßiges Alternativverhalten

In bestimmten Fällen ist es auch bei Vorliegen adäquater Kausalität, durch die nur ganz außergewöhnliche Bedingungen als Ursachen ausgeschlossen werden, nicht gerechtfertigt, dem Täter die Verursachung des Schadens zuzurechnen. So ist es allgemein anerkannt, daß eine Schadensersatzpflicht wegen des begrenzten Schutzbereichs der verletzten Norm und wegen der Möglichkeit rechtmäßigen Alternativverhaltens ausgeschlossen sein kann.

a) Beim *Schutzzweck der Norm* geht es darum, ob ein Schaden auch dann zu ersetzen ist, wenn er bei rechtmäßigem Verhalten zwar nicht entstanden wäre, von der verletzten Norm aber gar nicht verhindert werden sollte. Grundgedanke der Lehre vom Schutzzweck der Norm ist, daß jede Pflicht und jede Norm einen bestimmten Interessenbereich umfaßt und daß der Täter nur für Verletzungen dieses geschützten Bereichs einzustehen hat. Voraussetzung einer Haftung ist also stets, daß der Schaden im Bereich der geschützten Interessen liegt.

Der Schutzumfang der Norm ist neben der adäquaten Verursachung bei jedem Schadensersatzanspruch zu beachten.

Das ist bei Verletzungen einer Vertragspflicht ohne weiteres einzusehen. Denn jeder Vertrag schützt nach seinem jeweiligen Inhalt und Zweck nur ganz bestimmte Interessen der Vertragspartner. Der durch die Verletzung der Vertragspflicht adäquat verursachte Schaden kann aber außerhalb des geschützten Interessenbereichs liegen.

Beispiel: Die Bank verletzt fahrlässig ihre Pflicht, den Kunden auf eine günstige Möglichkeit, seine Aktien zu verkaufen, hinzuweisen. Über die dadurch entstandenen Verluste erregt sich der Kunde derart, daß er gesundheitliche Schäden davonträgt. Diese Schäden hat die Bank durch Verletzung ihrer Vertragspflicht adäquat verursacht. Da aber die Beratungspflicht den Kunden nicht vor Gesundheitsschäden schützen soll, kann aus ihrer Verletzung kein Schadensersatzanspruch wegen der Gesundheitsschädigung erwachsen.

Die Prüfung des Normzwecks ist gleichermaßen im außervertraglichen Bereich anzustellen. Für § 823 II ergibt sich das bereits daraus, daß die Verletzung eines Schutzgesetzes erforderlich ist. Aber auch bei allen anderen Schadensersatzansprüchen – insbesondere auch bei § 823 I – ist im Einzelfall zu prüfen, ob die verletzte Norm den Zweck hat, den eingetretenen Schaden zu verhindern. Damit wird das Zurechnungsmerkmal der Adäquanz nicht überflüssig (str.). Vielmehr sind Adäquanz und Normzweck selbständige und auf verschiedenen Ebenen liegende Voraussetzungen für die Schadensersatzpflicht. Das zeigen die folgenden Beispiele:

Wenn jemand einem anderen rechtswidrig und fahrlässig eine Schramme beigebracht hat und dadurch wegen der anomalen Konstitution des Verletzten (Bluter) ein besonders großer Schaden entsteht, so liegt dieser im Schutzbereich der verletzten Norm (§ 823 I: Verletzung des Körpers). Zu ersetzen ist dieser Schaden nach der Adäquanztheorie jedoch nicht, da nach dieser Theorie die besonders eigenartigen, ganz unwahrscheinlichen Umstände außer Betracht bleiben müssen. – Andererseits kann adäquate Kausalität gegeben sein und eine Haftungsbegrenzung dennoch in Betracht kommen, weil der Schaden nicht innerhalb des Schutzzweckes des § 823 I liegt. Im Fall c ist der durch Minderung der Bezüge entstandene Schaden nicht nach § 823 I zu ersetzen. Denn das Verbot, den Körper und die Gesundheit eines anderen zu verletzen, soll nicht davor schützen, daß bei dem Verletzten eine verborgene Krankheit entdeckt und der Verletzte früher in den Ruhestand versetzt wird, als es sonst geschehen wäre (BGH NJW 1968, 2287; vgl. auch BGHZ 27, 137). Die vorzeitige Pensionierung wegen Dienstunfähigkeit (vgl. etwa § 42 BBG) gehört zu den allgemeinen Lebensrisiken, die jeder Beamte zu tragen hat. In den Normzweckbereich des § 823 I fallen aber nur die besonderen Risiken, die den Geschädigten gerade wegen der Verletzung seiner Rechtsgüter treffen und denen er ohne diese Verletzung nicht ausgesetzt wäre.

b) Mit dem *Einwand des rechtmäßigen Alternativverhaltens* wird geltend gemacht, daß ein Schaden nicht zu ersetzen sei, weil er bei rechtmäßigem Verhalten ebenfalls entstanden wäre.

Beispiel: Der Arbeitnehmer N kündigt ohne Grund fristlos und bleibt der Arbeit fern. Der Arbeitgeber G verlangt von ihm Ersatz der Kosten für eine Zeitungsanzeige, durch die eine andere Arbeitskraft gesucht wird. N macht geltend, die Anzeigekosten wären auch entstanden, wenn er fristgerecht gekündigt hätte (vgl. BAG SAE 1984, 217 mit Anm. Brox).

Wenn der Schaden auch durch rechtmäßiges Verhalten hätte herbeigeführt werden können, ändert das zwar nichts daran, daß der konkret eingetretene Schaden durch die Vertragsverletzung verursacht wurde; er beruht allerdings nicht gerade auf der Rechtswidrigkeit der Vertragsverletzung. Deshalb wird insoweit auch vom Fehlen des Rechtswidrigkeitszusammenhangs gesprochen (in dieser Terminologie ist vieles streitig). Ob der Einwand des rechtmäßigen Alternativverhaltens beachtlich ist, hängt vom Zweck des Schadensersatzrechts ab. Dieser besteht darin, den Eintritt eines Schadens zu verhindern und auszugleichen. Der Schaden, der durch ein rechtmäßiges Verhalten herbeigeführt werden kann, läßt sich aber durch das Schadensersatzrecht weder verhindern noch ausgleichen. Wenn also eine Verhaltenspflicht einen bestimmten Schaden zwar grundsätzlich verhindern soll (Schutzzweck), im Einzelfall aber nicht verhindern kann, weil seine Entstehung auch bei Beachtung der Verhaltenspflicht möglich ist, führt der Einwand des rechtmäßigen Alternativverhaltens in der Regel zum Ausschluß der Ersatzpflicht. Das gilt selbst dann, wenn der Schädiger von der Möglichkeit rechtmäßigen Alternativverhaltens tatsächlich keinen Gebrauch gemacht hätte.

Wären im Beispielsfall die Kosten für die Zeitungsanzeige auch entstanden, wenn N unter Einhaltung der gesetzlichen Kündigungsfristen das Arbeitsverhältnis beendet hätte, könnte G diese Kosten nicht ersetzt verlangen. N müßte allenfalls für den Schaden aufkommen, der durch die überstürzte Vertragsbeendigung entstanden ist, bei vertragsgemäßer Einhaltung der Kündigungsfrist jedoch nicht eingetreten wäre (also nur den sog. Verfrühungsschaden; vgl. BAG SAE 1984, 217 mit Nachw.).

Rdnr. 331

Dagegen kann der Arzt, der seine Aufklärungspflicht verletzt hat, sich nicht mit Erfolg darauf berufen, der Patient hätte auch bei ordnungsgemäßer Aufklärung der Behandlung zugestimmt; denn die Aufklärungspflicht des Arztes soll in jedem Fall die Entscheidungsfreiheit des Patienten sichern.

332 **3. Zurechnung beim Handeln des Verletzten oder eines Dritten**

Nach dem Gesagten muß dem Schädiger grundsätzlich auch der Schaden zugerechnet werden, der auf einem Fehlverhalten des Verletzten oder eines Dritten beruht. Dadurch kann das Haftungsrisiko des Schädigers ins Unermeßliche wachsen. Deshalb hat die neuere Rechtsprechung sich bemüht, die objektive Zurechnung durch eine wertende Betrachtung einzuschränken. Sie stellt darauf ab, ob das Verhalten des Schädigers den Entschluß für das Handeln des Verletzten oder eines Dritten *herausgefordert hat* und ob der Verletzte oder Dritte sich überhaupt und in der von ihm gewählten Weise *herausgefordert fühlen durfte*. Eine Herausforderung ist zu bejahen, wenn der Schädiger bei dem Dritten oder dem Verletzten eine „mindestens im Ansatz billigenswerte Motivation" zu dessen Verhalten hervorgerufen hat (BGH NJW 1978, 421). Der Schädiger haftet nur für das von ihm verursachte gesteigerte Risiko, nicht für das allgemeine Lebensrisiko.

Beispiele: Ein wegen Fahrens ohne Führerschein zu Jugendarrest verurteilter Jugendlicher flüchtet vor dem Polizeibeamten durch Sprung aus dem Fenster. Der Beamte, der ihn festnehmen soll, springt ihm nach und verletzt sich. Eine Ersatzpflicht des Jugendlichen für diese Schäden scheidet aus, weil das Verfolgungsrisiko außer Verhältnis zum Verfolgungszweck steht (vgl. BGHZ 63, 189). Anders ist der Fall zu beurteilen, wenn es etwa um die Festnahme eines gefährlichen Gewaltverbrechers geht.

Im Fall d kann E seinen Schaden nicht von A ersetzt verlangen, weil dieser das Verhalten der Kraftfahrer nicht „herausgefordert" hat (vgl. BGHZ 58, 162). E kann sich nur an die Kraftfahrer halten; daß diese nicht auffindbar sind, gehört zum allgemeinen Risiko des E. Dagegen haftet der im Nebel zu schnell fahrende Kraftfahrer, der auf einen langsamer fahrenden Lastwagen auffährt, auch für die Personen- und Sachschäden, die dadurch entstehen, daß weitere Fahrzeuge in seinen Wagen hineinfahren.

333 § 27. Art und Umfang des Schadensersatzes

Fälle:

a) A möchte den von ihm bei einem Verkehrsunfall fahrlässig beschädigten Pkw des B in seiner Autowerkstatt ausbessern. B lehnt das ab und verlangt Zahlung von 2000,– DM Reparaturkosten und 300,– DM als Minderwert.

b) Im Fall a verlangt B Reparatur des Pkw. A macht geltend, der Wagen sei schrottreif; die Wiederherstellung koste mehr als ein neuer Pkw.

c) Kaufmann K, der eine Ware für 1000,– DM von V gekauft hat, macht nach § 376 HGB Schadensersatz wegen Nichterfüllung geltend, indem er die Differenz zum Marktpreis (1200,– DM), also 200,– DM verlangt. V will aber nur 100,– DM zahlen, da K sich bei einem anderen Verkäufer mit der Ware zum Preis von 1100,– DM eingedeckt habe.

d) B, der durch schuldhaftes Verhalten des A schwer verletzt worden ist, verlangt von A Schadensersatz. A meint, B müsse sich anrechnen lassen, was seine Sportkameraden für ihn anläßlich des Unfalls gesammelt hätten und was er aus seiner Unfallversicherung erlangt habe.

e) B läßt an seinem Pkw in der Werkstatt des U die Reifen wechseln. U zieht die Schrauben nicht richtig an. B wundert sich über die ungewohnten Fahreigenschaften des Wagens, kümmert sich aber nicht weiter darum. Ein Rad löst sich. B fährt in den Graben. U will nicht den ganzen Schaden ersetzen.

f) Wie, wenn der Fahrer des B den Pkw abholt?

I. Art des Schadensersatzes

Schrifttum: v. Caemmerer, Aufwendungen für eine Haftungsfreistellung bei der Anmietung von Ersatzwagen, VersR 1971, 973; Fabricius, Ersatz des „merkantilen Minderwerts“ bei Kraftfahrzeugunfällen, JuS 1962, 224; Frotz, Der „Ersatz in Geld“ nach § 250 S. 2 BGB, JZ 1963, 391; Grunsky, Art und Umfang des zu ersetzenden Schadens, Jura 1979, 57; ders., Wert des verletzten Rechtsguts und Begrenzung der Wiederherstellungskosten, VersR 1983, Beih. Karlsruher Forum, 101; Himmelreich, Unfallschäden und ihre Regulierung, NJW 1973, 675; Klimke, Die einzelnen Schadensarten im Kfz-Haftpflichtrecht, DB 1974, Beil. 20; Sanden/Danner, Zur Nutzungsentschädigung für Pkw (Tabellen: Stand 1. 9. 1983), VersR 1983, 806; Sanden/Völtz, Sachschadenrecht des Kraftverkehrs, 4. Aufl., 1982; v. Tuhr, Naturalherstellung und Geldersatz, JherJb 46, 39; Wadle, Zum Problem der sog. Freistellungskosten – BGHZ 61, 325, JuS 1975, 360.

Der Schaden kann durch Naturalherstellung oder durch Geldzahlung ersetzt werden (§§ 249 ff.).

1. Naturalherstellung

Im Regelfall ist der Schaden durch Naturalherstellung (Naturalrestitution) zu ersetzen; nach § 249, 1 ist der „Zustand herzustellen, der bestehen würde, wenn der zum Ersatz verpflichtende Umstand nicht eingetreten wäre". Damit ist nicht gemeint, daß der frühere Zustand „wieder" herzustellen ist, denn das ist nicht möglich, da Geschehenes sich nicht ungeschehen machen läßt (RGZ 165, 260). Vielmehr ist vom Gesetz die Herstellung eines wirtschaftlich gleichwertigen Zustands gewollt (RGZ 76, 146; st. Rspr.).

Beispiele: Ausbesserung der beschädigten Sache; Widerruf der ehrverletzenden Äußerung. Bei Zerstörung vertretbarer Sachen (§ 91) ist Naturalrestitution durch Lieferung von Sachen gleicher Art und Güte möglich.

334 **2. Geldersatz**

Geldersatz bedeutet, daß der Schaden durch eine Geldzahlung wiedergutgemacht wird. Der Geldbetrag muß so bemessen sein, daß der Geschädigte dadurch in die Lage versetzt wird, den Schaden in vollem Umfang auszugleichen.

Ob der Geschädigte im Einzelfall statt der grundsätzlich geschuldeten Naturalherstellung Geldersatz verlangen kann und ob der Schädiger seine Schadensersatzpflicht durch Geldleistung zu erfüllen vermag, ist nach den §§ 249–251 zu bestimmen. Das Gesetz löst hier den Interessenstreit zwischen Gläubiger und Schuldner nach Zumutbarkeitsgesichtspunkten.

a) Bei *Verletzung einer Person* sowie bei einer *Sachbeschädigung* kann der Gläubiger den für die Naturalrestitution erforderlichen Geldbetrag verlangen (§ 249, 2). Grund: Der Gläubiger soll sich auf Herstellungsexperimente des Schuldners nicht einzulassen brauchen.

Im Fall a hat B Anspruch auf Reparaturkosten in Höhe von 2000,– DM. A hat auch die Mehrkosten zu tragen, welche die von B beauftragte Werkstatt durch unsachgemäße Arbeit verursacht (BGHZ 63, 182). Zu den Herstellungskosten können auch die Finanzierungskosten gehören, die dem Geschädigten dadurch entstehen, daß er Bankkredit aufnehmen muß, weil der Schädiger nicht zahlt (vgl. BGHZ 61, 346).

335 b) Der Gläubiger kann dem Schuldner zur Herstellung eine angemessene *Frist mit der Erklärung bestimmen*, daß er die Naturalherstellung

nach Fristablauf ablehne; nach fruchtlosem Fristablauf hat er Anspruch auf Geldersatz, nicht mehr auf Naturalrestitution (§ 250).

Im Fall a wird B nicht nach § 250 vorgehen; denn er kann schon nach § 249, 2 (Sachbeschädigung) Geldersatz begehren. Setzt er aber eine Frist mit Ablehnungsandrohung (§ 250), so hat A bis zum Fristablauf das Recht, Schadensersatz durch Naturalrestitution zu leisten, was B gerade nicht will. – Vom Weg des § 250 ist dem Gläubiger auch dann abzuraten, wenn er auf Naturalherstellung (z. B. wegen Arbeitskräftemangels, Währungsverfalls) Wert legt; denn nach fruchtlosem Fristablauf hat er immer nur einen Anspruch auf Geldersatz.

336 c) Soweit *Naturalherstellung nicht möglich oder* zur Entschädigung des Gläubigers *nicht genügend* ist, hat der Schuldner Ersatz in Geld zu leisten (§ 251 I).

Erleidet das Fahrzeug des A bei einem von B verschuldeten Unfall Totalschaden, so ist Naturalherstellung nicht möglich. A kann von B den Wiederbeschaffungswert seines Wagens als Entschädigung ersetzt verlangen (§ 251 I).

Das Gesetz läßt die Möglichkeit offen, daß der Gläubiger teilweise Naturalrestitution und, soweit das nicht möglich ist, Geldersatz begehrt (§ 251 I: „soweit").

Der Gläubiger verlangt Reparatur des beschädigten Kraftfahrzeugs und Geld für den Minderwert (Fall a). Auch der „merkantile Minderwert" von 300,– DM steht dem B zu. Dabei handelt es sich nicht um einen künftigen Schaden, der sich erst bei einem späteren Verkauf des Pkw auswirkt; vielmehr besteht insoweit eine gegenwärtige Werteinbuße (Unfallwagen! vgl. BGHZ 35, 396; BGH NJW 1980, 281).

Zum Nutzungsausfall: Rdnr. 320; zu den sog. Freistellungskosten: BGHZ 61, 325.

337 d) Der Schuldner kann Geldentschädigung leisten, wenn die Naturalherstellung *nur mit unverhältnismäßigen Aufwendungen möglich* ist (§ 251 II). Grund: Hier soll der Schuldner geschützt werden, wenn ihm eine Naturalrestitution ausnahmsweise nicht zumutbar ist. Ob die Voraussetzungen gegeben sind, ist im Einzelfall durch Abwägen der Schuldner- und Gläubigerinteressen festzustellen.

Im Fall b ist A berechtigt, B in Geld zu entschädigen. Die Höhe des Geldbetrags ist so zu bemessen, daß B sich ein entsprechendes Fahrzeug kaufen kann.

338 e) Bei *immateriellen Schäden* (Rdnr. 320) scheidet ein Geldersatz regelmäßig aus (§ 253). Hier bleibt nur Naturalherstellung, soweit diese möglich ist (z. B. Widerruf einer ehrverletzenden Äußerung).

339 Geldersatz für immaterielle Schäden gibt das Gesetz nur in bestimmten Fällen (z. B. §§ 847, 1300); die Rechtsprechung ist bei der Verletzung des allgemeinen Persönlichkeitsrechts darüber hinausgegangen (Rdnr. 320).

340 ## II. Schadensberechnung

Schrifttum: Baur, Zum Problem der Vorteilsausgleichung, JW 1937, 1463; Cantzler, Die Vorteilsausgleichung beim Schadensersatzanspruch, AcP 156, 29; Esser, Zur Entwicklung der Lehre von der Vorteilsausgleichung, MDR 1957, 522; Hansen, Auswirkungen des normativen Schadensbegriffs auf die Methodik der Schadensberechnung, MDR 1978, 361; Knobbe-Keuk, Möglichkeiten und Grenzen abstrakter Schadensberechnung, VersR 1976, 401; Köhler, Abstrakte und konkrete Berechnung des Geldersatzes nach § 249 Satz 2 BGB?, Festschrift f. Larenz, 1983, 349; Herm. Lange, Die Vorteilsausgleichung, JuS 1978, 649; Machleid, Zur Vorteilsausgleichung im Schadensersatzrecht, JZ 1952, 644; Stürner, Der entgangene rechtswidrige oder sittenwidrige Gewinn, VersR 1976, 1012; Thiele, Gedanken zur Vorteilsausgleichung, AcP 167, 193; Werner, Vorteilsausgleichung, Kausalität und das Wesen der Schadensersatzpflicht, NJW 1955, 769; Wilburg, Zur Lehre von der Vorteilsausgleichung, JherJb 82, 51.

Der Vermögensschaden wird dadurch berechnet, daß man die gegenwärtige Lage mit der Lage, wie sie ohne das Schadensereignis bestehen würde, vergleicht (Rdnr. 319). Er besteht in der Vermögenseinbuße und dem entgangenen Gewinn. Hat das schädigende Ereignis dem Geschädigten aber auch einen Vermögensvorteil gebracht, kann sich insoweit der Schaden mindern (Vorteilsausgleichung).

1. Vermögenseinbuße

Die Vermögenseinbuße (damnum emergens) kann in einer Verminderung des Aktivvermögens (z. B. die Fensterscheibe ist zerbrochen) und in einer Vermehrung des Passivvermögens (z. B. der Glaser hat eine Forderung wegen des Einsetzens einer neuen Fensterscheibe) bestehen.

a) Der Gläubiger einer Schadensersatzforderung kann stets *Ersatz des gemeinen Werts* verlangen. Darunter versteht man den Wert, den der zu ersetzende Gegenstand *für jedermann* hat (pretium commune). Er ist nach rein objektiven Maßstäben zu ermitteln; dabei bleibt unberücksichtigt, welche Vermögenseinbuße gerade diesem Geschädigten zugefügt wurde.

Nach einigen Gesetzesbestimmungen ist die Ersatzleistung auf den gemeinen Wert beschränkt. Beispiel: § 430 HGB (gemeiner Handelswert oder der gemeine Wert; HR Rdnr. 378 ff.).

b) Es kann nach §§ 249 ff. aber auch Ersatz des Wertes begehrt werden, den der Gegenstand gerade *für den Gläubiger* hat (pretium singulare). Das folgt aus dem Sinn des Schadensersatzes, wonach der Geschädigte so gestellt werden soll, wie er ohne das zum Schadensersatz verpflichtende Ereignis stehen würde.

Wenn z. B. ein Stück aus einer dem Gläubiger gehörenden Sammlung vernichtet worden ist, dann besteht die Einbuße des Geschädigten nicht nur im Verlust dieses Stückes, sondern auch in der Wertminderung der Sammlung.

Dieses Beispiel zeigt, daß der individuelle Wert meist den gemeinen Wert übersteigt.

c) Dagegen ist der persönliche *Liebhaber- oder Erinnerungswert*, den der Gegenstand für den Geschädigten hat, *nicht* zu ersetzen (Affektionsinteresse). Insoweit fehlt es an einem berechenbaren Vermögenswert; ein immaterielles Interesse wird nicht in Geld ersetzt (§ 253).

Beispiel: Die ererbte Brosche der Großmutter hat für den Geschädigten einen besonderen Erinnerungswert. Zu ersetzen ist nur der individuelle Vermögensschaden. – Es ist aber möglich, daß sich die Wertschätzung eines Gegenstandes (z. B. eines Kunstwerks) im Preis niederschlägt; dann handelt es sich um einen Marktwert.

341 **2. Entgangener Gewinn**

Da der Geschädigte so gestellt werden soll, wie er ohne das schädigende Ereignis stehen würde, ist bei der Schadensberechnung auch festzustellen, ob das Ereignis beim Gläubiger eine *Vergrößerung des Vermögens verhindert hat*. Deshalb stellt § 252, 1 klar, daß der zu ersetzende Schaden auch den entgangenen Gewinn (lucrum cessans) umfaßt.

Beispiel: Der beim Verkehrsunfall verletzte Reisende kann infolge der Verletzung drei Wochen lang keine Geschäfte abschließen und erleidet dadurch einen Verdienstausfall.

Da der Nachweis eines entgangenen Gewinns für den Gläubiger im Einzelfall sehr schwierig sein kann, gibt § 252, 2 eine Beweiserleichterung (h. M.; BGHZ 29, 393): Der Gläubiger muß die Umstände dartun, aus denen der Gewinn mit Wahrscheinlichkeit erwartet werden konnte (BGH NJW 1964, 661); dann wird vermutet, daß der Gewinn auch gemacht worden wäre. § 252, 2 erleichtert also den Beweis des Gewinns; die Wahrscheinlichkeit der Gewinnerwartung genügt. Der Schuldner kann die Vermutung widerlegen, indem er nachweist, daß der Gewinn aus einem anderen Grund doch nicht gemacht worden wäre.

Rdnr. 341

Der Wortlaut des § 252, 2 ist mißverständlich, er ist geradezu eine „Anfängerfalle" (Heck, § 12, 10). Die Wortfassung erweckt den Anschein, als ob *nur* der Gewinn zu ersetzen sei, der zur Zeit des schädigenden Ereignisses mit Wahrscheinlichkeit vorauszusehen war. Das aber trifft nicht zu. Denn sonst könnte z. B. der Eigentümer eines Lotterieloses vom Dieb nicht den Hauptgewinn verlangen, der später gerade auf dieses Los fiel; dieser Gewinn konnte zur Zeit des Diebstahls nicht „mit Wahrscheinlichkeit erwartet werden". Die Entstehungsgeschichte der Vorschrift beweist, daß damit der Praxis eine „Anweisung für die Beweiswürdigung" gegeben werden sollte. Die Wahrscheinlichkeit des Gewinns ist also von einer nachträglichen Prognose aus (Zeitpunkt der letzten mündlichen Verhandlung im Prozeß) zu beurteilen, so daß der weitere Verlauf der Dinge nach dem schädigenden Ereignis mitzuberücksichtigen ist. – Aus dem Zweck des § 252, 2 als Beweiserleichterungsregel folgt ferner, daß das Wort „gilt" nicht die Bedeutung einer Fiktion oder einer unwiderleglichen Vermutung hat. Vielmehr handelt es sich hierbei um eine widerlegbare Vermutung (BGHZ 29, 393).

Klagt beispielsweise der beim Verkehrsunfall verletzte Reisende seinen Verdienstausfall gegen den Schädiger ein, dann ist der Richter bei der Ermittlung der Schadenshöhe schon durch § 287 ZPO sehr frei gestellt, da er die entgangene Provision schätzen kann. Darüber hinaus hilft die Beweisvermutung des § 252, 2. Der Geschädigte wird also z. B. dartun müssen, was er in dem entsprechenden Zeitraum des Vorjahres verdient hat. Sind die Gewinne im letzten Jahr gestiegen, wird der Richter die Provisionen anderer vergleichbarer Personen der Branche zur Schadensermittlung heranziehen müssen. Macht der Schädiger geltend, der Geschädigte hätte aus familiären Gründen eine Woche ohnehin nicht reisen können, dann ist er dafür beweispflichtig. Gelingt der Beweis, mindert sich entsprechend der zu ersetzende Schaden.

342 **3. Konkrete und abstrakte Schadensberechnung**

Der Schaden des Gläubigers muß grundsätzlich konkret, er kann ausnahmsweise auch abstrakt berechnet werden.

a) *Konkreter Schaden* ist der Schaden, der sich *nach den besonderen Umständen des Einzelfalls*, insbesondere nach den getroffenen Anstalten und Vorkehrungen ergibt.

Beispiele: Der Käufer hat wegen Nichtlieferung der Ware zu einem höheren Preis einkaufen müssen. – Der Verkäufer hat die Ware wegen Abnahmeverweigerung des Käufers nur zu einem geringeren Preis absetzen können.

Die Differenz zwischen dem Preis des Deckungsgeschäfts und dem Vertragspreis ist der konkrete Schaden.

Im Fall c beträgt der konkrete Schaden: 1100,– DM (Deckungskaufpreis) minus 1000,– DM (Vertragspreis) = 100,– DM.

343 b) *Abstrakter Schaden* ist der Schaden, der sich *nach dem gewöhnlichen Lauf der Dinge* ergibt. Diese Art der Schadensberechnung räumt das Ge-

setz dem Gläubiger nur ausnahmsweise ein (z.B. § 288 I; § 376 II HGB, HR Rdnr. 378 ff.).

Die Differenz zwischen dem Marktpreis und dem Vertragspreis ist der abstrakte Schaden. Der Geschädigte wird diese Berechnungsart wählen, wenn er einen höheren konkreten Schaden nicht nachweisen kann oder will.

Im Fall c beträgt der abstrakte Schaden: 1200,– DM (Marktpreis) minus 1000,– DM (Vertragspreis) = 200,– DM. V kann sich nicht mit Erfolg darauf berufen, daß der konkrete Schaden des K geringer ist; denn K hat sich nach § 376 II HGB zulässigerweise für die abstrakte Berechnung entschieden.

344 **4. Vorteilsausgleichung**

a) Wenn das schädigende Ereignis dem Geschädigten außer einem Schaden auch einen Vorteil gebracht hat, so ist dieser bei der Schadensberechnung zu berücksichtigen. Das ergibt sich aus dem Sinn des Schadensersatzrechts: Der erlittene Schaden soll zwar wiedergutgemacht, der Geschädigte aber nicht besser gestellt werden, als er ohne das Ereignis stehen würde. Man spricht von Vorteilsausgleichung (compensatio lucri cum damno). Damit ist nicht gesagt, daß der Schädiger hinsichtlich des Vorteils des Geschädigten einen Gegenanspruch hätte. Der Wert des Vorteils ist nur ein Rechnungsposten bei der Schadensberechnung (RGZ 146, 275). Der Schädiger hat die *Differenz von Schaden und Vorteil* zu ersetzen.

Beispiel (nach Heck): Ein Jockey überanstrengt gegen das Verbot des Eigentümers das Rennpferd. Er gewinnt das Rennen, aber das Pferd geht ein. Der Jockey hat hier den Wert des Pferdes abzüglich der Siegesprämie zu ersetzen.

345 b) So einfach die Schadensberechnung bei Berücksichtigung eines Vorteils ist, so schwer ist die Frage zu beantworten, ob im Einzelfall ein anrechenbarer Vorteil vorliegt. Das Gesetz enthält darüber keine generelle Regel; der Gesetzgeber hat die Beantwortung dieser Frage der Wissenschaft und Praxis überlassen (Mot. II, 19).

Nach der Rechtsprechung sind bei der Schadensberechnung von vornherein solche Vorteile nicht zu berücksichtigen, die mit dem schädigenden Ereignis in keinem adäquaten Kausalzusammenhang stehen (vgl. RGZ 80, 155).

Aber auch adäquat verursachte Vorteile sind nur dann anzurechnen, wenn es dem Sinn und Zweck der Schadensersatzpflicht entspricht

(BGHZ 10, 107; 30, 29). Dabei ist die Interessenlage der Beteiligten zu würdigen. So hat die Anrechnung eines Vorteils als unzumutbar zu unterbleiben, wenn sie etwa den Schädiger unbillig begünstigen würde (BGHZ 10, 107).

346 c) Das Gesetz läßt in einigen Bestimmungen erkennen, daß der Schädiger durch Leistungen Dritter nicht entlastet werden soll. Über die gesetzliche Regelung hinaus sind Rechtsprechung und Lehre in weiteren Fallgruppen zum gleichen Ergebnis gekommen; dabei handelt es sich teilweise um Fälle, die zum normativen Schaden (Rdnr. 320) gerechnet werden.

(1) So wird nach § 843 IV der Schadensersatzanspruch eines körperlich Verletzten nicht dadurch ausgeschlossen, daß diesem ein anderer Unterhalt zu gewähren hat. Aus dieser Bestimmung ist die gesetzliche Wertung zu entnehmen, daß der Schädiger nicht entlastet werden soll, wenn *ein anderer den Unterhalt des Geschädigten sichert.*

Schließen die Eltern des von A schuldhaft verletzten Kindes im eigenen Namen einen Behandlungsvertrag mit dem Arzt ab, so entsteht für das Kind zwar kein Schaden nach der Differenzhypothese, wohl aber ein normativer Schaden.

347 (2) *Lohnfortzahlungsansprüche*, die ein Arbeitnehmer bei unverschuldeter Arbeitsunfähigkeit hat (vgl. § 616; § 1 Lohnfortzahlungsgesetz; § 63 HGB), beruhen auf „sozialpolitischen Gesichtspunkten und Gründen der Humanität" (Mot. II, 463). Sie sollen den Dienstpflichtigen schützen und nicht den Schädiger, der die Arbeitsunfähigkeit verschuldet hat.

Der Arbeitgeber ist wegen der Lohnzahlung ohne entsprechende Gegenleistung geschädigt. Eine Ausgleichsregelung hat § 4 Lohnfortzahlungsgesetz getroffen. Danach geht der dem *Arbeiter* zustehende Anspruch auf Ersatz des (normativen) Schadens insoweit auf den Arbeitgeber über, als dieser dem Arbeiter das Arbeitsentgelt und die von ihm zu entrichtenden Anteile zur Sozialversicherung gezahlt hat.

Das Lohnfortzahlungsgesetz gilt nur für Arbeiter, nicht für Angestellte. Insoweit ist die Ausgleichsfrage nicht ausdrücklich gesetzlich geregelt. Bei der durch einen Dritten verursachten Arbeitsunfähigkeit eines *Angestellten* steht dem Arbeitgeber aber kein Anspruch gegen den Schädiger zu, weil ihm gegenüber ein Tatbestand der §§ 823 ff. nicht erfüllt ist. Der Angestellte muß aber, soweit er vom Arbeitgeber seinen Lohn weitererhält, seine Schadensersatzansprüche in diesem Umfang an den Arbeitgeber abtreten (vgl. BGHZ 43, 378).

348 (3) *Leistungen aus der Sozialversicherung oder aufgrund des Beamtenrechts* sollen den Schädiger nicht entlasten. Das ergibt sich aus den gesetzlichen Bestimmungen (vgl. etwa § 166 SGB X, dazu Rdnr. 320; § 87 a

BBG; § 52 BRRG), wonach die Ansprüche des Geschädigten kraft Gesetzes mit ihrer Entstehung auf den Versicherungsträger bzw. den Dienstherrn übergehen. Wegen dieses gesetzlichen Forderungsübergangs stellt sich hier das Problem der Vorteilsausgleichung nicht, denn der Geschädigte erlangt keinen Vorteil.

349 (4) Entsprechendes gilt bei der *Schadensversicherung* (Feuer, Diebstahl). Soweit der Versicherer dem geschädigten Versicherungsnehmer den Schaden ersetzt, geht der Schadensersatzanspruch gegen den Schädiger auf den Versicherer über (§ 67 VVG).

350 (5) *Leistungen aus einer privaten Lebens- oder Unfallversicherung* des Geschädigten sind nicht anrechenbar; denn der Geschädigte hat sich in seinem Interesse versichern lassen und die Versicherungsprämien nicht zu dem Zweck gezahlt, den Schädiger von seiner Schadensersatzpflicht zu entlasten (Fall d; vgl. BGHZ 19, 94; 73, 109). – Hat dagegen der Schädiger die Versicherung abgeschlossen und leistet der Versicherer an den Geschädigten, so ist das bei der Schadensberechnung zu berücksichtigen; denn das bezweckte der Versicherungsnehmer (vgl. RGZ 152, 200).

351 (6) *Freiwillige Leistungen eines Dritten*, die nach dessen Willen dem Geschädigten zugute kommen sollen, werden nicht angerechnet (Fall d). Anders ist es, wenn der Dritte mit seiner Leistung letztlich den Schädiger entlasten will (vgl. § 267).

352 d) Liegt der Schaden im *Verlust einer Sache oder eines Rechts* und besteht deshalb gegen eine Person ein Schadensersatzanspruch, dann ist diese zum Ersatz nur verpflichtet, wenn ihr der Geschädigte die Ansprüche abtritt, die ihm aufgrund des Eigentums oder aufgrund des Rechts gegen Dritte zustehen (§ 255).

Beispiel: A leiht ihrer Freundin B ihren Schmuck. Dieser wird der B infolge ihres Verschuldens durch D gestohlen. A hat einen Schadensersatzanspruch gegen B. Außerdem kann sie von D Herausgabe des Schmucks verlangen. Aus § 255 ist zu entnehmen, daß weder B noch D sich darauf berufen können, A habe einen anrechenbaren Vorteil erlangt, weil sie einen Anspruch gegen den anderen habe. Es steht der A frei, an wen sie sich wendet. Erhält sie von D den Schmuck zurück, hat sie keinen Anspruch gegen B mehr, da es nun an einem Schaden fehlt. Sie kann aber auch von B Schadensersatz verlangen. Leistet B Ersatz, würde A bereichert werden, da sie noch gegen D vorgehen kann. Es wäre nicht gerechtfertigt, wenn A schließlich von B Schadensersatz und von D den Schmuck bekommt. Deshalb muß sie der B ihre Ansprüche gegen D abtreten.

§ 255 beruht also auf dem Gedanken der Vorteilsausgleichung. Nur der Weg ist hier besonders geregelt: Es erfolgt keine Anrechnung bei der Ermittlung des Schadens. Vielmehr sind alle Ansprüche, die der Geschädigte gegen einen Dritten aufgrund des Eigentums an der Sache (oder aufgrund des Rechts) hat, abzutreten. Die Abtretung hat Zug um Zug zu erfolgen. Der in Anspruch genommene Schädiger hat ein Zurückbehaltungsrecht (§ 273; Rdnr. 145 ff.).

353 **5. Besonderheiten beim Ersatz von Alt durch Neu**

Beim Ersatz von Alt durch Neu erhält der Geschädigte nicht nur einen Schadensausgleich, sondern einen zusätzlichen Vermögensvorteil. Das aber widerspricht dem Grundgedanken des Schadensersatzrechts. Diese Problematik kann sowohl bei Naturalherstellung als auch beim Geldersatz auftreten.

Hat A schuldhaft den Anzug des B beschädigt und entscheidet sich B für *Naturalherstellung*, so scheidet ein Flicken des Anzugs aus, weil diese Art des Schadensersatzes dem B, der keine geflickten Anzüge trägt, unzumutbar ist. Aus dem gleichen Grund kommt auch die Lieferung eines entsprechenden, bereits von einem anderen getragenen Anzugs nicht in Betracht. Es bleibt nur die Übereignung eines neuen Anzugs entsprechender Qualität übrig. Dadurch würde aber der Gläubiger zu gut gestellt, da der beschädigte Anzug nicht mehr neuwertig war.

Entscheidet der Gläubiger (B) sich für *Geldersatz* (§ 249, 2), so scheidet eine Geldleistung zum Ausflicken des Anzugs aus den genannten Gründen aus. Zahlt der Schuldner (A) den Gebrauchtwert, dann kann der Gläubiger sich mit diesem Betrag nur einen gebrauchten Anzug kaufen; das aber kommt für ihn nicht in Betracht. Will er einen neuen Anzug, muß er selbst einen Betrag dazulegen, um ihn kaufen zu können. Ist er dazu nicht in der Lage, stellt sich die Problematik wie bei der Naturalherstellung.

Die Lösung wird wie folgt zu finden sein: Zunächst ist festzustellen, ob dem Gläubiger eine Ausbesserung der beschädigten Sache oder Lieferung einer gebrauchten Ersatzsache als Schadensersatz zumutbar ist. Das ist beim Pkw eher der Fall als bei einem Kleidungsstück. War der Anzug schon geflickt, so wird eine Ausbesserung genügen. Kommt aber nur Lieferung einer neuen Sache in Frage, dann ist diese bei Naturalherstellung regelmäßig gegen Ausgleichung des Mehrwerts zu leisten (Gedanke der Vorteilsausgleichung; BGHZ 30, 29; str.). Bei Geldersatz ist vom Wiederbeschaffungspreis für eine neue Sache ein entsprechender Abzug zu machen. Nur ausnahmsweise ist der Mehrwert nicht auszugleichen bzw. ein Abzug vom Wiederbeschaffungspreis unzulässig (§ 242; str.).

Verursacht A an dem Wagen des B einen Totalschaden, muß er den Nennwert ohne Abzug erstatten, wenn der Wagen erst 1000 km gelaufen ist (BGH NJW 1982, 433; NJW 1983, 2694).

354

III. Hypothetische Kausalität

Schrifttum: Backhaus, Einige Überlegungen zum Verhältnis von kumulativer und hypothetischer Kausalität, VersR 1982, 210; v. Caemmerer, Das Problem der überholenden Kausalität im Schadensersatzrecht, 1962; Coing, Interessebewertung und unmittelbarer Schaden, SJZ 1950, 865; Gotzler, Rechtmäßiges Alternativverhalten im haftungsbegründenden Zurechnungszusammenhang, 1977; G. Hueck, Zum Problem der überholenden Kausalität, JR 1953, 404; Knappe, Das Problem der überholenden Kausalität, 1954; Herm. Lange, Zum Problem der überholenden Kausalität, AcP 152, 153; Larenz, Die Berücksichtigung hypothetischer Schadensursachen bei der Schadensermittlung, NJW 1950, 487; Lemhöfer, Die überholende Kausalität und das Gesetz, JuS 1966, 337; Moors, Hypothetische Verursachung und Schadensberechnung, NJW 1954, 332; Neumann-Duesberg, Einzelprobleme der überholenden Kausalität, JZ 1955, 263; Neuner, Interesse und Vermögensschaden, AcP 133, 277; Niederländer, Schadensersatz bei hypothetischen Schadensereignissen, AcP 153, 41; ders., Hypothetische Schadensereignisse, JZ 1959, 617; Werner, Zur Abgrenzung des Einwandes der überholenden Kausalität, NJW 1957, 1857; Wissmann, Die Berufung auf rechtmäßiges Alternativverhalten, NJW 1971, 549; Zeuner, Zum Problem der überholenden Kausalität, AcP 157, 441.

1. Problematik und Meinungsstand

Ist ein Schaden entstanden, stellt sich die Frage, ob der auf Schadensersatz in Anspruch Genommene sich darauf berufen kann, daß der Schaden ganz oder teilweise auch ohne sein Verhalten entstanden wäre, weil bereits vorhandene oder später eingetretene Umstände zu dem gleichen Schaden geführt hätten (Rdnr. 331).

Beispiel: Das fahrlässig beschädigte Auto wird, bevor es repariert werden kann, bei einem Brand völlig zerstört.

Ob und inwieweit eine solche „hypothetische Kausalität“ oder „Reserveursache“ zugunsten des Schädigers berücksichtigt werden muß, ist in Schrifttum und Rechtsprechung umstritten.

Das Reichsgericht lehnte in ständiger Rechtssprechung die Berücksichtigung derartiger „Reserveursachen“ ab. Es betrachtete diese Problematik ebenso wie die Gesetzesverfasser (Mot. II, 769) als eine Frage der Kausalität und gelangte zu dem

Ergebnis, daß ein einmal bestehender Kausalzusammenhang nicht durch später hinzutretende Ereignisse wieder in Frage gestellt werden könne (vgl. RGZ 141, 365; 144, 80; 169, 117). Heute besteht im wesentlichen darüber Einigkeit, daß es sich hierbei nicht um ein Problem des Ursachenzusammenhangs handelt. Die höchstrichterliche Rechtsprechung (BGHZ 10, 6) hat in bestimmten Fällen auch hypothetische Schadensursachen berücksichtigt, jedoch eine abschließende Stellungnahme bisher vermieden. In der Wissenschaft sind die Auffassungen sehr geteilt. Sie reichen von einer völligen Ablehnung bis zu einer weitgehenden Berücksichtigung derartiger „Reserveursachen".

Aus verschiedenen gesetzlichen Regelungen ist zu entnehmen, daß die Berücksichtigung eines hypothetischen Ursachenzusammenhangs keineswegs generell verwehrt sein kann. Eine „Reserveursache" darf jedoch nur dort berücksichtigt werden, wo das mit dem Sinn und Zweck der Schadensersatzregelung vereinbar ist. Deshalb müssen einzelne Fallgruppen unterschieden werden.

355 **2. Fallgruppen**

a) Die hypothetische Kausalität ist in folgenden Fällen zu berücksichtigen:

(1) Nach dem Gesetz greift die Zufallshaftung beim Schuldnerverzug (§ 287, 2; Rdnr. 281) und bei der Sachentziehung (§ 848) dann nicht ein, wenn die Unmöglichkeit oder der Untergang auch ohne das Verhalten des Schuldners eingetreten wäre.

(2) Auch beim Ersatz entgangenen Gewinns nach § 252, 2 ist auf einen hypothetischen Kausalverlauf abzustellen. Hiernach ist nämlich der Gewinn zu ersetzen, der nach dem gewöhnlichen Verlauf der Dinge oder nach den besonderen Umständen mit Wahrscheinlichkeit erwartet werden konnte. Wenn sich also feststellen läßt, daß sich die Einkommensverhältnisse des Geschädigten etwa infolge seiner Tüchtigkeit oder der günstigen Konjunktur gebessert hätten, so hat der Schädiger auch Ersatz für die entgangene Besserstellung zu leisten; andererseits muß dann auch zuungunsten des Geschädigten berücksichtigt werden, daß er etwa infolge Krankheit, sinkender Konjunktur oder mangelnder beruflicher Vorbildung voraussichtlich eine günstige Berufsstellung auf die Dauer nicht behalten hätte (so BGHZ 10, 6).

Beispiel: Der Direktor einer Fabrik war 1944 entlassen worden, weil ein Ortsgruppenleiter ihn verdächtigt hatte. Dieser machte gegenüber dem Schadensersatzanspruch geltend, bei Kriegsende wäre der Direktor als alter Parteigenosse ohnehin entlassen worden (BGH, a. a. O.).

(3) Die Berücksichtigung eines hypothetischen Ereignisses ist ebenfalls dort geboten, wo der Schädiger eine Person oder eine Sache verletzt, die bereits mit einer Schadensanlage behaftet ist.

Beispiel: A erschießt den todkranken Hund des B.

Die schadensträchtige Anlage fällt bei der Schadensberechnung ins Gewicht. Der Schädiger hat nur den Wert des mit der Schadensanlage behafteten Gegenstandes zu ersetzen; das kann unter Umständen dazu führen, daß eine Schadensersatzpflicht überhaupt entfällt (vgl. auch BGHZ 20, 275; 29, 207).

Die in den genannten Fällen an sich zulässige Berücksichtigung von „Reserveursachen" scheitert aber oft an Beweisschwierigkeiten. Denn der Schädiger muß nachweisen, daß das hypothetische Schadensereignis tatsächlich eingetreten sein würde (BGHZ 8, 288; BGH VersR 1969, 43).

356 b) In anderen Fällen scheidet hingegen die Berücksichtigung einer hypothetischen Kausalität aus. Ist die Schadensersatzpflicht des Schädigers bereits gegeben, so müssen nach dem Sinn und Zweck des Schadensersatzrechts solche „Reserveursachen" bei der Schadensberechnung außer Betracht bleiben, die denselben Schaden herbeigeführt hätten (vgl. BGHZ 29, 215). Andernfalls würde das spätere Ereignis mit schuldtilgender Kraft auf den – regelmäßig mit dem Eingriff des Schädigers entstandenen – Schadensersatzanspruch einwirken. Daß dies nicht dem Zweck des Gesetzes entspricht, zeigt sich deutlich in den Fällen, in denen ein anderer für die „Reserveursache" einstehen müßte, wäre sie wirksam geworden. Könnte sich der Schädiger darauf berufen, daß der andere denselben Schaden später schuldhaft angerichtet hätte, dann würde der Geschädigte seinen Schaden überhaupt nicht ersetzt erhalten; denn der spätere Schädiger könnte geltend machen, daß sein Verhalten für den bereits vorher eingetretenen Schaden nicht ursächlich gewesen ist.

Beispiel: A raubt dem X die Brieftasche. A kann sich nicht darauf berufen, an der nächsten Straßenecke hätte B den X in gleicher Weise beraubt. X hat nur einen Schadensersatzanspruch gegen A, nicht aber gegen B. Würde man bei dem Schadensersatzanspruch gegen A die hypothetische Ursache (Raub des B) berücksichtigen, dann würde X leer ausgehen.

Rdnr. 356

Eine Einschränkung ist jedoch zu machen: Bei Folgeschäden (Rdnr. 322), wie etwa einer fortwirkenden Minderung des Erwerbs oder beim Ausfall ähnlicher langdauernder Vorteile, ist eine Berücksichtigung der „Reserveursache" geboten (BGH, a. a. O.). Dieser Gedanke läßt sich aus der gesetzlichen Wertung z. B. in § 844 II entnehmen, wonach der hypothetische Kausalverlauf zu berücksichtigen ist. Soweit allerdings die „Reserveursache", hätte sie wirksam werden können, die Schadensersatzpflicht eines Dritten ausgelöst hätte, bleibt es bei ihrer Nichtberücksichtigung.

Zwar kann es hingenommen werden, wenn der Geschädigte keinen Ersatz für solche Folgeschäden erhält, die ihm später ohnedies erwachsen wären, ohne daß er hierfür durch einen Ersatzanspruch Ausgleich erhalten hätte. Unverständlich wäre es aber, wenn er deshalb ohne Ersatzanspruch bliebe, weil ein anderer ihm denselben Schaden auch zugefügt hätte. Da der „Zweitschädiger" nicht schadensersatzpflichtig werden kann (er hat den Schaden nicht verursacht), muß es bei der Ersatzpflicht des „Erstschädigers" bleiben.

c) Kein Fall der hypothetischen Kausalität ist beim rechtmäßigen Alternativverhalten (Rdnr. 331) gegeben. Hier beruft sich der Schädiger im Gegensatz zu den Fällen der hypothetischen Kausalität nicht darauf, derselbe Schaden wäre auch ohne sein Verhalten entstanden; vielmehr macht er geltend, der Schaden hätte auch durch ein rechtmäßiges Verhalten herbeigeführt werden können.

357 IV. Mitwirkendes Verschulden des Geschädigten

Schrifttum: Dunz, Abwägungskriterien bei der Schadensausgleichung, NJW 1964, 2133; Esser, Die Verantwortlichkeit des Verletzten für mitwirkendes Verschulden seiner Hilfspersonen, JZ 1952, 257; Gernhuber, Die Haftung für Hilfspersonen innerhalb des mitwirkenden Verschuldens, AcP 152, 69; Th. Honsell, Die Quotenteilung im Schadensersatzrecht, 1977; Klauser, Abwägungsgrundsätze zur Schadensverteilung bei Mitverschulden und Mitverursachung, NJW 1962, 369; Kleindienst, Die entsprechende Anwendung des § 278 BGB bei mitwirkendem Verschulden, NJW 1960, 2028; Medicus, Zur Verantwortlichkeit des Geschädigten für seine Hilfspersonen, NJW 1962, 2081; Roth, Haftungseinheiten bei § 254 BGB, 1982; Rother, Grenzen des mitwirkenden Verschuldens, NJW 1966, 326; R. Schmidt, Die Obliegenheiten, 1953; E. Schneider, Zweifelsfragen beim Zusammentreffen von Mitverschulden und Mitverursachung bei Entstehung und Abwendung oder Minderung des Schadens, MDR 1966, 455; Venzmer, Mitverursachung und Mitverschulden im Schadensersatzrecht, 1960; Weidner, Die Mitverursachung als Entlastung des Haftpflichtigen, 1970; Wochner, Einheitliche Schadensteilung im Haftpflichtrecht, 1972.

1. Bedeutung

Hat der Geschädigte selbst bei Eintritt oder Vergrößerung des Schadens in zurechenbarer Weise mitgewirkt (Fall e), würde es dem Grundsatz von Treu und Glauben widersprechen, wenn er vom Schädiger Ersatz des ganzen Schadens verlangen könnte. Deshalb hängt es nach § 254 bei mitwirkendem Verschulden des Geschädigten von den Umständen des Einzelfalls ab, ob ein Schadensersatzanspruch gemindert ist oder sogar gänzlich entfällt. Dabei ist zu beachten, daß § 254 keine selbständige Anspruchsgrundlage, sondern eine Einwendung gegenüber einem Schadensersatzanspruch ist.

Während im gemeinen Recht ein mitwirkendes Verschulden den Ersatzanspruch ausschloß, sofern der Schädiger nicht vorsätzlich gehandelt hatte, rückt § 254 von diesem „Alles oder Nichts"-Prinzip ab. Die Vorschrift räumt dem Richter im Prozeß die Befugnis ein, die besonderen Umstände des Einzelfalls frei zu würdigen.

Viele Schadensersatzansprüche aus Verkehrsunfällen werden nur deshalb nicht außergerichtlich abgewickelt, weil Schädiger und Geschädigter sich nicht darüber einigen können, zu welcher quotalen Aufteilung des Schadens § 254 führt. Hat das Gericht in einem Grundurteil (§ 304 ZPO) rechtskräftig ausgesprochen, daß der eingeklagte Ersatzanspruch dem Grunde nach z. B. zur Hälfte gerechtfertigt ist, dann einigen sich die Prozeßparteien oft außergerichtlich über den zu ersetzenden Betrag.

358 2. Voraussetzungen

a) Nach dem Wortlaut des § 254 muß ein *Verschulden des Geschädigten* mitgewirkt haben. Damit ist nicht ein Verschulden des Geschädigten gegenüber einem anderen (vgl. dazu Rdnr. 216 ff.) gemeint; denn es besteht keine Rechtspflicht gegenüber dem Schädiger, die der Geschädigte schuldhaft verletzen könnte. § 254 stellt auf ein „Verschulden gegen sich selbst" ab (Obliegenheitsverletzung). Wenn der Geschädigte die im Verkehr erforderliche Sorgfalt zur Vermeidung eigenen Schadens außer acht läßt, kann man ihm daraus keinen Vorwurf machen. Aber dieses Verschulden im „untechnischen" Sinn führt nach § 254 dazu, daß der Geschädigte seinen dadurch verursachten Schaden selbst zu tragen hat.

Verschulden setzt auch hier Verschuldensfähigkeit voraus (vgl. § 276 I 3; Rdnr. 216). Demgegenüber soll nach neuerer Ansicht § 254 auch bei Verschuldensunfähigkeit des Geschädigten anzuwenden sein, so daß ein Deliktsunfähiger sich sein Fehlverhalten anrechnen lassen müßte. Es widerspricht jedoch dem gesetzgeberischen Ziel des Minderjährigenschutzes, wenn man das Risiko der Haftung des Schädigers ganz oder teilweise auf den verlagern wollte, der sich mangels Einsicht vor Gefahren nicht schützen kann. Maßgebend für die Verschuldensfähigkeit sind die entsprechend anzuwendenden §§ 827, 828, wobei auch der Gedanke des § 829 herangezogen werden kann (vgl. BGHZ 37, 102). Deshalb scheidet ein mitwirkendes Verschulden z. B. bei einem noch nicht sieben Jahre alten geschädigten Kind regelmäßig aus (vgl. aber Rdnr. 361 f.). Im übrigen ist jeder Grad des Verschuldens (Vorsatz, Fahrlässigkeit; § 276; Rdnr. 217 ff.) zu berücksichtigen.

Das Verschulden des Geschädigten kann sich auf ein Tun oder Unterlassen beziehen; es kann bei oder nach Eintritt des schädigenden Ereignisses bestehen.

Beispiele: Der Fußgänger geht bei Dunkelheit auf der rechten Straßenseite, anstatt den an der linken Seite befindlichen Fußgängerweg zu benutzen; er wird von einem ohne Licht fahrenden Radfahrer erfaßt und verletzt. Er hätte im letzten Augenblick noch zur Seite springen und dadurch den Unfall vermeiden können. Die erlittene Verletzung läßt er nicht von einem Arzt behandeln; dadurch vergrößert sich der Schaden. Siehe auch Fall e.

359 Zwei Fälle des *Unterlassungsverschuldens* werden in § 254 II 1 besonders genannt:

(1) Der Geschädigte hat es schuldhaft unterlassen, den Schädiger *auf die Gefahr eines ungewöhnlich hohen Schadens aufmerksam zu machen*, die der Schädiger weder kannte noch kennen mußte.

Dabei genügt ein allgemeiner Hinweis, daß ein Schaden eintreten könne, nicht; vielmehr muß der konkret drohende Schaden schon näher dargestellt werden, damit dem anderen die Folgen eines zum Schadensersatz verpflichtenden Handelns vor Augen geführt werden. Beispiel: Der Bankkunde weist seine Bank darauf hin, daß die Geldüberweisung noch am selben Tage erfolgen müsse, weil ihm sonst der Verlust eines Patents drohe. Unterläßt er diesen Hinweis, kann er jedenfalls nicht Ersatz des ganzen Schadens verlangen.

(2) Der Geschädigte hat es schuldhaft unterlassen, den *Schaden abzuwenden oder zu mindern*.

Ihn trifft die Pflicht, alles ihm Zumutbare zu tun. So muß z. B. der Radfahrer bremsen, wenn er erkennt, daß ein Pkw ihm die Vorfahrt nimmt; der Autofahrer hat den Sicherheitsgurt anzulegen (BGHZ 74, 25 ff.; vgl. auch BGHZ 83, 71), der Motorradfahrer einen Schutzhelm zu tragen (BGH NJW 1965, 1075). Der Unfallverletzte muß sich in ärztliche Behandlung begeben und sich notfalls einer nicht besonders gefahr- und schmerzvollen Operation unterziehen, wenn Aussicht auf Heilung oder jedenfalls Besserung besteht. Kann er infolge seiner Verletzung seinen bisherigen Beruf nicht mehr ausüben, hat er sich auf einen anderen umschulen zu lassen. Im Einzelfall ist aber immer zu prüfen, ob dem Verletzten ein solches Tun zumutbar ist. Entstehen ihm dadurch Aufwendungen (z. B. Operations-, Umschulungskosten), so sind sie ihm vom Schädiger als Teil des Schadens zu ersetzen (BGHZ 32, 280).

360 b) Obwohl § 254 von einem Verschulden des Geschädigten ausgeht, muß diese Bestimmung auch dann angewandt werden, wenn auf seiten des Geschädigten kein Verschulden, sondern nur eine *Sach- oder Betriebsgefahr* mitgewirkt hat, welche dem Geschädigten aus dem Gesichtspunkt der Gefährdungshaftung (Rdnr. 318) zuzurechnen ist. Die Berücksichtigung einer solchen Sach- oder Betriebsgefahr rechtfertigt sich aus dem § 254 zugrunde liegenden Gedanken, daß der Schaden von allen Beteiligten zu tragen ist, denen die den Schaden bedingenden Ursachen aus irgendeinem Rechtsgrund zuzurechnen sind.

Beispiel: Durch Verschulden des Radfahrers A wird der anfahrende Pkw des B beschädigt. Hier muß sich B die Betriebsgefahr seines Pkw nach § 254 auf seinen Schadensersatzanspruch aus § 823 I anrechnen lassen; denn nach § 7 I StVG (vgl. BS Rdnr. 533 ff.) hat er für die Betriebsgefahr seines Pkw einzustehen. Die Anrechnung der Betriebsgefahr hat jedoch zu unterbleiben, wenn der Zusammenstoß mit A für B ein unabwendbares Ereignis war (vgl. § 7 II StVG; BS Rdnr. 537).

§ 254 ist auch dann zu berücksichtigen, wenn der Schädiger aus einem Tatbestand der Gefährdungshaftung schadensersatzpflichtig ist und den Geschädigten an der Entstehung des Schadens ein Mitverschulden trifft. Die Anwendung des § 254 bei einem Mitverschulden des Verletzten im Rahmen der Gefährdungshaftung ist in mehreren Fällen sogar gesetzlich bestimmt (z. B. § 9 StVG; vgl. BS Rdnr. 538; § 4 HaftpflG).

Ist der Schädiger nur aus Gefährdungshaftung zum Schadensersatz verpflichtet und hat auf seiten des Geschädigten eine Sach- oder Betriebsgefahr den Schaden mitverursacht, so findet § 254 ebenfalls Anwendung. In verschiedenen Fällen der Gefährdungshaftung hat der Gesetzgeber besonders angeordnet, daß auf seiten des Geschädigten eine diesem zuzurechnende Sach- oder Betriebsgefahr zu berücksichtigen ist (z. B. § 17 I 2 StVG; vgl. BS Rdnr. 538).

c) Auch beim *Handeln auf eigene Gefahr*, d. h. bei einer bewußten Selbstgefährdung des Verletzten (z. B. jemand läßt sich von einem betrunkenen Kraftfahrer mitnehmen und verunglückt), wendet der BGH heute § 254 an (BGHZ 34, 355). Er hat damit die Konstruktion eines (fiktiven) vertraglichen Haftungsausschlusses aufgegeben.

361 d) § 254 ist zum Nachteil des Geschädigten auch dann zu berücksichtigen, wenn *sein gesetzlicher Vertreter oder sein Gehilfe* den Schaden mit-

verschuldet hat. § 254 II 2 bestimmt: „Die Vorschrift des § 278 findet entsprechende Anwendung". Diese unglückliche Formulierung hat zu manchen Streitfragen Anlaß gegeben. Um diese zu verstehen, ist es unerläßlich, sich zunächst die Verantwortlichkeit für fremdes Verschulden (Rdnr. 222–228) klarzumachen.

(1) Aus der „entsprechenden Anwendung" des § 278 folgt, daß sich der Geschädigte das Verschulden seines gesetzlichen Vertreters (Rdnr. 224) und seines Erfüllungsgehilfen (Rdnr. 225) anrechnen lassen muß.

(2) § 254 II 2 bezieht sich seiner Stellung nach nur auf die in § 254 II 1 genannten Fälle des Unterlassungsverschuldens. Eine entsprechende Anwendung des § 278 ist aber ebenso bei einer Mitverursachung nach § 254 I geboten. § 254 II 2 ist also als Absatz III zu lesen, der sich auf Absatz II und I bezieht. Es handelt sich hier nämlich um ein Redaktionsversehen.

362 (3) § 278 setzt ein bestehendes Schuldverhältnis voraus. Demnach wendet ihn die ständige höchstrichterliche Rechtsprechung nur dann entsprechend an, wenn schon im Zeitpunkt der Schädigung eine schuldrechtliche Beziehung zwischen Schädiger und Geschädigtem besteht (seit RGZ 62, 346).

Beispiel: Der Meister M schickt seinen Gehilfen G mit seinem Fahrrad zu einer Besorgung. Ein anderer Radfahrer R verletzt die Vorfahrt. Es kommt zum Unfall, bei dem das Rad des M beschädigt wird. R ist dem M nach § 823 schadensersatzpflichtig. Auch wenn G durch unvorsichtiges Fahren den Unfall mitverschuldet hat, ist § 278 nach § 254 II 2 deshalb nicht entsprechend anzuwenden, weil kein Schuldverhältnis zwischen M und R bestand.

Außerhalb von Schuldverhältnissen tritt eine Haftung für Hilfspersonen nur ein, wenn der Tatbestand des § 831 (Haftung für Verrichtungsgehilfen; Rdnr. 228) erfüllt ist. Dieser Haftungsmaßstab muß auch dann gelten, wenn dem Geschädigten das Handeln seines Verrichtungsgehilfen als mitwirkendes Verschulden entgegengehalten wird (RGZ 77, 211; BGHZ 1, 248). Deshalb ist § 254 II 2 so zu lesen: „Die Vorschriften der §§ 278, 831 finden entsprechende Anwendung".

Im obigen Beispiel muß sich M ein mitwirkendes Verschulden anrechnen lassen, wenn § 831 gegeben ist. Kann M den Entlastungsbeweis führen (§ 831 I 2; Rdnr. 228 und 30), entfällt § 254; R muß den Schaden in vollem Umfang ersetzen.

Diese Rechtsprechung wird im Schrifttum vielfach abgelehnt. Es wird die Auffassung vertreten, im Rahmen des § 254 sei immer (auch wenn vorher noch kein Schuldverhältnis bestanden habe) § 278 entsprechend anzuwenden. Wenn nämlich bei unerlaubter Handlung der Geschädigte sich nach § 831 entlasten könnte, dann hätte der Schädiger das Verhalten des Gehilfen des Geschädigten mitzuvertreten; das sei unbillig. Dieser Vorwurf richtet sich letztlich gegen den Entlastungsbeweis des § 831.

(4) Wenngleich die Rechtsprechung für die Anwendung des § 278 eine bestehende Verbindlichkeit oder doch „etwas einer Verbindlichkeit Ähnliches" voraussetzt (vgl. RGZ 75, 258), so hat sie doch den Begriff des Erfüllungsgehilfen weiter gefaßt. Es ist nicht erforderlich, daß der Gehilfe in Erfüllung einer Verbindlichkeit des Geschädigten gegenüber dem Schädiger gehandelt hat; vielmehr muß es für die Anwendung des § 278 im Rahmen des § 254 genügen, daß sich der Geschädigte der Hilfsperson zur Wahrung seiner eigenen Belange bedient hat (vgl. BGHZ 3, 46; Fall f).

363 **3. Rechtsfolgen**

Liegen die Voraussetzungen des § 254 vor, so hängen die Ersatzpflicht und ihr Umfang „von den Umständen, insbesondere davon ab, inwieweit der Schaden vorwiegend von dem einen oder dem anderen Teile verursacht worden ist" (§ 254 I a. E.). Der Richter muß also im Streitfall alle Umstände des Einzelfalls würdigen. Dabei ist vor allem auf den Grad der beiderseitigen Verursachung im Sinne der Adäquanz (Rdnr. 330) abzustellen. Daneben ist auch das Maß des beiderseitigen Verschuldens gegeneinander abzuwägen (vgl. BGH VersR 1968, 1093).

Im Ergebnis kann es zu einer Verteilung des Schadens nach Quoten kommen; es ist auch möglich, daß der Schädiger den vollen Schaden zu ersetzen hat (z. B. wenn er vorsätzlich, der Geschädigte aber nur leicht fahrlässig gehandelt hat; vgl. BGH NJW 1982, 1756). Denkbar ist aber auch der umgekehrte Fall, daß die Schadensersatzpflicht wegen § 254 ganz entfällt (z. B. wenn den Geschädigten ein besonders schweres Verschulden trifft, der Schädiger jedoch ohne Verschulden nur wegen einer Sach- oder Betriebsgefahr haftet).

363 a **4. Anhang: Ersatz von Vorsorgekosten**

Schrifttum: Braun/Spiess, Fangprämie für Ladendiebe als Rechtsproblem, MDR 1978, 356; Canaris, Zivilrechtliche Probleme des Warenhausdiebstahls, NJW 1974, 523; Hagemann, Der Umfang der Ersatzpflicht des Ladendiebes, JZ 1978, 133; Littbarski, Die Entwicklung der Rechtsprechung des BGH zu den Vorhaltekosten bei Verwendung von Reservefahrzeugen, BB 1980, 1448; Mertins, Zum Umfang des Schadenersatzes beim Ladendiebstahl, JR 1980, 357; Ruhwedel, Vorhaltekosten und ihre Ersetzbarkeit, JuS 1982, 27; Schmidt, Vorsorgekosten und Schadensersatz, JZ 1974, 73.

Streitig ist, ob auch die sog. Vorsorgekosten vom Schädiger zu ersetzen sind. Darunter versteht man Aufwendungen, die schon vor der Schädigung zwecks Vermeidung oder Verringerung des Schadens gemacht werden.

Beispiele: Ein Verkehrsbetrieb unterhält Reservewagen für durch Fremdschädigung verursachte Ausfälle von Fahrzeugen. Ein Warenhaus beschäftigt Hausdetektive, läßt Beobachtungskameras anbringen und setzt Fangprämien für die Ergreifung von Ladendieben aus.

M. E. ist die Frage, ob der Geschädigte die anteiligen Kosten für diese Maßnahmen vom Schädiger ersetzt verlangen kann, wie folgt zu beantworten:

a) Liegt die Vorbeugemaßnahme auch im Interesse des Schädigers, weil der Schadensumfang klein gehalten wird, ist der Schädiger zum Ersatz der anteiligen Kosten verpflichtet. Das ergibt sich schon aus § 254 II 1, wonach der Geschädigte im Interesse des Schädigers gehalten ist, den Schaden abzuwenden oder zu mindern (Rdnr. 359).

Die Reservehaltung von Fahrzeugen durch den Verkehrsbetrieb kommt dem Schädiger zugute; denn ohne sie hätte er den (höheren) Verdienstausfall zu ersetzen. Deshalb ist es gerechtfertigt, daß er die (geringeren) anteiligen Kosten für die Vorsorgemaßnahme ersetzt. Voraussetzung ist jedoch, daß der Geschädigte die Aufwendungen zwecks Verringerung des Schadens machte und für erforderlich halten durfte. Die vorsorglich getroffenen Aufwendungen sind bis zur Höhe des Schadens zu ersetzen, der ohne Vorsorgemaßnahmen entstanden wäre (vgl. BGHZ 32, 284; 70, 199).

b) Traf der Geschädigte die Vorbeugemaßnahme dagegen nur im eigenen Interesse, kommt sie nicht dem Schädiger zugute, so daß die in § 254 II 1 zum Ausdruck gekommene Wertung nicht eingreift. Deshalb hat der Schädiger die anteiligen Kosten nicht zu ersetzen.

Der ertappte Ladendieb hat zwar hinsichtlich der gestohlenen Waren Ersatz zu leisten; Bearbeitungskosten (Anteil an Detektiv- und Bürounkosten) hat er aber nicht zu erstatten (BGHZ 75, 230). Zum Ersatz der ausgesetzten Fangprämie ist der Täter nur insoweit verpflichtet, als diese nicht unangemessen hoch ist (BGH, a.a.O.).

Achtes Kapitel

Beteiligung Dritter am Schuldverhältnis

364 § 28. Vertrag zugunsten Dritter

Schrifttum: Blomeyer, Der unbestimmte Gläubiger, Festschrift f. Rabel, Bd. I, 1954, 307; Finger, Der Vertrag zugunsten Dritter auf den Todesfall, JuS 1969, 309; Hadding, Zur Auslegung des § 335 BGB, AcP 171, 403; ders., Der Bereicherungsausgleich beim Vertrag zu Rechten Dritter, 1970; Harder, Zuwendungen unter Lebenden auf den Todesfall, 1968; Hassold, Zur Leistung im Dreipersonenverhältnis, Anweisung und Vertrag zugunsten Dritter als Modell, 1981; Heilmann, Der Vertrag zugunsten Dritter – ein schuldrechtliches Verfügungsgeschäft, NJW 1968, 1853; Hinz, Bankverträge zugunsten Dritter auf den Todesfall, JuS 1965, 299; Kaduk, Fragen zur Zulässigkeit von Verfügungen zugunsten eines Dritten, Festschrift f. Larenz, 1983, 303; H. Lange, Die Auswirkung der Leistungsstörungen beim echten Vertrage zugunsten Dritter im Rechtsbereich des Dritten, NJW 1965, 657; Martens, Rechtsgeschäft und Drittinteressen, AcP 177, 113; Medicus, Drittbeziehungen im Schuldverhältnis, JuS 1974, 613; Papanikalaou, Schlechterfüllung beim Vertrag zugunsten Dritter, 1977; F. Peters, Zu den bereicherungsrechtlichen Folgen eines mangelhaften Vertrages zu Rechten Dritter, AcP 173, 71; Wesenberg, Verträge zugunsten Dritter, 1949.

Fälle:

a) K kauft im eigenen Namen bei V eine Waschmaschine für seine Mutter M mit der Abrede, daß M selbst von V Übereignung der Maschine verlangen kann. Infolge unsachgemäßer Montage entsteht in der Wohnung der M ein Wasserschaden. Wem steht ein vertraglicher Schadensersatzanspruch zu?

b) K kauft beim Händler V ein Fernsehgerät. Da V das Modell nicht vorrätig hat, vereinbart er mit seinem Großhändler G, dieser solle unmittelbar an K liefern. Von wem kann K Erfüllung verlangen?

c) Um seiner Tochter T eine Aussteuer zu sichern, errichtet der Kaufmann K bei der Bank B ein Sparkonto auf den Namen der T und zahlt 20 000.– DM ein. Er vereinbart mit der Bank, daß das Geld im Falle seines Todes seiner Tochter gehören solle. Nach dem Tod des K verlangt T von B das Geld.

d) Die Putzfrau des Vermieters V bohnert die Treppe unsachgemäß, so daß der Sohn des Mieters und dessen Freund zu Fall kommen und sich verletzen. Sie verlangen von V Schadensersatz.

I. Arten und Abgrenzung

1. Arten

Während beim vertraglichen Schuldverhältnis der Schuldner im Regelfall nur an seinen Vertragspartner zu leisten hat, muß er beim Vertrag zugunsten Dritter die Leistung einem Dritten erbringen. Der Schuldner wird hier als Versprechender, der Gläubiger als Versprechensempfänger und der Dritte als Begünstigter bezeichnet.

Beispiel: K (Versprechensempfänger) kauft für seine Mutter (Begünstigte) bei V (Versprechender) eine Waschmaschine (Fall a).

Man unterscheidet zwischen dem echten und unechten Vertrag zugunsten Dritter.

a) Beim *echten* oder berechtigenden Vertrag zugunsten Dritter erwirbt der Dritte aus diesem Vertrag einen Anspruch gegen den Schuldner (§ 328 I).

Beispiele: Lebensversicherungsvertrag des Ehemannes zugunsten seiner Ehefrau; Kaufvertrag im Fall a.

b) Um einen *unechten* (ermächtigenden) Vertrag zugunsten Dritter handelt es sich, wenn der Schuldner zwar an einen Dritten leisten, der Dritte aber keinen Anspruch auf die Leistung haben soll.

Im Fall b erwirbt K keinen Anspruch gegen G; er kann nur von V Lieferung des Geräts verlangen. Gläubiger des G ist allein V; nur dieser hat einen Anspruch gegen G auf Leistung an K.

Abweichend vom Regelfall des § 362 I wird hier der Schuldner ermächtigt und verpflichtet, seine Verbindlichkeit durch Leistung an einen Dritten zu erfüllen. Im übrigen bestehen keine rechtlichen Besonderheiten gegenüber einem Vertrag, an dem Dritte nicht beteiligt sind. Unter II.–IV. wird daher nur der echte Vertrag zugunsten Dritter behandelt.

365 2. Abgrenzung

Ob im Einzelfall ein echter, d.h. den Dritten berechtigender, oder ein unechter Vertrag zugunsten Dritter vorliegt, ist durch Vertragsauslegung zu ermitteln. Soweit nicht eine ausdrückliche Vereinbarung (wie im Fall a) getroffen ist, sind die gesamten Umstände, vor allem der Vertragszweck, zu berücksichtigen (§ 328 II).

366 Außerdem enthält das Gesetz in §§ 329, 330 Auslegungsregeln. So sind Lebensversicherungs- oder Leibrentenverträge zugunsten eines Dritten sowie die Vereinbarung einer Abfindung an Dritte in Verträgen über Vermögens- oder Gutsübernahmen im Zweifel als echte Verträge zugunsten Dritter anzusehen (§ 330).

Der Gesetzgeber geht hier mit Recht davon aus, daß bei Verträgen, welche die Versorgung eines Dritten bezwecken, diesem in der Regel ein eigener Anspruch gegen den Versprechenden eingeräumt werden soll.

367 Demgegenüber ist ein Vertrag, durch den sich jemand gegenüber einem Schuldner verpflichtet, dessen Gläubiger zu befriedigen (Erfüllungsübernahme), im Zweifel ein unechter Vertrag zugunsten Dritter (§ 329).

Verspricht z. B. F seinem Freund S, dessen Bankschulden zu begleichen, so soll nach dem Willen der Parteien normalerweise die Bank nicht einen zusätzlichen Schuldner erhalten; denn F will nur seinem Freund und nicht der Bank helfen. – Ganz allgemein wird man einen Rechtsanspruch des Dritten zu verneinen haben, wenn die Vereinbarung zwischen Gläubiger und Schuldner nur dazu dient, die Vertragsabwicklung zu erleichtern. So wird im Fall b durch die Lieferung von G an K der Umweg über V vermieden.

368 II. Rechtsbeziehungen zwischen den Beteiligten

Beim *echten* Vertrag zugunsten Dritter sind die Rechtsbeziehungen zwischen Versprechendem und Versprechensempfänger (Deckungsverhältnis), zwischen Versprechensempfänger und Drittem (Zuwendungs- oder Valutaverhältnis) sowie zwischen Versprechendem und Drittem zu unterscheiden. Das Deckungsverhältnis wird deshalb so bezeichnet, weil der Versprechende aus ihm (jedenfalls bei entgeltlichem Vertrage) die Gegenleistung, also die Deckung für seine Leistung an den Dritten erwirbt. Das Zuwendungs- oder Valutaverhältnis gibt Aufschluß darüber, aus welchem Rechtsgrund der Versprechensempfänger die Leistung dem Dritten durch den Versprechenden zuwendet.

369 **1. Deckungsverhältnis**

a) Für den *Vertrag* zwischen Versprechendem und Versprechensempfänger gilt der Grundsatz der Vertragsfreiheit. Der Vertrag zugunsten Dritter ist kein eigenständiger Vertragstyp neben den im Besonderen Teil des Schuldrechts geregelten Vertragstypen. Vielmehr kann jeder typische (z. B. Kauf, Miete) und atypische Vertrag als Vertrag zugunsten Dritter geschlossen werden.

Ein Anspruch des Dritten ergibt sich niemals allein aus § 328 I, sondern immer nur im Zusammenhang mit einem Anspruch etwa aus § 433, § 535.

Die Person des Dritten braucht zum Zeitpunkt des Vertragsschlusses noch nicht genau bestimmt zu sein; es reicht aus, daß sie bestimmbar ist.

Beispiel: Vereinbarung einer Garantie zwischen Hersteller und Großhändler zugunsten des noch nicht bestimmten Endabnehmers (vgl. BGHZ 75, 75).

b) Das Deckungsverhältnis ist maßgebend für die Rechtsstellung des Dritten gegenüber dem Versprechenden. Danach richtet es sich, ob der Dritte den Anspruch sofort, erst später oder unter bestimmten Voraussetzungen erwirbt (vgl. §§ 328 II, 331 I). Nach dem Deckungsverhältnis bestimmt sich auch, ob die Vertragsparteien dem Dritten die erlangte Rechtsposition wieder entziehen können (§§ 328 II, 332, 331 II). Dieses Verhältnis ist weiterhin für die Einwendungen entscheidend, welche der Versprechende dem Dritten entgegensetzen kann (§ 334; Rdnr. 373).

c) Ob neben dem Dritten auch der Versprechensempfänger den Anspruch gegen den Versprechenden geltend machen kann, ergibt sich ebenfalls aus dem Deckungsverhältnis. Im Zweifel ist er dazu berechtigt; er kann aber nur Leistung an den Dritten verlangen (§ 335).

370 d) Für die *Form* des Vertrages zugunsten Dritter gelten die allgemeinen Regeln. Der Vertrag ist formfrei, sofern das Gesetz nicht ausnahmsweise etwas anderes bestimmt, wie etwa in § 313.

Fraglich ist, ob der Vertrag zugunsten Dritter nicht dann einer Form bedarf, wenn er zur Deckung eines formbedürftigen Rechtsgeschäftes im Valutaverhältnis geschlossen wird.

Beispiel: Der Onkel verspricht seinem Neffen einen Sportwagen (vgl. § 518). Er schließt mit dem Autohändler einen entsprechenden Kaufvertrag zugunsten des Neffen.

Man ist sich darüber einig, daß das Deckungsverhältnis von Formerfordernissen des Valutaverhältnisses unberührt bleibt. Das muß auch dann gelten, wenn vereinbart ist, daß die Leistung an den Dritten nach dem Tode des Versprechensempfängers erfolgen soll (§ 331 I) und im Valutaverhältnis eine Schenkung von Todes wegen vorliegt (§ 2301 I; Fall c; str.; vgl. Brox, Erbrecht, Rdnr. 728 ff.; siehe auch BGHZ 46, 198; 54, 145).

371 **2. Valutaverhältnis**

Normalerweise wird der Versprechensempfänger den Versprechenden nur dann zur Leistung an den Dritten veranlassen, wenn er dem Dritten hierzu verpflichtet ist. Diese Verpflichtung kann auf Vertrag (z. B. Kauf, Schenkung) oder Gesetz (z. B. Unterhaltspflicht) beruhen. Hat der Dritte vom Versprechenden die Leistung erhalten, ohne daß im Verhältnis von Versprechensempfänger und Drittem eine solche Verpflichtung bestand, kann der Versprechensempfänger das ohne Rechtsgrund Geleistete herausverlangen (§ 812; BS Rdnr. 392 ff.).

372 **3. Verhältnis zwischen Versprechendem und Drittem**

Da der Dritte das Recht gegen den Versprechenden auf Grund des Deckungsverhältnisses, also ohne sein Zutun, erhält, räumt das Gesetz ihm die Möglichkeit ein, das Recht zurückzuweisen; dann gilt das Recht rückwirkend als nicht erworben (§ 333).

373 III. Einwendungen des Versprechenden

Da sich die Leistungsverpflichtung des Versprechenden gegenüber dem Dritten aus dem Deckungsverhältnis ergibt, kann der Versprechende dem Anspruch des Dritten die *Einwendungen* entgegenhalten, welche auf diesem Verhältnis beruhen (§ 334). Kann der Versprechende sich gegenüber dem Versprechensempfänger also etwa auf Nichtigkeit des Vertrages berufen, muß auch der Dritte das gegen sich gelten lassen.

Nach der Rechtsprechung soll der Versprechende mit einer Forderung gegen den Versprechensempfänger gegenüber dem Anspruch des Dritten nicht aufrechnen können, weil es an der Gegenseitigkeit fehle (BGH MDR 1961, 481).

Zu den Einwendungen i. S. des § 334 gehören auch die mit dem Vertrag in rechtlichem Zusammenhang stehenden *Einreden* (z. B. §§ 320, 273).

374

IV. Leistungsstörungen

Die Frage nach der Auswirkung von Leistungsstörungen ist deshalb problematisch, weil Rechtsbeziehungen nicht nur zwischen den Vertragspartnern bestehen, sondern der begünstigte Dritte einen eigenen Anspruch gegen den Versprechenden hat.

1. Keine besonderen Schwierigkeiten bestehen, wenn die Leistungsstörung vom *Versprechensempfänger* ausgeht. Dann hat der Versprechende gegenüber dem Versprechensempfänger die Rechte aus den §§ 280, 286, 325, 326. Diese kann er auch dem Dritten entgegenhalten.

375 2. Bei Leistungsstörungen des *Versprechenden* können sich sowohl für den Dritten als auch für den Versprechensempfänger Rechte ergeben:

a) Soweit der Versprechende wegen einer Leistungsstörung auf Schadensersatz in Anspruch genommen werden soll, kann regelmäßig der geschädigte Dritte, aber auch der Versprechensempfänger den Anspruch geltend machen (§ 335); der Versprechensempfänger muß jedoch Leistung an den Dritten verlangen.

Im Fall a steht sowohl M als auch K ein Anspruch aus positiver Forderungsverletzung zu; K kann jedoch nur Leistung an M verlangen.

b) Umstritten ist, ob der Dritte auch solche Rechte ausüben kann, die den seinem Anspruch zugrunde liegenden Vertrag selbst als ganzen berühren, wie Rücktritt nach §§ 325, 326 oder Wandlung nach §§ 459 ff. Diese Rechte, die den Vertrag umgestalten, stehen dem Dritten nach h. M. nicht zu, da er zwar Gläubiger des Anspruchs aus dem Vertrag, nicht jedoch Vertragspartner ist. Demnach kann nur der Versprechensempfänger diese Rechte ausüben. Wenn der Dritte bereits eine nicht mehr entziehbare Forderung erworben hat (§ 328 II), ist hierzu jedoch nach h. M. seine Zustimmung erforderlich (RGZ 101, 275).

376 **V. Anhang: Vertrag mit Schutzwirkung für Dritte**

Schrifttum: Canaris, Ansprüche wegen „positiver Vertragsverletzung" und „Schutzwirkung für Dritte" bei nichtigen Verträgen, JZ 1965, 475; Gernhuber, Drittwirkungen im Schuldverhältnis kraft Leistungsnähe, Festschrift f. Nikisch, 1958, 249; ders., Gläubiger, Schuldner und Dritte, JZ 1962, 553; Krause, Untermieter und Mieter im Schutzbereich eines Vertrages, JZ 1982, 19; Ostrowicz, Vertragshaftung und Drittschutz, 1980; Puhle, Vertrag mit Schutzwirkung zugunsten Dritter und Drittschadensliquidation, 1982; Ries, Grundprobleme der Drittschadensliquidation und des Vertrages mit Schutzwirkung für Dritte, JA 1982, 453; Schwerdtner, Verträge mit Schutzwirkung für Dritte, Jura 1980, 493; Sonnenschein, Der Vertrag mit Schutzwirkung für Dritte – und immer neue Fragen, JA 1979, 225.

1. Bedeutung

Die Rechtsprechung hat in Anlehnung an § 328 das Rechtsinstitut des Vertrages mit Schutzwirkung für Dritte entwickelt. Der Grund für diese Rechtsfortbildung läßt sich an folgendem Beispiel klarmachen:

Im Fall d hätte der Sohn des Mieters gegen den Vermieter nur einen deliktischen Anspruch (§ 831); Ansprüche aus Vertrag (i. V. m. § 278) entfielen, weil der Sohn nicht Vertragspartei ist. Der Vermieter brauchte keinen Schadensersatz zu leisten, wenn ihm der Entlastungsbeweis gelänge (§ 831 I 2). Dieses Ergebnis wurde insbesondere in den Fällen als unbillig empfunden, in denen eine vertragliche Leistung nach dem Zweck des Vertrages auch dritten Personen zugute kommen soll (z. B. Miete einer Familienwohnung). Um die Entlastungsmöglichkeit auszuschließen, ist man bestrebt, diese Personen in den vertraglichen Schutzbereich einzubeziehen, um ihnen dadurch einen vertraglichen Schadensersatzanspruch (i. V. m. § 278) zu geben.

Durch den Vertrag mit Schutzwirkung für Dritte soll der Dritte bei Schadensersatzansprüchen gegen den Schuldner des Vertragsverhältnisses nicht nur nach dem oft unbefriedigenden § 831 vorgehen können, sondern über § 278 auch einen vertraglichen Schadensersatzanspruch haben, obwohl zwischen dem Dritten und dem Schuldner kein Vertragsverhältnis vorliegt. Aber auch in den Fällen, in denen es nicht um das Einstehen für Hilfspersonen geht, hat der Vertrag mit Schutzwirkung Bedeutung.

Im Fall d würden der Sohn des Mieters und wohl auch dessen Freund dann einen vertraglichen Schadensersatzanspruch gegen V haben, wenn dieser die Treppe selbst gebohnert hätte.

Beim Vertrag mit Schutzwirkung für Dritte besteht insoweit eine gewisse Parallele zum Vertrag zugunsten Dritter nach § 328. Im Unterschied dazu aber behält beim Vertrag mit Schutzwirkung für Dritte der begünstigte Dritte keinen Erfüllungsanspruch auf die vertragsgemäße Leistung des Schuldners; er hat lediglich einen vertraglichen Schadensersatzanspruch, wenn der Schuldner bestimmte Sorgfalts- oder Schutzpflichten verletzt.

377 **2. Voraussetzungen**

a) Ob der Schuldner auch gegenüber einem Dritten bestimmte Schutzpflichten hat, ist durch Auslegung zu ermitteln. Normalerweise enthält ein Vertrag solche Vereinbarungen nicht. Dann sind die Schutzwirkungen für Dritte und der Umfang des Schutzbereichs durch ergänzende Vertragsauslegung festzustellen (BGH NJW 1954, 874; BGHZ 49, 353). Der Vertrag mit Schutzwirkung für Dritte darf aber nicht dazu führen, daß jeder Dritte, der bei einer Sorgfaltsverletzung des Schuldners einen Schaden erlitten hat, einen Schadensersatzanspruch aus dem zwischen Gläubiger und Schuldner geschlossenen Vertrag herleiten kann. Denn damit würde die gesetzliche Unterscheidung zwischen unmittelbar und mittelbar Geschädigten außer acht gelassen und die Regel mißachtet, daß die Haftung aus einem Vertrag an das Band geknüpft ist, das den Gläubiger mit seinem Partner verbindet (BGH NJW 1968, 1929). Vielmehr kommt die Ausweitung der vertraglichen Sorgfaltspflichten über den Kreis der Vertragsparteien hinaus nur in engen Grenzen in Betracht.

378 b) Eine Aufnahme in den Schutzbereich setzt voraus (vgl. BGHZ 51, 91, 95 f.; BGH NJW 1970, 38):

(1) Der Dritte muß mit der Leistung des Schuldners in Kontakt kommen, und der einbezogene Personenkreis muß eng und überschaubar sein.

(2) Der Gläubiger muß aufgrund eines personenrechtlichen Fürsorgeverhältnisses für das Wohl und Wehe des Dritten mitverantwortlich

sein. Bei Massengeschäften (z. B. Lastschriftverfahren) kann im Einzelfall eine Einbeziehung des Dritten allein nach Treu und Glauben gerechtfertigt sein (BGHZ 69, 82).

(3) Die Voraussetzungen (1) und (2) müssen für den Schuldner bei Vertragsschluß erkennbar sein.

379 **3. Wirkungen**

Der geschützte Dritte kann von dem Schuldner Ersatz seines durch die Pflichtverletzung entstandenen Schadens verlangen, und zwar sowohl der Körper- als auch der Sachschäden (BGHZ 49, 353).

Seinem Ersatzanspruch muß sich der Dritte nach § 254 nicht nur eigenes Verschulden, sondern auch ein Verschulden des Gläubigers bei der Entstehung des Anspruchs als anspruchsmindernd entgegenhalten lassen. Das wurde von der Rechtssprechung schon seit langem für den Fall anerkannt, daß der Gläubiger gesetzlicher Vertreter oder Erfüllungsgehilfe des Geschädigten war. Es kann aber auch in den übrigen Fällen nichts anderes gelten, da dem geschädigten Dritten keine größeren Rechte zustehen können, als sie dem Gläubiger zustehen würden (Rechtsgedanke des § 334; vgl. BGHZ 33, 247).

380 **VI. Anhang: Vertraglicher Haftungsausschluß für Dritte**

Schrifttum: Blaurock, Haftungsfreizeichnung zugunsten Dritter, ZHR 146, 238; Gamillscheg, Außenwirkung von Haftungsbeschränkungen, VersR 1967, 513; Gerhardt, Zur Einbeziehung Dritter in Haftungsbeschränkungen, VersR 1971, 381.

Ist im Vertrag vereinbart, daß der Schuldner dem Gläubiger für bestimmte Schäden nicht zu haften hat, so fragt es sich, ob eine solche Haftungsfreizeichnungsklausel auch zugunsten von Erfüllungsgehilfen des Schuldners gilt.

Beispiel: In einem Bewachungsvertrag zwischen G und S war die Haftung des S für bestimmte Schäden an Maschinen des G ausgeschlossen. Nachdem ein solcher Schaden entstanden war, nahm G den Wachmann des S auf Schadensersatz aus unerlaubter Handlung in Anspruch (vgl. BGH NJW 1962, 388).

Selbst wenn im Wortlaut des Vertrages nur vom Haftungsausschluß des Schuldners selbst die Rede ist, muß durch ergänzende Auslegung ermittelt werden, ob der Erfüllungsgehilfe hinsichtlich des Schadensersatzanspruches schlechter als der Schuldner gestellt sein sollte.

Im Beispielsfall schloß der BGH aus den festgestellten Umständen, daß es dem S bereits die Fürsorgepflicht gebot, seine Arbeitnehmer in den von ihm für notwendig erachteten Schutz einzubeziehen. Mangels entgegenstehender Anhaltspunkte nahm der BGH an, daß S diese Pflicht mit jener Freizeichnungsklausel erfüllen wollte.

381

§ 29. Gläubigerwechsel

Schrifttum: Backhaus, Befreiende Leistung des „bösgläubigen" Schuldners im Fall des § 407 II BGB und verwandter Vorschriften?, JA 1983, 408; Bähr, Akzessorietätsersatz bei der Sicherungszession, NJW 1983, 1473; Baumgärtel, Die Unzumutbarkeit der Forderungsabtretung, AcP 156, 265; Bülow, Grundprobleme des Schuldnerschutzes bei der Forderungsabtretung, JA 1983, 7; v. Caemmerer, Verlängerter Eigentumsvorbehalt und Bundesgerichtshof, JZ 1953, 97; Dölle, Bemerkungen zur Blankozession, Festschrift f. M. Wolff, 1952, 23; Ebel, Zur Abtretbarkeit von Befreiungsansprüchen, JR 1981, 485; Erman, Die Globalzession in ihrem Verhältnis zum verlängerten Eigentumsvorbehalt, 1960; Esser, Globalzession und verlängerter Eigentumsvorbehalt, JZ 1968, 281; ders., § 138 BGB und die Bankpraxis der Globalzession, ZHR 1971, 320; Flume, Der verlängerte und erweiterte Eigentumsvorbehalt, NJW 1950, 841; Henckel, Einziehungsermächtigung und Inkassozession, Festschrift f. Larenz, 1973, 643; Kötter, Die Tauglichkeit der Vorausabtretung als Sicherungsmittel des Geld- und Warenkredits, 1960; Kornblum, Schuldnerschutz bei der Forderungsabtretung, BB 1981, 1296; Löbl, Geltendmachung fremder Forderungsrechte im eigenen Namen, AcP 129, 257; K. W. Nörr/Scheyhing, Sukzessionen, 1983; v. Olshausen, Zur Aufrechnung gemäß § 406 BGB gegen Geldschutzbefreiungsansprüche nach deren Abtretung an den Drittgläubiger, AcP 182, 254; Schwenzer, Zession und sekundäre Gläubigerrechte, AcP 182, 214; Tiedtke, Sicherungsabtretung beim Fehlen des zu sichernden Anspruchs, DB 1982, 1709; W. Weimar, Der Schuldnerschutz nach erfolgter Zession, MDR 1979, 283; Wieacker, Die Forderung als Mittel und Gegenstand der Vermögenszuordnung, DRWiss 1941, 49.

Fälle:

a) V verkauft eine Forderung gegen S auf Zahlung von 500.– DM für 450,– DM an K und tritt sie an K ab. Später stellt sich heraus, daß die Forderung dem G zusteht. Hat K die Forderung erworben? Wie, wenn G die Abtretung billigt?

b) Händler H hat Möbel von der Fabrik F unter Eigentumsvorbehalt bezogen und alle Forderungen aus künftigen Weiterverkäufen dieser Möbel an F abgetreten.

Als er später einen neuen Bankkredit benötigt, überträgt er u. a. auch die genannten Forderungen an die Bank B zu deren Sicherheit. Wem stehen die Forderungen zu?

c) Im Fall b zahlt der Kunde K des H den Kaufpreis für einen Schrank an H. Ist er frei geworden?

d) Im Fall b zahlt der Kunde K an die Bank, da er nur von der Abtretung an die Bank erfahren hatte.

I. Arten des Gläubigerwechsels

Das Gesetz kennt drei Arten des Gläubigerwechsels. In §§ 398 ff. ist der *rechtsgeschäftliche* Forderungsübergang (Abtretung) geregelt (dazu Rdnr. 382 ff.). Diese Vorschriften finden nach § 412 auf einen *gesetzlichen* Gläubigerwechsel (cessio legis) entsprechende Anwendung.

Beispiele für gesetzlichen Forderungsübergang: § 268 III (Rdnr. 135), § 426 II (Rdnr. 432) und § 774 (BS Rdnr. 335). Praktisch bedeutsam: § 67 VVG und § 116 SGB X (Übergang eines Schadensersatzanspruchs auf den privaten Versicherer bzw. öffentlich-rechtlichen Versicherungsträger; Rdnr. 348 f.). Mit dem Tod einer Person geht deren Vermögen, also auch deren Forderung, auf den Erben über (§ 1922 I).

Ein Gläubigerwechsel kann schließlich auch *durch staatlichen Hoheitsakt* eintreten.

Das Hauptbeispiel ist die Zwangsvollstreckung des Vollstreckungsgläubigers in eine Forderung des Vollstreckungsschuldners, die diesem gegen einen Dritten zusteht (§§ 829, 835 ZPO): Wird die gepfändete Geldforderung dem pfändenden Gläubiger *an Zahlungs Statt* überwiesen, dann geht die gepfändete Forderung mit der Zustellung des Überweisungsbeschlusses an den Dritten auf diesen über. – Davon zu unterscheiden ist die in der Praxis übliche Überweisung *zur Einziehung*, §§ 835 f. ZPO.

382 II. Begriff und Bedeutung der Forderungsabtretung

1. Begriff

Abtretung (Zession) ist ein zwischen altem und neuem Gläubiger geschlossener Vertrag, durch den der bisherige Gläubiger (Zedent) seine Forderung gegen den Schuldner auf den neuen Gläubiger (Zessionar) überträgt (§ 398). Die Forderungsabtretung ist also die rechtsgeschäftliche Übertragung des Gläubigerrechts auf einen Dritten.

Die Abtretung ist – wie z. B. die Übereignung (§ 929) – eine Verfügung (AT Rdnr. 102 ff.); denn hierdurch wird ein bestehendes Recht unmittelbar übertragen. Mit Abschluß des Vertrages verliert der bisherige Gläubiger die Forderung. Die Abtretung ist also kein Verpflichtungsgeschäft. Wohl liegt ihr regelmäßig ein solches Geschäft zugrunde, das oft gleichzeitig mit ihr vorgenommen wird.

Beispiel: Der Vater schenkt seinem Sohn zum Geburtstag eine Forderung. Die Erklärung des Vaters enthält das Angebot sowohl zum Schenkungsvertrag als auch zur Abtretung; das „Danke schön" des Sohnes ist die Annahme beider Angebote. Da durch die Abtretung der Forderung die schenkweise versprochene Leistung bewirkt wird, bedarf das Schenkungsversprechen nicht der Form (§ 518 II).

Die Abtretung ist – wie die Übereignung – als abstraktes Verfügungsgeschäft in ihrem Bestand unabhängig von dem zugrunde liegenden Kausalgeschäft. Fehlt ein Kausalgeschäft oder ist es (z. B. wegen Anfechtung) nichtig, so bleibt davon die Gültigkeit der Abtretung unberührt; jedoch steht in diesen Fällen dem bisherigen Gläubiger gegen den neuen ein Bereicherungsanspruch (§ 812) auf Rückabtretung zu.

Die Regeln über die Forderungsabtretung sind nach § 413 regelmäßig auch auf die Übertragung anderer Rechte (z. B. Immaterialgüterrechte, gewerbliche Schutzrechte) entsprechend anzuwenden.

383 **2. Bedeutung**

Die Abtretung hat im Wirtschaftsleben erhebliche Bedeutung. So tritt etwa der Käufer dem Verkäufer mit dessen Einverständnis anstelle der Kaufpreiszahlung eine ihm zustehende Forderung ab. Ebenso ist der Gläubiger in der Lage, seine noch nicht fällige Forderung an einen anderen zu verkaufen und abzutreten, um sich auf diese Weise vorzeitig Barmittel zu beschaffen (Spezialfall: Verkauf und Übertragung eines Wechsels an eine Bank, sog. Wechseldiskont; HR Rdnr. 518). Praktisch bedeutsam sind ferner die Sicherungsabtretung und die Inkassozession (Rdnr. 393).

384 ## III. Voraussetzungen der Abtretung

1. Vertrag

a) Erforderlich ist ein Vertrag zwischen bisherigem und neuem Gläubiger, daß diesem die Forderung zustehen soll (§ 398, 1). Eines Einverständnisses des Schuldners oder auch nur einer Anzeige an ihn bedarf es zur Wirksamkeit des Forderungsüberganges nicht; der Schuldner braucht von der Abtretung nichts zu wissen, und er braucht erst recht nicht mitzuwirken.

Für den Vertrag gelten die Regeln der §§ 104 ff. Beim Erwerber der Forderung genügt beschränkte Geschäftsfähigkeit, da die Abtretung ihm lediglich rechtlichen Vorteil bringt (§ 107).

385 b) Der Abtretungsvertrag bedarf regelmäßig *keiner Form*. Das gilt auch dann, wenn die Begründung der Forderung formbedürftig ist (z. B. Kaufpreisforderung beim Grundstückskaufvertrag; § 313). In Ausnahmefällen ist eine Form vorgeschrieben (Beispiel: Abtretung einer Hypothekenforderung; § 1154).

386 ### 2. Bestehen der Forderung

Voraussetzung für den Forderungsübergang ist es, daß dem Abtretenden die Forderung auch zusteht. Anders als beim Eigentumserwerb gibt es keinen gutgläubigen Erwerb einer Forderung von einem Nichtberechtigten (vgl. aber Rdnr. 396). Beim Erwerb des Eigentums an einer beweglichen Sache wird der gute Glaube des Erwerbers an das Eigentum des besitzenden Veräußerers geschützt (vgl. § 932); hier soll der Erwerber auf den durch die Innehabung des Besitzes veranlaßten Rechtsschein (vgl. § 1006 I 1) vertrauen dürfen. Bei dem Erwerb einer Forderung fehlt dagegen ein Sachverhalt, der – wie etwa der Besitz beim Eigentumserwerb – einen ausreichenden Anhaltspunkt für die Berechtigung des Zedenten gibt und damit einen Rechtsschein setzt, auf den der Zessionar vertrauen kann.

Im Fall a hat K die Forderung nicht erworben. Da V seine Verpflichtung aus dem gültigen Kaufvertrag nicht erfüllt hat (§ 437), stehen dem K gegen V die Rechte aus § 440 zu. Billigt G die Abtretung, geht die Forderung auf K über (§ 185); der Kaufvertrag ist erfüllt. G hat gegen V einen Bereicherungsanspruch aus § 816 I. – Über die Besonderheit des Gläubigerschutzes in § 405 siehe Rdnr. 396.

387 **3. Übertragbarkeit der Forderung**

In der Regel ist jedes Recht übertragbar. Etwas anderes kann sich jedoch aus dem Gesetz oder der besonderen Natur des Rechts ergeben.

a) Nach § 399 ist eine Übertragung ausgeschlossen, wenn die Leistung an einen anderen als den ursprünglichen Gläubiger nicht ohne Veränderung ihres Inhalts erfolgen kann.

388 b) Die Übertragung kann auch durch Vereinbarung zwischen Gläubiger und Schuldner ausgeschlossen sein (§ 399).

Beispiel: Um die Mehrarbeit in der Buchhaltung zu vermeiden, vereinbart der Arbeitgeber mit den Arbeitnehmern, daß diese auch ihre pfändungsfreien Lohnansprüche nicht an Dritte abtreten. Ein Arbeitnehmer tritt dennoch zur Tilgung von Schulden aus Abzahlungskäufen pfändungsfreie Lohnansprüche an den Verkäufer ab, der von der Abrede im Arbeitsvertrag nichts weiß. Der Arbeitgeber, dem die Abtretung bekannt ist, zahlt mit Recht an den Arbeitnehmer. Denn die Forderung war wegen der Vereinbarung nicht abtretbar; die Abtretung ist unwirksam, so daß der Arbeitnehmer noch Gläubiger der Forderung ist (vgl. aber auch BGHZ 40, 156). Da es hier keinen Schutz des guten Glaubens gibt, kommt es auf die Unkenntnis des Verkäufers nicht an. Weil der Ausschluß der Abtretbarkeit lediglich zum Schutze des Schuldners (= Arbeitgebers) vereinbart wurde, kann dieser auf seinen Schutz verzichten und durch seine Zustimmung die Abtretung wirksam machen (Gedanke des § 185).

389 c) Eine unpfändbare Forderung kann nicht abgetreten werden (§ 400). Diese Bestimmung soll dem Gläubiger auch im Interesse der Allgemeinheit das Existenzminimum erhalten. Deshalb kann der Gläubiger auf diesen Schutz nicht wirksam verzichten. Die Pfändungsgrenzen ergeben sich vor allem aus den §§ 850 ff. ZPO.

§ 400 steht dann einer Abtretung nicht entgegen, wenn sein Schutzzweck nicht vereitelt wird. Überträgt beispielsweise G seine unpfändbaren Rentenansprüche gegen den Schädiger S seinem Arbeitgeber unter der Bedingung, daß dieser ihm entsprechende Beträge zahlt, so ist diese Abtretung gültig; denn sie wird erst wirksam, wenn der Arbeitgeber an G gezahlt hat. Damit ist der Schutz des G und der Allgemeinheit gewahrt (BGHZ 4, 163 und 13, 360).

390 d) Das Gesetz kennt noch zahlreiche weitere Fälle, in denen eine Abtretung nicht möglich ist.

Beispiele aus dem Schuldrecht: §§ 514, 717, 847.

e) Auch ohne ausdrückliche gesetzliche Anordnung kann eine Abtretung wegen der Besonderheit des Rechtsverhältnisses ausgeschlossen sein.

Beispiele: Familienrechte, soweit sie höchstpersönlicher Natur sind (eheliche Lebensgemeinschaft, elterliche Sorge; anders: Zugewinnausgleichsforderung, § 1378).

391 **4. Bestimmbarkeit der Forderung**

Im Interesse der Rechtssicherheit muß Klarheit darüber vorhanden sein, ob und in welchem Umfang eine Forderung noch dem alten oder schon dem neuen Gläubiger zusteht. Deshalb muß eine Forderung, die abgetreten werden soll, genügend bestimmt, mindestens aber *bestimmbar* sein. Die Abtretungsvereinbarung muß also so getroffen werden, daß ohne weiteres Zutun der Parteien Inhalt, Höhe und Schuldner der Forderung spätestens im Zeitpunkt ihrer Entstehung bestimmt sind. In diesen Grenzen ist auch eine Abtretung *künftiger* Forderungen möglich.

Tritt der Eigentümer eines noch im Bau befindlichen Miethauses alle Mietzinsforderungen oder die für die erste Etage ab, so ist damit das Bestimmbarkeitserfordernis erfüllt, selbst wenn Mieter und Miethöhe noch nicht feststehen. Anders liegt es dagegen, wenn etwa nur die Mietzinsforderung für eine der Wohnungen, die aber nicht näher bezeichnet ist, übertragen wird.

Unter dem Gesichtspunkt der Bestimmbarkeit bestehen auch gegen eine *Globalzession* keine Bedenken. Sie liegt z. B. vor, wenn alle künftigen Forderungen aus einem Geschäftsbetrieb abgetreten werden. Schranken können sich allerdings aus § 138 (Knebelung; AT Rdnr. 292) ergeben.

392 **IV. Wirkungen der Abtretung**

1. Übergang der Forderung

a) Mit Vertragsabschluß geht die Forderung auf den neuen Gläubiger über (§ 398, 2). Nach wirksamer Abtretung ist der bisherige Gläubiger also nicht in der Lage, diese (ihm nun nicht mehr zustehende) Forderung noch einmal auf einen anderen zu übertragen.

Im Fall b erwirbt F und nicht B die Forderungen (Grundsatz der Priorität; BGHZ 30, 149 und 32, 361).

Aus der Abtretung ergeben sich besondere Pflichten des Zedenten (§§ 402 f.).

393 b) Auch bei der *Sicherungsabtretung* und der *Inkassozession* geht die Forderung auf den Zessionar über. Die Besonderheiten beruhen hier auf den der Abtretung zugrunde liegenden Vereinbarungen zwischen altem und neuem Gläubiger.

(1) Bei der *Sicherungsabtretung* tritt der Zedent eine ihm zustehende Forderung an den Zessionar ab, um diesem eine Sicherung für eine Forderung gegen ihn, den Zedenten, zu verschaffen (vgl. auch Sicherungsübereignung). So lassen sich etwa Banken zur Sicherung eines Kredits von ihren Kunden Forderungen abtreten. Diese Art der Sicherung wird der Forderungsverpfändung vorgezogen, weil die Verpfändung zu ihrer Wirksamkeit einer Anzeige an den Schuldner bedarf (§ 1280), was sich für den Gläubiger der Forderung kreditschädigend auswirken kann.

Maßgebend für die Rechte und Pflichten des neuen Gläubigers im Verhältnis zum Zedenten ist die Sicherungsabrede, die der Abtretung zugrunde liegt. Hiernach bestimmt sich z. B., ob der Zessionar berechtigt ist, die Abtretung dem Schuldner anzuzeigen, die Forderung einzuziehen oder das Erlangte zu behalten. Wenn der Kredit zurückgezahlt ist und auch die sonstigen Verpflichtungen (z. B. Zinszahlung) erfüllt sind, muß der Zessionar die sicherungshalber abgetretene Forderung zurückübertragen. Möglich ist auch die Vereinbarung, daß die Abtretung durch die Rückzahlung des Kredits auflösend bedingt sein soll; dann fällt mit der Rückzahlung die Forderung automatisch an den Sicherungsgeber zurück.

(2) Bei der *Inkassozession* tritt der Zedent die Forderung an den neuen Gläubiger lediglich zu dem Zweck ab, daß dieser sie für ihn einziehe. Anders als die Sicherungsabtretung dient die Inkassozession daher regelmäßig nicht dem Interesse des Zessionars, sondern des Zedenten.

Beispiel: Ein Arzt überträgt Forderungen gegen seine Patienten an eine ärztliche Verrechnungsstelle. Diese wird Gläubigerin der Forderungen. Sie kann sie auch im eigenen Namen als Partei einklagen. Ob das Erlangte ganz oder teilweise an den Arzt abgeführt werden muß, ergibt sich allein aus dem der Abtretung zugrunde liegenden Kausalverhältnis (z. B. entgeltlicher Geschäftsbesorgungsvertrag, Auftrag).

Kein Forderungsübergang liegt dagegen beim Inkasso*mandat* vor. Hier handelt es sich nur um eine *Einziehungsermächtigung*. Der Gläubiger tritt die Forderung nicht ab, sondern ermächtigt einen anderen, die Forderung im eigenen Namen (nicht als Stellvertreter des Gläubigers) einzuziehen. Der Gläubiger behält also seine Forderung und kann die Ermächtigung einseitig widerrufen.

Die Einziehungsermächtigung ist als eine auf § 185 beruhende Einwilligung in die Verfügung (Einziehung) über ein Recht des Einwilligenden rechtlich zulässig (BGHZ 4, 153; str.).

394 **2. Übergang der Neben- und Vorzugsrechte**

a) Akzessorische Sicherungsrechte (z. B. Pfandrechte, Bürgschaften) sind nach der Abtretung für den bisherigen Gläubiger wertlos; deshalb gehen sie mit dem Hauptanspruch kraft Gesetzes (§ 401 I) auf den neuen Gläubiger über.

§ 401 ist jedoch nicht zwingend. Wenn z. B. der Nichtübergang eines Pfandrechts oder einer Bürgschaft vereinbart wird, erlöschen diese Rechte (vgl. § 1250; RGZ 85, 363; str.).

b) Auch Rechte, die dem Gläubiger in der Zwangsvollstreckung oder im Konkurs einen Vorzug einräumen, gehen mit der Forderung auf den neuen Gläubiger über (§ 401 II).

Beispiel: Lohnforderungen haben im Konkurs des Arbeitgebers einen bevorzugten Rang (§§ 59 I Nr. 3 a, 61 I Nr. 1 KO). Wird eine solche Forderung wirksam abgetreten, kommt auch der Erwerber in den Genuß des Vorrechts.

c) Ist über die abgetretene Forderung ein Schuldschein ausgestellt worden, so steht das Eigentum daran kraft Gesetzes dem neuen Gläubiger zu (§ 952). Dieser kann ihn von jedem Besitzer herausverlangen (§ 985).

395 **3. Einwendungen und Einreden des Schuldners**

a) Durch die Abtretung geht die Forderung so über, wie sie in der Person des alten Gläubigers bestanden hat. Deshalb bleiben auch alle Einwendungen und Einreden bestehen, die der Schuldner gegen den bisherigen Gläubiger hatte (§ 404). Die Rechtsstellung des Schuldners wird daher durch die Abtretung nicht verschlechtert.

Der Schuldner kann sich also gegenüber dem Zessionar darauf berufen, daß die Forderung z. B. verjährt oder vom Zedenten gestundet worden ist. Die Einwendung braucht noch nicht zur Zeit der Abtretung bestanden zu haben; es genügt, daß sie ihren Grund in dem Schuldverhältnis zwischen dem bisherigen Gläubiger und dem Schuldner hat (vgl. BGHZ 25, 27). So kann der Schuldner z. B. geltend machen, er sei wegen eines erst nach der Abtretung eingetretenen Umstandes vom Kaufvertrage zurückgetreten, so daß er nunmehr den abgetretenen Kaufpreisanspruch nicht mehr zu erfüllen brauche.

Wird eine Forderung mehrfach wirksam weiterübertragen, kann der Schuldner dem letzten Zessionar nach § 404 also alle Einwendungen entgegensetzen, die er gegenüber einem der Vormänner hatte.

396 b) Nach § 405 wird der Schuldner jedoch mit zwei Einwendungen nicht gehört:

Hat er nur zum Schein (§ 117) eine Schuldurkunde ausgestellt und ist sie dem neuen Gläubiger bei der Abtretung vorgelegt worden, so wird dieser in seinem Vertrauen auf den vom Schuldner veranlaßten Rechtsschein geschützt (seltener Fall des gutgläubigen Erwerbs einer Forderung). Der neue Gläubiger hat den Schutz des § 405 dann nicht, wenn er den Sachverhalt kannte oder fahrlässig nicht kannte (§§ 405, 122 II).

Hat G eine wegen § 117 nicht entstandene Forderung, für die S einen Schuldschein ausgestellt hat, an den gutgläubigen G 1 abgetreten, so erwirbt dieser die im Schuldschein genannte Forderung. S muß also an G 1 leisten. Wenn der gutgläubige G 1 die Forderung an G 2 abtritt, so wird dieser selbst dann Gläubiger der Forderung, wenn er bösgläubig ist; denn er erwirbt vom Berechtigten. War dagegen G 1 bösgläubig, so kann G 2 nur bei Gutgläubigkeit vom Nichtberechtigten erwerben.

Entsprechendes gilt, wenn die Abtretung der Forderung durch Vereinbarung zwischen Gläubiger und Schuldner ausgeschlossen ist und in der Schuldurkunde von der Unabtretbarkeit nichts steht (§§ 405, 399).

Gutglaubensschutz gibt es immer nur bei rechtsgeschäftlichem Erwerb. Diese Regeln sind also auf einen Forderungsübergang kraft Gesetzes oder Hoheitsaktes nicht anwendbar.

397

V. Schuldnerschutz

Der Schuldner ist an der Abtretung nicht beteiligt; er kann dabei seine Interessen nicht wahrnehmen. Deshalb muß er besonders geschützt werden. Er kann einmal durch Vertrag mit dem Gläubiger die Abtretbarkeit der Forderung ausschließen (§ 399; Rdnr. 388). Zum anderen behält er trotz Abtretung alle Einwendungen (§ 404; Rdnr. 395). Das Gesetz sieht aber noch weitere Schutzbestimmungen vor.

398 **1. Unkenntnis des Forderungsübergangs**

a) Leistet der Schuldner in Unkenntnis der Abtretung an den bisherigen Gläubiger, so leistet er zwar an den falschen; aber der neue Gläubiger muß diese Leistung gegen sich gelten lassen (§ 407 I; Fall c), seine Forderung erlischt. Er kann sich nur an den bisherigen Gläubiger halten; als Anspruchsgrundlage kommen die der Abtretung zugrunde liegende Vereinbarung, § 826, jedenfalls aber § 816 II in Betracht.

§ 407 greift auch ein, wenn der Schuldner ohne Kenntnis der Abtretung mit dem bisherigen Gläubiger ein Rechtsgeschäft hinsichtlich der Forderung vornimmt (z. B. Stundung, Erlaß der Forderung). Da es sich um eine Schutzvorschrift zugunsten des Schuldners handelt, liegt es bei ihm, ob er diesen Schutz in Anspruch nimmt. Er kann also auch seine an den bisherigen Gläubiger erbrachte Leistung nach § 812 zurückfordern und sich durch Zahlung an den neuen Gläubiger von seiner Leistungspflicht befreien (BGHZ 52, 154; BGH LM Nr. 3 zu § 407).

Der Verzicht auf den Schutz des § 407 ist für den Schuldner dann von Vorteil, wenn er gegenüber dem neuen Gläubiger aufrechnen könnte. An einer solchen Aufrechnung wird der Schuldner interessiert sein, falls er auf der einen Seite befürchten muß, daß seine Forderung gegen den neuen Gläubiger schwer realisierbar ist, er auf der anderen Seite sicher ist, vom bisherigen Gläubiger die erbrachte Leistung zurückzuerhalten.

Rechtsgeschäfte und Rechtshandlungen, die der bisherige Gläubiger *zuungunsten* des Schuldners vornimmt (z. B. Kündigung, Mahnung), sind unwirksam; § 407 ist nicht anwendbar, weil er nur *zugunsten* des Schuldners eingreifen soll.

399 b) § 407 II gibt dem Schuldner einen entsprechenden Schutz im Prozeß: *Klagt G nach Abtretung* der Forderung an G 1 diese gegen S ein, so kann S bei Kenntnis der Abtretung vorbringen, dem G stehe die Forderung wegen der Abtretung nicht mehr zu, so daß die Klage abgewiesen wird. Weiß S jedoch nichts von der Abtretung und erreicht er aus anderen Gründen ein klageabweisendes Urteil, so würde das einen neuen Rechtsstreit zwischen G 1 und S nicht ausschließen, denn das erste Urteil wirkt nur zwischen den Prozeßparteien (G und S). Um dieses für S mißliche Ergebnis zu vermeiden, bestimmt § 407 II, daß G 1 das im Rechtsstreit zwischen G und S ergangene Urteil gegen sich gelten lassen muß. § 407 II als eine den Schuldner schützende Norm meint nur ein für den Schuldner günstiges Urteil.

Für eine *Abtretung nach Klageerhebung* gelten die §§ 265, 325 ZPO.

400 c) Der Schuldnerschutz greift auch dann ein, wenn G nach Abtretung der Forderung an G 1 diese noch einmal (unwirksam) an G 2 abtritt und

S von der ersten (wirksamen) Abtretung keine Kenntnis hat. Leistet S in Kenntnis der zweiten Abtretung an den nichtberechtigten G 2, so wird er durch § 408 I in gleicher Weise wie in § 407 geschützt (Fall d).

Entsprechendes gilt bei einem Überweisungsbeschluß in der Zwangsvollstrekkung (§ 408 II). Ist zugunsten des X eine Forderung des G gegen S gepfändet und sie dem X überwiesen worden (§§ 829, 835 ZPO), so sind diese Maßnahmen wirkungslos, wenn G die Forderung schon vorher abgetreten hatte. Dennoch wird S bei Unkenntnis der Abtretung geschützt, wenn er an denjenigen (X) zahlt, der im Pfändungs- und Überweisungsbeschluß genannt ist.

401 **2. Aufrechnung**

Der nach seinem Wortlaut schwer verständliche § 406 enthält zwei Wertungen; eine entspricht dem § 404, die andere dem § 407.

a) Konnte der Schuldner gegenüber dem alten Gläubiger mit einer Gegenforderung aufrechnen (§ 387), so soll seine Rechtsstellung nicht dadurch verschlechtert werden, daß die Forderung abgetreten wird. Obwohl nun keine Gegenseitigkeit der Forderungen mehr besteht, soll dem Schuldner die Aufrechnungsmöglichkeit erhalten bleiben.

Beispiele: G hat seit dem 1.3. eine Forderung gegen S, S erwirbt am 1.4. eine fällige und gleichartige Forderung gegen G. G tritt seine Forderung am 1.5. an G 1 ab: Hat S keine Kenntnis von der Abtretung, dann kann er schon nach § 407 gegenüber G aufrechnen. Erfährt er von der Abtretung, so kann er ebenfalls gegenüber G 1 aufrechnen (§ 406; Grundgedanke des § 404).

Wurde die Forderung des S erst nach der Abtretung der Hauptforderung durch G fällig, so kann S danach noch wirksam aufrechnen. § 406 macht zwar nur eine Ausnahme von der Gegenseitigkeit, nicht von den anderen Aufrechnungsvoraussetzungen (Rdnr. 180 ff.). Es genügt aber, daß diese zur Zeit der Aufrechnungserklärung vorhanden sind; denn ohne Abtretung hätte der Schuldner jetzt aufrechnen können, und durch die Abtretung soll ihm kein Nachteil erwachsen (BGH JZ 1962, 92; beachte aber BGHZ 19, 153).

402 b) Erwirbt der Schuldner die Gegenforderung gegen den bisherigen Gläubiger erst nach der Abtretung, so haben sich beide Forderungen niemals aufrechenbar gegenübergestanden. Trotzdem soll der Schuldner entsprechend dem Grundgedanken des § 407 geschützt werden und aufrechnen können, wenn er zur Zeit des Erwerbs der Gegenforderung von der Abtretung noch keine Kenntnis hatte.

Folgende Fälle sind zu unterscheiden:

G tritt seine Forderung am 15.3. an G 1 ab. S erwirbt am 1.4. eine Gegenforderung gegen G. Hat S beim Erwerb Kenntnis von der Abtretung, wird er nicht geschützt; denn er wußte von vornherein, daß er nicht aufrechnen konnte. Hatte S dagegen keine Kenntnis von der Abtretung, so kann er noch aufrechnen, weil er in seinem Vertrauen auf die Aufrechnungsmöglichkeit beim Erwerb der Forderung geschützt werden soll.

Fraglich ist die Entscheidung dann, wenn im obigen Beispiel die Gegenforderung des S erst nach dem Erwerb durch S und später als die abgetretene Forderung fällig wird. Nach dem Wortlaut des Gesetzes ist die Aufrechnung hier ausgeschlossen, wenn der Schuldner vor Fälligkeit seiner Forderung Kenntnis von der Abtretung erlangt. Dementsprechend läßt die h. M. eine Aufrechnung nur dann zu, wenn die Gegenforderung vor erlangter Kenntnis von der Abtretung *und* nicht später als die abgetretene Forderung fällig ist (vgl. BGHZ 19, 153).

403 **3. Abtretungsanzeige und Urkundenvorlegung**

a) Der bisherige Gläubiger kann dem Schuldner anzeigen, daß die Forderung abgetreten sei. Durch diese Anzeige wird einerseits im Interesse des neuen Gläubigers vermieden, daß der Schuldner wegen § 407 I noch mit befreiender Wirkung an den bisherigen Gläubiger leistet. Andererseits muß sich der Schuldner auf die Abtretungsanzeige verlassen können: Auch wenn die Forderung nicht oder nicht wirksam abgetreten worden ist, muß der Zedent die Leistung des Schuldners an den Zessionar gegen sich gelten lassen, weil er durch die Anzeige den Rechtsschein einer wirksamen Abtretung gesetzt hat (§ 409 I 1). Aber auch hier ist, obwohl das Gesetz schweigt, wie bei §§ 407, 408 der Schuldner nur schutzwürdig, wenn er den wahren Sachverhalt nicht kennt (str.).

Entsprechendes gilt, wenn der alte Gläubiger dem neuen eine Abtretungsurkunde ausstellt und sie dem Schuldner vorgelegt wird (§ 409 I 2).

Um den durch die Anzeige erzeugten Rechtsschein zu zerstören, kann sie mit Zustimmung dessen zurückgenommen werden, der als neuer Gläubiger bezeichnet ist (§ 409 II). Die Pflicht zur Zustimmung kann sich aus Vertrag oder § 812 ergeben.

404 b) Zur Sicherung des Schuldners bestimmt § 410 I 1, daß er gegenüber dem neuen Gläubiger ein Leistungsverweigerungsrecht hat, bis ihm die Abtretungsurkunde ausgehändigt wird.

Eine Kündigung oder Mahnung des neuen Gläubigers ohne Urkundenvorlegung ist unwirksam, wenn der Schuldner sie mit dieser Begründung unverzüglich zurückweist (§ 410 I 2). – Einer Sicherung des Schuldners gem. § 410 I bedarf es jedoch nicht, wenn ihm der bisherige Gläubiger die Abtretung schriftlich angezeigt hat (§ 410 II).

405

§ 30. Schuldübernahme

Schrifttum: Demelius, Vertragsübernahme, JherJb 72, 241; Eisemann, Die Haftung aus Vermögensübernahme, AcP 176, 487; Fabricius, Vertragsübernahme und Vertragsbeitritt, JZ 1967, 144; O. v. Gierke, Schuldnachfolge und Haftung, Festschrift f. v. Martitz, 1911, 33; Heckelmann, Die Anfechtbarkeit von Schuldübernahmen, Diss. Münster 1966; Hirsch, Die Anfechtung der Schuldübernahme, JR 1960, 291; Neumann-Duesberg, Mithaftung des Vermögensübernehmers (§ 419 BGB) auch für die nach Kaufabschluß entstandenen Schulden des Veräußerers?, MDR 1968, 992; K. W. Nörr/Scheyhing, Sukzessionen, 1983; Pieper, Vertragsübernahme und Vertragsbeitritt, 1963; Rimmelspacher, Schuldübernahmetheorien und Anfechtbarkeit der befreienden Schuldübernahme, JR 1969, 201; Rödig, Haftung des Vermögensübernehmers mit dem übernommenen goodwill, JZ 1971, 208; Schricker, Probleme der Haftung aus Vermögensübernahme (§ 419 BGB), JZ 1970, 265; Spieß, Tendenzwende der Rechtsprechung zu § 419 BGB – BGHZ 66, 217, JuS 1977, 578; Strohal, Schuldübernahme, JherJb 57, 231; Weigelin, Der Schuldbeitritt, 1941; Wilburg, Abschied von § 419 BGB, Festschrift f. Larenz, 1973, 661.

Fälle:

a) S schließt mit S 1 einen Vertrag, in dem S dem S 1 sein Geschäft verkauft und S 1 eine Geschäftsschuld des S übernimmt; der Gläubiger genehmigt die Schuldübernahme. S 1 verweigert später die Erfüllung, weil er den Vertrag mit S wegen dessen arglistiger Täuschung wirksam angefochten habe.

b) S 1, der von S dessen Kaufpreisschuld übernommen hat, macht gegenüber dem Zahlung verlangenden Gläubiger G geltend: 1. G habe dem S den Kaufpreis für ein halbes Jahr gestundet; 2. er (S 1) sei von dem mit S geschlossenen Geschäftsübernahmevertrag, aufgrund dessen er die Kaufpreisschuld übernommen habe, wirksam zurückgetreten; 3. er rechne mit einer eigenen Gegenforderung auf; 4. er rechne mit einer Gegenforderung des S auf.

c) V verkauft und veräußert an K ein Grundstück. Später erfährt K, daß das Vermögen des V nur aus diesem Grundstück und einigen wertlosen Hausratsgegenständen bestand. Die Gläubiger des V halten sich unter Berufung auf § 419 nunmehr an K.

I. Begriff, Bedeutung und Abgrenzung

1. Begriff

Das Gesetz kennt zwei Arten der Schuldübernahme: Die privative (= befreiende) und die kumulative (= Schuldbeitritt).

a) *Privative Schuldübernahme* bedeutet, daß ein neuer Schuldner an die Stelle des alten tritt (Schuldnerwechsel). Der Altschuldner wird von seiner Schuld befreit. Der rechtsgeschäftliche Schuldnerwechsel ist also das Gegenstück zum rechtsgeschäftlichen Gläubigerwechsel (= Abtretung).

Es ist demnach regelmäßig möglich, daß die Partei eines Schuldverhältnisses Rechte an einen Dritten abtritt und dieser auch die Schulden der Partei übernimmt. Mit der Übertragung einzelner Rechte und der Übernahme einzelner Schulden ist der Dritte aber noch nicht Partei des gesamten Schuldverhältnisses geworden. Für einen solchen Parteiwechsel im gesamten Schuldverhältnis (Vertragsübernahme) besteht vor allem bei Dauerschuldverhältnissen (z. B. Miet-, Arbeitsvertrag) ein Bedürfnis. Eine derartige Vertragsübernahme durch Rechtsgeschäft ist im Gesetz nicht geregelt; ihre Zulässigkeit läßt sich mit der Privatautonomie begründen. Erforderlich ist stets das Einverständnis aller Beteiligten.

406 b) *Kumulative Schuldübernahme* bedeutet, daß der Altschuldner nicht von der Schuld befreit wird, sondern daß der Neuschuldner neben den Altschuldner als Gesamtschuldner tritt (Schuldbeitritt; dazu und zur Abgrenzung von der Bürgschaft: Rdnr. 419).

407 2. Bedeutung

Die Anwendungsmöglichkeiten der Schuldübernahme sind in der Praxis vielfältig: Beim Verkauf eines Geschäftsbetriebs übernimmt der Erwerber die bestehenden Schulden (vgl. auch §25 HGB; HR Rdnr. 166); dafür braucht er nur einen entsprechend geringeren Kaufpreis zu zahlen. Beim Hausbau haben die Handwerker die Arbeit eingestellt, weil der Bauherr seine laufenden Zahlungsverpflichtungen nicht mehr erfüllt; ein solventer Mieter, der möglichst schnell einziehen will, übernimmt die Schuld des Bauherrn oder tritt ihr bei, damit weitergearbeitet wird. Der Erwerber eines Grundstücks übernimmt die auf dem Grundstück lastenden Hypotheken unter Anrechnung auf den Kaufpreis (vgl. auch §416; Rdnr. 415).

408 3. Abgrenzung

Die Schuldübernahme ist von anderen Rechtsinstituten zu unterscheiden. Was im Einzelfall gewollt ist, muß durch Auslegung der Vereinbarung ermittelt werden.

a) *Erfüllungsübernahme* (§329; Rdnr. 367): Bei ihr verpflichtet sich ein Dritter gegenüber dem Schuldner, dessen Schuld gegenüber dem

Gläubiger zu erfüllen. Hier hat nur der Schuldner gegen den Dritten einen Anspruch (auf Befreiung von der Verbindlichkeit); der Gläubiger kann sich nach wie vor nur an seinen Schuldner halten.

409 b) *Garantievertrag*: Der Dritte verpflichtet sich (formlos), unabhängig von dem Bestehen einer Verbindlichkeit für einen bestimmten Erfolg einzustehen oder die Gewähr für einen künftigen, noch nicht entstandenen Schaden zu übernehmen (BGH NJW 1958, 1483).

Diese Erfolgshaftung ist nicht akzessorisch, also schuldunabhängig; sie setzt deshalb einen dahingehenden Verpflichtungswillen voraus. Beispiele: Erklärung gegenüber einer Bank: „Ich mache mich stark", daß für Schecks, die ein anderer auf die Bank gezogen hat, kurzfristig Deckung angeschafft wird (BGH NJW 1967, 1020); Vorlage einer Scheckkarte (dazu HR Rdnr. 683).

410 c) *Vertragsübernahme*: Bei ihr geht es darum, daß aufgrund Vertrages oder kraft Gesetzes eine Partei aus einem bestehenden Vertragsverhältnis ausscheidet und an ihre Stelle ein Dritter als Partei in den Vertrag eintritt. Auf den eintretenden Dritten gehen alle sich aus dem bestehenden Schuldvertrag ergebenden Rechte und Pflichten der ausscheidenden Partei über. Dagegen übernimmt bei der befreienden Schuldübernahme der Neuschuldner lediglich die Schuld einer Vertragspartei, ohne an deren Stelle in das Vertragsverhältnis einzutreten.

Eine gesetzliche Vertragsübernahme sieht das Gesetz in bestimmten Fällen vor. Beispiele: § 571 (BS Rdnr. 195 ff.); § 613 a (BS Rdnr. 240). – Zur Haftung beim Verkauf von Verträgen vgl. Koller, JR 1982, 353.

411 II. Voraussetzungen der befreienden Schuldübernahme

Bei der befreienden Schuldübernahme sind der Neuschuldner und der Gläubiger besonders schutzwürdig. Da der Neuschuldner mit einer Schuld belastet wird, kann die Schuldübernahme nur mit seinem Willen geschehen. Auf der anderen Seite muß der Gläubiger einverstanden sein, wenn an die Stelle des bisherigen Schuldners ein anderer (vielleicht weniger solventer) treten soll. Demgegenüber ist der Altschuldner nicht schutzwürdig, da er von seiner Schuld befreit wird. Dieser Interessenlage trägt das Gesetz in §§ 414 f. Rechnung.

Eine privative Schuldübernahme kann auf zwei verschiedenen Wegen erfolgen:

412 **1. Vertrag zwischen Neuschuldner und Gläubiger**

Nach § 414 kann die Schuld von einem Dritten durch Vertrag mit dem Gläubiger übernommen werden.

Dieser Vertrag bedarf keiner Form, es sei denn, daß die übernommene Verpflichtung (z. B. wegen § 313) formbedürftig ist. – Sind die Vertragsparteien sich darüber einig, daß die Forderung beim Altschuldner nicht beizutreiben und sie deshalb für den Gläubiger ohne Wert ist, so kann ein Schenkungsversprechen des Neuschuldners an den Gläubiger vorliegen, das nach § 518 I der Form bedarf.

413 **2. Genehmigter Vertrag zwischen Alt- und Neuschuldner**

Der Vertrag zwischen Alt- und Neuschuldner reicht nicht aus. Hinzukommen muß die *Genehmigung* des Gläubigers (§ 415 I 1), weil dieser sonst ohne seinen Willen seinen bisherigen Schuldner verlieren würde.

a) Die Genehmigung kann erst erfolgen, wenn der Alt- oder der Neuschuldner dem Gläubiger die Schuldübernahme mitgeteilt hat (§ 415 I 2).

Die beiden Vertragsparteien sollen es dadurch in der Hand haben, die Übernahme noch nicht eintreten zu lassen, bis sie sich z. B. über das der Schuldübernahme zugrunde liegende Geschäft geeinigt haben. Demnach ist eine Genehmigung des Gläubigers, der ohne Mitteilung auf andere Weise von dem Vertrag erfahren hat, wirkungslos.

Alt- oder Neuschuldner können dem Gläubiger bei oder nach der Mitteilung eine Frist zur Erklärung über die Genehmigung setzen (§ 415 II 2), um so den Schwebezustand zu beenden. Die Genehmigung kann – wie jede Willenserklärung – ausdrücklich oder konkludent erklärt werden. Bloßes Schweigen reicht jedoch nicht aus (Sonderfall: Hypothekenübernahme, § 416; Rdnr. 415). Bis zur Genehmigung können die Parteien den Übernahmevertrag ändern oder aufheben (§ 415 I 3), weil bis dahin die Rechtsstellung des Gläubigers durch solche Änderungen nicht berührt wird. Wird die Genehmigung (§§ 182 ff.) erteilt, so wirkt sie auf den Zeitpunkt des Vertragsschlusses zurück (§ 184). Bei Verweigerung der Genehmigung gilt die Schuldübernahme als nicht erfolgt (§ 415 II 1). Wenn der Schuldnerwechsel nicht eintritt, so ist der Vertrag zwischen Alt- und Neuschuldner im Zweifel dahin auszulegen, daß der Neuschuldner jedenfalls dem Altschuldner gegenüber verpflichtet ist, den Gläubiger zu befriedigen (§§ 415 III, 329; Erfüllungsübernahme; Rdnr. 367).

414 b) Streitig ist, wie die Schuldübernahme nach § 415 rechtlich zu erklären ist.

Die herrschende *Verfügungstheorie* erblickt in dem Vertrag zwischen Alt- und Neuschuldner eine Verfügung vom Nichtberechtigten über die Forderung des Gläubigers, welche dieser als Berechtigter genehmigt. Für sie sprechen sowohl der Wortlaut des § 415 als auch die Motive (II, 144 ff.).

Die *Angebots- oder Vertragstheorie* sieht dagegen in der Mitteilung nach § 415 I 2 ein Angebot an den Gläubiger, das dieser durch seine Genehmigung annimmt. § 415 hat also nach dieser Ansicht gegenüber § 414 keine selbständige Bedeutung. Die Auswechslung des Schuldners soll auch im Falle des § 415 durch einen Vertrag zwischen Neuschuldner und Gläubiger erfolgen.

Konsequenzen des Theorienstreits:
Hat z. B. der Neuschuldner den Übernahmevertrag wegen arglistiger Täuschung durch den Altschuldner angefochten (Fall a), dann wäre vom Standpunkt der Vertragstheorie die Täuschung durch einen Dritten (den nicht am Vertragsschluß beteiligten Altschuldner) erfolgt; demnach wäre die Erklärung des Neuschuldners nur dann anfechtbar, wenn der Erklärungsempfänger (Gläubiger) die Täuschung kannte oder kennen mußte (§ 123 II 1). Bei formaler Anwendung der Verfügungstheorie könnte der Neuschuldner seine Erklärung unabhängig davon anfechten, ob der Gläubiger die Täuschung kannte oder kennen mußte, denn hier ist der täuschende Altschuldner selbst Vertragspartner (§ 123 I; so BGHZ 31, 321).

Rein konstruktive Erwägungen vermögen aber ein unterschiedliches Ergebnis nicht zu rechtfertigen. Auch wenn § 415 der Verfügungstheorie folgt, muß der Gläubiger ebenso wie im Fall des § 414 in seinem Vertrauen auf den Bestand des Übernahmevertrages geschützt werden (Näheres Brox, JZ 1960, 369 ff.).

415 3. Sonderfall: Hypothekenübernahme

Ist zur Sicherung einer Forderung des Gläubigers gegen den Schuldner an dessen Grundstück eine Hypothek bestellt worden und übereignet der Schuldner das Grundstück an den Erwerber, so wird dieser mit dem Eigentumserwerb auch (dinglicher) Schuldner der Hypothek, während der Veräußerer (persönlicher) Schuldner der Forderung bleibt. Ziel des Veräußerers und des Erwerbers wird es sein, daß der Erwerber anstelle des Veräußerers auch persönlicher Schuldner der Forderung wird, insbesondere wenn er die Schuld in Anrechnung auf den Kaufpreis übernommen hat. Das kann nach § 414 oder § 415 geschehen. Eine Erleichterung bringt § 416: Da der Gläubiger bei diesem Schuldnerwechsel deshalb weniger schutzwürdig ist als in den bisher behandelten Fällen, weil er durch die Hypothek am Grundstück gesichert ist, genügt hier für die Schuldübernahme, daß er nach Mitteilung des Veräußerers innerhalb von 6 Monaten dazu schweigt. Hier gilt also – in Abweichung von § 415 – bloßes Schweigen als Genehmigung. Einzelheiten: § 416.

416 **III. Wirkungen der befreienden Schuldübernahme**

1. Schuldnerwechsel

Der Neuschuldner tritt bei der privativen Schuldübernahme an die Stelle des bisherigen Schuldners (vgl. § 414).

417 **2. Einwendungen**

a) Der Neuschuldner kann Gründe vorbringen, die gegen die *Gültigkeit des Übernahmegeschäfts* sprechen. Bei dessen Nichtigkeit ist es nämlich zu keinem Schuldnerwechsel gekommen. Zur Anfechtung siehe Rdnr. 414.

b) Durch den Schuldnerwechsel wird die Forderung des Gläubigers nicht verändert. Deshalb kann der Neuschuldner dem Gläubiger die Einwendungen entgegensetzen, die sich aus dem *Rechtsverhältnis zwischen Gläubiger und Altschuldner* ergeben (§ 417 I 1; z.B. Stundung; Fall b, 1.).

c) Dagegen kann der Neuschuldner keine Einwendungen aus dem *Rechtsverhältnis zwischen Alt- und Neuschuldner*, das der Schuldübernahme zugrunde liegt, herleiten (§ 417 II; Abstraktionsprinzip; z.B. Rücktritt vom Kausalgeschäft; Fall b, 2.).

d) Einwendungen aus den *Beziehungen zwischen Neuschuldner und Gläubiger* sind möglich (der Neuschuldner kann mit einer ihm gegen den Gläubiger zustehenden Forderung aufrechnen; § 387; Fall b, 3.).

e) Mit einer dem Altschuldner zustehenden Forderung kann der Neuschuldner nicht aufrechnen (§ 417 I 2; Fall b, 4.); denn dann würde die übernommene Schuld aus dem Vermögen des Altschuldners getilgt.

418 **3. Neben- und Vorzugsrechte**

a) Blieben bei einer Schuldübernahme *Nebenrechte* (z.B. Bürgschaften, Pfandrechte) bestehen, dann würde damit die Rechtsstellung der Personen beeinträchtigt, die ein solches Nebenrecht bestellt haben; sie werden möglicherweise eher in Anspruch genommen, weil der Neuschuldner weniger solvent ist. Da die Schuldübernahme ohne ihr Zutun erfolgt, müssen sie geschützt werden. Das Gesetz berücksichtigt diese Interessen: Bürgschaften und Pfandrechte (an beweglichen Sachen) für die übernommene Forderung erlöschen (§418 I 1); die Hypothek geht auf den Eigentümer über (§§418 I 2, 1168 I). Der Gläubiger verliert also Rechte; er ist aber auch nicht schutzwürdig, da ohne seine Zustimmung (§§414, 415) eine Schuldübernahme nicht möglich ist. Andererseits bedarf der Bürge oder Pfandrechtsbesteller dann keines Schutzes, wenn er in die Schuldübernahme einwilligt; deshalb bleiben bei Einwilligung die genannten Rechte bestehen (§418 I 3).

b) Hatte der Gläubiger gegen den Altschuldner eine Forderung, die im Konkurs bevorrechtigt wäre (z.B. Arbeitslohn), und wird die Schuld vom Neuschuldner übernommen, so verliert die Forderung das *Konkursvorrecht* im Falle des Konkurses über das Vermögen des Neuschuldners (§418 II; Grund: Schutz der übrigen Gläubiger des Neuschuldners).

419 **IV. Vertraglicher Schuldbeitritt**

1. Begriff und Begründung

a) Vertraglicher Schuldbeitritt bedeutet, daß der Gläubiger durch Vertrag neben dem bisherigen Schuldner noch eine andere Person als Schuldner erhält. Zwar ist nur der kraft Gesetzes entstehende Schuldbeitritt (z.B. §419) besonders geregelt. Das schließt aber die Zulässigkeit eines vertraglich begründeten Schuldbeitritts nicht aus (§305).

Ein praktisches Bedürfnis für einen vertraglichen Schuldbeitritt besteht vor allem dann, wenn der Gläubiger trotz Übernahme der Schuld durch einen anderen seinen bisherigen Schuldner nicht verlieren will. Durch den vertraglichen Schuldbeitritt wird die Stellung des Gläubigers verstärkt, da dieser für seine Forderungen einen zusätzlichen Schuldner bekommt.

b) Der vertragliche Schuldbeitritt kann – wie die befreiende Schuldübernahme – entweder durch Vertrag zwischen dem Beitretenden und dem Gläubiger (Rdnr. 412) oder durch Vertrag zwischen dem Altschuldner und dem Beitretenden (Rdnr. 413) begründet werden. Im letzteren Fall ist – anders als bei der befreienden Schuldübernahme – eine Mitwirkung des Gläubigers nicht erforderlich. Der Gläubiger ist hier nicht schutzwürdig, da sich seine Rechtsstellung durch Hinzutreten des Beitretenden nur verbessert.

2. Abgrenzung von der Bürgschaft

Vom vertraglichen Schuldbeitritt ist die Bürgschaft (§§ 765 ff.; BS Rdnr. 325 ff.) zu unterscheiden. Der *Bürge* verpflichtet sich, für eine *fremde* Schuld einzustehen; die Schuld des Bürgen richtet sich in ihrem jeweiligen Bestand nach der Hauptschuld. Demgegenüber übernimmt beim *Schuldbeitritt* der Beitretende die Schuld als *eigene*; er will unabhängig von der Schuld des Schuldners haften und wird dazu regelmäßig nur bereit sein, wenn er damit ein eigenes rechtliches oder wirtschaftliches Interesse verfolgt. Der Bürge hingegen will z. B. aus Gefälligkeit für einen anderen einstehen. Aus dieser unterschiedlichen Interessenlage ergibt sich auch ein Unterschied für die Form des Rechtsgeschäfts: Der Bürge soll gewarnt werden; deshalb bestimmt § 766 die Schriftform der Bürgschaftserklärung. Der Beitretende weiß, daß er die Schuld als eigene übernimmt und verfolgt dabei ein eigenes Interesse. Deshalb braucht er nicht gewarnt zu werden, so daß der Schuldbeitritt nicht formbedürftig ist.

Ob im Einzelfall eine Bürgschaft oder ein vertraglicher Schuldbeitritt vorliegt, muß durch Auslegung unter Berücksichtigung der unterschiedlichen Interessenlage ermittelt werden.

Dabei kommt es auf die gebrauchte Formulierung allein nicht entscheidend an; maßgebend sind die gesamten Umstände und vor allem der Zweck der Vereinbarung. Die h. M. verlangt für den (formfreien) Schuldbeitritt mit Recht ein eigenes wirtschaftliches oder rechtliches Interesse, da wegen dieses Eigeninteresses auf die Warnfunktion des § 766 verzichtet werden kann.

Beispiel: Dem Ehepaar X droht eine Räumungsklage wegen Mietrückstandes. Der Sohn S des Ehepaares X, der bei diesem wohnt, erklärt dem Vermieter, daß er für die Mietschulden der Eltern einstehen werde. Hier liegt keine formnichtige

Bürgschaft, sondern ein gültiger Schuldbeitritt vor, da der Sohn ein eigenes wirtschaftliches Interesse an der Aufrechterhaltung des Mietvertrages hat.

Aus dem Gesagten ergibt sich, daß eine formungültige Bürgschaft nicht nach § 140 (AT Rdnr. 317 ff.) in einen Schuldbeitritt umgedeutet werden darf.

3. Wirkungen

a) Beim vertraglichen Schuldbeitritt sind dem Gläubiger der Altschuldner und der Beitretende als Gesamtschuldner (dazu Rdnr. 428) verpflichtet.

b) Der Beitretende kann entsprechend § 417 I 1 die Einwendungen, die in der Person des Altschuldners bis zum Schuldbeitritt entstanden sind, gegenüber dem Gläubiger geltend machen. Für später entstehende Einwendungen des Altschuldners gelten die §§ 422–425 (vgl. Rdnr. 430).

Wurde der Beitrittsvertrag zwischen dem Altschuldner und dem Beitretenden geschlossen, können Einwendungen aus dem Deckungsverhältnis zwischen den beiden Schuldnern entgegen § 417 II auch dem Gläubiger entgegengesetzt werden, solange der Beitrittsvertrag dem Gläubiger noch nicht mitgeteilt worden ist; denn so lange ist dieser nicht schutzwürdig.

420 V. Schuldbeitritt bei Vermögensübernahme

1. Sinn des § 419

Überträgt jemand sein Vermögen auf einen anderen, so wird er dadurch von seinen Verbindlichkeiten nicht befreit; seine Gläubiger werden aber ihre Forderungen gegen ihn nicht mehr durchsetzen können, weil das Vermögen als Zugriffsobjekt fehlt. Deshalb bestimmt § 419 I im Gläubigerinteresse, daß der Erwerber neben dem Veräußerer Schuldner wird (Fall des gesetzlichen Schuldbeitritts).

Andere Fälle des gesetzlichen Schuldbeitritts: § 25 HGB (Geschäftsübernahme unter Fortführung der bisherigen Firma), § 2382 (Erbschaftskauf).

Der gesetzlich angeordnete *Gläubigerschutz* ist nicht durch Vereinbarung zwischen Veräußerer und Erwerber über einen Haftungsausschluß oder eine Haftungsbeschränkung zu beseitigen (§ 419 III). Der Schutz besteht nach dem Sinn des § 419 auch dann, wenn der Veräußerer zwar ein Entgelt erhalten hat, der Gläubiger aber dennoch nicht mehr die gleiche Befriedigungsmöglichkeit hat (vgl. BGHZ 33, 123).

Durch § 419 soll den Gläubigern nur das bisherige Haftungsobjekt erhalten bleiben; sie sollen durch die Vermögensübernahme aber nicht besser gestellt werden. Deshalb braucht der Übernehmer nicht mit seinem gesamten Vermögen, sondern nur (gegenständlich beschränkt) mit den übernommenen Gegenständen zu haften (§ 419 II; Rdnr. 425).

421 **2. Voraussetzungen**

a) § 419 setzt einen *Vertrag* voraus, durch den jemand das Vermögen eines anderen übernimmt. Gemeint ist damit der schuldrechtliche Vertrag, in dem sich jemand zur Übertragung eines Vermögens verpflichtet, und nicht die Vermögensübertragung selbst (BGHZ 66, 217; str.); denn das Vermögen als Ganzes kann nicht durch einen einzigen Vertrag übertragen werden. Diese Auslegung ergibt sich auch aus § 419 II 1 („die ihm aus dem Vertrag zustehenden Ansprüche").

§ 419 greift jedoch auch dann ein, wenn das Vermögen bereits übertragen wurde, der schuldrechtliche Vertrag aber nichtig ist oder fehlt.

Hat V an K sein ganzes Vermögen verkauft und übertragen und ist er dann nach § 326 zurückgetreten, ist es fraglich, ob dieses Rückgewährschuldverhältnis als Vertrag im Sinne des § 419 anzusehen ist. Wäre das mit dem BGH (LM Nr. 14 zu § 419) zu bejahen, dann könnten sich die Gläubiger des K auch an V halten. Damit würde man aber V die Rechte nehmen, die ihm § 326 gewährt. Deshalb ist dem BGH nicht zu folgen (Reinicke, NJW 1967, 1249).

422 b) Unter *Vermögen* im Sinn des § 419 ist nur das Aktivvermögen ohne Berücksichtigung der persönlichen Schulden zu verstehen (BGHZ 62, 100). Ob es sich im Einzelfall um das nahezu ganze Vermögen handelt, ist in wirtschaftlicher Betrachtungsweise zu ermitteln: Der Wert des nicht übertragenen Vermögens muß im Verhältnis zum übertragenen unbedeutend sein (Fall c). Dingliche Belastungen des übertragenen Vermögensgegenstandes sind abzuziehen, Gegenleistungen des Übernehmers hingegen nicht zu berücksichtigen (BGHZ 66, 217; a. A. Schricker, JZ 1970, 272).

Ob auch eine Sicherungsübertragung des ganzen Vermögens unter § 419 fällt, ist umstritten (vgl. BGHZ 80, 296; dazu Linke, JR 1982, 17).

423 c) Da sich für den Erwerber die Haftung nach § 419 als sehr einschneidend erweisen kann, verlangt die subjektive Theorie seine Kenntnis davon, daß er das ganze Vermögen übernimmt.

Weil § 419 nach seinem Wortlaut ein solches Bewußtsein nicht verlangt, begnügte sich die ältere Rechtsprechung damit, daß *tatsächlich* das ganze Vermögen übernommen wird (objektive Theorie; RGZ 92, 77). Das führt jedenfalls dann zu Unzuträglichkeiten, wenn jemand nur einen Gegenstand erwirbt, der das ganze Aktivvermögen des Veräußerers ausmacht (z. B. Hausgrundstück; Fall c). Mindestens in diesen Fällen muß man eine Kenntnis des Erwerbers verlangen.

Die Kenntnis des Erwerbers, daß es sich (nahezu) um das ganze Vermögen des Veräußerers handelt, braucht erst im Zeitpunkt des dinglichen Rechtserwerbs vorzuliegen. Denn erst damit wird dem Gläubiger das Haftungsobjekt entzogen. Der Erwerber wird hierbei nicht unbillig benachteiligt. Zwar besteht für ihn die Gefahr, daß er dann, wenn ihn die Gläubiger des Veräußerers nach § 419 mit dem übernommenen Vermögen in Anspruch nehmen, seine an den Veräußerer erbrachte Leistung nicht zurückerhält, weil sich ein gegen den Veräußerer gerichteter Anspruch auf Rückgewähr (z. B. aus § 325 oder §§ 440, 325) nicht realisieren läßt. Gegen diese Gefahr eines doppelten Verlustes vermag sich der Erwerber aber zu schützen. In der Regel braucht er seine Leistung nämlich nur Zug um Zug gegen Übertragung der Vermögensgegenstände zu erbringen. Erfährt er nun vor der Übertragung, daß es sich nahezu um das ganze Vermögen des Veräußerers handelt, kann er seine Leistung zurückbehalten.

Ist ein Grundstück gekauft, das den einzigen wesentlichen Vermögensgegenstand des Veräußerers ausmacht, und hat die Auflassung stattgefunden, so kommt es unter Berücksichtigung des in den §§ 878, 892 II zum Ausdruck gekommenen Rechtsgedankens auf die Kenntnis des Erwerbers in dem Zeitpunkt an, in dem der Antrag auf Umschreibung des Eigentums im Grundbuch gestellt wird. Die genannten Vorschriften sollen den Grundstückserwerber schützen, der erst durch Auflassung und Eintragung im Grundbuch Eigentümer wird. Da normalerweise zwischen Antragstellung und Eintragung im Grundbuch geraume Zeit vergeht, ohne daß der Erwerber auf die Erledigung seines Antrags Einfluß nehmen kann, stellen diese Vorschriften zugunsten des Erwerbers auf den Zeitpunkt der Antragstellung ab. Eines entsprechenden Schutzes bedarf auch der Käufer eines Grundstücks im Rahmen des § 419, soweit es auf seine Kenntnis ankommt. Weiß er bis zur Antragstellung nicht, daß das verkaufte Grundstück der einzige wesentliche Vermögensgegenstand des Veräußerers ist, so muß er in diesem Zeitpunkt den Kaufpreis entrichten können, ohne der Gefahr ausgesetzt zu sein, als Vermögensübernehmer in Anspruch genommen zu werden. Deshalb schadet eine spätere Kenntnis des Erwerbers, etwa zur Zeit der Eintragung in das Grundbuch, nicht (so jetzt mit Recht BGHZ 55, 105 im Anschluß an Reinicke, NJW 1967, 1249).

424 **3. Wirkungen**

a) Der Gläubiger hat nach der Vermögensübernahme zwei Schuldner, den Veräußerer und den Erwerber.

Der Erwerber haftet für die Schulden des Veräußerers, die zur Zeit des Abschlusses des obligatorischen Vertrages (§ 419 I: „zu dieser Zeit") bestehen. Der Gläubiger muß sich darüber hinaus aber auch bei solchen Schulden an den Erwerber halten können, die bis zur Übertragung des Vermögens entstanden sind; denn auch für diese Schulden wird ihm die Haftungsgrundlage entzogen (BGHZ 33, 123; Deutsch, JuS 1963, 178).

425 b) Die Haftung des Erwerbers ist gegenständlich auf das übernommene Vermögen und die Ansprüche beschränkt, die dem Erwerber aus dem Vertrage zustehen (§ 419 II 1).

Für die Geltendmachung der Haftungsbeschränkung verweist § 419 II 2 auf die komplizierte Regelung der Unzulänglichkeitseinreden im Erbrecht (Ausführliche Darstellung: Brox, Erbrecht, Rdnr. 682 f.).

Neuntes Kapitel

426 # Mehrheit von Gläubigern und Schuldnern

Schrifttum zu §§ 31–33: Aderhold, Grundstrukturen der Gesamthand, JA 1980, 136; De Boor, Die Kollision von Forderungsrechten, 1928; Dilcher, Zu Begriff und Funktion der Gesamtschuld, JZ 1967, 110; ders., Zum Gesamtschuldausgleich in Schadensersatzfällen, JZ 1973, 199; Dubischar, Richtiges und Mißverständliches am Begriff der „Haftungseinheit", NJW 1967, 608; Ehmann, Die Gesamtschuld, 1972; Frotz, Dogmatische Fortschritte im Verständnis der Regreßmethoden bei Schuldnermehrheit?, JZ 1964, 655; ders., Zur Ausgleichspflicht zwischen Architekt und Bauunternehmer, NJW 1965, 1257; Goette, Gesamtschuldbegriff und Regreßproblem, 1974; Hüffer, Die Ausgleichung bei dem Zusammentreffen von Bürgschaft und dinglicher Kreditsicherung als Problem der Gesamtschuldlehre, AcP 171, 470; Klingmüller, Unechte Gesamtschuldverhältnisse, JherJb 64, 31; Kreller, Mehrheit von Gläubigern und Schuldnern, AcP 146, 97; Langen, Probleme der Interessengemeinschaft, 1929; Larenz, Zur Lehre von der Rechtsgemeinschaft, JherJb 83, 108; Lippmann, Das bürgerliche Gesetzbuch über Einheits- und Mehrheitsschuld in Bürgschaft und Gesamtschuld, AcP 111, 135; Medicus, Haftungsbefreiung und Gesamtschuldnerausgleich, JZ 1967, 398; ders., Mehrheit von Gläubigern, JuS 1980, 697; Mezger, Unechte Gesamtgläubigerschaft von Eigentümer und Veräußerer einer gestohlenen oder entzogenen Sache, NJW 1953, 812; Raisch, Zur Begriffsbestimmung der Gesamtschuld, JZ 1965, 703; Reinicke/Tiedtke, Gesamtschuld und Schuldsicherung durch Bürgschaft, Hypothek, Grundschuld, Pfandrecht an beweglichen Sachen und Rechten, 1981; Rüssmann, Die Abgrenzung der Gesamtschuld von anderen Schuldnermehrheiten – BGHZ 59, 97, JuS 1974, 292; Selb, Schadensbegriff und Regreßmethoden, 1963; Thiele, Gesamtschuld und Gesamtschuldnerausgleich, JuS 1968, 149; van Venrooy, Die späte Gesamthänderin – BGH, NJW 1980, 2464, JuS 1982, 93; Wacke, Der Erlaß oder Vergleich mit einem Gesamtschuldner, AcP 170, 42; Weber-Grellet, Die Gesamthand – ein Mysterienspiel?, AcP 182, 316; Weitnauer, Personenmehrheit auf der Gläubiger- und Schuldnerseite, Festschrift f. Hauß, 1978, 373; Würdinger, Theorie der schlichten Interessengemeinschaft, 1934.

An einem Schuldverhältnis müssen wenigstens zwei Personen beteiligt sein. Damit ist aber nicht ausgeschlossen, daß sowohl auf der Gläubiger- als auch auf der Schuldnerseite mehrere Personen stehen. Die Beteiligung mehrerer Personen an einem Schuldverhältnis ist vornehmlich in den §§ 420–432 geregelt. Diese Bestimmungen gehen von der Unterscheidung zwischen teilbaren und unteilbaren Leistungen aus (vgl. §§ 420–430 einerseits und §§ 431 f. andererseits). Das Gesetz sieht für eine Personenmehrheit auf der Schuldnerseite drei verschiedene Gestaltungsformen vor, nämlich Teilschuldnerschaft (Rdnr. 426), Gesamtschuldnerschaft (Rdnr. 428) und Schuldnergemeinschaft (Rdnr. 438); dem entsprechen für eine Personenmehrheit auf der Gläubigerseite Teilgläubigerschaft (Rdnr. 427), Gesamtgläubigerschaft (Rdnr. 433) und Gläubigergemeinschaft (Rdnr. 439).

§ 31. Teilschuldner- und Teilgläubigerschaft

Fälle:

a) Um in den Genuß eines Mengenrabatts zu gelangen, bestellen K 1 und K 2 gemeinsam bei V einen Tankwagen Heizöl mit der Abrede, daß jeder von ihnen die Hälfte des Öls erhalten und auch die Hälfte des Kaufpreises zahlen soll. V will die Lieferung an K 1, der schon gezahlt hat, zurückbehalten, bis auch K 2 seinen Kaufpreis entrichtet.

b) Im Fall a will K 1 das den Käufern eingeräumte Rücktrittsrecht ausüben.

I. Teilschuldnerschaft

Teilschuldnerschaft liegt vor, wenn jeder der Schuldner nur zu einem Teil der Leistung verpflichtet ist (vgl. § 420).

Die Vereinbarung einer Teilschuldnerschaft ist nur bei teilbarer Leistung möglich. Eine Leistung ist teilbar, wenn sie ohne Wertverlust in mengenmäßig verschiedene, qualitativ aber gleichartige Teile zerlegbar ist (z. B. vertretbare Sachen, Geld); denn allein dann ist eine Aufspaltung in mehrere selbständige Schulden möglich.

Im Fall a besteht hinsichtlich der Zahlungsverpflichtung eine Teilschuldnerschaft. Jeder der beiden Käufer schuldet einen (selbständigen) Teil der Kaufpreisschuld. Der Verkäufer kann nicht den ganzen Kaufpreis von einem der Käufer fordern, auch dann nicht, wenn der andere zur Zahlung des von ihm geschuldeten Preises nicht in der Lage ist.

Bei einer Teilschuldnerschaft handelt es sich um voneinander unabhängige Schulden der einzelnen Schuldner. Deshalb kann jeder von ihnen seine Schuld z. B. durch Zahlung oder Aufrechnung tilgen. Andererseits beruhen die Teilschulden auf einem einheitlichen Schuldverhältnis. Daher kann ein Rücktritt oder eine Kündigung nur von allen oder gegenüber allen erklärt werden (vgl. § 356).

Rdnr. 426

Im Fall a steht dem V gegenüber K 1 und K 2 die Einrede des nicht erfüllten Vertrages zu, wenn auch nur einer von ihnen (K 2) noch nicht gezahlt hat.

Nach § 420 soll bei einer Schuldnermehrheit die Teilschuldnerschaft die Regel bilden. Die Aufteilung einer Verbindlichkeit in mehrere Teilschulden wird jedoch im allgemeinen den Belangen des Gläubigers nicht gerecht. Die Durchsetzung seiner Forderung wird ihm erschwert, weil er gegen alle Teilschuldner vorgehen muß. Außerdem trägt er das Risiko, wenn die Forderung bei einem Teilschuldner nicht beigetrieben werden kann. Deshalb hat das Gesetz in den praktisch wichtigsten Fällen der Schuldnermehrheit, nämlich bei vertraglichen und deliktischen Ansprüchen, zum Schutz des Gläubigers die gesamtschuldnerische Haftung angeordnet (vgl. §§ 427, 840 I). Teilschulden bestehen lediglich dann, wenn sie von den Parteien besonders vereinbart werden.

427

II. Teilgläubigerschaft

Teilgläubigerschaft ist gegeben, wenn jeder von mehreren Gläubigern vom Schuldner nur einen Teil der Leistung zu fordern berechtigt ist. Für sie gilt auf der Gläubigerseite das zur Teilschuldnerschaft Gesagte entsprechend (vgl. § 420).

Im Fall a besteht hinsichtlich des Anspruchs auf Lieferung des Heizöls Teilgläubigerschaft. Jeder der beiden Käufer hat ein (selbständiges) Forderungsrecht auf Lieferung der Hälfte des Öls. Der Verkäufer wird durch Lieferung der Gesamtmenge an einen der Käufer nicht von seiner Verpflichtung gegenüber dem anderen Käufer frei.

Haben die Parteien Teilforderungen begründet, dann steht jedem Gläubiger ein eigenes, unabhängig von den Forderungen der anderen Teilgläubiger bestehendes Forderungsrecht zu, über das er selbständig zu verfügen in der Lage ist. Deshalb kann er auch Schadensersatzansprüche wegen Unmöglichkeit oder Verzuges unabhängig von den anderen Teilgläubigern geltend machen. Seine Rechtsstellung unterscheidet sich daher nicht wesentlich von der eines Einzelgläubigers. Die einheitliche Entstehung der Teilforderungsrechte wirkt sich aber z. B. insofern aus, als die Gläubiger nur gemeinsam vom Vertrag zurücktreten können (§ 356) und beim gegenseitigen Vertrag dem Schuldner wegen der gesamten Gegenleistung der Gläubiger die Einrede des nicht erfüllten Vertrages (§ 320) zusteht.

Könnte K 1 im Fall b allein vom Vertrag zurücktreten, würden die Interessen des V nicht hinreichend berücksichtigt, weil dieser an K 2 weiterhin zum ermäßigten Preis liefern müßte. K 1 ist rechtlich auch nicht in der Lage, durch seine Rücktrittserklärung auf das Rechtsverhältnis V – K 2 einzuwirken. Dagegen würde es nicht den Interessen von V und K 2 widersprechen, wenn K 1 den auf ihn entfallenden Teil des Kaufpreises wegen eines Mangels des Heizöls minderte (§§ 474, 462, 459).

428 **§ 32. Gesamtschuldner- und Gesamtgläubigerschaft**

Fälle:

a) D 1 und D 2 stehlen gemeinsam bei G Schmuck im Werte von 10 000,– DM. G verlangt von D 1, D 2 und der Versicherungsgesellschaft V, bei der er gegen Diebstahl versichert ist, Ersatz des entstandenen Schadens.

b) B 1, der sich neben B 2 für die Darlehensschuld des G in Höhe von 500,– DM verbürgt hat, will den Betrag bei Fälligkeit begleichen. G lehnt die Annahme der Geldscheine ab, weil er B 2 in Anspruch nehmen will. Auf dem Rückweg wird dem B 1 das Geld gestohlen. G verklagt B 2.

c) G 1 und G 2 haben bei der S-Bank ein gemeinsames Konto errichtet und mit ihr vereinbart, daß jeder allein über das Guthaben verfügen kann. G 1 verklagt S auf Auszahlung des Restguthabens. Daraufhin zahlt S den Betrag an G 2 aus.

I. Gesamtschuldnerschaft

Die bei weitem häufigste Form einer Schuldnermehrheit ist die Gesamtschuldnerschaft. Sie liegt vor, wenn mehrere Schuldner eine Leistung in der Weise zu bewirken haben, daß der Gläubiger sie nach seinem Belieben von jedem Schuldner ganz oder teilweise fordern kann (§ 421). Mit der Leistung durch einen Schuldner werden insoweit auch die anderen befreit (§ 422 I).

Eine Gesamtschuldnerschaft findet sich sowohl bei gemeinschaftlich oder voneinander unabhängig begründeten *rechtsgeschäftlichen* Verpflichtungen (§§ 427, 431, 769; § 59 I VVG; Art. 47 I WG) als auch bei *gesetzlichen* Schuldverhältnissen (§ 840 I; vgl. aber auch §§ 42 II 2, 53, 1833 II 1, 2219 II; § 93 II 1 AktG; § 43 II GmbHG; §§ 34 II 1, 41 GenG). Häufig ergibt sich eine gesamtschuldnerische Haftung als gesetzliche Folge bestimmter Rechtsgeschäfte: §§ 419 I, 2382 I 1; § 25 I 1 HGB. Zu erwähnen sind schließlich die Fälle persönlicher Haftung bei einigen Gesamthandsgemeinschaften (§§ 1437 II 1, 1459 II 1, 1480, 1, 2058; § 128, 1, HGB).

429 1. Entstehung des Gesamtschuldverhältnisses

Ein Gesamtschuldverhältnis entsteht durch vertragliche Vereinbarung oder durch gesetzliche Anordnung. Eine rechtsgeschäftliche Begründung setzt eine Einigung der Parteien darüber voraus, daß die Erfüllung durch einen Schuldner zugleich die anderen befreien soll. Bei gemeinschaftlicher vertraglicher Verpflichtung sieht das Gesetz eine solche Vereinbarung „im Zweifel" als gegeben an (§ 427).

Beispiel für ein Gesamtschuldverhältnis kraft Gesetzes: Verletzen A und B den C bei einer Schlägerei, so ist jeder von ihnen nach §§ 823 I, 830 dem C zum Ersatz des ganzen Schadens verpflichtet. Gem. § 840 I haften A und B dem C als Gesamtschuldner. Soweit A dem C Schadensersatz leistet, wird B von seiner Verpflichtung gegenüber C frei.

Streitig ist, ob § 421 den Begründungstatbestand der Gesamtschuld enthält. Von einem Teil der Literatur wird die Frage bejaht. Es wird die Meinung vertreten, § 421 bestimme, daß eine Gesamtschuld vorliege, wenn den einzelnen Schuldner die Verpflichtung treffe, die ganze Leistung zu bewirken, der Gläubiger aber die Leistung nur einmal zu fordern berechtigt sei (so z. B. Reinicke/Tiedtke, 32). Andere sind der Ansicht, die §§ 421 ff. enthielten keine Begründungstatbestände für ein Gesamtschuldverhältnis; die Vorschriften setzten vielmehr ein (rechtsgeschäftlich oder gesetzlich) entstandenes Gesamtschuldverhältnis voraus und gestalteten es näher aus (so z. B. Staudinger/Kaduk, § 421, Rdnr. 3). Beide Auffassungen gelangen meist zu gleichen Ergebnissen: Die Vertreter der erstgenannten Meinung legen § 421 einschränkend aus; die Anhänger der letztgenannten Ansicht erweitern die gesetzlich geregelten Fälle eines Gesamtschuldverhältnisses durch entsprechende Anwendung auf ähnlich gelagerte Fälle.

Die heute wohl h. M. im Schrifttum verlangt für eine Gesamtschuld, daß die Verbindlichkeiten „gleichstufig" oder „gleichrangig" seien (Larenz, § 37 I). Gleichstufigkeit ist danach z. B. bei Nebentätern (BS Rdnr. 501) zu bejahen, bei Hauptschuldner und Bürgen (BS Rdnr. 327, 334) zu verneinen. Jedoch gibt diese Lehre in Zweifelsfällen keine Antwort auf die Frage, ob eine Gleichstufigkeit vorliegt.

Die ständige Rechtsprechung (vgl. BGHZ 43, 227; 58, 216; 59, 97) bejaht ein Gesamtschuldverhältnis bei einer „rechtlichen Zweckgemeinschaft“. Danach liegt eine Gesamtschuld vor, wenn zwischen den Verbindlichkeiten ein innerer Zusammenhang besteht. In solchen Fällen wird deshalb eine Gesamtschuld angenommen, damit bei Leistung eines Schuldners auch die Schuld des anderen getilgt wird (Tilgungswirkung; § 422; Rdnr. 430) und im Verhältnis der Schuldner untereinander § 426 anwendbar ist (Ausgleichswirkung; Rdnr. 431). Aus dem Gesetz kann jedoch eine solche allgemeine Aussage über das Entstehen von Gesamtschuldverhältnissen nicht entnommen werden. Der Gesetzgeber hat vielmehr auf die jeweilige Interessenlage abgestellt und danach in bestimmten Fällen (z. B. §§ 840, 2058) die Geltung der §§ 421–426 angeordnet. Hieraus ergibt sich, daß keineswegs überall dort, wo mehrere Personen aus verschiedenen rechtlichen Gründen dem Gläubiger die gleiche Leistung zu erbringen haben, ein Gesamtschuldverhältnis im Sinne der §§ 421 ff. besteht. Zu prüfen ist vielmehr, ob die Parteien ein solches Verhältnis vereinbart haben oder ein gesetzlicher Entstehungstatbestand erfüllt ist. Ist das zu verneinen, dann handelt es sich nicht um ein Gesamtschuldverhältnis, sondern um eine Mehrheit voneinander unabhängiger, allerdings auf dasselbe Leistungsinteresse gerichteter Schuldverhältnisse, auf welche die Regeln der §§ 421–426 nicht anwendbar sind.

Beispiele: Der Bauherr hat einen vertraglichen Schadensersatzanspruch gegen den Architekten und den Bauunternehmer, die beide ihre Vertragspflichten schlecht erfüllt haben. Der Eigentümer einer Sache hat gegen den, der die Sache beschädigt hat, einen Schadensersatzanspruch aus § 823 und einen vertraglichen Schadensersatzanspruch gegen den, dem er die Sache in Verwahrung gegeben hat und der sie nicht ordnungsgemäß verwahrt hat, so daß die Sache beschädigt wurde. Zwischen den Schädigern besteht keine Vertragsbeziehung; das Gesetz bestimmt auch keine Gesamtschuldnerschaft.

Jedoch stellen die gesetzlich genannten Fälle, in denen ein Gesamtschuldverhältnis entsteht, keine abschließende Regelung dar, die einer entsprechenden Anwendung auf ähnlich gelagerte Fälle nicht zugänglich wäre. Ein Hinausgehen über den Kreis der gesetzlich angeordneten Gesamtschuldverhältnisse setzt voraus, daß das Gesetz hinsichtlich eines nicht geregelten Falles lückenhaft ist und daß die Interessenlage mit einem gesetzlich geregelten Fall übereinstimmt. Ob das zutrifft, kann nur aufgrund der Wertentscheidungen beurteilt werden, welche den einzelnen Gesetzesbestimmungen zugrunde liegen.

Bei einem solchen Vorgehen erübrigt sich die unfruchtbare und wenig überzeugende begriffliche Abgrenzung von „echten" und „unechten" Gesamtschuldverhältnissen, für die vor allem die §§ 424 und 426 nicht gelten sollen (Näheres: Frotz, JZ 1964, 665).

Hieraus ergibt sich für den Fall a, daß nur D 1 und D 2 gesamtschuldnerisch haften (§§ 840, 830). Obwohl V für dasselbe Leistungsinteresse des G einzustehen hat, ist sie mangels einer gesetzlichen Anordnung nicht Gesamtschuldnerin neben D 1 und D 2. Auch eine analoge Anwendung des § 840 kommt nicht in Betracht. § 67 VVG, wonach der Anspruch des G gegen D 1 und D 2 auf V übergeht, läßt vielmehr erkennen, daß der Gesetzgeber im Verhältnis der Versicherung zum Schädiger keine gesamtschuldnerische Haftung beabsichtigt hat.

Dagegen haben der Architekt und der Bauunternehmer den Mangel am Bauwerk herbeigeführt, so daß mangels einer gesetzlichen Regelung § 840 analog angewandt werden kann, da dieser Bestimmung eine ähnliche Interessenlage zugrunde liegt. Zu dem Verhältnis von Schädiger und Verwahrer vgl. aber Rdnr. 352.

430 **2. Außenverhältnis gegenüber dem Gläubiger**

Ist ein Gesamtschuldverhältnis entstanden, dann richtet sich das Verhältnis der Gesamtschuldner zum Gläubiger im einzelnen nach den §§ 421–425.

a) Der Gläubiger kann, solange die geschuldete Leistung nicht bewirkt ist, nach seinem Belieben jeden der Schuldner ganz oder teilweise in Anspruch nehmen (§ 421).

b) Die Erfüllung durch einen Gesamtschuldner tilgt die Schuld. Deshalb werden dadurch auch die anderen Gesamtschuldner dem Gläubiger gegenüber befreit (§ 422 I 1). Die gleiche Wirkung tritt bei der Leistung an Erfüllungs Statt, der Hinterlegung und der Aufrechnung ein (§ 422 I 2; beachte bei der Aufrechnung § 422 II).

Erläßt dagegen der Gläubiger einem Gesamtschuldner die Schuld (§ 397), so ist es möglich, daß die Parteien des Erlaßvertrages nur diesen Gesamtschuldner von der Schuld befreien wollen; dann bleiben die Verpflichtungen der übrigen Gesamtschuldner von dem Erlaß unberührt. Ist aber die Vereinbarung zwischen dem Gläubiger und dem Gesamtschuldner dahin auszulegen, daß durch den Erlaß auch die Forderung des Gläubigers gegenüber den anderen Gesamtschuldnern getilgt sein soll, werden auch diese befreit (§ 423).

Kommt der Gläubiger gegenüber einem Gesamtschuldner in Annahmeverzug (§§ 293 ff.), wirkt dieser auch im Verhältnis des Gläubigers zu allen Gesamtschuldnern (§ 424), weil die nicht angenommene Leistung zugleich die anderen Schuldner befreit hätte.

Im Fall b ist deshalb nicht nur der Gesamtschuldner B 1, sondern auch B 2 wegen Annahmeverzuges des G nach §§ 300 II, 275 von seiner Leistung frei geworden (§§ 424, 769).

Außerdem wirkt ein Mitverschulden des Geschädigten, das dieser sich im Verhältnis zu einem Gesamtschuldner anrechnen lassen muß, auch zugunsten der anderen Gesamtschuldner (BGHZ 90, 86, 90 f.).

c) Alle anderen, nur in der Person eines Gesamtschuldners eintretenden Tatsachen beeinflussen die Rechtsbeziehungen der Mitschuldner zum Gläubiger im Regelfall nicht (§ 425 I).

§ 425 II nennt hierfür neben der die Fälligkeit des Anspruchs herbeiführenden Kündigung und den Leistungsstörungen (Verzug, Unmöglichkeit) die Verjährung, die Vereinigung von Forderung und Schuld sowie das rechtskräftige Urteil. Der Gläubiger kann also z. B. Ersatz eines Verzugsschadens nur von dem Gesamtschuldner verlangen, in dessen Person die Voraussetzungen der §§ 284, 285 erfüllt sind.

431 **3. Innenverhältnis der Gesamtschuldner**

a) Um zu verhindern, daß derjenige, den der Gläubiger in Anspruch nimmt, auch im Verhältnis der Gesamtschuldner die Schuld endgültig zu tragen hat, begründet § 426 I ein Ausgleichsschuldverhältnis. Hiernach sind, soweit nicht ein anderes bestimmt ist, die Gesamtschuldner im Verhältnis zueinander zu gleichen Anteilen verpflichtet. § 426 I 1 gibt einen selbständigen Anspruch, der von einem etwaigen Anspruch aus einem besonderen Rechtsverhältnis (z. B. Auftrag) zu unterscheiden ist. Er verjährt nach § 195 in 30 Jahren.

(1) Solange noch keiner den Gläubiger befriedigt hat, ist jeder Gesamtschuldner verpflichtet, an der Befriedigung des Gläubigers mitzuwirken, um auf diese Weise die Inanspruchnahme eines der Gesamtschuldner über den auf ihn im Innenverhältnis entfallenen Anteil hinaus zu verhindern (BGHZ 23, 363; h. M.). Unter Umständen kann

sich daraus die Pflicht ergeben, die Schuld anteilig beim Gläubiger zu tilgen (str.). Wer dieser Verpflichtung nicht nachkommt, haftet den anderen Gesamtschuldnern nach allgemeinen Regeln (z. B. § 286) auf Schadensersatz (BGH NJW 1974, 693, 694).

(2) Wenn ein Gesamtschuldner mehr als den auf ihn entfallenden Teil der Schuld getilgt hat, entsteht für ihn insoweit ein Ausgleichsanspruch gegen die anderen Gesamtschuldner. Da dieser Ausgleich zu einer einmaligen und endgültigen Abwicklung führen soll, haften mehrere ausgleichspflichtige Schuldner dem ausgleichsberechtigten regelmäßig nicht wiederum als Gesamt-, sondern als Teilschuldner (Ausnahme z. B. in Art. 47 I, III WG; HR Rdnr. 593).

Schulden S 1, S 2, S 3 und S 4 dem G als Gesamtschuldner 1200,– DM und hat S 1 die Forderung des G durch Zahlung getilgt, dann kann er von den übrigen drei Gesamtschuldnern Zahlung von je 300,– DM verlangen.

(3) Ist der Ausgleich von einem Gesamtschuldner (z. B. wegen Vermögenslosigkeit) nicht zu erlangen, so haben alle übrigen diesen Ausfall nach dem Verteilungsmaßstab des § 426 I 1 zu tragen. Insoweit entsteht dem ausgleichsberechtigten Gesamtschuldner ein weiterer Anspruch (§ 426 I 2).

Ist im Beispielsfall S 4 vermögenslos, dann ist der auf ihn entfallende Betrag von 300,– DM auf S 1, S 2 und S 3 gleichmäßig (§ 426 I 1), also zu je 100,– DM, zu verteilen, so daß der ausgleichsberechtigte S 1 von S 2 und S 3 zusätzlich Zahlung von je 100,– DM verlangen kann.

(4) In den weitaus meisten Fällen bemißt sich die Höhe nicht nach dem in § 426 I 1 vorgesehenen Verteilungsmaßstab. Beruht das Gesamtschuldverhältnis auf einem gemeinsam abgeschlossenen Rechtsgeschäft (§ 427), dann haben die Gesamtschuldner meistens zugleich eine Abrede über den internen Ausgleich getroffen. Eine von § 426 I 1 abweichende Quote kann sich aber auch aus Inhalt und Zweck des jeweiligen Rechtsverhältnisses ergeben. Häufig trifft das Gesetz selbst eine abweichende Regelung über die interne Lastenverteilung.

So hat bei einer gesamtschuldnerischen Haftung des Verrichtungsgehilfen neben dem Geschäftsherrn (§ 840 I) im Innenverhältnis der Verrichtungsgehilfe den Schaden allein zu tragen (§ 840 II). Vgl. auch §§ 840 III, 841, 1833 II 2; § 17 StVG.

Nach h. M. ist im Verhältnis mehrerer Schädiger der Rechtsgedanke des § 254 heranzuziehen (BGH NJW 1983, 623). Die Höhe des Ausgleichsanspruchs richtet sich folglich danach, inwieweit der Schaden vorwiegend von dem einen oder dem anderen Gesamtschuldner verursacht worden ist; das gilt sowohl für die Fälle des

Zusammentreffens von Verschuldens- und Gefährdungshaftung als auch für die Mitschuldner aus Verschuldenshaftung. Das Maß der Verursachung und des Verschuldens des einen Teils kann im Einzelfall dazu führen, ihm den gesamten Schaden aufzuerlegen.

(5) Die *Vereinbarung eines Haftungsausschlusses* zwischen dem Gläubiger und einem Gesamtschuldner kann sich auf den Ausgleich unter den Gesamtschuldnern auswirken.

Beispiel: G, der sich von S 1 in dessen Pkw mitnehmen läßt, hat mit diesem einen Haftungsausschluß vereinbart. Bei einem von S 1 und S 2 gleichermaßen fahrlässig verschuldeten Unfall entsteht dem G ein Schaden von 2000,– DM. Wegen des Haftungsausschlusses kann G von S 1 keinen Ersatz verlangen. Fraglich ist, ob S 2 dem G Schadensersatz in voller Höhe leisten muß und S 2 dann von S 1 Ausgleich in Höhe von 1000,– DM verlangen kann. Bejaht man beides (so BGHZ 58, 220), wäre der Haftungsausschluß für S 1 wertlos. Verneint man dagegen – weil S 1 wegen des Haftungsausschlusses dem G nichts schuldet – eine Gesamtschuldnerschaft (so OLG Düsseldorf, NJW 1972, 113), dann muß S 2 allein den gesamten Schaden tragen. Damit würde sich die Vereinbarung des Haftungsausschlusses zwischen G und S 1 zu Lasten des S 2 auswirken.

Nach h.M. (vgl. Medicus, JZ 1967, 398) schließt die Vereinbarung des Haftungsausschlusses nicht nur eine Haftung dieses Schuldners gegenüber dem Gläubiger aus, sondern verhindert auch eine Ausgleichungspflicht dieses Schuldners. Wäre er nämlich im Innenverhältnis regreßpflichtig, verlöre er insoweit den Vorteil des Haftungsausschlusses wieder; er stünde schlechter, als wenn er Alleinschuldner wäre. Auf der anderen Seite müssen auch die Interessen der nicht haftungsbegünstigten Gesamtschuldner beachtet werden. Sie würden benachteiligt, wenn sie vom Gläubiger in vollem Umfange in Anspruch genommen werden könnten, ohne einen Ausgleichsanspruch gegen den haftungsbegünstigten Gesamtschuldner zu haben. Deshalb ist es interessengerechter, den Anspruch des Gläubigers von vornherein um den Teil zu kürzen, den der haftungsbegünstigte Schuldner ohne den Haftungsausschluß im Ausgleich der Gesamtschuldner untereinander zu tragen hätte.

Im Beispielsfall beschränkt sich demnach der Schadensersatzanspruch des G gegen S 2 auf 1000,– DM. Denn nach § 426 soll S 2 nur den in seinen Verantwortungsbereich fallenden Schaden ersetzen, und G hat sich damit einverstanden erklärt, den ihm von S 1 zugefügten Schaden selbst zu tragen.

432 b) Um die Rechtsstellung des ausgleichsberechtigten Gesamtschuldners zu verstärken, ordnet § 426 II an, daß auf ihn die ursprüngliche Forderung des Gläubigers übergeht, soweit er den Gläubiger befriedigt

hat und von den übrigen Gesamtschuldnern Ausgleich verlangen kann. Mit diesem gesetzlichen Forderungsübergang bezweckt das Gesetz vor allem, daß etwaige an der Gläubigerforderung bestehende Sicherungsrechte (z.B. Hypotheken, Pfandrechte) dem befriedigenden Gesamtschuldner erhalten bleiben (§§ 412, 401). Ihm stehen deshalb zwei rechtlich selbständige Ansprüche zu: einmal der Ausgleichsanspruch nach § 426 I, zum anderen der nach § 426 II auf ihn übergegangene Anspruch des Gläubigers. Einwendungen und Einreden, die einem der Ansprüche entgegenstehen, beeinflussen den anderen nicht.

Ist beispielsweise der nach § 426 II übergegangene Anspruch aus unerlaubter Handlung verjährt, so ist der Schuldner nicht gehindert, aus § 426 I vorzugehen, für den die kurze Verjährungsfrist des § 852 nicht gilt.

Die Anspruchsberechtigung nach § 426 I wirkt sich allerdings im Rahmen des § 426 II insofern aus, als der ursprüngliche Anspruch des Gläubigers nur übergeht, „soweit" der befriedigende Gesamtschuldner nach § 426 I oder aufgrund eines Vertrages von den übrigen Schuldnern Ausgleich verlangen kann.

Hat z.B. S 1 die Darlehensforderung des G in Höhe von 1200,– DM getilgt und steht ihm deshalb gegen S 2, S 3 und S 4 eine Ausgleichsforderung von je 300,– DM zu, dann geht auch die ursprüngliche Forderung des Gläubigers nur in dieser Höhe (900,– DM) auf ihn über.

Ebenso wie für die Forderung nach § 426 I haben die ausgleichspflichtigen Schuldner auch für die auf den ausgleichsberechtigten übergegangene Forderung nicht mehr als Gesamt-, sondern als Teilschuldner einzustehen.

Hat ein Gesamtschuldner den Gläubiger nur teilweise befriedigt, dann kann der gesetzliche Forderungsübergang nicht zum Nachteil des Gläubigers geltend gemacht werden (§ 426 II 2). Das bedeutet: Der restliche beim Gläubiger verbliebene Anspruch geht dem nach § 426 II 1 übergegangenen Anspruch (z.B. im Konkurs oder bei der Befriedigung aus einem Grundstück; § 1147) vor.

433 **II. Gesamtgläubigerschaft**

Bei einer Gesamtgläubigerschaft kann jeder der Gläubiger vom Schuldner die ganze Leistung fordern; der Schuldner braucht nur ein-

Rdnr. 433

mal zu leisten (§ 428), und mit der Leistung an einen Gläubiger wird er von seiner Schuld befreit (vgl. §§ 429 III 1, 422 I 1; Rdnr. 435).

Die Gesamtgläubigerschaft kann *vertraglich vereinbart* werden (§ 305). Für sie spricht jedoch – anders als für die Teilgläubigerschaft (§ 420; Rdnr. 427) – keine Vermutung. Rechtsgeschäftlich wird sie selten begründet. Die Gesamtforderung ist zwar für jeden Gläubiger insofern vorteilhaft, als er ohne Mitwirkung der übrigen die ganze vertragliche Leistung vom Schuldner verlangen kann; zugleich läuft er aber Gefahr, daß sich der Schuldner von seiner Verpflichtung durch Leistung an einen Mitgläubiger befreit. Ist die Leistung unteilbar, dann besteht nach § 432 ohnehin regelmäßig eine Gemeinschaftsforderung (dazu Rdnr. 442). *Gesetzlich angeordnet* sind Gesamtforderungen nur im Fall des § 2151 III.

434 **1. Außenverhältnis gegenüber dem Schuldner**

Jeder Gesamtgläubiger hat gegenüber dem Schuldner ein selbständiges Forderungsrecht auf die ganze Leistung, die aber nur einmal geschuldet wird (§ 428, 1).

Im Fall c sind G 1 und G 2 Gesamtgläubiger; daher kann jeder von ihnen Auszahlung des gesamten Guthabens von S verlangen.

Der Schuldner hat die Wahl, an welchen Gesamtgläubiger er mit befreiender Wirkung leisten will (§ 428, 1). Das gilt selbst dann, wenn ein Gläubiger bereits Klage erhoben hat (§ 428, 2; Fall c).

Ist allerdings bei der Einrichtung eines Gemeinschaftskontos eines Ehepaares Gesamtgläubigerschaft gewollt und jedem Ehegatten eine Einzelverfügungsbefugnis eingeräumt, muß geprüft werden, ob damit das Wahlrecht der Bank (§ 428) nicht vertraglich ausgeschlossen sein soll, so daß die Bank an den Ehegatten leisten muß, der Zahlung begehrt (vgl. OLG Nürnberg, NJW 1961, 510).

435 a) Das Gesetz hat in verschiedenen Bestimmungen dem Umstand Rechnung getragen, daß der Schuldner nur einmal zu leisten braucht und sich unter den mehreren Gläubigern den Empfänger seiner Leistung aussuchen darf (§ 428).

(1) Da der Schuldner nur einmal zu leisten hat, erlöschen bei *Befriedigung* eines Gläubigers durch Erfüllung, Leistung an Erfüllungs Statt, Hinterlegung oder Aufrechnung die Forderungsrechte aller Gläubiger (§§ 429 III 1, 422 I).

(2) Die gleiche Wirkung tritt nach §§ 429 III 1, 423 ein, wenn ein Gesamtgläubiger mit dem Schuldner in einem *Erlaßvertrag* vereinbart, daß das ganze Schuldverhältnis aufgehoben werden soll (str.).

(3) Die Gesamtforderungen aller Gläubiger erlöschen nach § 429 II ferner dann, wenn sich Forderung und Schuld in einer Person vereinigen (*Konfusion*; Rdnr. 196). Der Schuldner könnte nämlich als Gesamtgläubiger die Leistung an sich selbst wählen.

(4) Der *Annahmeverzug* eines Gesamtgläubigers wirkt nach § 429 I auch gegen die übrigen Gläubiger, weil die Annahme durch den Gesamtgläubiger die Erfüllung bewirkt hätte.

436 b) Alle anderen, in der Person eines Gläubigers eintretenden Tatsachen wirken nur im Verhältnis zwischen ihm und dem Schuldner (vgl. §§ 429 III 1, 425). Ist beispielsweise das Rechtsverhältnis zwischen einem Gläubiger und dem Schuldner nichtig oder nachträglich verändert worden, dann bleibt davon die Rechtstellung der übrigen Gläubiger unberührt.

Nach § 429 III 1, 425 braucht sich ein Gesamtgläubiger ein schuldhaftes Verhalten eines Mitgläubigers nicht zurechnen zu lassen. Auch eine Kündigung wirkt regelmäßig nur gegen den kündigenden Gläubiger; allerdings werden Gestaltungsrechte nur von den Gesamtgläubigern gemeinsam ausgeübt werden können (BGHZ 59, 187). Die Verjährung läuft gegen jeden Gläubiger gesondert. Schließlich hat die Forderungsabtretung durch einen Gesamtgläubiger keinen Einfluß auf die Rechtsstellung der übrigen.

437 **2. Innenverhältnis der Gesamtgläubiger**

Da die Leistung des Schuldners an einen Gesamtgläubiger auch die Forderungen der übrigen zum Erlöschen bringt, begründet § 430 für den Leistungsempfänger gegenüber seinen Mitgläubigern eine Ausgleichspflicht. Für die Ausgleichspflicht ist es unerheblich, auf welche Weise die Gesamtforderungen erloschen sind. § 430 greift deshalb z. B. auch bei Aufrechnung ein, selbst wenn sie vom Schuldner erklärt ist.

Nach § 430 sind die Gesamtgläubiger untereinander zu gleichen Anteilen berechtigt; demnach entsteht mit der Leistung des Schuldners unter den Gläubigern eine Ausgleichspflicht zu gleichen Teilen. Das gilt aber nur, „soweit nicht ein anderes bestimmt ist", so daß die Gläubiger durch Vereinbarung den Ausgleich anders regeln können.

Im Fall c hat die Bank mit befreiender Wirkung an G 2 gezahlt; ob dieser den Wert der Leistung endgültig behalten darf, richtet sich nach dem Innenverhältnis zwischen G 1 und G 2.

Die Ausgleichspflicht setzt voraus, daß der betreffende Gesamtgläubiger vom Schuldner mehr erhalten hat, als es seinem Anteil entspricht. Der Gesamtgläubiger, der nur seinen Anteil erhalten hat, ist aber ausnahmsweise ausgleichspflichtig, wenn eine Restschuld beim Schuldner nicht beigetrieben werden kann und daher die anderen Gesamtgläubiger leer ausgehen würden (str.).

438

§ 33. Schuldner- und Gläubigergemeinschaft

Fälle:

a) V, der ein ihm gehörendes Gemälde für 10 000,– DM an K verkauft hat, stirbt vor Erfüllung des Vertrages und wird von seinem Sohn S und seiner Tochter T beerbt. An wen soll K sich zwecks Lieferung des Gemäldes wenden?

b) Im Fall a verlangt S von K 10 000,– DM, jedenfalls aber 5000,– DM.

c) M hat ein Haus gemietet, das im Bruchteilseigentum von E 1 und E 2 steht. E 1 will von M den halben Mietzins für sich.

I. Schuldnergemeinschaft

Eine Schuldnergemeinschaft liegt dann vor, wenn sich eine Forderung gegen mehrere Personen gemeinsam richtet, die Leistung also nur von allen gemeinsam zu erbringen ist. Sie findet sich ausschließlich bei den Gesamthandsgemeinschaften.

Das geltende Recht kennt drei Grundformen von Gesamthandsgemeinschaften: Gesellschaft (§ 705), Gütergemeinschaft (§ 1415) und Erbengemeinschaft (§ 2032). Die Besonderheit der Gesamthandsgemeinschaften liegt darin, daß ein Vermögen mehreren Personen gemeinschaftlich „zur gesamten Hand" zusteht; dieses Sondervermögen (das Gesellschaftsvermögen bei der Gesellschaft, das Gesamtgut bei der ehelichen Gütergemeinschaft, der ungeteilte Nachlaß bei der Miterbengemeinschaft) ist von dem Privatvermögen der einzelnen an der Gesamthand beteiligten Personen getrennt. Diesen steht nur ein Anteil an dem zweckgebundenen Sondervermögen insgesamt, nicht aber an den einzelnen dazu gehörenden Gegenständen (Sachen, Forderungen) zu; der einzelne Beteiligte kann nicht über einen zum Sondervermögen gehörenden Gegenstand verfügen.

Im Fall a gehört das Gemälde sowie die Kaufpreisforderung gegen K zum Nachlaß als Sondervermögen. Keiner der beiden Miterben kann allein das Gemälde übereignen oder die Forderung abtreten (vgl. § 2040 I).

Für eine Gesamthandsschuld haben alle Gesamthänder gemeinsam mit dem gesamthänderisch gebundenen Sondervermögen einzustehen.

Im Fall a ist die von V herrührende Schuld (Lieferung des verkauften Gemäldes) auf die Kinder als Erben übergegangen (§ 1967 II). Beide schulden (in ihrer gesamthänderischen Verbundenheit) gemeinschaftlich dem K die Übereignung und Übergabe des Gemäldes (vgl. § 2059 II; Einzelheiten: Brox, Erbrecht, Rdnr. 691 ff.).

Um in das Sondervermögen vollstrecken zu können, ist ein Vollstreckungstitel gegen alle Gesamthänder erforderlich (§§ 736, 747 ZPO; bei Vollstreckung ins Gesamtgut der Eheleute siehe § 740 I, II ZPO).

Neben der Haftung der Gesamthand besteht in den meisten Fällen eine gesamtschuldnerische Haftung der einzelnen Gesamthänder mit ihrem Privatvermögen.

Das ergibt sich für die Erbengemeinschaft aus § 2058, für die offene Handelsgesellschaft aus § 128 HGB und für rechtsgeschäftliche Verpflichtungen der Gesamthänder gegenüber einem Dritten aus §§ 427, 431.

439 II. Gläubigergemeinschaft

Bei einer Gläubigergemeinschaft steht die Forderung den Gläubigern nur gemeinsam zu; die Leistung kann nur allen Gläubigern gemeinsam erbracht werden. Eine solche gemeinschaftliche Forderungsberechtigung kennt das Gesetz bei den Gesamthandsgemeinschaften (Rdnr. 438), der Bruchteilsgemeinschaft (§§ 741 ff.) und den Schuldverhältnissen, die auf eine unteilbare Leistung gerichtet sind (§ 432).

440 1. Gesamthandsgläubigerschaft

Eine gemeinsame Forderungsberechtigung ergibt sich dann, wenn die Forderung zu einem gesamthänderisch gebundenen Sondervermögen gehört.

Eine Gesamthandsforderung steht nur den Gesamthändern in ihrer Verbundenheit zu. Erbringt der Schuldner also nur einem der Gesamthänder die geschuldete Leistung, erlischt die Forderung nicht.

Im Fall b steht die Kaufpreisforderung S und T gemeinsam zu; zahlt K an einen der Erben, erlischt die Kaufpreisforderung nicht. Deshalb kann S von K auch nicht Zahlung an sich verlangen.

Wegen seiner Gemeinschaftsbindung ist das gesamthänderische Vermögen gegenüber dem sonstigen (ungebundenen) Privatvermögen der Gesamthänder verselbständigt. Deshalb kann der Schuldner gegen eine Gesamthandsforderung nicht mit einer Forderung aufrechnen, die ihm lediglich gegen einen einzelnen Gesamthänder zusteht (vgl. § 719 II; fehlende Gegenseitigkeit).

Ansprüche der Gesamthandsgemeinschaft können regelmäßig nur von allen gemeinsam (z. B. § 709 I) oder von einem besonders bestellten Verwalter oder Geschäftsführer eingefordert werden.

Bei der Miterbengemeinschaft gestattet das Gesetz es hingegen dem einzelnen Gesamthänder, eine Gesamthandsforderung im eigenen Namen geltend zu machen; er muß aber Leistung an die Gesamthandsgemeinschaft verlangen (vgl. § 2039, 1; Fall b: Zahlung des Kaufpreises an S und T).

441 **2. Bruchteilsgläubigerschaft**

Bei einer Bruchteilsgläubigerschaft (§§ 741 ff.) steht jeder von mehreren Personen ein (einzelnes) Recht zu einem *ideellen* Bruchteil zu. Anders als bei der Teilgläubigerschaft ist der Gegenstand, auf den sich die Gemeinschaft bezieht, nicht real geteilt; vielmehr hat jeder der Teilhaber nur ein durch die Mitberechtigung der übrigen beschränktes (ideelles) Recht an dem (real) ungeteilten Gegenstand. Im Gegensatz zur Gesamthandsgemeinschaft besteht eine Bruchteilsgemeinschaft nur an einem einzelnen Gegenstand; jeder Teilhaber einer Bruchteilsgemeinschaft ist – anders als ein Gesamthänder einer Gesamthandsgemeinschaft – befugt, selbständig über seinen ideellen Anteil an dem Gegenstand zu verfügen (§ 747, 1).

Der praktisch wichtigste Fall einer Bruchteilsgemeinschaft ist das Miteigentum nach Bruchteilen. Miteigentum kann entstehen, wenn z. B. Korn des A und des B untrennbar vermischt wird (§§ 948, 947 I) oder E 1 und E 2 gemeinsam ein Grundstück erwerben (vgl. §§ 1008 ff.), ohne daß sie zu einer Gesamthandsgemeinschaft verbunden sind.

Liegt eine Bruchteilsgemeinschaft vor, so erstreckt sich die gemeinschaftliche Berechtigung auch auf die der Gemeinschaft erwachsenen Forderungen.

Beispiele: Forderung aus § 823 I gegen den, der das im Miteigentum von A und B stehende Korn vergiftet; Forderung aus einem Rechtsgeschäft über das von E 1 und E 2 gemeinsam erworbene Grundstück (Fall c: Vermietung).

Im allgemeinen besteht an Forderungsrechten keine Bruchteilsgemeinschaft, weil die nur subsidiär geltenden §§ 741 ff. durch die Sonderregelung der §§ 420 ff. verdrängt werden (h. M.). Anders ist es jedoch, wenn die Forderungen aus einer bereits bestehenden Bruchteilsgemeinschaft (z. B. Miteigentum) erwachsen sind. Wären nämlich derartige mit dem gemeinschaftlichen Gegenstand verknüpfte Forderungen nach § 420 in Einzelrechte zu zerlegen, dann könnte jeder Bruchteilsberechtigte entgegen der Wertung der §§ 755, 743 ohne Rücksicht auf etwaige Lasten über sein Einzelrecht frei verfügen und es für sich verwerten. Damit würde zugleich das gemeinschaftliche Verwaltungsrecht des § 744 I weitgehend ausgehöhlt.

Obwohl im Fall c die Leistung des M (der Mietzins) teilbar ist, hat keiner der Miteigentümer Anspruch auf den halben Mietzins. Aus der aufkommenden Miete werden erst die Kosten und Lasten der Unterhaltung des Hauses bestritten; nur der verbleibende Überschuß wird unter E 1 und E 2 verteilt. Deshalb steht beiden die Mietzinsforderung nur gemeinsam zu. Die im natürlichen Sinn teilbare Leistung ist demnach im Rechtssinn unteilbar.

442 3. Gemeinschaftliche Forderungsberechtigung bei unteilbaren Leistungen (§ 432)

Eine gemeinschaftliche Berechtigung mehrerer Gläubiger entsteht schließlich dann, wenn die Forderung auf eine unteilbare Leistung gerichtet ist (§ 432 I). Diese Regelung greift allerdings nur ein, wenn zwischen den mehreren Gläubigern nicht eine andere Rechtsgemeinschaft (z. B. Gesamtgläubigerschaft, Gesamthand) besteht (str.).

Beispiel: Nehmen X und Y am Taxenstand des Bahnhofs ein Taxi, da jeder von ihnen zum Flughafen will, ist ihre Forderung auf Beförderung, also auf eine unteilbare Leistung, gerichtet. Sofern keine andere Rechtsgemeinschaft zwischen X und Y besteht, kommen die folgenden Regeln in Betracht.

443 a) Im *Außenverhältnis* gegenüber dem Schuldner kann jeder Gläubiger nach § 432 I Leistung an alle oder Hinterlegung für alle verlangen. Da alle Gläubiger nur gemeinsam empfangsberechtigt sind, befreit die Leistung an nur einen von ihnen den Schuldner nicht.

Anders als bei der Gesamthandsgläubigerschaft kann hier jeder Gläubiger über seine Mitberechtigung, d.h. seinen Anspruch darauf, daß an ihn mitgeleistet werde, verfügen.

Im Beispielsfall kann X über seinen Anspruch auf Beförderung zum Flughafen verfügen, also ihn z.B. an seinen Freund abtreten.

Die insoweit bestehende Eigenständigkeit der Forderung wird auch daran deutlich, daß nach § 432 II Tatsachen, die nur in der Person eines Gläubigers eintreten, nicht für und gegen die übrigen Gläubiger wirken.

Die Interessenlage stimmt also teilweise mit der bei der Gesamtgläubigerschaft überein (§§ 429 III, 425). Da aber im Falle des § 432 – anders als bei § 428 – nur alle Gläubiger gemeinsam für die Leistung empfangsberechtigt sind, kommt eine entsprechende Anwendung der §§ 422, 423 nicht in Betracht.

Deshalb wirkt sich die Hinterlegung für nur einen oder der Erlaß durch nur einen Gläubiger nicht auf die Forderungsberechtigung der übrigen aus. Ebenso entfaltet die von einem Gläubiger ausgesprochene Kündigung oder Mahnung keine Rechtswirkung für die anderen (vgl. Mot. II, 172). Die gemeinschaftliche Forderungsberechtigung führt ferner dazu, daß die Gläubiger nicht in Annahmeverzug geraten, wenn der Schuldner die Leistung nur einem von ihnen anbietet (vgl. dagegen § 429 I). Anders ist es aber, wenn der Schuldner die Leistung allen Gläubigern angeboten und einer sie abgelehnt hat, weil der Schuldner hier allen gegenüber an der Erfüllung gehindert wird (h. M.).

444 b) Das *Innenverhältnis* der Gemeinschaftsgläubiger richtet sich nach den §§ 741 ff., soweit nicht andere gesetzliche oder rechtsgeschäftliche Regelungen eingreifen.

Paragraphenregister

BGB

BGB

Sachregister

(Die Zahlen verweisen auf die Randnummern des Buches)